U0567291

同學鄒鴻翚已考取中央大學現在到校
已　先指導使得便利是所拜託鄒君為
有志之士而以環境清寒　懇
函中以援助俾得校方之資助以維持
先所感幸　年前曾奉寸函託我兄
轉懇想可達到時尚為宣傳所謂戰
時學雜各外國學術稱物件以致損失甚也
子建我兄
培孫上　十二月三日

纪念王培孙先生诞辰150周年

商務印書館（上海）有限公司 出品
The Commercial Press (Shanghai) Co.Ltd

百年名校
江南文脉

王培孙文集

《王培孙文集》编委会　编

商务印书馆
创于1897　The Commercial Press

图书在版编目（CIP）数据

王培孙文集 /《王培孙文集》编委会编. — 北京：商务印书馆，2021
ISBN 978－7－100－20132－2

Ⅰ. ①王⋯ Ⅱ. ①王⋯ Ⅲ. ①教育工作 — 文集 Ⅳ. ①G4-53

中国版本图书馆 CIP 数据核字（2021）第139480号

王培孙文集

《王培孙文集》编委会 编

商务印书馆出版
（北京王府井大街36号 邮政编码 100710）
商务印书馆发行
苏州市越洋印刷有限公司印刷
ISBN 978－7－100－20132－2

2021年10月第1版 开本 889×1194 1/16
2021年10月第1次印刷 印张 22 字数 500千

定价：150.00元

1897年南洋公学师范班首批学生、外院学生合影
（右起第十二人为王植善，即王培孙）

南洋中学复校后第一次全体教职员合影
（摄于1946年10月）。前排中为王培孙校长

王培孙校长与师生合影，选自《南洋中学辛酉级纪念册》（1921年）

許蘇民先生　甘養臣先生　周德威先生　任迺城先生　周鈞如先生
湯濟滄先生　胡敦復先生　于雲峯先生
陶君鈺　范君友學
湯君易　宋君炳經　伍君德蓀
林君畹原　夏君文藩　黃君鶴章　盛君映垣
計君學爲　謝君振鵬　吳君傳謙
朱君堯文　江君炳麟　徐君蘊勤　許君家信
汪君乃烈　嚴君伯良
校長王培孫先生　邱君培浤
陶君亮　王君節英
曾君燮夔　毛君維森　周君維翰　范君柏森
朱君世縉　魏君海濤　陳君邦培
葉君貽昌　王君蔚華　王君文鈞　袁君天和
陳君文　沈君同德　徐君毓傑
侯君達　曾君廣澤
葉上之先生　胡明復先生　薛仙舟先生
王引才先生　陳仲誼先生　李靖瀾先生　杜志誠先生　陸冠春先生

王培孙校长与师生合影说明文字

王培孫校長

王培孙校长，选自《南洋中学卅五周纪念特刊》（1931年）

校長
王培孫先生

王培孙校长，选自《南洋中学丁丑级（毕业纪念刊）》（1937年）

本校校長

王培孫先生

王培孙校长，选自《南洋中学戊寅级初中毕业纪念册》（1938年）

校長

王培孫先生

王培孙校长，选自《南洋中学己卯级纪念刊》（1939年）

校長

王培孫先生

王培孙校长，选自《南洋中学甲申级毕业纪念刊》（1944年）

1940年《南洋中学庚辰级毕业纪念册》（“王校长七十寿辰特辑”）。摄于姚主教路大同坊9号寓所，位于今天平路91弄24号

王培孙校长

本校校長王培孫先生肖像

王培孙校长，选自《南洋中学复校特辑》（1946年）

叔考柳生公行狀

余叔父柳生公以辛酉年十一月十六日卒春秋六十有八卒之前四年取卦終未濟之義改號未叟並追記生平經過事跡并數語其端大意謂過去現在未來無一非露電泡影因有果果有因皆露電泡影爲之露電泡影形形色色謂之亦足以考鏡因果關係若云自訂年譜爲他日行狀張本則非余志其遺囑內又戒作行狀以爲惡俗貽笑大方叔父超世之想與夫不求人知之志概可見矣雖然余等終不忍叔父行誼之湮沒謹和淚濡墨臚述聞見以告親友而垂家乘焉

叔父王氏諱維泰柳生其字也生而穎敏四歲時先王父指楹聯字教之閱數日指問無或爽稍長從嘉定吳小庾先生讀一日講孟子昔者孔子沒一節涔涔淚下既乃大哭吳師異之曰汝有天性他日必爲師門光也

叔父性孝友孺慕依依久而彌篤先王母奉佛虔叔父竊發願持長齋爲先王母祈福久之聞於先王母先王母再三撫慰之始勉順先王母意破戒先王母暮年多病

叔父衣不解帶侍奉起居瑣屑必躬必謹余臥先王母後室日夕追隨其間而不知手足之所措也乙酉夏先王母病甚叔父刲臂命叔母和藥以進時余年十四見之驚絕先父亦曾刲臂以療先王父病余幼時一見瘢痕輒畏懼不敢近不意目覩叔父之實行此事也叔父侍先王母病日夜不輟至是創甚越三日始入見先王母先王母疑之詰得其故乃謂叔父曰汝孝能格天我當可延壽後果漸愈越二年餘而卒卒後一年冬營葬於莽涇祖塋採用世俗灰格葬法叔父挈余往先將石灰化細篩淨傾入穴厚三寸以木錘錘至堅一寸爲度錘時晝夜不少休叔父督率工役審察物料夜則必叔父任之間二三日輒淸晨草履踏霜步至家省視先王父起居如是者半月余亦僅能追隨其間而已越七年而先王父卒時叔父爲金山錢氏經營典業移家松江秀野橋一再迎養先王父之歿也余亦隨侍焉自病以迄喪葬叔父侍奉哀毀一如先王母不復瑣述

余家本薄有產業先父性慷慨好交遊不問家事逮先王父母先後去世而家產且罄以故不獨余家家事叔父任其勞且產業亦多讓歸先父焉猶憶光緒十一年冬先父因事入都叔父送至淸江浦恐先父川資不足乃以所餘銀兩并質皮馬褂以充行囊泣別而歸懷中祇餘錢二百文附一花生船返鎭江向友人處貸銀五元比抵上海已小除夕矣先王父見之甚喜叔父即晚回至翔稟白先王母先王母大慰是皆叔父之篤於孝友余所親見而不能忘懷者

叔父深識遠見其於世界大勢之變遷祖國改革之必要實能先覺先知癸巳入都目見政界腐敗收徵遂決意倡導靑年屏時文講實學兼習外國語言文字爲他日出身救國張本會甲午喪師時勢日急越年乃糾合同志在松設一中西學塾明年遷至上海就家祠餘屋佈置命曰育材招族中子弟就學遠近聞風負笈者不少時叔父一方面辦理學校一方面仍營貿易以資生活並爲諸弟籌教育費分遣弟宰善入日本東京高等商業學校習商錫善入山海關鐵路學堂習工徵善入天津北洋大學習法律均畢其業各有以自立惟爽善弟究心化學爲育材高才生忽於甲

辰正月因研磨藥品被炸殞命年僅二十此則叔父生平所引爲大戚者余方幼時叔父命學爲科舉文字改削講解不遺餘力冀余得一衿以博先王父歡後康南海到滬叔父挈余往謁於靜安寺邸擬令余執贄受業余自以程度過淺未敢遽次由今追思益深負叔父之期望矣歲庚子叔父乃將育材畀余接辦余之兢兢繼述叔父之志者僅此而叔父之先覺覺人可謂至矣

叔父具治事才有指揮若定之概早歲佐先大母處理家務則有家用預算表凡各人用款以及交際善舉膳食工資之支出與夫產業之收支支配縝密附以說明書一目瞭然後館於金山錢氏姑母家則爲規設義莊有義莊條規之作及擬設育材書塾則有書塾章程之作時全國未有學校學校章程此其嚆矢浙江官書局曾刊行之製造局有廣方言館者由來舊矣歲丙午陸軍部札飭改爲兵工學堂總辦魏公[illegible]聘叔父爲庶務長規畫其事時叔父年五十有三矣奉職後即請往漢局所設兵工校考察一過兩月而返時魏已去任繼之者爲張公[illegible]叔父進一說帖條舉辦法張大嘉納即改任叔父爲校長整頓校務注重數理化各科並添建實習廠聘兵操教員日習射擊及戰陣之學以符兵工命名之旨三年成效大著校譽日隆凡此之類一經叔父規畫靡不措置得宜坐而言者可起而行也

叔父秉性剛介人不能干以私生平赴義若渴疾惡如仇遇有不平事輒挺身干涉不設疆畛早年精科舉業曾補廩膳生吾邑士習以廩保爲美缺叔父爽然不屑食餼數年從未認保一人族人子弟入學者輒命遵例封銀四兩謁學師儕輩或怪之不知乃叔父剛介之性使然也叔父每爲人經理或交涉事件不特不受金錢人或有以雞豚果餌饋者輒反形不快方經營典鋪時松屬各縣典業因加稅事羣情惶急公推叔父赴省稟官求免叔父奔走甯蘇卒邀督撫批准來往用費從實報銷各典饋贐皆堅卻之自此聲譽徧於松江商界以事請謁者踵相接叔父一一爲之處理無不滿意而去南翔汛官黃某因事敲詐鄉農叔父控之上官卒被撤差黃某松人固日與叔父相酬酢者鄉農與叔父素不相識亦非有所請託也南翔商會先部

章成立規畫多出叔父之手逕被舉爲第一任總理越年滬翔通車車站離市約二里行旅苦之叔父創議集捐闢築馬路直達車站稟縣出示購地全路中段悉定而西首之接車站及東首之接南市者皆教民地唆使神父出面抵抗並立天主堂界石以示不讓縣官懾之叔父乃約同縣官赴徐家匯教堂向法人崔院長力爭院長派人莅勘不得要領叔父復往上海三德堂見艾主教理論良久卒允照章給價拔去界石而路以告成其見叔父之剛腸毅力惜余約略記憶不能了了且記憶者又僅一二事也

叔父自主持南翔商會擔任地方義務勞苦已極兩載後雖解總理職然翔地凡有大興作或非常變故叔父仍無役不從里中咸倚重之以余所聞若河工之整頓警務之改良鄉自治之設施保衛團之組織叔父事事參與其間爲之謀主他如提倡女學籌款改組私立女校至改歸縣立而後已贊助義務小學募集基金建築校舍叔父迭次函令弟輩在外儘力勸募間有自斥巨金扶持公益不厭不倦

叔父以弟輩成立各有職業家庭財政稍紓困難乃以其間作汗漫遊凡河洛京奉交通之區山水勝處皆爲遊蹤所至又嘗約同志遊日本數月而返民國六年叔父年六十有四即改號未叟之年余以新年赴謁翔宅叔父詔余曰六十四卦終於未濟天道窮人事盡可以已矣自後餘年不復與聞世事但栽培花木以遣歲月將與草木同腐矣又曰精力漸衰神明內疚產生一世徒耗天地間物力耳可以已矣是年元旦密書遺囑一通藏之篋中蓋叔父閱歷湛深而達於生死之故者如此去歲弟輩爲叔父娛老計得比鄰吳氏廢園葺而新之叔父欣然顏其額曰規庵擴白蓋隱寓子山小園樂天池上之旨焉余等以爲叔父自此遂集親友頤養天和暮景桑榆當未有艾初不意一病而竟逝也逝後族人之來弔者咸喟然曰自今吾族有糾紛事無解決之人矣里人之來弔者咸咨嗟歎息曰自今吾翔少一保障公道正義之人矣嗚呼叔父以一身繫家族及地方之望者如此忍令湮沒而不彰乎拉雜書此不能成文閱者諒諸

姪楨壽謹述

序文

諸同學今者將離吾校而他往矣區區之愚欲出一言以爲贈而對玆環境惘然若有無窮之感者無已姑與諸君談十年之經歷

辛亥八月武昌首義各省響應學生離校過多遂決停課而以經常費助軍需是年學業上所受損失最鉅

民國元年春季始業迫促補課延至夏季畢業五十五人

二年夏畢業二十五人時以宋案發生各方面顯露不安之象我校地位適界龍華與高昌廟製造局之間七月二次革命起滬南戰禍甚烈幸值暑假不致有妨開學是年秋添建化學試驗室九間平屋五間

三年夏畢業生三十人是年歐戰事起

四年一月日本乘歐戰方劇突向我國提出二十一條之要求延至五月七日送致最後通牒於我政府政府不得已而承認之此五九所以爲國恥紀念也是年夏畢業二十人未幾帝制議起局勢激變肇和兵艦砲聲突作滬南又大騷動既而雲南起義影響遍全國矣

五年江浙等省軍隊紛紛調動延至夏初人心不安不復能在校中修學乃賃用打鐵浜商業學校舊址上課畢業三十九人時袁氏顛覆國內氣象一新是年七月即諸同學來校始業之期也

六年夏畢業二十五人時又有復辟之變

七年夏畢業三十八人成績最佳之邱君開驊冬間歿於唐山工校越年劉君家麟自北洋大學以學潮被舉爲學生代表因事來滬不幸染疫歿於醫院

八年夏各校愛國罷課因成罷市之舉本校不能舉行畢業試驗僅準平時考分給授證書得二十三人今年春間感受刺激發憤投江之周君維新卽是屆畢業生也

九年夏畢業生四十一人距皖直戰禍之作僅數日也

今五年諸同學又屆畢業之期而有辛酉級刊之舉臨別贈言復烏能已余惟綜理校務已二十年私家設學經濟支絀事倍功半本不待論當前清之季初以爲政體改建共和雖不敢有多大希望而教育實業爲立國之根本當必彼善於此豈知忽忽十年不獨扶植無

3

人而種種波折僅求能維持現狀亦深感困難一校如此各方面事業之遭頓挫寧可以僂指計者推求其故全國之臲卼不安者其殆以乏人主持故乎學校之設本爲造就人才起見則余今日擇片言以贈諸同學此後應時勢之需要亦惟善自造就而已試再與諸君縱談國內情形中央號令無力行於各省軍隊林立治安不復可期非無人何以至是產業抵押殆盡而外債之額繼長增高歲出卒無法減少外交日益失敗而人民深惡痛絕之高徐濟順滿蒙四路吉會等約猶將遂乘進行非無人何以至是蒙事則混沌已甚統一則希望幾絕非無人何以至是推之一地方一團體營私罔利成績無有者居大多數人才消乏至今極矣故余以爲欲改進中國無他道也於人的問題加之意焉可耳余維持本校縱極竭蹶思有以自效固猶夫人也惟於當代賢哲因與惡社會奮鬭之故致多數青年捲入漩渦則常中夜旁皇而未敢輕率從事何者犧牲青年寶貴之光陰使爲社會服務得失是否相償余實未能輕下一斷語諸同學來校數載幸能與余相安於措潛心向學不與外務在事實上余所減困難之點固已多矣誠能不自菲薄深造有得才不論大小而各有其辦事之方法在社會之改進不在玆乎余壯年精力大半消耗於本校惟規畫所及往往力與願違大局如斯希冀安在而生活程度視昔倍高所有起居飲食學業設備僅能盡其力之所及而止因此苟簡因循貽諸同學以巨大之損失者隨在可見縱復忍而不校而躊躇無措之懷每一念及輒與共事諸君歎息道之今而後諸同學均爲校友會會員凡諸校事咸有與聞之責果能舉其所身受者進而商補救之策與夫措置之方事半功倍本校之厚幸又當何如民國十年五月上海王培蓀序

國勢如此無事不可憂而心腹之患在人才破產人才之養成非可期諸旦夕也華夏立國數千年古昔遺傳豈無一二有裨於現世者細思之又奚止一二而躁妄之士不加致察不肯分析一概抹煞以爲此皆莠草非芟淨盡未可止也其自命爲覺悟者覺悟初未澈底鑿行盲從徒求其怪異爲快半無當於事理於是新惡舊非舊之善者亦惡之背道而馳永無融貫底中庸之望不中庸者無適於時人才乃益告匱所謂人才者條理清楚亦一大要件窮理盡性之學整理吾人之腦筋要有大益而提倡新教育者又多忽之忽之不足且欲革之革之而冀得益亦顧身而忘心矣況未益乎心地日糊塗學亦烏能適用以此造人才人才不至於破產不止也廷翰任南洋中學教課十餘年薄弱淺陋初無裨於諸生而諸生之修養得異動靜合法則夢寐縈思以爲中多適時之人才也廷翰今爲商人矣承諸生不棄當畢業之時猶屬以一言相勗盛誼可感甚願諸生保住其固有之長當人才破產之時而爲中流之砥柱焉

中華民國十年嘉定李廷翰

諸位，刊印紀念册，要徵求我一點意見，放在裏面。我近來看了漢魏叢書中幾種重要書籍，又看了一些新出版物；都放到腦髓上去回想回想，又把中外的歷史印證印證；求出一個公理來了。我以爲造成世界上各種現象，離不了一個「力」字，沒有力量，這一個時代、彷彿就和「沒有」一樣。這是甚麼說數呢因爲沒有特別顯著現象的緣故。但是做到現在的人，力是應該培養的，不過培養力的方法，不

4

王培孙校长序文，《南洋中学辛酉级纪念册》（1921年）

教育今昔之經過

王植善

丙寅秋、母校舉行三十周紀念。廣徵海內外同學之文字。彙刊行世。所以使南洋之名、與碩儒之經綸、並垂於久遠。同人之所以壽母校者。其意可謂深且遠矣。噫嘻、三十年爲一世。人生長壽不及百年。母校之與其一世哉。以愚昔日年少氣盛。馳騁當代。而交接天下賢豪。意氣之槩不可一世。日月幾何。而吾之丹者已爲槁木。黑者已爲星星。白雲蒼狗。電光石火。人事興衰之感。家國存亡之歎。憂患之生、六十之年。回首三十年中雲煙變幻。雞蟲得失。撫今傷逝。不知從何處說起。且亦不知所以爲母校壽者。夫學者多貴古而賤今。談者有廢視而任聽。今古影象之不同。或亦視聽任廢之各異。居今之世。而追述往昔之教育事業。則貴古賤今之念。不禁油然以生。三十年教育界之變遷。愚以一人目擊而身歷之。則凡愚所感想者。廢視任聽之誚所不受也。愚主持之南洋中學、今且三十一年矣。自離母校。卽任南洋中學事。憶予初主中學也。生徒不過數十。而聘請教師極艱。校課之中。物理化學之設備教授最爲難事。有熟習日文之教員、不諳英語。而生徒每自行集合購西文原本孜孜參考。早作夜思。尙憶某日某君授物理拆闘時鐘機器。學生圍坐討問。經日不散。由今思之。求真之誠。耐勞之心。今之學生未可與從前同日而語也。嚮之鬧風潮者雖時或發生。而指導得宜之學校。則師弟之間。敬愛之義猶有存者。學生投軍入伍者有之。從事革命者有之。其英姿勃發之雄心。純一進取之壯志。今之學生似又未可同日語也。居今日而觀中國。尙有教育可言耶。整頓名教。提倡風義。凡可以保存國性而振勵民質者。無不以反動派之名義目之。嚴

考績振紀綱者。無不以蔑視學生人格誣之。校政公開。而學生反弟爲師矣。反對考試。而青年之技能未由養成矣。政黨充塞。而理智闇於黨綱。真理無由發達。不啻回復中世紀宗教威權統制一切之景象矣。且夫師弟之間不尙感育、而謀對付。不尙誠心、而重機詐。自儗勞資之懸絕。因啓階級之戰爭。現象若此。自今以往。教育事業之不能發展。蓋亦世界自由主義不能向榮之同一潮流乎。一黨專制主義治國。皆自由主義之致命傷。亦教育真義之蛇蝎也。予今老矣。少年所志。百無一遂。而獨於垂暮殘年中。覩此教育界之特殊狀態。瞻望滬西。吾母校之鐘塔矗立雲表。隱約可見。教育事業未來之進化。變遷孔多。正未容置其懷念。獨吾質非金石。軀本骨肉。行見雲煙過去。而吾舊時母校風物。永無重見身歷之日。爲可慨已。

王培孙：《教育今昔之经过》，《南洋大学三十周年纪念征文集》（1926年）

發刊詞

王培孫

本校於民國十八年。以校友諸君之熱心。發起募捐。建築科學館。承各界賢達之厚愛。慷慨捐助。達三萬餘圓。期年而工程告竣。校友咸喜本校組織。漸臻完備。決議今年雙十節。舉行卅五週紀念會。將集歷屆同學。聚首一堂。甚快事也。不意夏秋之際。各省水患。災民達數千萬。剿匪未告成功。而拯溺不容稍緩。開學後。同學間有以停止紀念。移款賑災爲請者。付校友會討論。僉曰可。決罷紀念會中之娛樂。以其款約二千圓。改充賑災。而紀念册付印在先。仍不廢焉。同人援卅週紀念會之例。屬弁數言於簡端。余追惟陳迹。株守斯校將卅年矣。校之發展。與國之治亂相依倚。教育政治。固息息相關。同其休戚也。當遜清季葉。甲午之役。創巨痛深。朝野憬然。競言變法。維新興學。尤爲先務。本校應此潮流而建立。其始不過家塾之擴充。繼構新舍。遂爲今校。越二年。民國肇造。袁氏叛國稱帝。本校不願有求於當局。以污神聖之教育。寂而不動者六年。項城敗而軍閥割據之局成。東南軍閥。雖圖私利。尚稍知自愛。不敢擾民。無甚苛政。省庫較裕。故本校自清吏批准。每年撥助省款五千圓。民元以來。仍循原案。常能照領。十餘年未曾間斷。經常用度。賴以維持。惟在南北分裂對峙時代。自中央以至各省。無不利用學生爲政爭工具。教育事業。捲入漩渦。學潮迭起。社會對於教育。冷淡已極。當時本校圖書館之建築。亦嘗募捐。綿亘數年。始獲成就。且民七以迄民十六。十年之間。以環境不安。使辦學者心灰志隳。雖晨鐘暮鼓如常。實無

南洋中學三十五週紀念特刊　發刊詞　一

南洋中學三十五週紀念特刊　發刊詞　二

進步可言。迨國民政府奠都南京。政治如何。非本題範圍。不遑置論。而學生心理。已由厭倦而趨鎮靜。本校得於三數年中。募集建築捐款。科學館卒能落成。而五千圓之省款補助。則自國府成立以後。中止撥給。常年開支。益覺捉襟見肘。教育事業之進退。與時局之關係。有如此者。至青年在校。每逢國事蜩螗。學潮洶湧。耳聞者罷課。目見者游行。思想以煩悶而迷惑。學業以騷亂而荒落。此時成績減退。較平時蓋百與五十之比例焉。夫全國求學青年。成績減退。實爲社會無形之損失。國家莫大之不幸。彼嫉視我國之強鄰。且竊笑於旁。引爲私幸矣。愛國者對此。其痛心爲何如哉。本校紀念典禮。亦既一而再矣。竊祝吾校者。輒以余三十年之株守。猥加嘉許。顧此三十年來。砥柱於惡劣環境之中。左支右絀。經無數之風波。感莫大之痛苦。語其大且顯者。有如癸丑之役。甲子之役。丁卯之役。絃誦中輟。動歷數月。兵燹之下。僅僅以免於灰燼爲慶幸。亦可哀矣。假令本校所處時代。同於明治維新之世。國運日隆。教育事業。相隨孟晉。或不難與福澤餘吉之慶應義塾比肩。而吾人所以報國家者。何至經歷如許之歲月。而所成就僅此戔戔紀念之一小册。此余所爲握管臨穎。而不勝感慨者也。嗚呼。今日人方佔吾遼東。如入無人之境。最高學府。如東北大學。馮庸大學。皆遭池魚之殃。本校過去之所遭如此。未來之驚濤駭浪。不知何如。求學於此之青年。所荷未來國民之責任。較余輩老朽。其艱鉅更不知何如。可無深念哉。可無深念哉。

王培孙:《南洋中学卅五周纪念特刊》发刊词（1931年）

述從兄引才事

王培孫

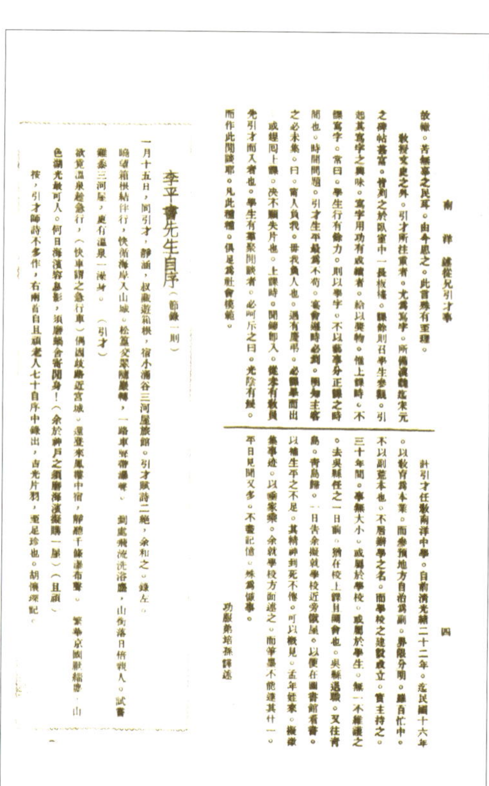

李平書先生自序

王培孙:《述从兄引才事》,《南洋》(1934年)

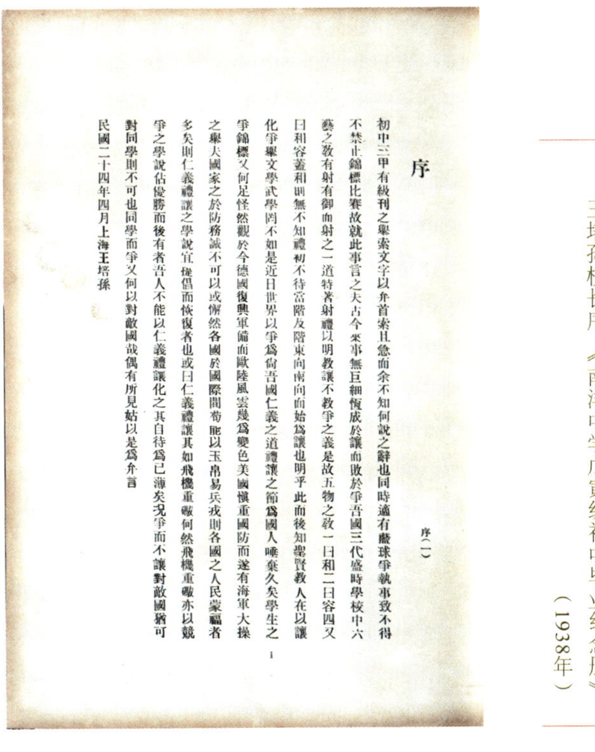

序

初中三甲有級刊之舉索文字以弁首索且急而余不知何說之辭也同時適有蹴球爭執事致不得不禁止錦標比賽故就此事言之夫古今來事無巨細恆成於讓而敗於爭吾國三代盛時學校中六藝之教有射有御而射之一道特著射禮以明教讓不教爭之義是故五物之教一曰和二曰容四又曰和容蓋和則無不知禮初不待當階及階東向南向而始為讓也明乎此而後知聖賢教人在以讓化爭舉文學武學罔不如是近日世界以爭為尚吾國仁義之道禮讓之節為國人唾棄久矣學生之爭錦標又何足怪然觀於今德國復興軍備而歐陸風雲幾為變色美國慎重國防而遂有海軍大操之舉夫國家之於防務誠不可以或懈然各國於國際間苟能以玉帛易兵戎則各國之人民蒙福者多矣則仁義禮讓之學說宜提倡而恢復者也或曰仁義禮讓其如飛機重礮何然飛機重礮亦以競爭之學說佔優勝而後有者吾人不能以仁義禮讓化之其自待為已薄矣況爭而不讓對敵國猶可對同學則不可也同學而爭又何以對敵國哉偶有所見姑以是為弁言

民國二十四年四月上海王培孫

序（一）

1

王培孙校长序，《南洋中学戊寅级初中毕业纪念册》（1938年）

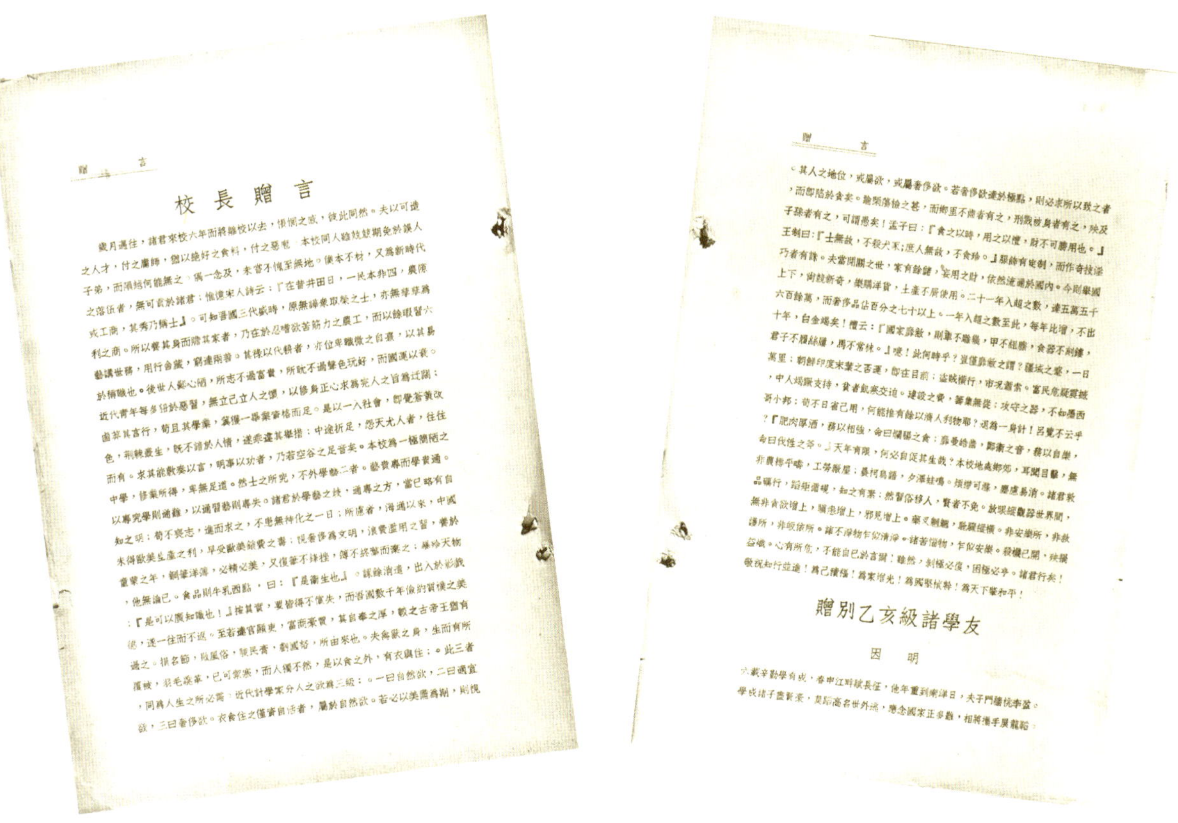

贈言

校長贈言

贈言

贈別乙亥級諸學友

因明

王培孙：《校长赠言》，《南洋中学乙亥级毕业纪念册》（1935年）

丁丑畢業贈言

王培孫

所貴乎士者善處窮通之變能擇順逆之途要其成器以適合世用不怨天不尤人不辭小就不畏困苦游於藝習於事利澤施於人孟子所謂富貴不能淫蕩其心貧賤不能移變其節威武不能屈爭其志若是而後可也本校數十年來畢業以去者何啻千百數顧以時代之或臧或否而事業或立或不就羣言淆亂不知何途之從時局擾攘難免懷才莫展今也不然上有賢聖之領袖為全國所擁戴其精神之感召懸如日月之光明言信行果之訓條昭然於吾人之耳目畢業於此時者得所依歸絕非昔日岐路徘徊之比則當各自策勵本新生活之規定不辭小就不畏困苦各展天賦之能以自利而利人況國家需才正急懷才不遇又何慮焉先聖有言行遠自邇登高自卑此言不辭小而後能至極也千里馬馳十里之地不患其不至百石弓射數十步之侯不患其不中是故以大就小樂天者也揚子曰不勝其任而處其位非此位之人是與其不勝而僨事何若小就而樂成伊尹負鼎而湯王五羖飾牛而秦霸是皆先小就而後大用之效也彼涉世未深者往往自負不凡有不可一世之概而終或所如輒阻蓋未知基礎之求鞏固必從下層工作做起也此不辭小就之義足為諸君告者一也

孔子栖栖墨翟皇皇夏禹治水居外八年陸乘車水乘船泥乘橇山乘樏開九州通九道陂九澤度九山而民以安是故以困苦艱難而建功立業即見稱於語孟史冊者已數見不尠要知好苦而不以為苦斯不苦矣此不畏艱險之義足為諸君告者又一也

古者為士皆出於蒞政治民之一途今則機械工程採礦冶金農工種植經商營業在在有待於開發致用者路途之廣何啻倍蓰於前故一技之長勝於擁貲千萬非虛語也至於由藝以明道則游觀其間自有適情忘返之快以視專圖分利不事生產者為何如哉孔子曰游於藝旨哉言乎蓋游有玩物適情之意而藝則日常所不可或缺者朝焉夕焉習此不倦得到左右逢源之境不特維持生計而有餘即由此以播為人之道亦不遠矣此習藝之說足為諸君告者又一義也

王培孙校长赠言，《南洋中学丁丑级（毕业纪念刊）》（1937年）

王校長序

張君鴻元來述及本屆畢業紀念之刊，余無辭以弁其首，壹似重有憾者。余憶本校移設鹽業大樓，迄今幾已三載，舉行畢業者，亦已三次矣。本屆畢業諸君，始業也在斯樓，畢業也仍在斯樓。諸君試思之：斯樓也，闤闠交易之場所，而非吾儕學子之弦誦地也。以何因緣而集於此？本校所在地，有圖書館可以檢閱，有試驗室可以研習，有操場可以運動，有公園可以散步，膳有同餐之廳，宿有共休之舍，而今數百人局促於喧擾塵俗之一樓，向之所有，悉今所無，果孰使之然哉？不寧惟是，在此三年之間，國家之命運，存乎？亡乎？數萬萬同胞，主乎？奴乎？生乎？死乎？此皆吾人日夜煎刺於腦海中者，腦海中而無此，雖謂之冷血動物，可也。諸君來此樓始業時，正如洪濤巨浪中，登一葉之扁舟，能達彼岸與否，誰難逆料，而今所幸者，中樞堅禦侮之謀，危局現轉機之象，諸君乃得託庇租界，優游於太平之一隅。以有斯樓，而得成就其所學。唐人詩云：欲窮千里目，更上一層樓。想諸君課餘之暇，時而遠矚：南天北地，與夫中原一帶，自古英雄逐鹿之區，衛國健兒，膏熱血於草莽者，何啻億萬計，目誠未見，而心非不見之也。時而俯觀：四方避難之民衆，槁頂黃馘，扶老攜幼，踯躅呼號於路隅者，日以千百計，目之所見，當無不惻然有動於心也。諸君際此慘苦之環境，既得讀書之樂，又達畢業之的，若掉弄文墨，刊冊留名外，更無其他記念，是與跳舞廳中一般癡男漬女，不識國家之存亡，不問同胞之主奴生死，又何以異？以是知諸君之所記念者，當更有在。夫一治一亂，世運之自然，而歷史之常軌也。相對之名詞，固無不循環者，三年以來，險境漸過，一陽來復，諸君適於此時畢業，行將為國家効馳驅，為同胞謀幸福，甯有不自覺其喜且慰者，記念之冊，旨或在是，其然乎否？

王培孙校长序，《南洋中学庚辰级毕业纪念册》（1940年）

辛巳級畢業紀念册序

王培孫

說文云：『心人心土藏，在身之中。』象形博士說以爲火藏，或問曰『心之於五行旣配土又配火，二說孰是？』曰：『皆是也。土藏之心，道心也；火藏之心，人心也。』大禹謨云：『人心惟危，道心惟微。』由是知人心不同，道心無不同也。所謂人心不同如其面焉者，蓋指不同之人心也。所謂惻隱之心，人皆有之；羞惡之心，人皆有之；辭讓之心，人皆有之；是非之心，人皆有之者，蓋指無不同之道心也。夫不同之人心，雖禽獸亦有之，其最明顯者，類如飲食男女，凡有血氣者，孰能免乎？斯於是有所忿懥，有所恐懼，有所好樂，有所憂患，而道心日以汩沒矣。曾子謂之不得其正而亟欲人之正其心者，實以人心與道心二者相爲消長也。人而充其不同之人心，至乎其極，則但知自私自利。其惡念如火燎原，不可鄉邇，則亦禽獸而已矣。博士說以爲火藏者，其在是乎！觀今之世，相爭相殺，危機四伏。伊考其實，亦由於一念之差耳。如得人人去其不同之心，而存其相同之心，則世界大同，可蹻足待也。夫相同之心何在？曰：孔子七十而從心所欲之心，卽作春秋時加乎王心之心，其大端無非勸善戒惡，去其自私自利，而己立立人，己達達人，如土之生萬物，王四方，而無何不在也。今者畢業之級以紀念册索余序，余感乎國際風雲之日急而括其致此之由，莫非人心所造，因述數行，欲二三子發揮其人人相同之心，去其自私自利，勉爲世界造福而後可。

王培孙校长序，《南洋中学辛巳级毕业纪念册》（1941年）

1

王校長序

人世間有聚必有散。聚而歡喜。散而不能無所留戀。人情之常也。壬午孟夏。汶林臨時分校初中諸同學將屆畢業。於斯時也。歐洲之兵戈未息。太平洋之風雲又起。滬市以此影響。生活高漲二十倍而未已。諸同學謀刊紀念册。欲充實而華美。其勢已不可得。而留戀之情所寄。事又不願中止。卒以簡單之辦法成之。蓋於節物力達人情兩全其美矣。夫當國步艱危時代。人民除思想卑劣。行爲荒謬者。乘以圖利外。無不幽怨疾痛。困心衡慮。以圖救亡。期復和平。而人才於是乎奮起。生於憂患。死於安樂。孟子之言。吾儕之明訓也。諸同學畢業後。毋忘此紀念之時代。庶乎其可。

民國三十一年五月王培孫記於大同坊寓廬

王培孙校长序，《南洋中学壬午级毕业刊》（1942年）

甲申級畢業紀念册序

王培孫

王培孙校长序，《南洋中学甲申级毕业纪念刊》（1944年）

序　文

甲申級畢業紀念册序

王培孫

— 1 —

王培孙校长序，《南洋中学甲申级毕业纪念刊》（1944年）

師生文藝

錢新之先生六十壽詞（代南洋中學）

陳子彝

林君斐成誄詞（代王培孫先生）

陳子彝

— 1 —

陈子彝代王培孙校长撰稿，《南洋中学复校特刊》（1948年）

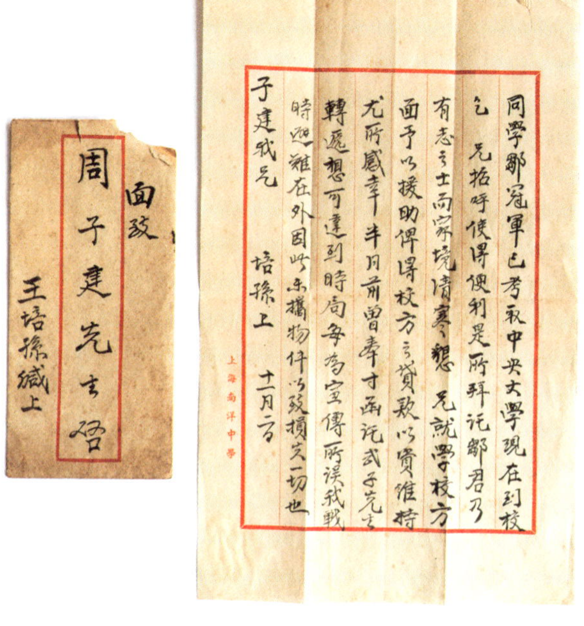

面致
周子建先生台啓
王培孫緘上

同學鄒寇軍已考取中央大學現在到校
乞 兄招呼使得便利是所拜託鄒君乃
有志之士而家境清寒懇 兄就學校方
面予以援助俾得校方之貸款以資維持
尤所感幸 半月前曾奉寸函託武子先生
轉遞想可達到時局每為宣傳所誤我戰
時避難在外因此未攜物件以致損失一切也
子建我兄
培孫上 十一月六日

上海南洋中學

王培孙信函原件（选）

王培孙印

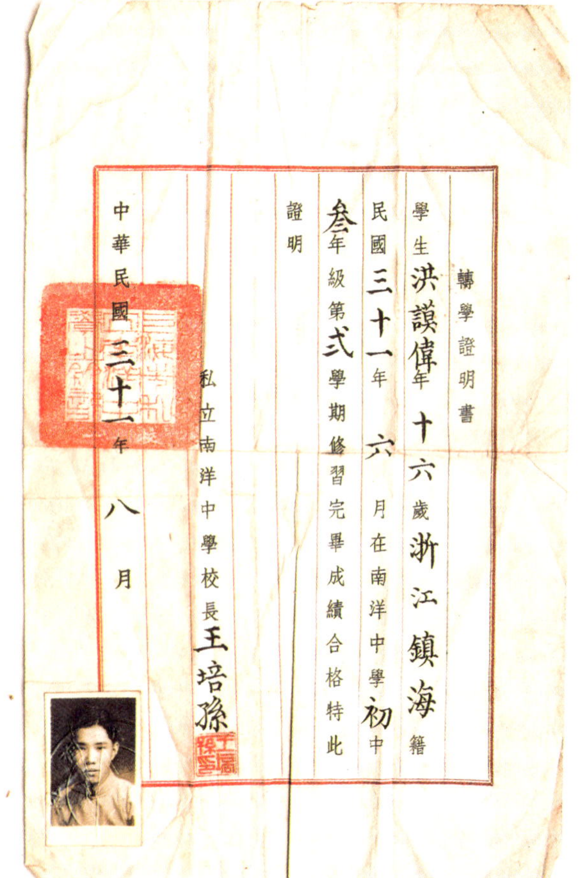

轉學證明書
學生洪謨偉年十六歲浙江鎮海籍
民國三十一年六月在南洋中學初中
叁年級第式學期修習完畢成績合格特此
證明
私立南洋中學校長王培孫
中華民國三十一年八月

王培孙校长签发的转学证明书（1942年）

前程無量
乙亥初中三甲級畢業紀念
王培孫題

王培孙校长手迹，“前程无量”，《南洋中学戊寅级初中毕业纪念册》（1938年）

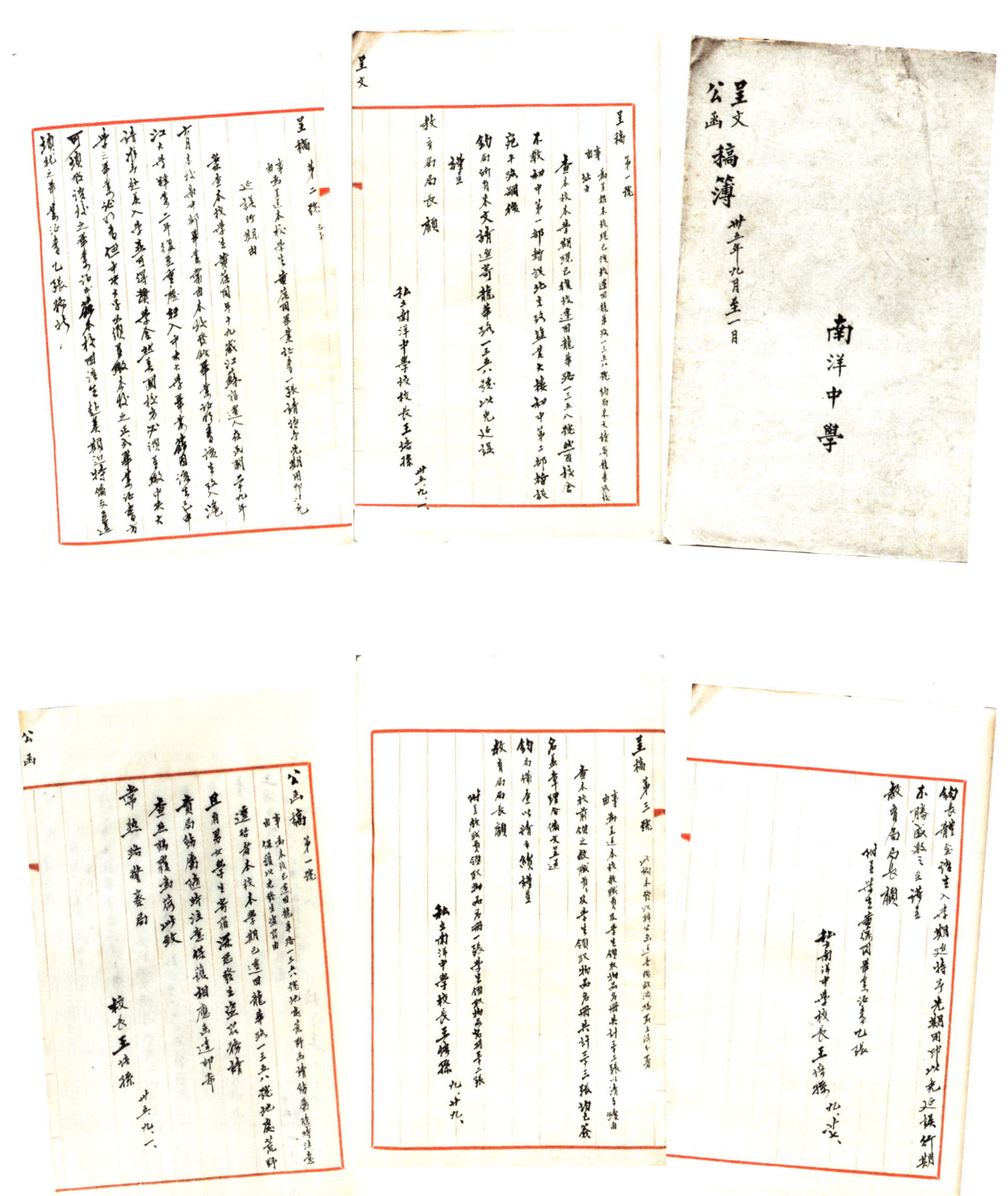

呈文
公函
稿簿

南洋中學

南洋中学呈文公函中的王培孙校长手迹（1946年）

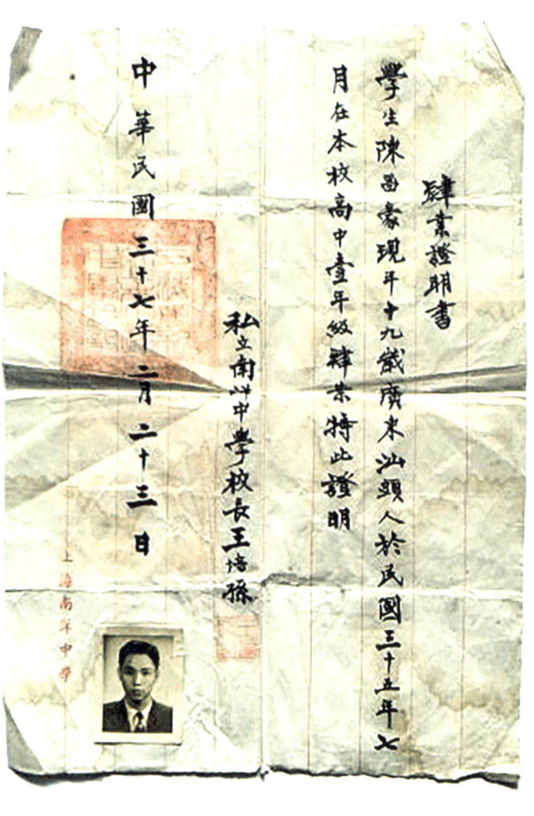

肄業證明書

學生陳函豪現年十九歲廣東汕頭人於民國三十五年七月在本校高中壹年級肄業特此證明

私立南洋中學校長王培孫

中華民國三十七年二月二十三日

上海南洋中學

王培孙校长签发的肄业证明书（1948年）

兩週前郵奉寸函想可達到
南中復校第一步總須借款 兄明春亦必即回上海請先
致函伯元懇切託其主持並規劃如何募捐之法有此一信
伯元當更負責需款進行當在四月間
孫君同學三位資格經驗充分無論政府絲毫關係政
府需人之際雖三位同學並不須薪水受日而為事擇
人在用人者自當計及故奉上履歷片各二紙乞儲諸夾
袋中備隨時推介何如
新之我兄 培孫拜上
一月廿八日

上海南洋中學

王培孙信函（选），
1946年1月28日

臘盡春初轉瞬逝去々冬曾寄寸函談及伯元意
請達詮加入校董此函未得復不知收到否為念
南中復校須先借款一面募捐募得隨還擬懇
兄先函伯元籌辦借款事若待 駕來恐太遲不
及應付急需是否可行盼即見復示我南針至所
感幸我今衰邁不能奔走活動致復校進行為難
無可奈何一切須仗 大力矣
新之我兄大鑒 培孫拜上 三月三日

上海南洋中學

王培孙信函（选），
1946年3月3日

茲定六月十五日（星期日）正午十二時在
龍華路外日暉橋西首（大木橋路底）敝
校高中部舉行校董會議報告復校情
況討論興革事宜屆時敢希撥冗
惠臨指教此致
新之校董先生
王培孫謹訂
三六、六、一一、

已悉

上海南洋中學

王培孙信函（选），
1947年6月11日

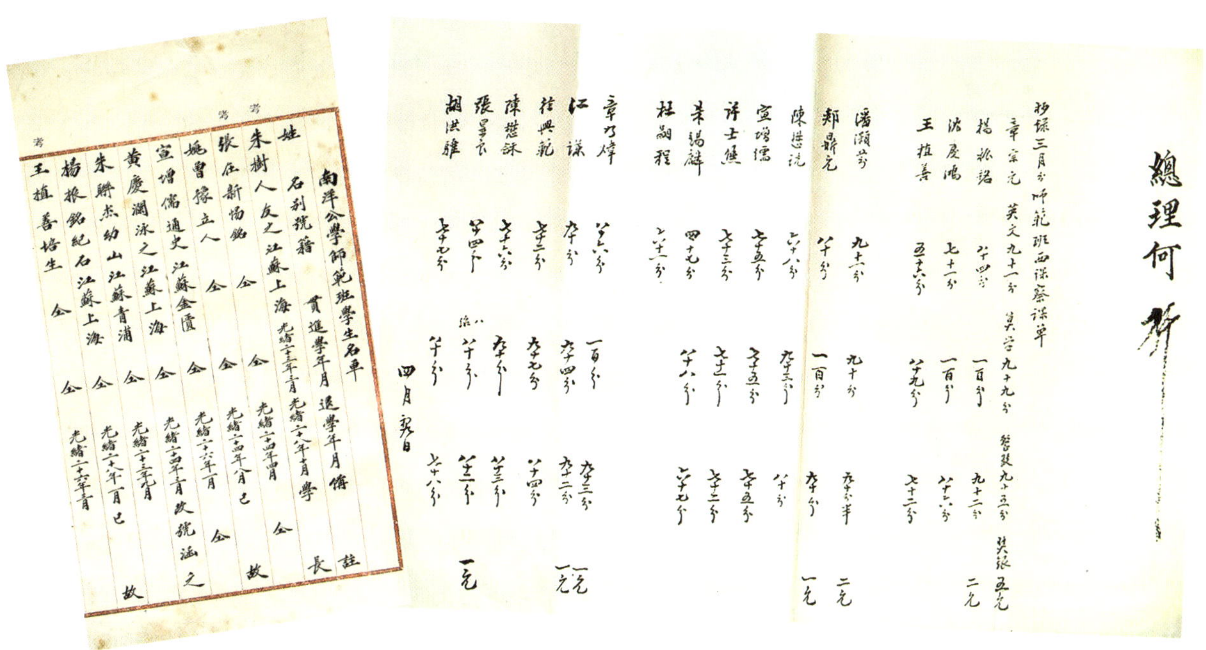

南洋公學師範班學生名單

姓名	字	籍貫	進學年月	退學年月	備註
朱樹人	友之	江蘇上海	光緒二十三年十二月	光緒二十八年十月	學長
張在新	協銘	仝	仝	光緒二十四年四月	故
姚曾綬	立人	仝	仝	光緒二十四年八月	已
宣增儒	通史	江蘇金匱	仝	光緒二十六年十一月	仝
黃慶瀾	泳之	江蘇上海	仝	光緒二十四年十一月	改號涵之
朱聯杰	幼山	江蘇青浦	仝	光緒二十三年九月	故
楊振銘	紀石	江蘇上海	仝	光緒二十八年一月	已
王植善	培生	仝	仝	光緒二十六年十二月	

抄錄三月分師範班西課察課單

總理何

上海交通大学藏王植善（培孙）部分档案。
《南洋公学师范班学生名单》（1902年），
内有王植善，即王培孙

上海交通大学藏王植善（培孙）部分档案。
《南洋公学三月份师范班西课察课单》（1899年）

具保證書王植善今保到
大部派赴英國留學生潘善聞到英之後如有不遵志
願書所載各節以致追繳歷年培植之費保證人願
擔責任具此保證書爲憑
宣統元年六月十五日具保證書人王植善
住址上海西門源壽里
職業南洋中學校長

上海交通大学藏王植善（培孙）部分档案。
《南洋中学校长王培孙签发的留学生具保证书》
（1909年）

歷年同學姓氏錄 現在留學外國同學姓氏附後

姓氏	字	籍貫	學位	職業	通信處
丁紫芳	芷舫	浙江紹興	工科學士	浙江海塘測量處技正	海寧浙江海塘測量處
丁樂沂	魯源	江蘇灌雲		北鹺高等小學教員	江蘇灌雲縣板浦西街
丁冕英	宗一	湖南長沙		南通代用師範學校教員	南通師範學校
丁燮林	巽甫	江蘇泰興			
丁大芬	挹清	江蘇吳縣		長沙中國銀行	上海八仙橋榮祿里第十一號
力任	任之	福建永泰		上海澄衷中學教員	上海澄衷學校
力仲辰	揚庵	福建福州		澄衷中學英文教員	上海唐山路澄衷中學
于基恒	定一	江蘇嘉定		福建鹽務稽核分所課員	福州營房裏鹽務稽核分所 又 南翔西市
于同陟	嘉伊	江蘇無錫		上海通惠實業公司會計員	上海四馬路十六號樓上第五十六號室
于基億	貫一	江蘇嘉定		山東鹽務稽核所主任	南翔西市
王世澄	君宜	江蘇吳縣	商科學士	財政部僉事	北京施家胡同浙江興業銀行轉
王植善	培孫	江蘇上海		南洋中學校長	上海外日暉橋南洋中學

歷年同學姓氏錄

一

上海交通大学藏王植善（培孙）部分档案。
《交通部上海工业专门学校——历年同学姓氏录》
内有王植善即王培孙（1917年）

▲陳士鈞君已辭津浦鐵路車務處職，地址不詳。

▲王志莘君原任農民銀行行長，近受上海新華銀行之聘為經理，已赴滬。

▲程履謙君原名殿輝，近來京入鐵道部統計處。

▲尹國墉（仲容）君辭建設委員會職，赴陝西西安就教育廳事。

師範班同學調查 十九年十一月

章伯初

姓名	號	職業	住址
朱樹人	頫之		上海西門蓬萊路六號
張在新	惕銘	上海新聞報館編輯	上海西門蓬萊路梅溪學校隔壁
吳敬恒	稚暉	中央監察委員	上海環龍路志豐里十號
陳懋治	頌平		北平東觀音寺草廠胡同十六號
黃慶瀾	涵之		上海西愛咸斯路三八六號
朱錫麟	畊石		
王植善	培孫	南洋中學校長	上海西門外日暉橋南洋中學
沈慶鴻	叔逵		上海徐家匯虹橋路後胡家宅九號
張一鵬	雲搏	律師	上海白克路修德里
項思勳	玉書		
楊志洵	景蘇		北平東單洋溢胡同五十號
劉垣	厚生		上海霞飛路葆仁里七號
林文棟	植齋		上海愛文義路景星里後街六四號
胡洪騏	紹之		
汪有齡	子健	律師	上海西摩路大同里四九三號
劉德裕	左寬		蘇州古市巷

上海交通大学藏王植善（培孙）部分档案。《师范班同学调查》，《南洋友声》1930年第11期

甲 上海本部

南洋公學師範班

姓名	入校年月	離校年月	學歷	備註
朱樹人	民元前15年3月	民元前10年10月	師範生	
張在新	民元前15年3月	民元前14年4月	同上	
姚曾豫	民元前15年3月	民元前14年8月	同上	
宜增儒	民元前15年3月	民元前12年1月	同上	
黃慶瀾	民元前15年3月	民元前14年3月	同上	
朱聯杰	民元前15年3月	民元前15年9月	同上	
楊振銘	民元前15年3月	民元前10年1月	同上	
王植善	民元前15年3月	民元前12年3月	同上	
朱錫齡	民元前15年3月	民元前12年8月	同上	
沈慶鴻	民元前15年3月	民元前10年12月	同上	
張一鵬	民元前15年3月	民元前15年9月	同上	
項思勳	民元前15年3月	民元前14年1月	同上	
陳懋治	民元前15年3月	民元前11年12月	同上	
陳懋功	民元前15年3月	民元前14年8月	同上	
陳懋龢	民元前15年3月	民元前12年1月	同上	
楊志洵	民元前15年3月	民元前14年6月	同上	
蔣祁琮	民元前15年3月	民元前15年5月	同上	
沈寳賢	民元前15年3月	民元前15年5月	同上	
潘敦先	民元前15年3月	民元前15年3月	同上	
劉垣	民元前15年4月	民元前12年8月	同上	

上海交通大学藏王植善（培孙）部分档案。《交通大学校友录——南洋公学师范班》（1936年）

王贊澧		河北安平	北平	本校北平鐵道管理學院		北平交通大學鐵道管理學院
王植善	培孫	江蘇上海	上海	南洋中學校長	上海龍華路南洋中學	
王湧海	匯江	江蘇無錫	上海		上海城內西紫華路一號	
王惠溥		河北阜城	北平			
王欽理	直錚	山東泰安	北平	膠濟車務處運輸課	泰安城後營街三號	青島膠濟鐵路車務處
王頤穀			上海			
王頌頤		江蘇上海	上海			
王萬善		江蘇上海	北平			
王澄中	建章	四川江津	唐山		山西太原晉綏兵工築路總指揮部總工程司辦公處	太原同蒲鐵路工程處
王瑞五			唐山			
王瑞生		河北唐山	唐山			
王敬立	孝章	浙江黃巖	唐山	北平市政府技士		北平西苑府關東店七號
王殿臣	佐庭	河北豐潤	唐山			
王準臣		浙江奉化	上海		上海圓明園路二〇九號永安煤號	民十山唐院轉濕機械科
王獻壯		湖南長沙	北平	交通部南京電報局無線電工程師		南京交通部南京電報局

上海交通大学藏王植善（培孙）部分档案。《交通大学校友录——南洋公学师范班》（1936年）

王清穆	丹揆	江蘇崇明	監督	民元前七年八月	民元前六年二月	上海	
王華棠		河北趙縣	總務主任	民國十九年五月		唐山	
王康壽	晉蕃	江蘇太倉	監學	民元前三年八月	民元前一年十二月	上海	
王植善	培孫	江蘇上海	齋務長	民元前七年八月	民元前六年二月	上海	
王登傑		河南潢川	中文書記	民國十一年九月		唐山	
王渭源	友漁	江蘇崇明	監學	民元前七年八月	民元前四年八月	上海	
王韞衡		廣東台山	工務員			唐山	
王學浩		浙江吳興	註冊員	民國十八年十月	民國十九年六月	唐山	
王翰傑		河北大名	助理員	民國十六年八月	民國十七年七月	上海	
王繩善	爾紳	江蘇上海	機械學院院長	民國十四年八月	民國十九年七月	上海	初任機械工程科長十八年改院長
王蘭亭		河北灤縣	事務員	民國十九年八月	民國廿二年十二月	唐山	
王藏始			齋務長	民國元年七月	民國元年十一月	唐山	
王鑑武		河北大名	體育主任	民國十九年八月	民國廿年八月	唐山	
尹會雲		河北大城	會計員	民國十二年十月		唐山	
史濟恩		浙江餘姚	事務員	民國十八年十一月	民國十九年七月	唐山	

上海交通大学藏王植善（培孙）部分档案。《交通大学校友录——离校职教员录》（1936年）

To the Graduates of 1937:

NANYANG MIDDLE SCHOOL SENDS YOU GREETINGS AND WISHES YOU SUCCESS.

WANG PEI-SEN,
Principal

Office of the Principal,
Nanyang Middle School,
Shanghai, China
May 28, 1937

王培孙校长，《南洋中学丁丑级（毕业纪念刊）》（1937年）

教職員通訊錄

姓名	號	職務	籍貫	通信處
王培孫先生	植善	校長	上海市	本校
顧因明先生	天放	教務主任兼授歷史	上海市	本校
何元明先生		訓育主任	江蘇太倉	上海市黨部
金貫齋先生		訓育員兼授公民	江蘇武進	常州白馬三司徒里措袍園
吳厚壓先生	祝雲	庶務主任兼授算學	浙江吳興	上海小東門外小石橋街十九號
沈潤生先生		庶務員	上海市	本校
朱振青先生		書記	江蘇無錫	無錫歡喜巷七號
徐承恩先生	幼芝	圖書館職員	江蘇松江	松江張澤鎮
顧玉冰先生		圖書館職員	江蘇青浦	青浦章練塘港
吳訓宜先生▲		國文	江蘇泰縣	泰縣北門外穗坊巷
滕元白先生		國文	江蘇無錫	蘇州甘露鎮
葛嘯盦先生	小厂	國文	江蘇嘉定	上海龍華路外日暉橋八百十五號
任尌南先生		國文	江蘇宜興	上海小西門內縣教育局二弄十五號
楊頌華先生		國文	江蘇太倉	太倉毛家市
周文炯先生	鈞如	英文	上海市	上海西門內莊家街八二弄八號
陳學海先生	仲誼	英文	浙江定海	上海慕爾鳴路三百弄十一號
鄭惠祥先生		英文及西洋史	福建閩侯	上海施高塔路淞雲別業四一號
王德龍先生▲		英文	福建閩侯	南京中央大學
方天培先生		英文及生物	福建興化	上海亞爾培路五七二弄鴻安坊一號
沈叔欽先生		英文	浙江	上海西門方斜路長樂里六號
沈守華先生		英文	江蘇嵊縣	浙江嵊縣崇仁鎮

— 2 —

王培孙校长住址，《南洋中学丁丑级（毕业纪念刊）》（1937年）

上海人名錄　四畫　王

姓名	住址	電話	職業
王雲廬	靜安寺路新世界西首鴻運別墅A十號上海日報	九一〇六七	主編
王雪鼇	北河南路洪福里一二號華豐棉織廠	四一五六二	經理
王康生	河南路二一一號商務印書館股份有限公司	九二三一〇	秘書
王培元	愛文義路福田村一四號		西醫
王培元	敏體尼蔭路五〇號老公興紹酒棧	八四六五七	經理
王培生	河南路一四五號利文工藝社（上海儀器公司）	九四二二八	[illegible]
王培清	福履理路一六八號	七三七六七	
王培基	貴州路一三一弄六號	九四七九六	
王培蓀	北京路鹽業大樓南洋中學		校長
王通民	天潼路三一八弄三三二號國際電氣冰箱公司	八五七三八	廠長
王通源	福建路三〇五弄一六號	九三八三三	
王崇本	法華鎮嚴家木橋四號十年初級中學		校長
王崇美	北京路一九〇號上海百佳股份有限公司	一三八八〇	技師
王連元	(一)白利南路北曹家宅二〇〇號(二)勞神父路三六二號源生草繩廠	八七二三八	經理
王連生	寧興街三一三號三慶園合記菜館	八一七九五	經理
王璉生	赫德路六五一號茂大米號	三三七七八	經理

九三

《上海重要人名录》（1941年）
记载的“王培荪（孙）”

22　上海百業人才小史

四畫　王

王恭槐
大豐橡皮印刷公司經理
崇市路53弄受福里33號
電話 80261

王培元醫師
年69歲 江蘇江寧人
北洋醫學校畢業曾任北洋海軍醫官大清紅十字會醫學堂校長中國紅十字會理事長中國紅十字會第二醫院院長
遠東大藥房經理
住宅 愛文義路1729弄37號
電話 35044

王培初
年30歲 浙江餘姚人
服務金融界十餘年
現任錢莊業同業公會理事
可大錢莊經理　協理王貫一
天津路195弄10號
電話 95082

王培蓀
南洋中學校長迄今四十年
北京路280號5樓

王培傑
中興新記汽水廠經理
小沙渡路1212弄1087號
電話 30476

王寅生
王寅記板箱號經理
貴州路廈門路口 161弄榮壽里10號中 電話 91405

王祥生
祥生無線電機行經理
青島路11號 電話 35329

王偉生
年52歲 上海人
一九一一年六月入郵局服務迄今凡三十五年歷任上海郵政管理局秘書處主任副會計長東川郵政管理局會計長蘇皖區懷寧一等郵局局長郵政總局供應處副處長上海郵政管理局區副郵務長局長幫辦兼本地業務股股長一九四三年原任上海郵政管理局局長乍配林去職由氏繼任局長
辦事處 北蘇州路250號上海郵政管理局 電話 40069

王祥圭
年38歲 浙江鎮海人
青年會職業夜校卒業在大豐工業原料公司習商升任各職繼續服務達二十二年自卅二年春合夥創設洪大工業原料行將來擬設廠製造各種原料
北京路304號2樓 電話10560

王得民(德明)
年38歲 江蘇泰興人
住址 白利南路兆豐別墅48
電話 22941
辦事處 南京路慈淑大樓803
電話 95292
畢業於浙江工學院曾任三友實業社杭廠染部技師振興毛絨紡織廠染色技師　現任安樂紡織廠廠長兼工務長自創民和毛織廠（東有恆路1143弄165號）自任經理兼廠長

工 商 行 名 錄
上海　全國　均有出版
精裝一厚册　龍文書店發行

王祥麟
年31歲 浙江鄞縣人
合衆公司經理
南京路233號哈同大樓108號
電話 18803

王國君
信大生記油行經理
河南路475至7號
電話 91539

王國秀女士
上海人　女士爲上海銀行界先進王雲甫先生之女公子孫瑞璜君夫人
一九二五年畢業於美國麻省Wellesley 大學一九二八至三〇年任金陵大學史科主任自一九三一年至四三年任大夏大學歷史教授歷史及社會兩科主任女士爲中華基督教女青年會全國協會會長女青年會環球協會行政委員一九三八年曾代表中國女青年會出席加拿大女青年會環球協會之會議歷任國際學生救濟委員會委員前上海工部局實業科社會科委員會委員工部局教育科副委員委員等職
現任聖約翰大學歷史教授

王國忠
年35歲 甯波人
永豐明五金號經理
芝罘路141號 電話 91796

王國忠
年26歲 紹興人
光耀噴漆公司主持人兼技師
成都路80弄3號 電話62559

《上海百业人才小史》（1945年）
记载的“王培孙”

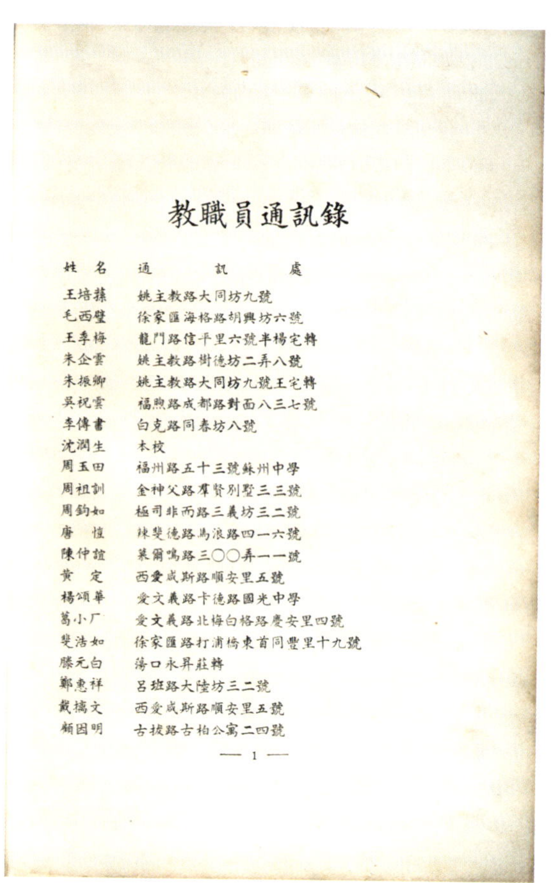

教職員通訊錄

姓名	通訊處
王培蓀	姚主教路大同坊九號
毛西璧	徐家匯海格路胡興坊六號
王季梅	龍門路信平里六號半楊宅轉
朱企雲	姚主教路樹德坊二弄八號
朱振卿	姚主教路大同坊九號王宅轉
吳祝雲	福煦路成都路對面八三七號
李傳書	白克路同春坊八號
沈潤生	本校
周玉田	福州路五十三號蘇州中學
周祖訓	金神父路霞賢別墅三三號
周鈞如	極司非而路三義坊三二號
唐　愷	辣斐德路馬浪路四一六號
陳仲誼	萊爾鳴路三〇〇弄一一號
黄　定	西愛咸斯路順安里五號
楊頌華	愛文義路卡德路國光中學
葛小厂	愛文義路北梅白格路慶安里四號
斐浩如	徐家匯路打浦橋東首同豐里十九號
滕元白	蕩口永昇莊轉
鄭惠祥	呂班路大陸坊三二號
戴橋文	西愛咸斯路順安里五號
顧因明	古拔路古柏公寓二四號

— 1 —

王培孙校长住址，《南洋中学己卯级毕业纪念刊》（1939年）

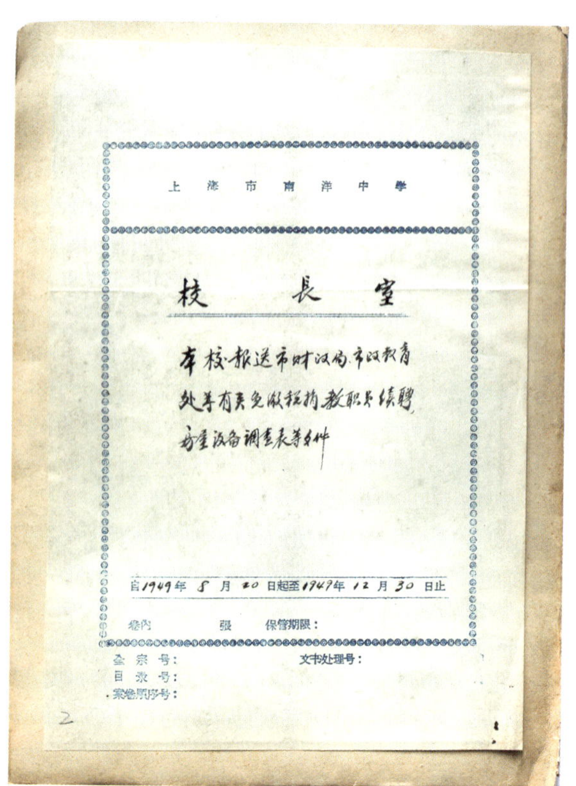

上海市南洋中學

校長室

本校報送市財政局市政教育處等有关免繳捐稅、教职員續聘、分量校舍調查表等文件

自1949年5月20日起至1949年12月30日止

卷内　　張　保管期限：

全宗号：　　文书处理号：

目录号：

案卷順序号：

2

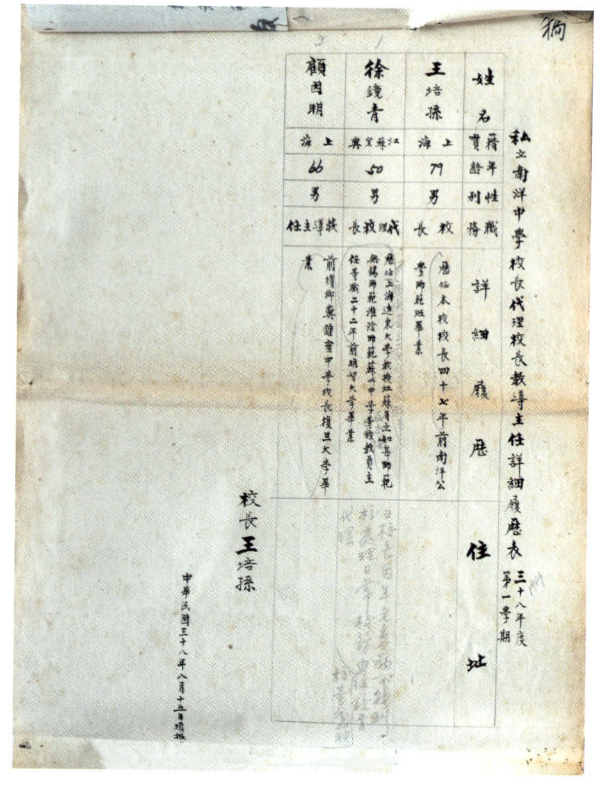

私立南洋中學校長代理校長教導主任詳細履歷表　三十八年度第一學期

姓名	籍貫	年齡	性別	職務	詳細履歷	住址
王培孫	上海	79	男	校長	歷任本校校長四十七年前南洋公學師範班畢業	
徐鏡青	江蘇吳縣	50	男	代理校長	歷任上海大夏大學教授江蘇省立如皋師範無錫師範淮陰師範蘇州中學等校教員主任等職二十二年前明智大學畢業	
顧因明	上海	66	男	教導主任	前積鄉吳鐵堂中學校長復旦大學畢業	

校長 王培孫

中華民國三十八年八月十三日填報

王培孙校长签名，"上海市南洋中学校长室文件"（1949年）

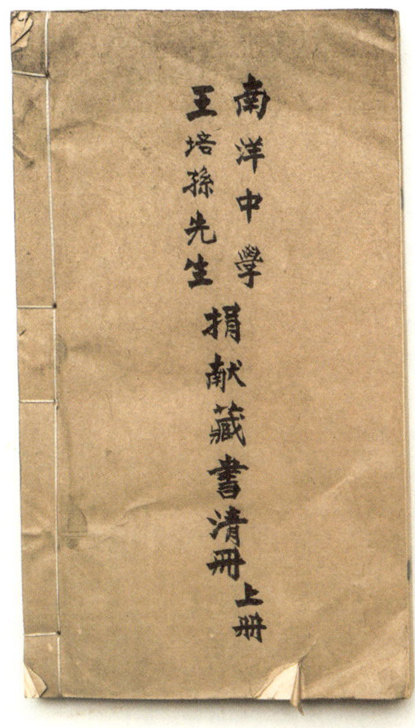

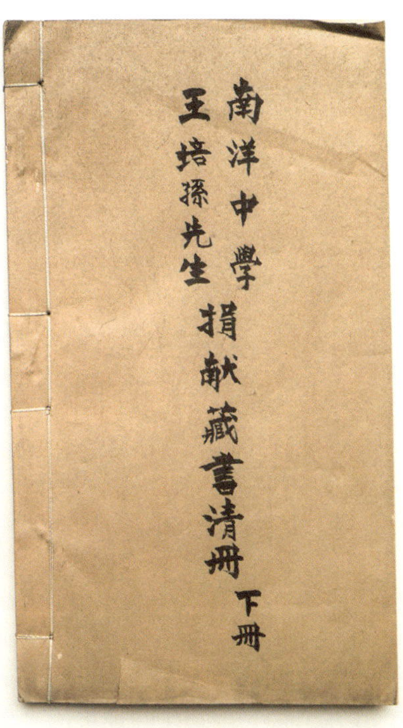

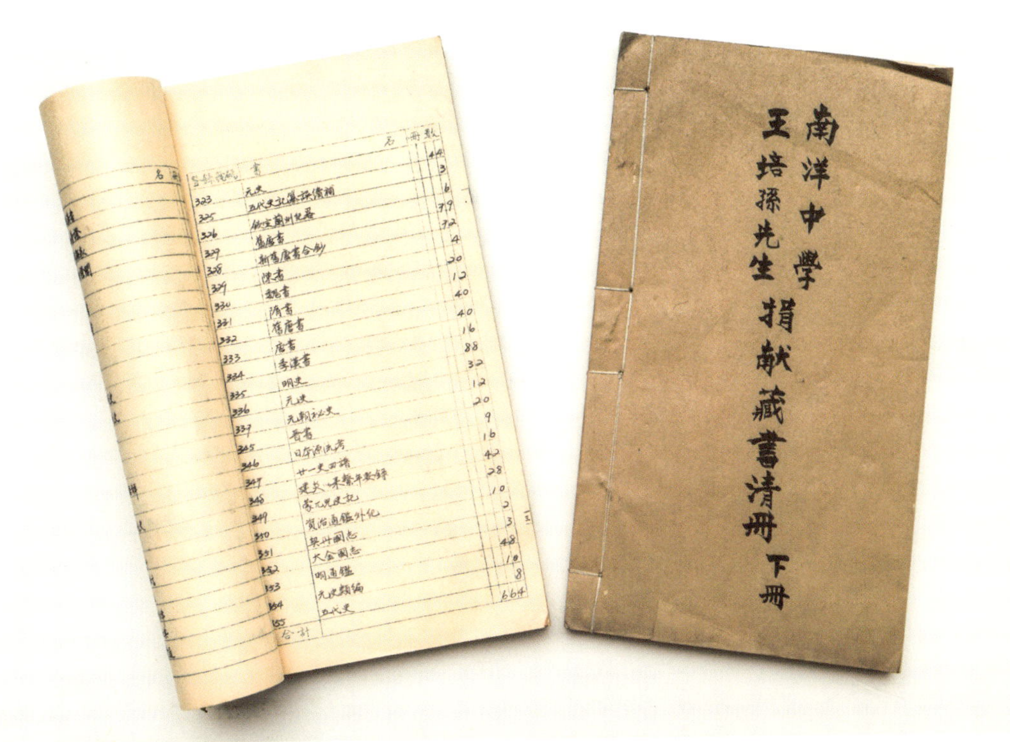

南洋中学王培孙先生捐献藏书清册（上、下册）

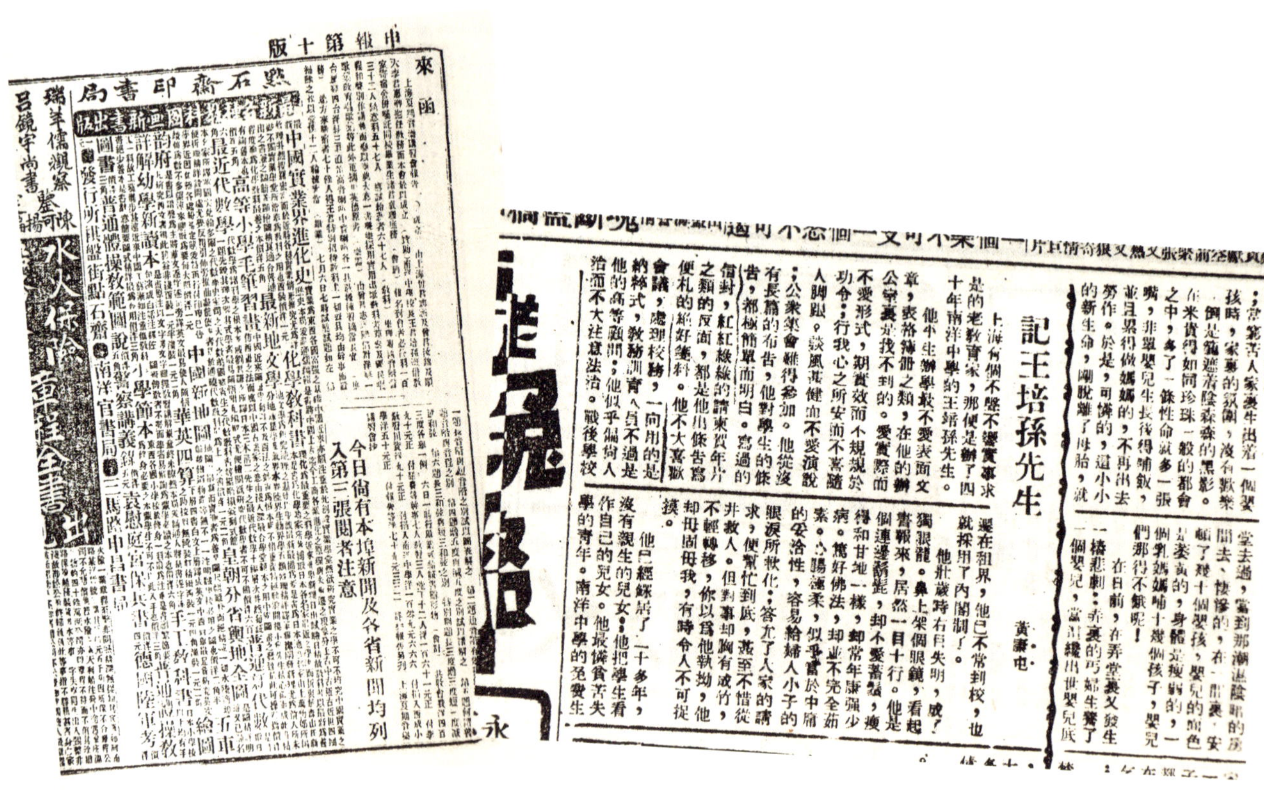

記王培孫先生

黃壽屯

上海有個不聲不響實事求是的老教育家，那便是辦了四十年南洋中學的王培孫先生。

他平生辦學最不愛表面文章，表格簿冊之類，在他的辦公室裏是找不到的。愛實際而不愛形式，期實效而不規規於功令；行我心之所安而不喜隨人腳跟。談風甚健而不愛演說；公衆集會難得參加。他從沒有長篇的布告，他對學生的條告，都極簡單而明白。寫過的信封，紅紅綠綠的請柬賀年片之類的反面，都是他出條告寫便札的絕好材料。他不大喜歡會議，處理校務，一向用的是納綷式，教務訓育人員不過是他的高等顧問；他似乎偏向人治而不大注意法治。戰後學校遷在租界，他已不常到校，也就採用了內閣制了。

他壯歲時右目失明，成了獨眼龍。鼻上架個眼鏡，看起書報來，居然一目十行。他是個連邊鬍髭，卻不愛蓄鬚，瘦得和甘地一樣，卻常年康強少病。篤好佛法，卻並不完全茹素。心腸極柔，似乎富於中廂的妥洽性，容易給婦人小子的眼淚所軟化，答允了人家的請求，便幫忙到底，甚至不惜從井救人。但對事卻胸有成竹，不輕轉移，你以為他執拗，他卻毋固毋我，有時令人不可捉摸。

他已經鰥居了二十多年，沒有親生的兒女。他把學生看作自己的兒女。他最憐貧苦失學的青年。南洋中學的免費生

《申报》1906年8月27日，第十版，“上海夏期音乐讲习会报告”，报道南洋中学赞助成立，王培孙校长“慨借教室寄宿舍”等

《申报》1940年11月6日，第十三版，记老教育家、南洋中学校长王培孙

教部

褒獎王培孫

▲連續服務四十年以上

▲已頒給一等服務獎狀

（大華社重慶十日電）滬南洋中學校長王培孫、連續在一校服務達四十年以上、教部據滬當局呈請褒獎、核與教員服務獎勵規程第五條第三款相符、特給一等獎狀、以昭激勵、

家麟貸學金主人

朱肖琴君自述（一）

▲朱肖琴君九十自述　民國三十年正月、予作小集於法藏寺僧院、出五十自述以貽在座者、非文也、蓋有所感焉、

余家世居海甯、曾祖子奚公、設

《申报》1941年3月11日，第九版，报道教育部褒奖上海南洋中学校长王培孙，“连续在一校服务四十年以上，已颁给一等服务奖状”

（三）　　（星期五）

市宣傳處明日

招待兩部長

市宣傳處爲歡送日本大使館上海事務所廣田情報部長榮轉，及歡迎新任松平情報部長履新起見，特聯合本市各宣傳有關機關……

大學組核准舊生

明起發給助金

合格學生注意領款期

本屆助學金大學組舊生核准名單，今日揭布完畢，定本月十二日發給助學金支票，備准各生，應於規定日內，親携原登記證及與申請時相符圖章，來館領取。各組甄試及格學生名單，已循序發表，領取助金日期，日內陸續審（?）公布，希各生隨時注意。高中一二三年級舊生助金定今日發給。

南洋校長嘉惠清寒

昨日本市南洋中學校長王培孫先生語本報記者云：「本學期敝校學生，業蒙貴報核准發給助學金者，爲數不少，敝校念該生等均係清寒子弟，爲示優卹起見，本屆全部學費，概予免繳，該項助學生支票，即用以補助各該生之生活費」云云。王校長仁厚慈祥，此種熱忱助學之精神，使同人深爲感動，深盼本市各級私立學校，量經濟能力之厚薄，對於學費一項，酌量予清寒學生以減免之機會，不讓南洋中學王校長專美於前，則學子幸甚矣。

昨收助金

昨日收到之助學金列後：李薔祥（徐顧周清君經募（五千元），周修德堂五千元，吳寶珍女士五千元，周林芋（徐顧清君經募）二千元，榮新記二千元，天津中華西藥行獎文在各五百元，賢硯齋（賀魚移助）蕪東女中合作社盈餘各三百元，馬德滋黎培某徐顧清各一百元，共收儲券二萬零九百元，上屆結存一百零七萬[illegible]

《申报》1944年2月11日，第三版，王培孙校长谈助学金

《南洋中学1921级纪念刊》
（英文）

《南洋中学丁丑级（毕业纪念刊）》（1937年）封面

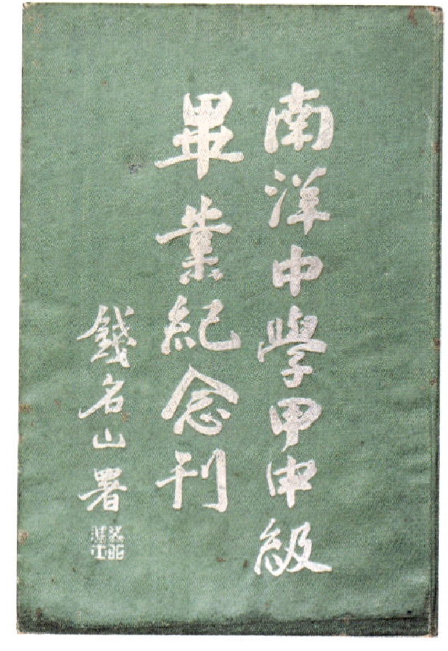

《南洋中学甲申级毕业纪念刊》（1944年）

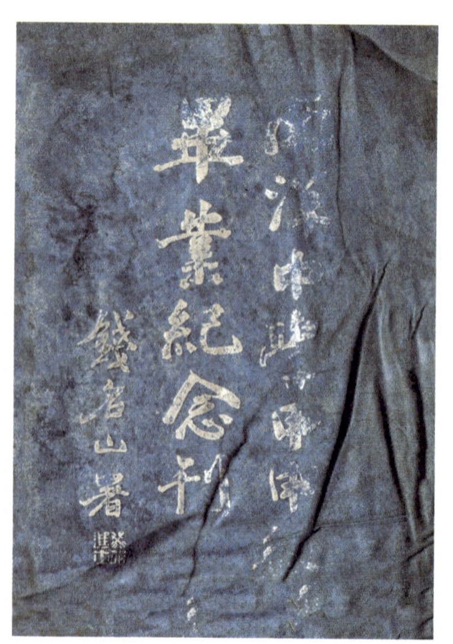

《（南洋中学）甲申级毕业纪念刊》（1944年）封面

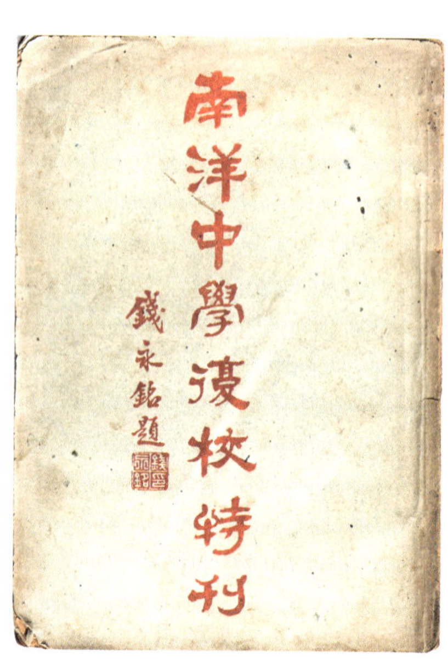

《南洋中学复校特刊》
（1946年）封面

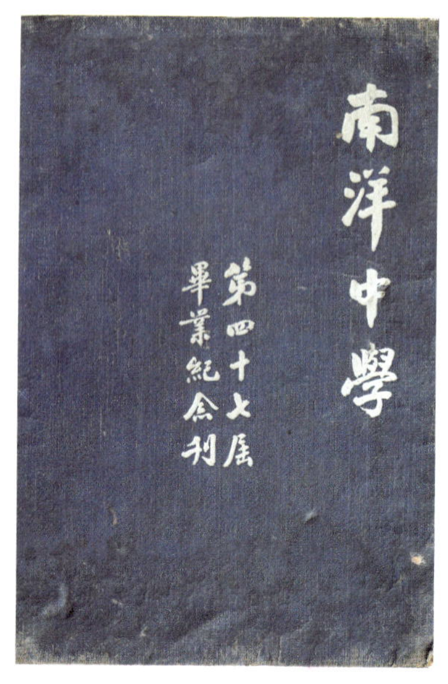

《南洋中学第四十七届毕业纪念刊》
（1951年）封面

《南洋中学甲申级毕业刊》
（1944年）封面

《南洋中学甲申级毕业刊》题词

《南洋中学辛酉级纪念册》（1921年）封面

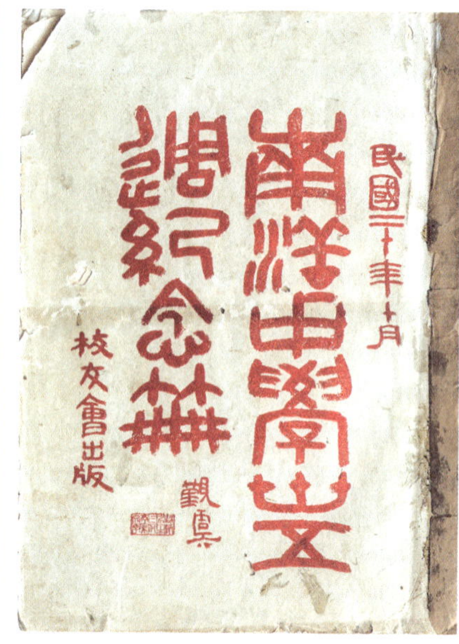

《南洋中学卅五周纪念册》（1931年）

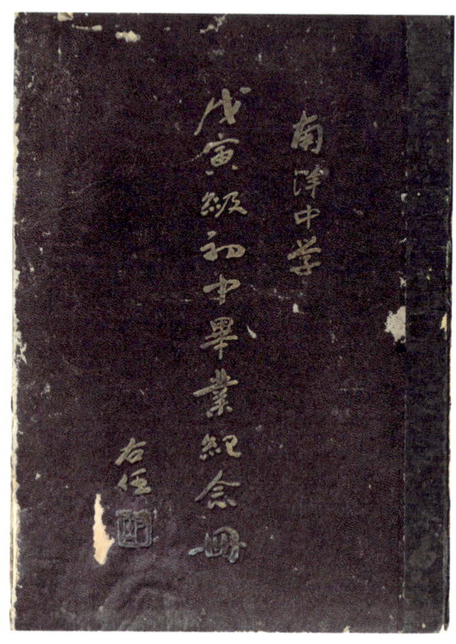

《南洋中学戊寅级初中毕业纪念册》（1938年）

《南洋中学戊寅级初中毕业纪念册》（1938年）封面

《南洋中学已卯级毕业纪念刊》（1939年）封面

1940年《南洋中学庚辰级毕业纪念册》（“王校长七十寿辰特辑”）

南洋中学校友会会刊《南洋》

日晖港畔的南洋中学

南洋中学校门

教学楼

科学馆

图书馆（校友厅）

迴廊

回廊

校园里的石桥、小溪

羊群

羊 羣

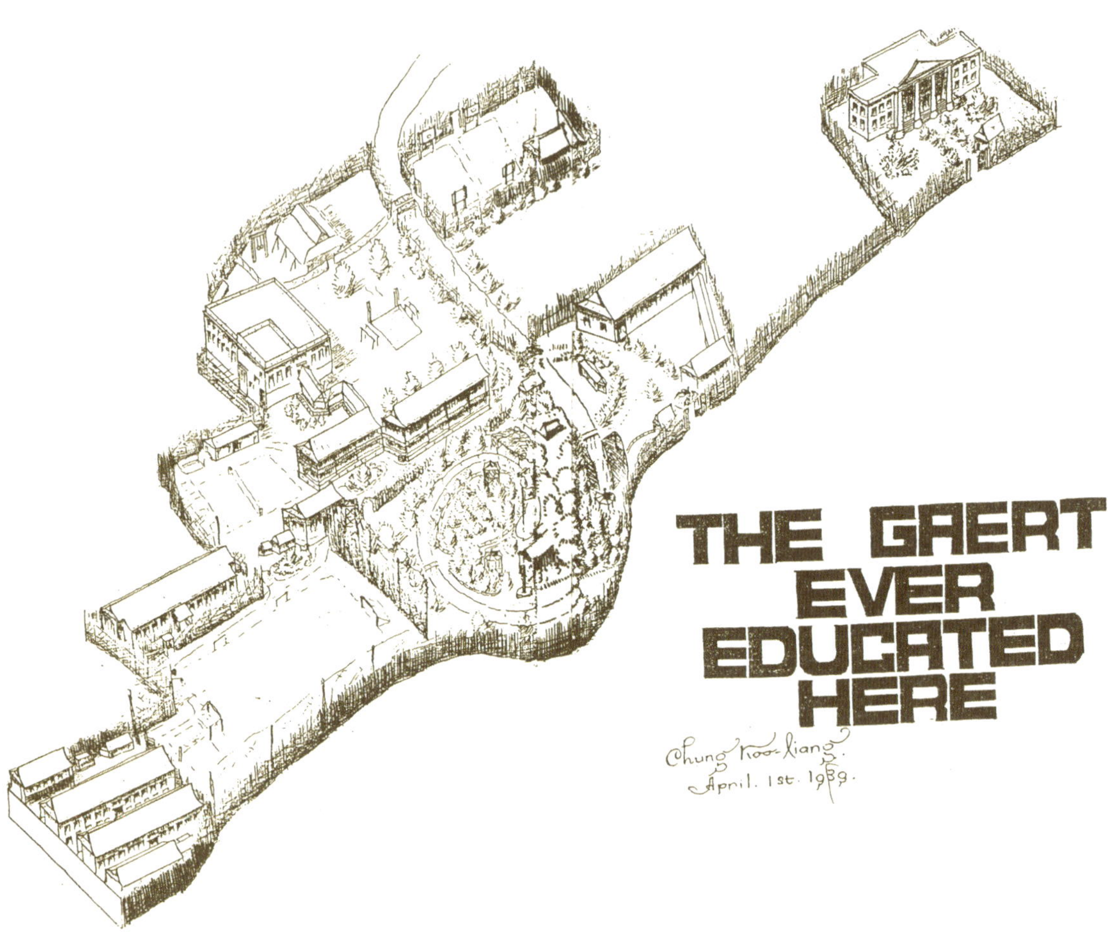

THE GAERT
EVER
EDUCATED
HERE
Chung Koo-liang.
April. 1st. 1939.

南洋中学手绘全景图（1939年）

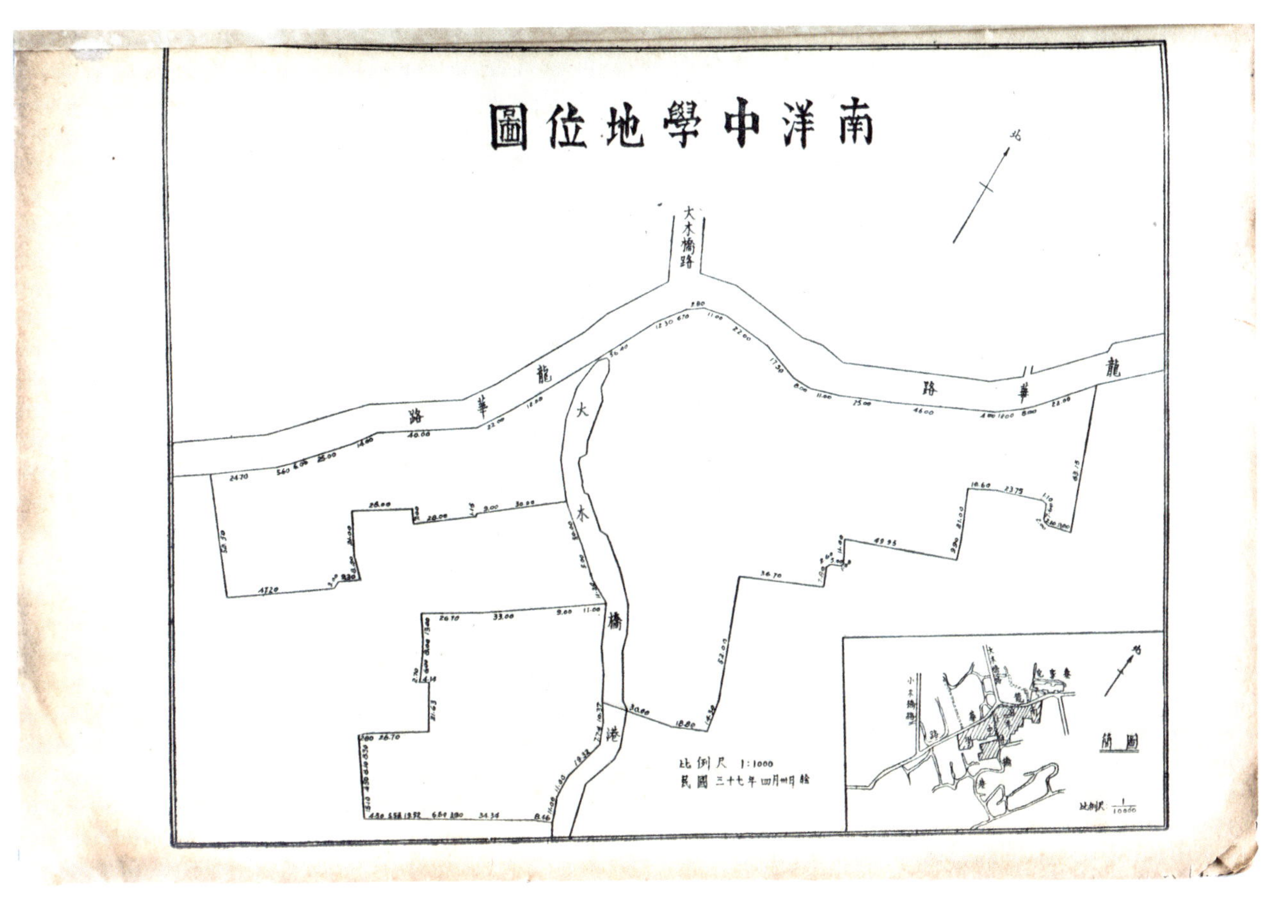

南洋中学地位图，《南洋中学复校特刊》（1946年）

培孫堂建築圖

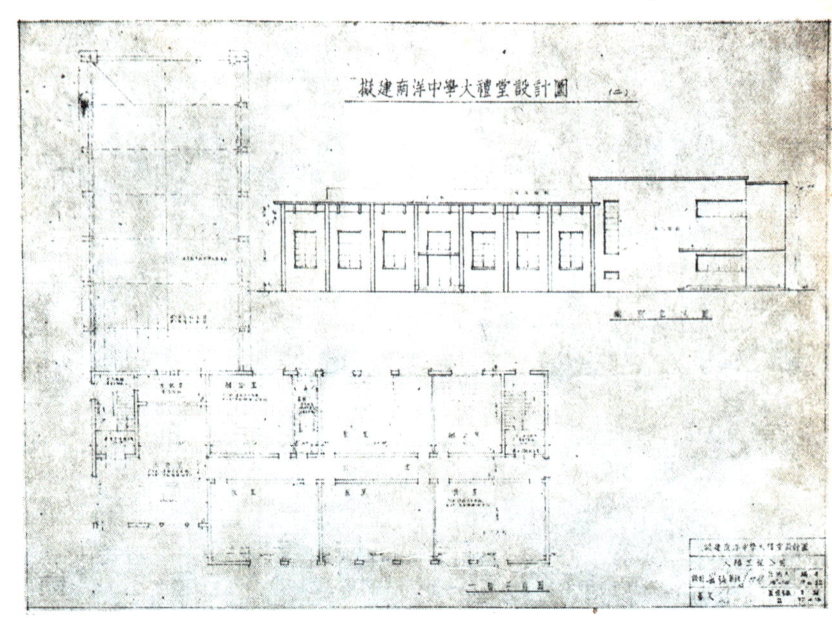

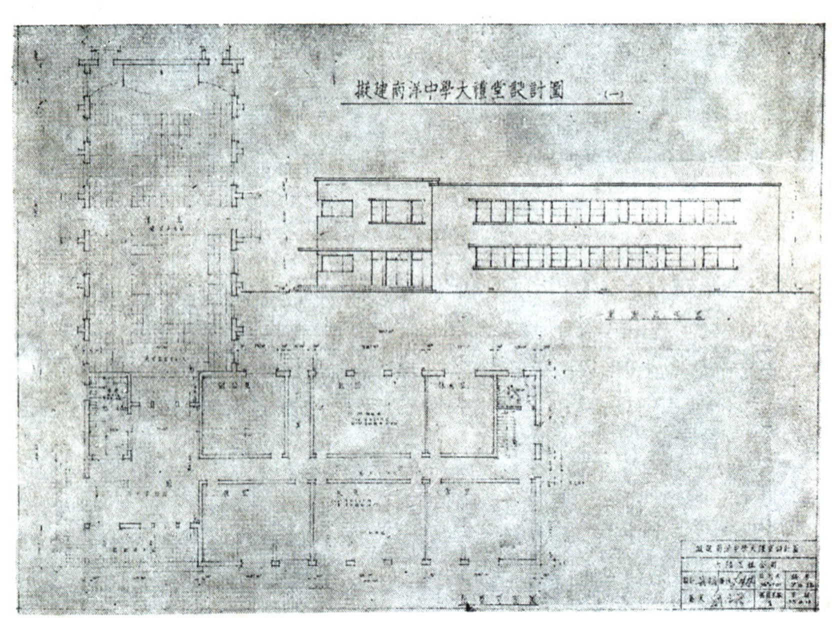

南洋中学复校后，曾有计划建造“培孙堂”，
选自《南洋中学复校特刊》（1948年）

校長王先生，尤爲最可敬愛之一人。彼一年三百六十餘天，無天不到校內。事無大小，皆躬親之。在開學期內，每晨尙至西區二校授課一小時。非特此也。彼尤廉潔寡欲，強毅有爲，大公無私，堅忍努力，始終如一。更視青年學生，如同家人子弟。凡學生之有疾病困乏者，無不與以實際之救濟與援助。及至今日，年逾耳順，仍奮鬥不息。且能以高潔之人格，剛毅之精神，感化學生，而無不心悅誠服者。嗟乎！當今教育腐敗，學校多爲營業化之時代，徧查海內外學校，余尙未見有如王校長培孫其人者也。筆書至此，不禁重有感焉。不觀夫今日之世界乎。熙熙攘攘，率皆崇尙物質之文明。以致江河日下，道德淪亡。青年學生離學校後，一入社會，其不同流合污，與世混濁者，實如鳳毛麟角耳。倘我南中校友，服務社會之中，而猶能不忘校長王先生做事之精神，有毅力，有恆心，廉潔寡欲，強毅有爲，凡欲有所作爲，盡去虛榮之心，而務必求其實際。嗟乎！誠能以王先生辦理教育之高潔精神，及數十年如一日之沉勇毅力，現身於社會，爲國家服務，爲人類謀幸福，則中國之太平，世界之大同，必將指日可待矣。曷禁馨香禱之。

培孫先生長南洋中學三十年紀念

朱壽朋

滬濱商戰地。興學此權輿。彈指卅年過。成材萬輩餘。屢經滄海劫。能聚古人書。廣廈懽騰處。文翁謝弗如。

南洋中學三十五週紀念特刊　紀念文　六七

王培孙校长长南洋中学三十年纪念，《南洋中学卅五周纪念册》（1931年）

1940年《南洋中学庚辰级毕业纪念册》（“王校长七十寿辰特辑”）封面

王校長

寓所一瞥

大門

一角

愛犬

書齋

凝思

向南英攝

王先生奮鬥史的片段

清同治十年（公元一八七一）辛未十月初十日，王先生生於南翔走馬塘之西王信義。王信義者，先生祖業繩索店亦即沙船號之名也。高祖有一子，業儒，惕於上海環境之浮華，遂去南翔，起造新宅，作寓公焉。先生生后，即由祖母撫育。祖母茹素，先生家歷年戒殺，以此。先生在童年時代，家延西席課讀，黃渡金仲占，嘉定錢門塘童益臣，即爲先生之啓蒙業師。某日，塾師假歸，先生與鄰孩數輩，潛至屋后小竹園內，捕得蛇若干條，置於空壜中。翌晨，啓壜餵食，一蛇突然衝壜而出，緊咬先生之指，痛極，急棄之，幸無大害。先生之喜飼動物，自此始。童年時代，以祖母愛之甚，課讀不甚嚴。據胡香畬夫人（先生堂妹）云，李貞先生嘗稱其過目不忘，不論文章長短，細讀一過，即能背誦如流，家塾停后，先生曾從名八股家李子宣先生游，所讀無非四書五經。有材老教員張芷繁，即先生當時之同學也。但不久即離世去。

先生自祖母故后，大家庭分散。十六七歲時，往依舅公黃翰卿於嘉定，與表叔黃雲孫同學。並不從師，自修而已。始習八股，然不感興趣。讀書以泛覽爲主，有費解處，輒就詢於翰卿先生。如是者約二年，離嘉赴申，與乃祖雨湘公暫居於大東門王氏宗祠。時叔父柳生先生在松江爲錢氏經紀產業，迎養雨湘公於上海，先生從焉。在松時與張蘊和留纖與會文，意興甚豪。雨湘公渴望先生青一衿，柳生先生復力勸之，謂此關不打通，未免使老人失望。先生遂於光緒十九年第二名入學，與憤疾先生與也。遺考提覆時，四面有人高立監察，先生以不善詩，仍以文與人換得一詩，所謂游戲文場耳。先生復謂八股非其所長，遣考，每題輒以起承兩股完卷，不甚入格。如果從李子宣先生學習八股，得其指導，或竟以第一名入泮矣。

先生入學後不久，雨湘公逝世。形單影隻，益感孤寂。約光緒二十年頃，得浙撫廖壽豐八行書，入江南製造局任事。據朋儕中傳說，先生此時風采秀逸，談思雋捷，交際場中，尤稱能手。每逢發給工資時，工人數以千計，凡經過先生手付者，往往認識其面目，如敢於第二次嘗試冒領者，先生輒能叶其名而斥之去也。

浮沉於製造局者二三年，殊覺無聊。光緒二十三年，張之洞在武昌開辦武備學堂，鈕惕生先生邀集同志，赴鄂投考。先生遂偕留纖與陳景韓二先生乘輪上溯。待參觀後，與留先生知難而退，往謁錢念劬先生，謂自強學堂不日開辦，請稍待。豈知守候三月，茫無頭緒。蓋自強學堂所指定之校舍爲有力者所據，錢氏亦無如何也。某晨，與留先生正在黃鶴樓品茗，忽有友人帶來上海新聞報，閱后知南洋公學開辦，先行招考師範班，絶處逢生，即日摸被乘船東下。比至六馬路格致書院報名，知是日適爲考期，早已點名封場。經說明來意後，主考者感其真誠，特予通融入場。時已正午，筆不停揮。下午三四時后，只留先生與留先生二人，直至給燭，而後完卷。出場后，避居小客棧內，不與親友往來。先生自忖，倘若名落深山，我將安歸？及揭曉，竟入選，大喜過望。留先生回松江重理行裝，而先生得監院福開森先生特許，遂以第一人入南洋公學。時校舍正在建築中，先生居於校門對面之舊絲廠內，日去監工焉。師範班開課后，總理何梅孫先生知先生審

樂天居士

王先生 第一個人 進南洋公學

蒼雪和尚南來堂詩集 樣版

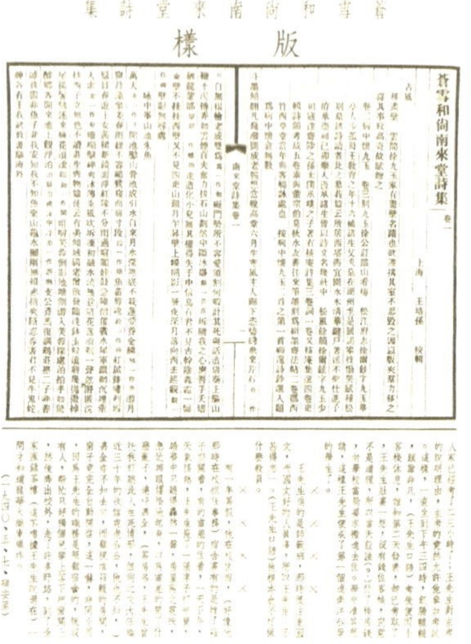

1940年《南洋中学庚辰级毕业纪念册》（“王校长七十寿辰特辑”）（节选）

人物介紹

王培孫先生

張鴻元

一、前言　二、外貌　三、性情　四、道德　五、文章　六、言論　七、嗜好　八、尾言

一、前言

我校校長王培孫先生，碩學宿儒，德高望重，在教學界聲譽早著。而我校歷屆畢業生，受王先生六載薰陶，春風之播，化雨之沐，罔罔不深受其感教而深知其爲人也。自抗戰軍興，學校遷入租界；而王先生初則避難常熟，繼雖來滬，而以年高路遠，校中諸師遂事均趨前就教，而先生遂不常至校，致生輩之聞教日疏，而同學之自戰後來者，竟有未見王先生一面者。元叢　先生垂愛，得常聞教于先生，爰茲畢業之日，我同學均將各奔前程，數載好友，一時竟別，情固黯黯；而同學輩又有以畢業南中，而未得一見王先生一聆其教益爲言者；元因是除謀諸同學之一見先生外，謹作是文，以元所知于王先生者，紹諸于諸同學，以王先生之教義，作臨別之贈言，以與諸同學共勉之。

二、外貌

王先生今歲正當七十高年，頭髮已參半斑白。而先生多髮髭，故望之滿頭星星，令人肅然起敬。以內心之仁厚，發而爲外表之慈祥；以博學問，故爲人恂恂然。雖教訓子弟，亦無疾言厲色，雖頑皮囂張之同學，一見王先生，亦未有不心折氣服，衷心欽佩者，以先生之能感人也。先生圓顱，美鬚采，清氣灑然；雖年逾古稀，而精神矍鑠，滔滔仍好長談。以目有疾，故常戴棧黃色眼鏡。好讀書，手常不釋卷。人入室，每見一白髮老人，埋首案頭，孜孜爲學；此爲先生給予往訪者之第一印象，亦每令年少荒惰者，不自覺其汗顏也。

三、性情

「仁愛」爲王先生第一性情。三十年來，先生未嘗殺一生，蓋其仁己澤及于動物。先生畜家禽畜甚衆，固罔不愛之，而于外界一虫一蟻，亦無不竭盡其力以衛護之者。先生愛物如此，愛人當可想見。先生對貧寒好學子弟，尤爲體恤，故南中免費學生冠各校。先生周人之急，不遺餘力；盡金隨手散盡，人感之深而先生不望報，以先生愛人故也。

「好友」爲王先生第二特性。先生嘗曰：「朋友居五倫之末，而實首重于五倫。以人父母兄弟之數有限，而朋友之數無限也。人可以有十百千之朋友，而不可以有十百千之父母兄弟。故爲人處世，當以朋友爲事業之基礎。事業無論大小，未有一人之力可以爲之者，必賴衆擧而成也。如辦理創導革命，工作至艱至大，然賴同志友朋之力，卒底于成。即以南中而論，每遇困厄之境，常賴友力過渡之。余個人亦何獨不然。故吾人當竭誠交友，盡力助人；反之，亦即使人之盡力助我也。且國家社會，亦無非一大朋友集團，互助互榮，以博共生而已。」先生交朋遍天下，生徒亦數萬人。先生平生助人最多，而得人之力亦最多也。

四、道德

王先生學博性達，深參禪理，故德高道深。先生不戀仕達，不求財貨。先生厭友歷年來多有任要職者，數請先生任事，先生終不允。先生所好，惟讀書，每有餘資，輒購書籍，南中圖書館遂半藏書，皆旣辦南洋中學，得遂先生育人助人之素志，先生乃毀家興學，經之營之，迨卅餘年，以畢生精力，樂育英才，人咸以先生爲苦，而不知正先生之所樂也。先生目睹一手培植之學生，對國家社會有所作爲，私心亦深有慰者。雖然，先生之節高矣！

五、文章

先生好讀書，故無書不讀，即以藏書而言，已逾卅萬冊，罔不經先生手訂而手批者也。先生每閱一書，常摘錄其中精句，所錄已成書近百卷。先生好釋教，對佛學典籍，罔不深通，卅餘年來，手錄之釋學名言，亦成數十冊。今歲先生七十大慶，生徒輩有以發壽學者，先生令易之以什印「蒼霞大師南來堂詩集」。此書誠軼，徵請各家，均經先生手集而手訂者也。王先生著作與手稿，以元淺小，未得盡見，亦不敢以問先生，要其總數，不知爲若干。但先生迄今猶孜孜于訪求名籍，終日仍埋首書中，則七十年來，先生之讀書心得，其文章豈元所可言耶！

六、言論

王先生博學明理，于處世爲學之道，所論精理深微，不能盡述。茲以元之所聞于先生而至今深悟之者，略述其一二。

先生之言曰：「吾人作事，要一本良心，所謂仰不愧于天，俯不愧于人；才對得起自己，才對得起人羣。一個人做了一件昧良之事，便是終生污點。故吾人無作一事，都應細問良心。如有一毫昧良之念，應立即鏟除乾淨，不使生長。」

先生又言曰：「吾人處世，當以仁愛爲中心，而仁愛尤應推人而及于萬物。蓋萬物皆受陰陽化育，蘊蘊而生。其逐生亦經千辛萬苦，故上天有好生之德。吾人當體天之心以爲心，使萬物得遂其生，故爲人者應仁愛而最忌殘殺。」

先生又言曰：「讀書一事：聰明者最忌好高務新，頑鈍者最忌甘自怠棄。要知無論資質優劣，只要潛心苦學，立志鑽研，不恥下問，虛衷受教，學無有不成者。」

先生又言曰：「吾人爲人，最忌驕傲，應易之以謙恭辭讓。蓋驕則人不肯服，易惹災殃；謙則人皆樂與，易親近也。」

先生又言曰：「吾人處事，不當以聰明爲先，而當以盡心爲先。蓋事固有不可必成者，但總須盡我心力爲之，所謂君子不言天，盡人自可以回天也。」

先生又言曰：「交友之道，言以誠。語云：『誠足以消百偽』；我云：『一誠可以得百友。』蓋精神所至，金石且可得開，我以至誠待人，人豈有不被我感動哉！我一生以誠交友，卒無友負我者也。」

先生又言曰：「吾人待人接物，均需藹然和氣，端莊持重。不可輕諾妄言，稠人廣坐之間，尤不可議論人長短。青年雖應有勇往之氣，但當用之于闢前程，求學問，不當用之于刺人也。」

先生常以此等言辭教子弟，元耳熟之，故能詳也。謹就記憶所得錄之，以與諸同學共勉之也。

七、嗜好

先生愛動物爲惟一嗜好，而尤愛羊。南中有羊羣，固無人不知；而王先生與羊，亦幾成習語。先生內宅，畜禽畜甚衆，有猴，有鵝，鵪，有松鼠，有金魚，有鷄，鴨，貓，狗，等等。先生早夕摩弄，愛之殊甚。每有病，輒備請獸醫治之。設不幸，先生形容戚然，剝匣殮之，掘土埋之，爲之不擇者屢日。乃今諸動物遭逢國變，泰半遇然，先生至今談及，猶有懷戚。而先生卅年來經營飼哺之羊羣，亦隨炮火而去，尤爲先生所痛。今存者，僅一貓一狗二鷄而已矣。

先生好抽捲煙，幾常不離口，以年高易餓，午後每食細點少許；且好與友閒談，討論學術互參禪理而已。

八、尾言

元所言于王先生者，不能盡王先生于萬一。先生崇偉，元何能言之！今元將離南中，受王先生六載栽培，今欲卒業，衷心惻動，有不可以言語形容者！謹於畢業紀念刊中，誌數言有關於王先生者，敬以表元之于王先生，致其拳拳之愛云耳。

王校長和我的因緣時節

顧薇芳

第一個教訓

末卜先知

難行能行

救死回生

傳授錦囊

王校長七十壽序

王立才

1940年《南洋中学庚辰级毕业纪念册》（“王校长七十寿辰特辑”）（节选）

南洋中学创始人王培孙校长铜像。摄于1996年

南洋中学自立楼王培孙校长像、语录墙。摄于2014年

王培孫先生墓表

崑山陳子彝撰書

先生諱植善字培孫上海人公曆一八七一年辛未十月初十日亥時生一九五二年十二月十七日未時卒癸巳游邑庠丁酉學於南洋公學庚子繼叔父畛生公長育材書塾甲辰擴爲南洋中學積勞五十載成宏規之學府先生好藏書聚佛典方志文史珍籍七萬餘册歿前舉獻政府先生性仁厚歿後垂涕而道其行誼者衆嗚呼可以風矣

陈子彝撰:《王培孙先生墓表》

序一

朱高峰

喜逢母校老校长王培孙先生诞辰150周年，编委会诸位努力收集整理出版了先生文集，在缅怀先生的高风亮节的同时，也给了大家进一步向先生学习的机会。我当年入学时，先生已经重病在身，因此未能面聆教诲，现在有机会补上这七十年前的一课了。

先生是名副其实的教育家，虽然最初是奉其叔之命掌管学校，但自任职始，五十多年如一日，风风雨雨历经沧桑，从青年经中年到老年，经历了从封建王朝末年军阀混战、抗击外敌入侵，直到新中国成立。即使重病在身，始终把学校的事放在第一位，把封建王朝末年的一个私塾办成了高水平、广为人知的名校，培养了大批为国家、为社会做出贡献的青年。确实，这样的校长中外能有几人?

作为教育家，先生不仅是实干家，而且有科学的教育理念。综观全书，先生并无对教育理论的宏伟大作，其理念出现在只言片语中，关键的是实践中的体现，这更表现出先生是不尚空谈、认真做事的实干家。

清朝末年，王朝风雨飘摇，西学东渐已有一段时间，在学习西方办现代化学校与坚持历史延续下来的旧私塾之间，社会上有很大争议。先生是明确站在改革一边的，所以在任校长初期就把接手的私塾改成了学堂，并逐步采用了先进的学制，开始制订学校章程，虽然经过一些曲折，但最后还是正式制订了，要知现在我们很多学校还没有章程呢!

在教学内容上，完全引入西方的现代科学体系，并且决心要采用科学的实验装置，在经费极困难的情况下，逐步建成了物理、化学等实验室，图书馆等基础文化设施，以实现理论与实践的紧密结合。先生曾有“尚忆某日某君，教授物理，拆阅时钟机器，学生围坐讨问，经日不散。由今思之，求真之诚，耐劳之心，今之学生未可与从前同日而语也”。可见其对实践之重视。在重视科学的同时，先生并未忽略文科，他对学校刊物甚为重视，对外语教学不断提升等都是实例。

在对学生的看法上，他坚持有教无类。先生曾说“智者愈学固愈明，愚者困而能学，亦未始不可知。且智而不学，则聪明反被聪明误，犹不如愚者之所知。是如智者未必真智，而愚者未必终愚也”。对毕业生有“不辞小就之义”，“不畏艰险之义”，“习艺之说”，为三告知立说。“学生时代，智德体三育率能平均发达，一入社会，或为习俗所蔽，而淳朴高尚之态度渐以消失，或因时势之转移，而所有之知识不足以应付，又身体强健与事业之成就尤有密切关系，运动一项，苟非行之有恒，功效殆无由见，诸君乎出学校后能愈益修养，不失为一活泼进取之青年，幸福之来正未有艾也。”

在对毕业生赠言中先生鼓励学生今后“须以沉静清晰之头脑，坚忍从容之步骤，从成本成套之书中，作有系统之研究，万勿舍难就易，浅尝涉猎。更须放大眼光，不矜小获，以灵敏细密之观察，从繁赜之社会自然界中，分析也，归纳也，体验出若干精确之规律，简易之方式，以自称一中国科学家。夫有非常之人才，乃有非常之建设”。可见其对青年之期待，放之今日仍完全适用。

先生对教师坚持高标准、高要求。聘任高质量的教师是先生作为校长的一项重要工作，曾聘邵力之、丁文江等人为教师。我们在校时，各课老师都是具有很高学术和教学水平的，不少还是大学教师来兼职的。

在学校管理上，先生坚持董事会管理，并定期向董事会报告工作，尤其在财务上，是非常清楚的。

在学校规格上，他坚持办好中学。当有人建议要升格为大学时，先生坚持不同意。先生曾说“我校程度或可渐增，而中学名称决不能改。近今号称大学者日多，虚骄之习，中于人心，为教育一大障碍。试观沪地一隅之大学较日本全国为多，返己以思，汗颜无地矣。故程度可增，名称不改，为我最坚决之意见”。未知今日诸君见之有无汗颜者！

以上各项理念，放之今日仍有很大现实意义，值得教育界和对教育有兴趣者认真思考。虽然情况已经大不相同，但教育的本意应该是相同的，教育思想应该是相通的。

先生之所以能从一个普通青年成长为一个优秀的教育家，除了本身天赋与几十年的奋斗锤炼外，还有两个重要的因素。一是爱国和进步。先生青年时即倾向革命，与维新派人士有所交往，曾参与唐才常等人的组织，后因清末政局腐败愚昧，从而专心办学。在日伪占领上海后，先生不食日伪配给米，在学校派人自行收购，在供不上时，以玉米或芋头充饥，在几十年风雨飘摇中，学校曾几度停办，但只要时局稍定，先生就坚持复校复课，坚持自主办校，始终未投向日伪和反动派。

另一方面则是先生的高风亮节。先生曾言“以赤贫之身，办赤贫之校”。虽然学校经济上一直处于困难中，先生亦言不善与人周旋，但始终光明正大地筹款，动员并接受正当捐助，同时账目上做到清晰、无误。即使清末期接受政府（两江总督端才）资助，也是堂堂正正，是在其派人对学校调查认为成绩优良后提出。而在1915年，时任教育部代总长邀其出任次长（副部长）时，先生不为所动，电谢不就，直至在晚年遗嘱时第一点即为“死后不可动用学校分文”。只有这样品格的人才能一心扑在教育事业上，办实事，办正确的事，正确地办事。

感谢编委会各同志给我机会补上这一课，祝母校愈办愈好，为祖国的现代化培养更多的人才，以告慰先生在天之灵。

朱高峰

2021年6月28日

（朱高峰：1945—1951年就读于南洋中学。1994年当选为中国工程院院士。曾任邮电部副部长、中国工程院常务副院长等职）

序二

顾明远

王培孙是我国清末民初的知名的教育家、学者。早年就读于南洋公学，1900年，从叔父王维泰手中接办育材书塾，次年改名育材学堂，后又更名为南洋中学，王培孙任堂长、校长。这是一所国人自办的新式中学。王培孙提倡新学，致力于学制和课程设置的改革，将中学四年制改为五年制；课程设置力行分科制，重现学生数学和自然科学的教育；管理上鼓励学生律己自重，以养成坚毅朴厚之学风，塑造自立自强之人格。1900—1952年，王培孙主持南洋中学长达52年，推崇“自主、求实、俭朴、好学”的办学方针。学校校风淳正、教学严谨，培养了大批英才。顾维钧、钱玄同、郎静山、周仁、巴金、丁石孙等都是该校的杰出校友。

王培孙办学的年代，正是我国灾难深重的时期。王培孙抱着教育救国的思想，坚持为国培育人才。他在《辛酉级毕业纪念册序》中写道：“余以为欲改进中国无他道也，于人的问题加之意焉可耳。”他掌校五十多年，历经艰难。辛亥革命以后本想有所改变，但现实却令他十分失望。他在序中愤愤写道：“初以为政体改建共和，虽不敢有多大希望，而教育实业为立国之根本，当必彼善于此。岂知忽忽十年，不独扶植无人，而种种波折，仅求能维护现状，亦深感困难。”

王培孙办学，鼓励学生律己自重，以养成坚毅朴厚之学风，塑造自立自强之人格。掌校五十余年，始终坚守“知行并进，为己积福，为家增光，为国桢干，为天下肇和平”的育人思想。他常常告诫学生要恪尽职守，不求名利。他在1922年第十八届同学毕业赠言中说："惟有进步，斯人才之需要日切。""其一，宜各思尽其职分，而毋争权利于将来也。……其二，勿忘学生时代之生活也。学生时代，智德体三育率能平均发达，一入社会，或为习俗所蔽，……"1928年在《时间与学业》演讲中说："美衣美食，人人所欲也，然非士之志也。恶衣恶食，人人所恶也，然士所不耻也。得道则士之志，失道则士之耻。"在1930年《庚午级同学毕业赠言》中写道："安心乐业者，其初虽不免困难，而升擢之机会必较恒人为速。况人生服务，本期为社会尽一分责任，并非在社会争多金，博高位耶?"

王培孙办学，讲求勤俭朴实，不求虚华。二十七届毕业生要办毕业纪念刊，王培孙在赠言中反对之。他说："此等刊物必求美观，糜费颇巨。除同学各持一册外以之赠人，所赠之人又鲜关系，一展览即随手抛却，故所糜之费无异定造字纸，不多时而发现于城隍庙之书摊已为幸事矣。"此话说到我的心坎上。我也常劝说，学校不要搞什么豪华纪念册，我常常收到学校纪念册，翻阅一遍，也就束之废书堆中，日益积多，不知此何处理。王培孙的赠言至今犹有现实意义。

时值王培孙诞辰150周年之际，编辑出版《王培孙文集》，不仅传扬他爱国办学的思想，同时丰富了中国近代教育史研究宝库，实是有价值、有意义的工作。

2021年7月14日

（顾明远：北京师范大学原副校长，曾任中国教育学会会长、世界比较教育学会联合会执委会副主席等职，北京师范大学资深教授）

序三

陆象贤

2006年是王培孙先生诞辰一百三十五周年，也是我们丙子级同学在南洋中学毕业七十周年。七十年来，我们时常眷念着南洋中学的读书生活。在南洋中学校门北侧有一片树林，中间有一条弯弯曲曲的小河，一座木桥拴住两岸，倚着栏杆可以观赏三五成群的放生鱼在游来游去。一到学期考试前一个月的光景，我们每天清晨，就来到校园里温习功课。在平常的日子里，我们往往在太阳刚升起，就奔向操场，争取踢足球的场地。一天的功课完毕，就在图书馆和校友厅的林荫道上散步。我们都是九十岁上下的人了，想念起在南洋中学的读书生活，少年活泼精神，仍令人神往。最使我们怀念的是王培孙老校长对我们的谆谆教诲，他的慈祥的容貌，轻声叮咛的声音，对他一生为培育人才办好南洋中学的献身精神，对他历经了重重困难，痛受重重国耻，坚强不屈的爱国精神，极为钦佩，成为鼓励我们自强不息的精神支柱。七十年来，我们不论在祖国和海外各地，我们的心一直与南洋中学的发展连在一起。我们在宝贵的青年时期在南洋中学打下学习知识的基础，在王培孙老校长的教育思想的培育下茁壮成长，这是终身不忘的。

王培孙先生的教育思想的基础是爱国主义；他是十九世纪以来我国受到帝国主义列强不断入侵的见证人。他曾回忆："癸丑之役，甲子之役，丁卯之役，弦诵中辍历数月，兵燹之下，仅免于灰烬为庆幸。"王培孙老校长是在砥柱于国难之中，办好南洋中学的。他说过："校之发展与国之治乱相依倚，教育政治固息息相关其休戚也。"他勉励同学："为家增光，为国家桢干，为天下肇和平。”从辛亥革命、五四运动、五卅运动、济南惨案，南洋中学师生满怀爱国热情，积极声援。七十多年前，日本军国主义发动全面侵略战争，妄图灭亡我国。正是在爱国主义精神感召下，我国人民同仇敌忾，共赴国难，与日本侵略者进行了气壮山河的斗争，赢得了反抗帝国主义侵略的完全胜利。其间，1940年，汪精卫在南京成立伪国民政府，请王培孙先生领衔发表一个教育界的拥汪宣言，为王培孙先生所坚决拒绝。他不食日伪配给米，南洋中学师生均如此，派人向沪郊农村购买食米，有时接济不上，就以蜀黍或芋艿充饥，这种浩然正气，高风亮节，成为南洋中学师生的爱国传统。

今天，在新世纪新时期如何继承和发展王培孙先生的教育思想？如何认识爱国主义的时代精神？在当代中国，爱国主义同社会主义是紧密结合的，学校是培养中国特色社会主义事业的建设者和接班人的基地，必须有强烈的爱国主义思想，要大力弘扬以爱国主义为核心的团结统一、爱好和平、勤劳勇敢、自强不息的伟大民族精神，倡导一切有利于民族团结、祖国统一、社会和谐的思想，倡导一切有利于国家富强、社会进步、人民幸福的思想，倡导一切用诚实劳动创造美好生活的思想，要以热爱祖国贡献全部力量建设社会主义祖国为最大光荣，要以损害社会主义祖国利益、尊严为耻辱。

王培孙先生的教育思想，以德智体并重。百年来南洋中学人才辈出。王老校长说过：参观一个学校，不是单凭房屋、课堂和规模设备外表的一面，更重要的是它培养出来的学生在社会上的事业活动情况和工作积极的意义。学生这些成绩，也即是学校的成绩。他注重知行并进，崇尚科学，在全国的中等学校中，首先建立南洋中学科学馆。他主张因材施教，使每个学生皆成为社会有用之材。当前，我国已进入加快推进社会主义现代化新的发展阶段，国际局势正发生深刻变化，世界多极化和经济全球化的趋势在曲折中发展，科技进步日新月异，综合国力竞争日趋激烈。新中国成立以来特别是改革开放以来，我国经济的整体素质和竞争力不断提高，但是在和发达国家相比仍然有差距。全面提高国民经济的整体素质和竞争力，最重要的是必须大力实施科教兴国的战略，充分发挥科学技术第一生产力的作用，努力培养现代化建设需要的各类各级人才。我们高兴地看到南洋中学继承和发展了王培孙先生的教育思想，在王以权校长的领导下，经过全体师生的努力，已成为上海市2004年度科技教育特色示范校之一。2005年7月，上海市教委已上网公示，南洋中学成为上海市示范性、实验性高中。在坚持科技教育办学特色，培养具有科技素质的德智体美全面发展的社会主义建设者和接班人的征途中，登上了一个新台阶。

王培孙先生诞辰一百三十五周年纪念文集，汇集了“王培孙文选”“校友回忆录”等内容，为研究和继承王培孙先生的教育思想提供了第一手素材。我们怀念王培孙老校长，研究他的教育思想，是为了在新世纪新时期培育新人才中，与时俱进地发扬王培孙先生的教育思想，是为了南洋中学在新的一百年里创造新的辉煌。

2005年7月于北京

（陆象贤：南洋中学第三十二届［1936年］学生）

说明：此文系为王培孙先生诞辰一百三十五周年纪念文集所撰之序。经上海市南洋中学校友会与《王培孙文集》编委会商议，作为本文集之序三。收录时保持原样。

序四

王以权

1896年，王维泰先生自主创办了具有现代教育特征的最早新式学校之一，取名育材书塾。1900年王培孙先生任校长，1904年更名为南洋中学，不久南洋中学以其优异的办学成就蜚声四起。

著名教育家黄炎培先生曾赞赏南洋中学和王培孙校长道："这样有切实贡献于社会国家的学校和学校校长，全中国有几校呢？有几人呢？"

马君武先生说："以吾识上海办教育最有成绩者，盖莫若吾友王君培孙者。"

南洋中学36届校友张鸿元先生回忆道："我校校长王培孙先生，硕学宿儒，德高望重，在教育界声誉卓著。"

32届校友汤永谦先生，在美国成功创业，时隔六十余年仍不能忘却王培孙校长在他感到困惑的时候，摸着他的头对他的鼓励。为了不忘师恩，四次捐巨款，回报母校。

为什么社会上会对王培孙校长和南洋中学有如此高的评价呢？为什么南洋学子对王培孙校长和南洋中学一往情深呢？

当你看完王培孙先生的文集后，不难得出结论。

先生是贤德之人

先生言曰："吾人作事，要一本良心，所谓仰不愧于天，俯不愧于人；才对得起自己，对得起人群。一个人做了一件昧良心之事，便是终生污点。故吾人每作一事，都应细问良心。如有一毫昧良心之念，应立即铲除干净，不使生长。”先生一生无杂念，可谓道德模范。

先生生活上极为俭朴，精神世界甚为高尚。日常穿着永远是普通的布衫、布裤、布鞋，饮食为一菜、一汤、一碗小米粥。校长室布告总是把用过的信封翻过来写，尽量节约纸张。住所换过多处，大多为简易平房，屋内除了桌椅、书架、木板床，再无他物。居住大同坊时为了敦聘良师，让出三楼正间给英文老师夫妇安身。

读书是先生一生的最大爱好，每天总是手不释卷，有时琅琅书声响彻斗室。先生一言一行皆为楷模，一句话可见其境界之高：“我王培孙办学就是办好学校，不为名，不为利，我是对得起人的。”

先生以德化人行之有效，“教育不在多言，而在以身作则，潜移默化”，南洋中学风气之好备受世人称赞。

国民党元老请先生出任吴县县长，却遭推却美差：“我立志办学，还是让我办好这所穷南洋中学吧。”

先生办学卓有成效，有人劝他办大学，他却说：“我宁可做一个办得较好的中学校长，我不愿当一个办得不好的大学校长。”始终致力于办好南洋中学。

难怪史量才赞道：“王君主持本校，以其旷达坦白之胸怀，实施其不厌不倦之教诲。不矜才，不使气，不为感情所冲动，不为虚荣所转移。”

先生是有识之士

先生办学有坚定的方针，为了办学规范，制订了最早的私立学校章程——《民立南洋中学章程》，此后，不少私立学校纷纷参考仿效，依据本校实情制订学校章程。

先生精心设计课程，极端重视国文，一年级选读《左传》、浅显记事文，二年级选读《史记》《两汉书》，三年级选读周秦诸子；数学必修大代数、解析几何、微积分等，英文学习有专门的英文课，而且除了中国历史、地理课外，数学、物理、化学、天文等诸课一律采用英文教材，用英文授课；另外体育课同样受到重视。学校课程完备、均衡，学生终身受益。

先生不参与当时四二制和三三制之争，为了确定合理的学制，1904年亲赴日本考察教育，坚持五年制的方针。由于学制合理，南洋中学毕业的学生，不需要经过预科就可直接考入国内外有名的大学。

先生广览名师以优化落实南洋中学的课程，聘请大学校长、学者、留学回国的博士、硕士如马君武、丁文江、叶达前、胡敦复、秦汾、李登辉、史量才、王引才等一代精英来校任教。教师阵容之强，实属罕见。

先生竭尽全力改善办学条件，1912年建成拥有十余万册中、西文藏书的图书馆，1926年建成气势宏伟的校友厅，1930年建成设施先进的科学馆，内有物理、化学、生物实验室，制图室和阶梯教室，还办起实习工场。优越的办学设施为南洋的学生提供得天独厚的学习条件。

难怪在参加以高等学校学生为主的庚子赔款留美全国性选拔考试中，南洋中学有21名学生被录取，人数之多仅次于高等学府圣约翰书院。

先生是仁爱之师

先生言道："吾人处世，当以仁爱为中心，而仁爱尤应推人而及于万物。"

先生信奉"诚能格人"的道理，为人非常真诚、仁慈。他做事十分务实，凡学校的事，不管大小，事必躬亲。他关心学生，尽管学校经济状况不佳，他自己生活简朴，但对家境清贫的学生坚持予以免费入学，当时免费生数为沪上众校之最，先生还将最困苦的学生带到家里吃住。先生的人格使学生终身难忘。平时极为尊重教师，以至性格非常特殊的教师也能在南洋中学长期工作。葛啸夤老师国文底子深厚，但性格孤傲，难以相处，先生却以宽容之心让其安心教书，葛老师发自内心地说："我这个人脾气高傲怪癖，在哪儿也呆不长，只有在南洋中学教了几十年书，与王校长也常有争执，但因王校长的人格精神与恢弘气度，而呆了下来。"

先生的仁爱之心，使南洋师生动容更动心。

先生是爱国之君

先生年轻时便接受革命思想，成为早期的南社社员，处处表现出爱国情怀和支持革命的态度。

在学校自定教材中，先生亲自选择国文课文，如黄宗羲的《原君》、文天祥的《过零丁洋》、陆游的《示儿》及《诗经》，以爱国思想影响教师，教育学生。“九一八”爆发的次年，清华大学招生，出试题《广无衣》，南洋中学学生均能正确理解题意，作文中表达了要发扬同仇敌忾精神，抗击外来侵略的爱国思想。

在敌伪统治上海期间，先生不食敌伪配给，学校不向敌伪登记，不参加汪伪的军训和童子军活动，不发表拥汪宣言，大义凛然地对汪伪派来的人说“你可以告诉他们，我是个中国人，你不要来了”，表现出爱国者的骨气。

五四运动后，先生费尽周折帮助陈毅办好出国护照，使其法国勤工俭学终于成行，为此，1949年陈毅专程探望卧病的王培孙校长。1927年上海笼罩在白色恐怖下，先生掩护青年志士，并赠送了二百元，后此青年成长为部队首长，1950年特意带家人看望王培孙校长。

先生在校竭尽全力保护革命学生，在南洋中学始终没有一位学生因参加革命受迫害，没有一位地下党员被捕。

先生一生爱好藏书，收购了不少地方志，“这些书对读书的学生是没有大用处的，但一旦集腋成裘，对国家是有用处的”。1952年先生将全部珍藏图书捐献给国家，其中不少都是难觅的孤本，弥补了图书馆缺项，发挥了极大的作用。

今天，编纂本文集是为了纪念王培孙先生，更是要学习和继承先生的伟大精神，我们要办好先生倾注一生心血的南洋中学，把学生培养成“知行并进，为己积福，为家增光，为国家桢干，为天下肇和平”的有用之才。

王以权

2021.3.18

（王以权：上海市特级教师、上海市特级校长。1998—2001年任南洋中学副校长，2001—2007年任南洋中学校长）

目　录

第一编

言论文章

整理说明

“言论文章”编，共收录王培孙撰写各类文章34篇，其中既有收录于南洋中学历年《校刊》《毕业册》及相关资料集中的文章，也有本次编纂期间从《申报》《教育杂志》《续修王氏家谱》等文献中新寻获的文章，以及上海市档案馆所藏的部分资料，有相当部分为首次公布，具有较高的史料研究与收藏展示价值。34篇文章中，文体各异，有传记，有讲话，有诗歌，有遗嘱，还有广告、通告、启等应用文，其中大部分都与王培孙一生所从事的教育事业密切相关，尤其是他在南洋中学发表的历年讲话，为各种校刊撰写的序言，为研究王培孙的教育思想、教育理念和教育方法提供了重要的文献依据。而为叔父王维泰、从兄王引才所撰的传记不仅是研究南洋中学校史，也是考察上海王氏家族的珍贵文本。

参观锦堂学校记述

（1911年）

三月二十四日，曹君秉仁约往慈溪东山头参观锦堂学校。下榻三日，备蒙招待，至足感也。校为吴公锦堂捐资创设，于宣统元年开学。其地背山面河，气象雄秀。学生约三百人，除中等实业、农蚕两科外，有中等预科两级，初等小学科四级。初等四年毕业升入预科，预科两年毕业，则随生徒之志愿升入农蚕本科。

校舍西式楼房五十二幢，讲堂宿舍，布置井井，旁设饭厅，可容三百人，厨房杂室十二间，门房三间。蚕业试验所四十间。其建筑样朴素而坚致。农事试验场四十亩，桑阴亦四十亩，植物繁富，罗列灿然。

校中并不见有严肃之命令、苛细之科条，而诸生起居行动绝不紊乱，遵守秩序，出乎自然。

国文成绩，自预科以上，均有思想，而文气亦剀适。校长江北溟先生，名起鲲，前办奉化龙津学堂，勤朴任事，富有经验。

全校建筑费六万圆，开办费八千圆，所置基本产，每年收入子息万圆，为经常开支。

设校之趣旨，因慈北乡土利于农蚕，故设此两科，以濬一乡之利源。又因劳力苦役之人多，知书识字之人少，故设四年初等小学，冀达普及一方教育之目的。吴公造福桑梓可谓至矣。

虽然，窃有不能无虑者，十年树木，百年树人，教育一端，非一朝一夕可竟，亦非一手一足之烈也。此次顺道遍察慈北一带，其民俗迷信深而赌风炽，又勇于私斗，地方绅董之劣者，或蟠踞而提挈其间。慈北不乏魁人杰士，类皆经营事业于外埠，本乡公益事宜，殊有鞭长莫及之势，即欲如杨公之浦东中学选举校董，为永远维持之计划，亦颇不易。方今自治基础未固，毁学风潮，几成习惯。天下事大抵得人者昌，失人者亡，学校何独不然，是则区区之愚对于吴公实心兴学，所不能无虑者也。虽然，吴公当代人杰，热诚卓识，迥绝等伦，当必有策以善其后，不禁拭目俟之。

资料来源：王植善:《参观锦堂学校记述》,《教育杂志》1911年第6期。

南洋中学王培孙紧要广告

（1913年8月4日）

沪上战事，校舍适在战线中，今幸无大损失，承诸同志各同学来函询问者甚多，故特登报奉告，以代函告之劳。

（一）各处索取章程者，俟秩序恢复，不再开战，当即寄奉，再复一切。

（一）现在外日晖桥戒严，路不通行，各学生不可前往，免遭危险。俟事定，登报通知，方可前往。

（一）仆现寓泥城桥珊家园弄内，门口有“增记”二字者便是。每日一点至二点，当在寓。诸君如须询问事件，请准时惠临。

（一）各生邮政信件均在寓所，请自来取。又应考工商部地质科之学生，刻工商部已有信来，俟开学定期，再行知照入校。

王培孙告白

资料来源：《申报》1913年8月4日，第一版。

晋谒两江总督端方记

（1915年）

丁未秋，本校垫款日巨，无法维持。余乃具禀进谒前清江督端公方，同进见者凡二十余人。集一室，按名就座，座乃西式，余厕末座，适与公对，而距离甚远。公以次谈事，未及余而送客矣。余亦随众出，走商于某巨公，踌躇久之，比返寓而公招赴晚餐之知单至矣。准时入署，客已齐集。少顷，一员导客入餐室，公已就主人座立，以次肃客入席，余仍末席，而适在公之傍。巡酒及余，公遍赞座客曰：

“此上海办某校之某君也，乃来求助于我者。我固欲为国家兴学。我知私立学堂，必胜官立，岂有官而可办学者乎？办私立学堂者，苟非骗钱，我必助之。私立学堂多，学务自然发达。民家有子弟，岂不要延师读书，聚多数子弟读书，聚多数先生教授，便是学堂。民家子弟读书，何烦官之代谋？官只须办一二学堂，给民间做个榜样，以为提倡足矣。官肯补助，则民间人人办学，教育普及，而国家之经费又省。”忽顾余曰：“君办学堂甚好，须立志不要做官，官非好人做者。”旋询本校状况，又询每年缺款多少。余约计以对。公曰：“君要我多给欤乎？抑少给欤乎？多则数万，少则数千，无不可也。”余问：“多给何如？少给何如？”公曰：“多给，我须报部，便不得不派员督办。我才说过，官非可办学者。但我若派员，必无害君事。我去任后，便难说。”我曰：“然则请少给款可矣。”余又陈说校舍之不合宜，拟谋建筑。公曰：“此后来事，我在任必为君成之，兹姑勿论。”公语止此。后蒙批拨每年银四千六百元，即余约计之缺数也。本校卒赖此款维持，以迄于今，否则，校久中辍矣。余故述此，以志公之提倡于不忘。

资料来源：原文刊于《南洋中学》（1915年）。上海市南洋中学编：《南洋中学文史资料选辑》第一辑。

刊印南洋中学校章序言

（1915年）

南洋中学创立迄今已二十年，余任校职亦十有六年，然尚无详细校章刊布，或者惊以为奇，今试释明其故。余始任职时，曾订校章，半由留学外国同志，参酌而成。以为援据学理，采择经验，可谓完备精密，当时曾试行之。然实行以后，始知遵行校章之不易。地位不合，则管理有时不可能；设备不全，则号令有时而穷。乃知创法立制，非惟待人而行，其有待于财力者亦大。财如人身之血，一举一动，无不赖之。血不足，则有手足麻痹者矣。夫有校章而不能实行，与无校章何异，反多一崇尚虚文之诮。故决然将前定校章搁置，不再刊布。顾来学者，必循惯例索校章，则印简章一纸以与之，然嫌此简章之太略者，亦不乏人也。今年春，同事诸君，有提议刊布校章者。以为校之创立久矣，已往之成绩，现在之办法，当有以质诸学界，且便来学者之索阅也。余曰，校之创立固久，而以往之成绩，现在之办法，缺点尤多，言之常觉自惭。或曰，不然。南洋中学之名，固已为远近学界所知，知其名而不知其真面目如何，亦学界之憾事也。子何不披露其真相，以求他山之助？则弥缝缺点之机会，或在乎是。余曰，余固深望缺点之减少，然岂发布校章，遂足以达目的乎？或曰，披露真相，固不专指校章，欲求此校之设备完全，则上六年办学之经验，岂无可以告人者？假如有巨大之基本金，有广大之房屋，有完备之仪器，而房屋不善利用，仪器朽坏不理，是诚学界之羞。今子之校中，无是事也。化学试验室，则设备已粗成矣。从校中卒业诸子，留学他国，能有相当之学力，未尝不感母校之赐。今子所引为缺憾者，物理学试验之设备，尚须购置仪器；运动练身之设备，亦付缺如；藏书楼之设备，中国书籍，历年购置粗完，而西文书籍缺焉。此皆财力不足之咎，而非子之咎也，子何不披露其真相乎？余曰，如君所言，固余之希望，而未能实行。诚恐一经发表，责备者益多耳。或曰，不然，责备固无时或已者也。虽无刊布之物，亦不免责备也。人之渴望庐山真面目者，方将于见面之后，变责备心而为扶助心，未可知也。余曰，诺。于是决议刊布此册。已往之成绩，现在之办法，皆略举其大要。题名曰南洋中学。亦期与世人相见以诚而已。

大雅宏达，当有纠助其不逮者。

资料来源：原文刊于《南洋中学》（1915年）。上海市南洋中学编：《南洋中学文史资料选辑》第一辑。

辛酉级毕业纪念册序

（1921年）

今五年，诸同学又届毕业之期，而有辛酉级刊之举，临别赠言，复乌能已。余惟综理校务二十余年，私家设校，经济支绌，事倍功半，本不待论。当前清之季，初以为政体改建共和，虽不敢有多大希望，而教育实业为立国之根本，当必彼善于此。岂知忽忽十年，不独扶植无人，而种种波折，仅求能维护现状，亦深感困难。一校如此，各方面事业之遭顿挫，宁可以偻指计者。推求其故，全国之臬兀不安者，其殆以乏人主持故乎？学校之设，本为造就人才起见，则余今日择片言以赠诸同学，此后应时势之需要，亦维善自造就而已。试再与诸君纵谈国内情形：中央号令，无力行于各省，军队林立，治安不复可期，非无人何以至是；产业抵押殆尽，而外债之额继长增高，岁出卒无法减少，外交日益失败，而人民深恶痛绝之高徐、顺济、满蒙四路、吉会等约，犹将违众进行，非无人，何以至是。蒙事则混沌已甚，统一则希望几绝，非无人何以至是。推之一地方一团体，营私罔利，成绩无有者居大多数，人才消乏，至今极矣。故余以为欲改进中国无他道也，于人的问题加之意焉可耳。余维持本校纵极竭蹶，思有以自效，固犹夫人也。惟于当代贤哲因与恶社会奋斗之故，致多数青年卷入漩涡，则常中夜彷徨，而未敢轻率从事。何者？牺牲青年宝贵之光阴，诸同学来校数载，幸能与余相安于拙，潜心向学，不与外务。在事实上余所感困难之点，固已多矣。诚能不自菲薄，深造有得，才不论大小，而各有其办事之方法，在社会之改进，不在兹乎。余壮年精力大半消耗于本校，惟规划所及，往往力与愿违。大局如斯，希冀安在？而生活程度，视昔倍高，所有起居饮食，学业设备，仅能尽其力之所及而止，因此苟简因循，贻诸同学以巨大之损失者，随在可见。纵复忍而不较，而踌躇无措之怀，每一念及，辄与共事诸君，叹息道之。今而后诸同学均为校友会会员，凡诸校事咸有与闻之责。果能举其所身受者，进而商补救之策，与夫措置之方，事半功倍，本校之厚幸又当何如。

资料来源：《辛酉级毕业纪念册》（1921年）。

叔考柳生公行状

（1921年）

余叔父柳生公，以辛酉年十一月十六日卒，春秋六十有八。卒之前四年，取卦终《未济》之义，改号未叟，并追记生平经过事迹弁数语其端，大意谓过去现在未来，无一非露电泡影，因有果，果有因，皆露电泡影为之。露电泡影，形形色色，书之亦足以考因果关系。若云自订年谱为他日行状张本，则非余志。其遗嘱内又戒作行状，以为恶俗，贻笑大方。叔父超世之想，与夫不求人知之志概可见矣。虽然，余等终不忍叔父行谊之湮没，谨和泪濡墨，胪述闻见，以告亲友而垂家乘焉。

叔父王氏讳维泰，柳生，其字也。生而颖敏，四岁时先王父指楹联字教之，阅数日，指问无或爽。稍长，从嘉定吴小庾先生读。一日，听讲《孟子》“昔者孔子没”一节，涔涔泪下，既乃大哭。吴师异之曰：汝有天性，他日必为师门光也。

叔父性孝友，孺慕依依，久而弥笃。先王母奉佛虔，叔父窃发愿持长斋，为先王母祈福。久之，闻于先王母，先王母再三抚之，始勉顺先王母意破戒。先王母暮年多病，叔父衣不解带，侍奉起居，琐屑必躬必谨。余卧先王母后室，日夕追随其间，而不知手足之所措也。乙酉夏，先王母病甚，叔父刲臂，命叔母和药以进。时余年十四，见之惊绝。先父亦曾刲臂以疗先王父病，余幼时一见斑痕，畏惧不敢进，不意目睹叔父之实行此事也。叔父侍先王母病，日夜不辍学，至是创甚，越三日始入见先王母。先王母疑之，诘得其故，乃谓叔父曰：汝孝能格天，我当可延寿。后果渐愈，越二年余而卒。卒后一年冬，营葬于莎泾祖茔，采用世俗灰格葬法。叔父挈余往，先将石灰化细筛净，倾入穴，厚三寸，以木锤锤至坚，一寸主度，锤时昼夜不少休。叔父督率工役，审察物料，夜则必叔父任之。间二三日，辄清晨草履踏霜，步至家省视先王父起居，如是者半月，余亦仅能追随其间而已。越七年，而先王父卒。时叔父为金山钱氏经营典业，移家松江秀野桥，一再迎养。先王父之殁也，余亦随侍焉。自病以迄葬，叔父侍奉哀毁，一如先王母，不复琐述。

余家本薄有产业，先父性慷慨，好交游，不问家事。逮先王父母先后去世，而家产且罄，以故不独余家事，叔父任其劳，且产业亦多让归先父焉。犹忆光绪十一年冬，先父因事入都，叔父送至清江浦，恐先父川资不足，乃以所余银两并质皮马褂以充行囊，泣别而归，怀中只余钱二百文，附一花生船返镇江，向友人处贷银五元，比抵上海，已小除夕矣。先王父见之甚喜。叔父既晚回至翔，禀白先王母，先王母大慰。是皆叔父之笃于孝友，余所亲见而不能忘怀者。

叔父深识远见，其于世界大势之变迁，祖国改革之必要，实能先觉知。癸巳入都，目见政界各种败征，遂决意倡导青年屏时文，讲实学，兼习外国语言文字，为他日出身救国张本。会甲午丧师，时势日急。越年，纠合同志在松设一中西学塾，明年迁至上海，就家祠余屋布置，命曰“育材”，招族中子弟就学，远近闻风负笈者不少。时叔父一方面办理学校，一方面仍营贸易，以资生活，并为诸弟筹教育。分遣弟宰善入日本东京高等商业学校习商，锡善入山海关铁路学堂学工，征善入天津北洋大学习法律，均毕其业，各有以自立。惟奭善弟究心化学，为育材高才生，忽于甲辰正月因研磨药品，被炸殒命，年才二十，此则叔父生平所引为大感者。余方幼时，叔父命学为科举文学，改削讲解，不遗余力，冀余得一衿，以博先王父欢。后康南海到沪，叔父挈余往谒于静安寺寓庐，拟令余执贽受业。余自以程度过浅，未敢造次，由今追思，盖深负叔父之期望矣。庚子，叔父乃将育材畀余接办，余之竞竞继述叔父之志者仅此，而叔父之先觉觉人可谓至矣。叔父具治事才，有指挥若定之机。早岁佐先大母处理家务，则有家用预算表。凡各人用款及交际、善举、膳食工费之支出，与夫产业之收支，支配缜密，附以说明书，一目了然。后馆于金山钱氏姑母家，则为规设义庄，有义庄规条之作。及创设育材书塾，则有书塾章程之作。时全国未有学校，学校章程，此其嚆矢，浙江官书局曾刊行之。制造局有广方言馆，由来旧矣。岁丙午，陆军部札饬为兵工学堂，总办魏公蕃奭聘叔父为庶务长，规画其事。时叔父年五十有三矣。奉职后即请往汉局所设兵工校考察一过，两月而返。时魏已去任，继之者为张公楚宝。叔父进一说帖，条举办法，张大嘉纳，即改任叔父为校长，整顿校务，注重数理化各科，并添建实习厂，聘兵操员，日习射击及战阵之学，以符兵工厂命名之旨。三年成效大著，校誉日隆。凡此之类，一经叔父规画，靡不措置得宜，坐而言者可起而行也。

叔父秉性刚介，人不能干以私。生平赴义若渴，疾恶如仇，遇有不平事，辄挺身干涉，不畏彊御。早年精科举业，曾补廪膳生。吾邑士习，以廪保为美缺，叔父夷然不屑，食饩数年，从未认保一人。族人子弟入学者，辄命遵例封银四两谒学师，侪辈或怪之，不知乃叔父刚介之性使然也。叔父每为人经理或交涉事件，不特不受金钱，人或有以鸡豚果饵馈者，反形不快。方经营典铺，时松属各典业因加税事，群情惶急，公推叔父赴省禀官求免。叔父奔走宁苏，卒邀督批，准来往用费，从实报销，各典馈赆，皆坚却之。自此声誉遍于松江，商界以事请谒者踵相接。叔父一一为之处理，无不满意而去。南翔汛官黄某因事敲诈乡农，叔父控之上官，卒被撤差。黄某，公人，固日与叔父相酬酢者，乡农与叔父素不相识，亦有所请托也。南翔商会先部章成立，规画多出叔父之手，遂被举为第一任总理。越年，沪翔通车，车站离市约二里，行旅苦之，叔父创议集捐，开筑马路，直达车站。禀县出示购地，全路中段悉定，而西首之接车站及东首之接南市者，皆教民地，嗾使神父出而抵抗，并立天主堂界石以示不让，县官难之。叔父乃约同县官赴徐家汇教堂，向法人崔院长力争。院长派人莅勘，不得要领。叔父复往上海三德堂，见艾主教，理论良久，卒允照章给价，拔去界石，而路以告成，具见叔父之刚肠毅力。

叔父自主持南翔商会，担任地方义务，劳苦已极。两载后，虽解总理职，然翔地凡有大兴作或非常变故，叔父仍靡役不从，里中咸倚重之。以余所闻，若河工之整顿，警务之改良，乡自治之设施，保卫团之组织，叔父事事参与期间，为之谋主。他如担任女学，筹款改组私立女校至归县立而后已。赞助义务小学，募集基金，建筑校舍，叔父迭次函令弟辈在外尽力劝募，间有自斥巨金，扶持公益，不厌不倦。

侄植善谨述

资料来源:《续修王氏家谱》卷二。

第十八届同学毕业赠言

（1922年）

水本静也，投石于其中则波动，须历若干时乃能恢复其原状，此物理学之公例也。国之于改革也亦然。我国在此十一年中，虽经多少之挫折，要不可谓无进步，内政也，外交也，实业也，交通也，随在可见进步之迹象。惟有进步，斯人才之需要日切，此则诸君不可不储之有素，而为因时势之具者也。

诸君此去，或转学或投身社会，其转学者亦仍以投身社会为归，惟预备之时间有多少之不同耳。余于此有二希望焉，其一，宜各思尽其职分，而毋争权利于将来也。自民国成立迄今，若政界，若军阀，若商场，因争权攘利失败而去者指不胜屈，诸君当亦闻之熟矣。他日幸勿好高骛远，宜各自量其力之所能而就事焉。既就事矣，当以所办不能完美为一己之耻，如是不独社会之组织可望巩固，而诸君之功成名遂亦可于此决之也。其二，勿忘学生时代之生活也。学生时代，智德体三育率能平均发达，一入社会，或为习俗所蔽，而淳朴高尚之态度渐以消失，或因时势之转移，而所有之知识不足以应付，又身体强健与事业之成就尤有密切关系，运动一项，苟非行之有恒，功效殆无由见，诸君乎出学校后能愈益修养，不失为一活泼进取之青年，幸福之来正未有艾也。我校成立瞬已二十余载，在各界办事者虽不尽有赫赫有名，而类能以忍耐劳苦见称于社会，余办学之本旨亦不外此。故今以极平常之语为诸君勖，诸君其善自爱惜，我校幸甚。

资料来源:《南洋中学第十八届毕业同学录》(1922年)。

南洋中学王培孙通告各校友

（1922年）

七月九号星期日上午十时，校友会在本校开会，下午二时，本校行第十八次毕业礼，三时，校友茶点欢迎会，敬请诸君是日莅校，畅叙一天，无任盼幸之至。恕不备柬，特此通知。

资料来源:《申报》1922年7月4日，第一版。

通告南洋中学校友公鉴

（1923年）

本校定七月八号，即旧历五月二十五日，准二句钟行第十九次毕业礼，望我同人准时莅止，藉此良会，畅叙一番，盼幸之私，匪可言喻，特此通告，以代柬邀。王培孙拜订。

资料来源:《申报》1923年6月28日，第二版。

本校近况与我之意见

（1924年）

我应校友柯箴心、郑初年两君之嘱，将校况向校友会报告。

查民国三年，曾刊校章一次，即题名“南洋中学”者是。九年，又刊一次，我皆略叙校史，冠于篇首。我处校虽甚久，但皆例行之事，实无记录之价值，抱歉之事更当然不肯记录，故虽略叙校史，不过数行而已。虽然，校之近况与我之意见有可告者，如下所述：

一、经济问题。连年负债，势将不支，生活程度日高一日，万不得已，增收学膳宿费，自五十五元递加至六十五元，并取消联属学校升送学生减费十元之例，又将贷费改为贷学费而不贷膳宿费，且非常限制，不滥招揽，因此收入增加，嗣后可保不再亏垫，已亏垫者希望能逐年拨还。至贷费之限制，亦不尽为经济起见。历年贷费生出校后，热心校事归还贷款者固不乏人，而不相通者亦真不少。故我对于此事，颇觉日趋冷淡。

二、校风问题。向来品学优美者常占多数，而亦时有不良之徒混入，以致发生种种不合规则之意外事，近则逐年减少而几渐至于无。其一，各处小学教育日臻美备。其二，上海学校增加，不良分子随时可以容纳。因此二者，我校校风得渐改良，但不足为我校之进步。

三、课程问题。自民国元年始，各学科悉仍旧章，英文渐渐增高，以十三年较八年，增高一年级程度，较元年增高二年程度。

四、设备问题。本拟建筑图书馆一所，为地位及经济节缩起见，拟与校友厅合并建筑，估计三万元为最少数。校友会任三之一，校任三之二。日前校友会已筹足数，而校之所筹仅有其半。其原因两年前织呢厂有易主之说，我校一部分学生百人在住外舍，租赁织呢厂屋，恐生变端，致仓猝间为难，校董等遂决议以筹得之款先移作建宿舍用，适以土木料费用共一万六千元，而图书馆之建筑，因以停顿。校友厅亦连带关系，不克迅速观成。惟幸可告者，建宿舍后，增加住宿额位自三百六十至四百人，租赁之费从此可以节省，裨益匪浅。更有一事可告者，则我校之组织工场是也。欧战后煤油昂贵，因拟设电灯，此时计算电灯反较用煤油为廉，惟须筹开办费耳。又欧战后机械事业顿形发达，上海新设机械工厂日见增多，而职业教育又复一时风动。又拟乘改设电灯之便，并组一小工厂，倘能生利，或可裨益学校。偶以语杨君文卿，极蒙赞成，愿垫款三千元以促进行。随即开支票于我，我收款后出借据送去，杨君坚不肯收。乃即建屋购机，电灯厂告成，工厂粗具基础，然工厂如何营业维持计划，绝无把握，乃为出租之法，使盈利则有益于我校，亏则不致牵动。先后承租者均营业不能发达，现归校友沈君世谦接办。至杨文卿一番扶助之盛意，除三千元垫款作捐款外，尚欲筹万金助建图书馆。后以商业周转不支，在极困难中，尚以纱厂股票售入三千六百余元，以助建舍之费，又助三百元为组织网球场之用，此盛意至可钦感。若杨君得志于商业，则我校区区建筑，何虑之有。

上述我校近况，再说我之意见。我校设备缺点滋多，我总想逐渐筹备达于完全之境。实验室化学部粗成，而物理部至今未就。关于体育上之建设，亦复完全未及。我意俟图书馆成就，或以现在之图书室改作物理试验室，此尚是理想的，能否改组，犹未能决。图书馆西文参考书几等于无，添购徒成虚愿。膳厅分作二次开饭，秩序乱，我想改建楼房，则可一次开饭，秩序上或得稍整齐。凡此种种，以经济问题不克举办，虽有志愿末如之何。至于增加程度，由中学而进于大学，旁人多以此说我，我非全不赞成。但中学设备不全，即中学尚未办成，何能说到大学。且我之意见，我校程度或可渐增，而中学名称决不能改。近今号称大学者日多，虚骄之习，中于人心，为教育一大障碍。试观沪地一隅之大学较日本全国为多，返己以思，汗颜无地矣。故程度可增，名称不改，为我最坚决之意见。我校购地之始，先购得者即今之校园也。原有银杏大树一株，为地主锯而售去，我当时知之，已无及矣。建校后未及种树，良为憾事。以后我当布置，使成有规则之校园，植物分类，供人研究。然须建平屋二三间，使人有驻足之所，而后以资布置。此尚非大难事，想不久可行之。校章向以学生纳费及补助款为经常、临时各项开支，以募集捐款充基本建筑之用。以我校实况论，照此而论，所有债款尚难清还，势决不能顾到基本及建筑。故非募筹捐款丝毫不能进行，且即得款从事建筑之不暇，势亦不能顾基本。且说到捐款，非运动不可，而运动又非我所长。若要沿门托钵，则乞食大城，不知何向。少年朋辈固不乏春风得意者，而反以境地之悬殊，生交情之隔阂。此外演剧筹款似不屑为，分队募捐亦难有把握。因此种种，我虽坐困而终无法。历年所得之款，皆各校董诸同志所筹得者，绝非我之力所为也。

兹将民国八年前购地建屋支付清单列下，以供众览。收入项下，计有王氏太原义塾捐一千七百五十四元一角，陆春江等一百三十一人捐到银三千七百五十两正、洋二万七千零九十一元。支出项下，计购地二十三亩二分五厘七，十块地连完税及树木共付洋一万零八百九十九元五角六分；建筑共付银一万一千五百两，洋五千五百七十五元五角七分。如此收支两抵，尚净存银一分九厘（捐款人芳名及地亩数概从略）。此次建筑支付扣至民国八年，约尚不敷一千数百两，无法弥补。承各教员盛意协助，遂得收支适合，拟即为立碑纪念之举。此后继续购基地，以及翻造旧舍，添设新舍，一切开支，拟俟校友厅图书馆成立后，再作第二报告。

我校以放任出名，在民国前尤为人所诟病。嗣后学界要人亦有主张放任者，而不放任之校，间亦发生种种弊病，因此我校名誉得稍挽回。然“放任”二字不是主张，而是缺点。所以有此缺点者，地与人两者之关系也。在大东门时代，其局迫之形势，概可想见，更不足论。迁移今地后，沿马路以建设，而不能筑墙，膳厅宿舍均人多地狭，运动球场亦不敷用，又无自修游息等室，此为难之属于地者也。无明达教育之人任监护之职，以助其不逮，此为难之属于人者也。欲免地之为难，非有充分建设经费不可；欲免人之为难者，非管理助手得人不可。我校历年捐款用于苟且之建筑，尚见竭蹶万分，经常开支项下负债迄今未清了，万无余款再请管理员。而人才之可得与否，尚是别一问题。以经济竭蹶之故，迁延敷衍者二十年，而不明真相之徒，散言我校以放任为主义，是则诬之甚者。我思之，学校成绩，当与经济成比例。比我校与其他相等之校较，其本金、开办金孰有孰无；经常收入费，临时捐得费，孰多孰少。若经有心人彻底调查，再以成绩相比较，而为之下一判语，则我校之不居人后，可以断言。惟我不能与人往来征逐而从事于运动，使我校前途发达，此我之罪。历年以来，校之成立及维持，皆赖各校董各同志之助。知我之所长，济我之所短，我校当铭之不忘。我心有余而力不足，自知之，自恨之，而无可如何。校友会之成立已十有五年，即校友厅提议亦已六七年，而迄今尚未成就。我知校友或有怀疑者，请为怀疑者讲一言：在前半时期，款未收足，有人虽书捐于册而款确未付，在捐款人以为须待确实动工，方当付款，然在办事者款未收齐，何能贸然动工。故以收款未足，而致稽延时日，乃实在情况也。后半时期，则以校友厅与图书馆牵连之故，我前文已明白言之矣，怀疑者当可释然。今查校友厅捐数以一万元为限，我闻可实收者，京沪两地约有七千元。我希望各校友已认捐者速即交纳，未认捐者酌量输将，俾校友厅得以圆满解决。总而言之，校友厅与图书馆，校友会方面应再筹三千元，我方面再筹一万元，方可动工。然我已半数有把握，故料达的之期当不在远。抑更有为校友告者，我说捐款是指校友会所发动之校友厅而言，若其它之事，我从未向校友提及捐款二字。良以我校不少缺点，各校友留校为时尚暂，而我对各校友负疚实多，且各校友离校而厕身社会，开拓事业，维持生计，或且不暇，更何能顾及身家以外之学校。我意捐款实说不到，故而不说。杨君捐款亦出彼之自动，非由我之要求。我所望于校友者，日进健康，各有发展，对于校及校友会时赐音问，使消息得以常通，感情终于不断而已，因刊是册。柯君、郑君嘱有所报告，而附及之。言质不文，幸垂谅焉。

资料来源:《南洋》1924年第3期。
注：本文为王培孙向校友会发表的书面报告。

已故校友小传

（1924年）

校友消息为同所人欲闻，而已故者尤甚。盖幽明路隔，感念乃愈深也。兹承王培孙先生以已故校友小传见示，其中或为硕彦，或为超人，均为学术思想卓越之前辈。遍阅一过，不禁有人琴俱杳之感。加以近日风雨满沪江，小楼一角，枯坐生愁，更触怀人之念。因忆及同门学友，追悼故人之情怀，当亦不弱于年，爰录之以续前期（第一期已有登载），俾供众览焉。

泉唐郑初年谨附识。

龚道懽，号戊伯，浙江平湖县人。民国七年毕业，服务邮政总局。民国十年十二月病故，年二十六岁。闻病不及旬日，病状未详。

邱崇雅，号宗望，浙江诸暨县人。民国五年毕业，转入北京税务学校。方毕业，即以伤寒症逝世，年二十四岁。兹节录《税务学校出版界》一则，以存概略：

邱君在校勤励，不少懈，志气素雄，不屑碌碌居人下。到京三年，未见足迹入梨园。读书少倦，弄丝竹自娱。或呼伴拍球，藉疗怠疲。遇事勇为，不惮劳，敏于决断。同学以其能，举为同学会长，措置一切，具见秩然。今夏五月间，校内骤生风潮，众以君乃同学会长，义不容辞，开大会时，拥之主席。君不得已，如众议，顾风波未平，而君已置漩涡中。又以时近毕业，会长责任未能卸，辗转周旋，始有结果，然君之心劳矣。事初了，大考又临。昼夜诵记，精神耗于此中者又不知几许。考而甫竣，例当预备英文论说及英文辩论，诸事既毕，犹有余暇。君以到京以来，未遑与在京诸友欢聚畅谈，遂奔走访谒。时天气蒸闷甚，君平时重视体育，既练网球，复精拳术，他事亦小心翼翼，独不节于饮食，盖其天性使然。当此溽暑，以过食冰淇淋而病。病为恶寒，饮食失味，夜不安睡。服中西药，俱少效。至第五日，恶寒已止，手心发热，而舌苔厚黄，食不进如故。心神甚清，殊以病为忧。后以同学之劝，迁入中央医院。孰意医俱碌碌，其数病室，合备看护妇一人，察其设施，非重人命而济世者也，直藉以图利已耳。看护君者，系一法妇，性不驯淑，君每见之，觉愤懑填胸，久不能平。故入院后，病日加剧，阅五六日，至六月二十八日辰刻，溘然长逝。妻赵氏，子二，女一。君之死，论者多谓死于医云。

朱曾贯，号傅叔，清宣统三年毕业，民国十一年春去世，盖肺病也。兹录朱君夫人所为行述如下：

傅叔夫子，讳曾贯，上海约翰大学文科毕业学士也。幼聪颖，强于记诵，读书数行俱下。尝一夕默记竹垞先生《棹歌》六十余首，昆弟行年相若者数辈，咸自以为弗逮也。清末科举既停，遂入县立中学校，攻西文。顾时以内地学校设备不完，不克受优美教育，无以偿其求学志为憾。乃请于严慈，负笈于上海南洋中学焉。本生先姑褚太恭人撄疾，夫子闻信驰归，躬侍汤药，衣不解带者五十余日。疾益甚，觉非药石可挽，乃刺血作状，焚城隍神前，泣求愿改己算益母寿，归而先姑病得稍解。乃不一来复，诸恙再作，竟以弃养，夫子每引以为终身之恨焉。惟时夫子年甫成童也，其肄业于南洋中学也，治算尤攻苦，坐是得咯血症。时适本生舅氏将至汴，乃挈之行，休养调治者六阅月，始痊。再入南洋中学，校长王君试其科学，不后同班各生，深器之，仍令附原班。盖夫子虽居校外调理，一方仍攻习不少懈，而算学之所造且弥深焉。既而以优等毕业，遂入圣约翰大学，从事高等学科。初在一年级，执教鞭者咸奖许之，而算学教员美人华克君尤赏之，谓程度已高，宜升级，俾免徒耗青年宝贵光阴。校长卜舫济先生是其说，开教职员会，议决特擢一级，此亦可见其用力之勤，与学力之优，固有异于恒流者矣。毕业后，先就浦东中学教席。甫一年，天津南开中学闻夫子名，飞函聘之，乃北上。民国五年，改就芜湖圣约谷大学之聘。其明年，复应镇江蒋怀仁君医校之聘。夫子先后任教育近十年，所至必整顿学科，以造就学子为己任，故及门者，无不敬且爱之，往往有闻其他就而改校相从者。其所栽成至广，而张君定安、何君济生，尤其盛名于时。夫子天性好学，尤耐苦思。其理想之发达，冠绝侪辈，故于各科学中称工算学，中西畴人，皆尚其业。虽拥皋比，孜孜不倦。故失红一症，本未痊除。戊午，在医校，其发最剧，一日夜呕吐数盎。五胞弟愉承，幼亦夫子曾授之算者，时方随宦在暨阳。既得耗，本生舅即命漏夜驰抵校，多方调治，幸获告痊，然原气自此大伤矣。特以困于经济，不克尽心摄养，旋又出任上海营业公司翻译事。去冬，旧症复发，然犹日至公司视事，或以休养为请，每以他事却之。至今春，遽失音，始服西药，无大效，乃改中剂，而卒竟不救。呜呼！如夫子者，禀赋既高，又潜心勤学若此，乃天不假年，予之才而不尽其用，夫又曷为而生哉？人生到此，天道宁逾。一子名淞，甫三龄。二女，长丰次复，皆未及学龄也。所著有《算草》六卷，限于资，未刊行。达之不文，无能如古人诔其所天，而傅叔夫子之行谊实有不忍没者，故摅其概略陈之，倘蒙当世文豪，锡之鸿篇，阐扬幽隐，感且不朽。朱张达之谨述。

周维新，以字行，江苏上海县人。肄业本乡市立小学，成绩特优。经人介绍，补本校贷费额，民国八年毕业，任河南英美烟公司会计职，计二年。告假旋里，由汉返沪，过扬子江口，投海死，留一纸舟中，无非厌世愤俗语，年二十二岁。

范际云，以字行，江苏丹徒县人。民国五年毕业，转入金陵大学文科，毕业后，任职《密勒评论报》，未一载，逝世。病状未详，年二十三岁。

刘文翔，号鹏九，湖北宜昌人。与刘君家麟为昆季行，家麟为余至友刘禹生先生成禺子，文翔其侄也。民国八年毕业，十一年八月逝世，病况未详，年二十一岁。禹生子侄二人，先后来校，皆慧而不寿。会逢其厄，至可悲矣。

姜祖诒，号叔谋，江苏海门人。民国九年毕业。转入唐山交通大学，即于年终，以急症逝世，年二十一岁。同学葛君天回为之传录于下：

姜君名祖诒，字叔谋，江苏海门人。先世居南通。君沉默寡言，笃慎好学。七岁始学，九岁寄读于戚沈氏，十岁读于家。喜柳公权书，日必数百字，虽寒暑无间。十四入三益高等小学校。丧父如成人。十七入海门中学，每试辄冠。阅二年，转入上海南洋中学，一年毕业，入唐山工业专门学校，习机械工程。凡一年足不出校，语人云："一年中至市镇不过三四次耳。"其勤学有如此。君长于文，时见于校刊。年终，应升级，考试时方改交通大学，君将随机械科转上海，益奋勉如不及，忽罹重症，及病已危，尚余化学未考，君犹不思辍，同学止之，不听，卒应试。归卧床褥间，面苍白，汗发不止。呻吟之际，犹持书研习，笑谓人曰："无他，只腹部略肿痛耳。"始延医至，无能言其病者。未几，喘息甚，侧身内向，则黯然逝矣，时民国十年六月十五日也，年二十一岁。呜呼伤矣！后三日，其兄自里至，已不及见，欲移骨故里，警局以疾近传染，不许，因暂厝校侧旷地，同学皆惊走，遂罢考试。回曾入南洋中学，今复与君同学唐山，因为文述之。

吴家羔，号忆琴，江苏吴县人。清光绪三十三年冬季毕业。君思想清澈，气度温雅，校中师生咸乐与之交。毕业得最优等。任镇江承志中学英算教员一年，自费赴美，旋得官费，入意利诺大学，得理科硕士学位，民国三年返国。君在美时，两任留美学生会会长。任君鸿隽发起科学社，君力助其成，分任社务。又为美国算学会会员。返国后，任水产学校物理教员、南洋大学电科教员、青年会中学英文教员。又应郭君秉文之招，为南京高等师范数学科主任。民国八年，交通大学唐山学校聘充算学教员。九年，部令骆通长校，教职员及学生一致坚拒，公推君向部力争，骆卒罢免。事后一日，君晨间寝门不启，家人异之，毁门入视，抚之僵矣，枕处有带一条，而无缢痕，终莫明其致死之由也。君居恒好义急公，先人后己，凡亲友中有贷者必应之，死后无储蓄，子孤妻独，无以为养，而人各以所贷来归，方知君之款之所在。唐山学校开会追悼，赴会者皆唏嘘流涕不置云。卒年三十二岁。

黄建华，号树因，广东顺德县人。毕业后，以夙好佛学，故游历各地名山古刹，从学南京欧阳竟无，先生许为入室弟子，研究梵文及藏文，悉皆通晓。为北京大学哲学系教员，刻苦自励，笃信力行。民国十二年夏历五月二十日，以伤寒症，没于北京东城大佛寺，距民国四年毕业，计离校首尾八年，年二十八岁。北京大学及南京支那内学院皆开会追悼。兹录其兄忏华先生所述事略如下：

亡弟树因，幼而岐嶷，于孝友犹笃，兹勿详述，述其学佛学梵之因缘。吾家籍隶广东之顺德，先父宦游江苏，遂以为家焉。甲寅（民国三年），欧阳竟无师至南京讲学时，余游海上，同学姚君妙明以书相召，余以事不克往，遂遣树因。树因尝闻余述及佛法之广大精微，欣然就道。听竟无师讲《释摩诃衍论》及《大宗地玄文本论》毕，所得殊多。越岁，卒业南洋中学，遂绝意世间事，与余同就竟无师所设立之金陵刻经处研究部修学。既闻法相义于竟无师，复得晞明、妙明、真如、抱一、秋逸诸同学为之佐证，所学益进。嗣以《三藏十二部妙典》或未书来，来矣，或未备矣，或多讹，以为非印证之于原文不可，因潜心梵文学焉。然独学无友，惟就欧人著述之梵文书籍黾勉求之，亦颇有所得。曾译《足目之正理经》二卷。既而擅梵文之德人雷兴先生教学济南，梅撷云居士以书介绍，树因往就雷先生学，并及巴利文。嗣雷先生之北京，复又他适，托树因于俄人钢和泰先生。钢先生于梵文外，又擅西藏文。以是树因于梵文既大成，而藏文亦斐然可观，并知藏译之《内典》校汉译多而精，而梵文反寥寥焉。尝有志于译述，若《庄严论》，若《二十唯识论安慧译》，均曾从事而未成书。今人琴俱亡矣！溯自梵文发现，举世界均认为近世纪一大事件。然其影响亦仅及于言语学，若文学乃至哲学而已，藏文亦尔。为佛学而学梵文、藏文者，慈恩而后，不得不推诸树因。绝学甫成，遽生兜率，此则望后之来者有以光大斯学焉耳。树因生时，曾就北大聘，为梵文教员，诸同学及同志将开会追悼之，嘱余一言其生平，因挥泪志之如此。

挽黄树因

王培孙

武达少林术，交通贝叶书，斯人偏不禄，吾道复何如；

当世方多劫，前途失启予，华严药王外，复译孰权与。

汪乃烈，号仲英，浙江杭县人。民国十年毕业第一名。毕业后返里，以伤寒症逝世。君风神俊逸，文学优美，年仅十九岁，若昙花一现，至可悲也！

唐敬杲，号仲圭，江苏上海县人。民国十一年毕业。沉静寡言，有好学深思之概。转入同济大学，越年病肺逝世，年二十二岁。

李钧材，号天培，江苏青浦县人。民国八年毕业，转入北洋大学。民国十二年夏历五月逝世，似是喉症。君学绩优等，距毕业仅一月，年二十五岁。

资料来源：王培孙:《已故校友小传》(附照片)，《南洋》1924年第3期。

中国图书刊传会缘起及章程

（1925年）

筹备处：上海西藏路中国书店

认股期：阴历十月底截止

昔朱竹垞、魏叔子诸先生有征刻唐宋秘本书之事，而风气所播，卒成有清一代校勘之学。近者古书之流通日广，而影印术亦日精，昔日所视为难得之本者，今则承学之士几可家置一编焉。即考古之学日益进步，由于地中之发现者多，亦由于群籍之刊行者广也。惟是为学之道固宜精深，亦宜普及；固宜详核，亦宜条贯。善本之刊，丛书之印，一二好学深思之士校订异同，辨析真伪，旁搜博考，广见洽闻，胥有赖焉。然而问国学之津者，非感伤深之，即兴望洋之嗟。国学之无统系，亦由刊书者未能董理之也。同人有鉴于此，发起中国图书刊传会，刊行古今书籍，辨学术之流别，指士子以径途，务使一书之刊必有益于学人研究为的，与书价谋利者迥然不同，即与赏鉴家之刊行古书亦异其指趣也。谨拟简章，广征同志。

（一）本会之结合，专事刻行中国有价值之书籍，暂以四十个月为期，期满正式成立书店，另行订立章程办理。

（二）共招二百股，每股每月纳上海通用银洋五圆，继续不断，以四十个月为限，即每股四十个月共纳资本洋二百圆正。二百股，四十个月，纳足共计资本洋四万圆正。

（三）股本月息四厘，照每月纳股之期起算，每十个月发给一次。

（四）每个月以一日至十日为纳股本之期，过期者不给本月之息。

（五）凡未届纳股之期，而愿将股本提出预纳者，利息从纳股之月份起算。

（六）凡股东中途停止纳股，至三月之久者，即取消一切权利。如能自觅继人，或由本会代觅继人，得继承一切权利。但未有继人之时，已纳之股本一概不能发还。

（七）执行部总经理一人，执理社务；副经理一人，辅助经理之所不及；会计一人、庶务一人，由总理聘任，听总、副经理之命令执行职务。

（八）审查部审查主任一人，审查员四人，审查刻行书籍之事。凡书籍之发刻，必经审查长签字方为有效。

（九）监察部监察长一人，监察员六人，监察本社财政之事。凡动用款项，由总、副经理缮就支付，经监察长签字方为有效。又监察部随时有查账之权。

（十）自本会成立一个月后，即开始印旧书籍。但所支用款项不得超过已收股款十分之七。

（十一）凡有关于本会全部之事，由执行、审查、监察三部联席会议议决之。表决权以部为单位，关于一部之事由各部自议。

（十二）各部职员除会计、庶务酌给薪资外，其余四十个月内皆为义务，不给薪资。

（十三）红利支配作十四成，股东六成，公积二成，执行部二成，审查部二成，监察部二成。

（十四）每人得兼二部，但执行部与监察部不得相兼，并不得兼二部之长。

（十五）凡认三股以上者有被举为总、副经理之资格，凡认二股以上者有被举为监察员之资格，凡认二股以上有著作及编辑或刻行书籍之成绩者，有被举为审查员之资格。

（十五）凡执行部、监察部之选举，以股为单位，但每人不得过四权。审查员之选举以人为单位。

（十六）凡审查部、监察部之长由各部自行推举之。

（十七）各部职员，除会计、庶务外，皆以五年为期，五年之内有不称职者，得由职员全体二分之一或股东全体三分之一提议开股东大会另行选举之。

（十八）本会暂不设办事机关，所有执行部一切之事暂假中国书店为办事处。如有另行设立机关之必要时，得由三部全体职员会议议决之。

（十九）本约有不合事宜处，得由职员十人以上之提议召集股东大会修改之。

发起人　王植善　金兴祥　胡韫玉
姚　光　徐乃昌　秦更年
高　基　高　夔　陈乃乾
黄季直　董　康　罗福成
同启

资料来源：王植善、金兴祥、胡韫玉:《中国图书刊传会缘起及章程》,《鉴赏周刊》1925年第23期。

教育今昔之经过

（1926年）

丙寅秋，母校举行三十周纪念，广征海内外同学之文字，汇刊行世，所以使南洋之名，与硕儒之经纶，并垂于久远。同人之所以寿母校者，其意可谓深且远矣。噫嘻！三十年为一世。人生长寿，不及百年，母校之兴，其一世哉！以愚昔日年少气盛，驰骋当代，而交接天下贤豪，意气之荣不可一世。日月几何，而吾之丹者已为槁木，黑者已为星星，白云苍狗，电光石火，人事兴衰之感，家园存亡之叹，忧患之生，六十之年，回首三十年中云烟变幻，鸡虫得失，抚今伤逝，不知从何处说起，且亦不知所以为母校寿者。夫学者多贵古而贱今，谈者有废视而任听，今古影象之不同，或亦视听任废之各异。居今之世，而追述往昔之教育事业，则贵古贱今之念不禁油然以生。三十年教育界之变迁，愚以一人目击而身历之，则凡愚所感想者，废视任听之诮所不受也。愚主持之南洋中学，今且三十一年矣。自离母校，即任南洋中学事。忆予初主中学也，生徒不过数十，而聘请教师极艰。校课之中，物理、化学之设备教授最为难事。有熟习日文之教员，不谙英语，而生徒每自行集合，购西文原本，孜孜参考，早作夜思。尚忆某日某君授物理，拆阅时钟机器，学生围坐讨问，经日不散。由今思之，求真之诚，耐劳之心，今之学生未可与从前同日而语也。向之闹风潮者虽时或发生，而指导得宜之学校，则师弟之间敬爱之义犹有存者。学生投军入伍者有之，从事革命者有之，其英姿勃发之雄心，纯一进取之壮志，今之学生似又未可同日语也。居今日而观中国，尚有教育可言耶？整顿名教，提倡风义，凡可以保存国性而振动民质者，无不以反动派之名义目之；严考绩振纪纲者，无不以蔑视学生人格诬之。校政公开，而学生反弟为师矣；反对考试，而青年之技能末由养成矣；政党充塞，而理智囿于党纲，真理无由发达，不啻回复中世纪宗教威权统制一切之景象矣。且夫师弟之间，不尚感育而谋对付，不尚诚心而重机诈，自拟劳资之悬绝，因启阶级之战争，现象若此，自今以往，教育事业之不能发展，盖亦世界自由主义不能向荣之同一潮流乎。一党专制，主义治国，皆自由主义之致命伤，亦教育真义之蛇蝎也。予今老矣，少年所志，百无一遂，而独于垂暮残年中，睹此教育界之特殊状态，瞻望沪西吾母校之钟塔，矗立云表，隐约可见，教育事业未来之进化，变迁孔多，正未容置其怀念。独吾质非金石，躯本骨肉，行见云烟过去，而吾旧时母校风物永无重见身历之日，为可慨已。

资料来源：王植善：《教育今昔之经过》，《南洋大学三十周年纪念征文集》（1926年）。

钟灵中学校刊序

（1926年）

杂志之作，意在于集众思，广众益，濬民智，育民德，其愿固甚奢也。近世印刷术日益发明，一纸风行，传诵万里，其流播之速，收效之弘，较诸往古贤哲，穷年累月，著作等身，或读书得间，发为篇章，至有妙契，终以剞劂艰难，久而散佚者，其幸福之相差奚啻霄壤。故凡从事于杂志之业者，尤不宜掉以轻心，汩于名利，以自欺而欺人也。顾近年来，海内杂志所出多矣，聆其宗旨，莫不以昌明学术、增进文化之责自肩，而按其实际，则袭取东西洋之旧杂志，改易面目，存肤遗液者，居其泰半，自矜创获、惊眩庸愚、欺世盗名者益复不尠。而中西学术两未入门，妄言沟通，自忘其丑者又比比皆是。最下者，弁髦礼法，昌言恋爱，贻误青年，毒流社会，究其所以如此者，名利之念，泯灭天良，而不顾其祸之所及，将有亡国灭种之惨焉。二三老成，惘夫人心之陷溺，国本之荡摇，乃转而殚其心力，理董先典，统其名曰国学，以项抗衡，自以为漆室之灯、中流砥柱矣。然我国学术，早经一再摧残，积弊千年，破碎已极。况所谓国学者，涵包太广，浑而不画，治之綦难，故今杂志之侧重国学者，佳构亦殊罕遇。至于校刊之作，原为学生手笔，青年子弟，学养未充，理解浅薄，纵使极其勤学，所得知识，能有几何？故凡今之所谓校刊者，复多拾牙慧于各杂志中，颠倒其文辞，伸缩其篇幅，求其可诵之作，殆如凤之毛麟之角也。而抛荒学业，滋长虚荣，弊害且甚大。故余于校刊之作素不敢表同意焉。老友顾君天放，别有年矣，长槟榔屿钟灵中学，示余《钟灵中学校刊目录》一纸，谓稿已付梓，不日可出版。余见其分门别类，条而不紊，中有调查、游记、自然科学、史地资料四类，皆学生实地之记载，阅者得此，于南洋群岛最近状况即可略知梗概，是非校刊中崇实黜浮之作欤！夫南洋群岛，为我国邻壤，唐宋时已多遣使来贡者，明清两代华人之称王于各岛者，姓以十计。今我国势凌夷，致先民首往垦辟之地悉隶他国之版图，然我侨民之在斯土者，总数犹近三百万人，政府纵不维护，我国民能冥然无动于中乎？是余所以乐为斯校刊叙，而又感不绝于余心也。

资料来源：《钟灵中学校刊》（1926年创刊号）。

南洋中学三十周年纪念册弁言

（1926年）

本年六月，校友厅建筑告成，时则沪埠各中学凡在二十年以上者竞开纪念会。我校友会诸君提议以为本校于今三十一年矣，不可少此纪念之举，谋一日之同乐，备一番畅叙，并刊纪念册以志庆祝不忘。此时余亦在座，曾以事不易举者数端，发表于诸君之前。叙之言曰，余任职本校二十有四年，经济日在竭蹶中促从，无多数职员为余助，故凡历史上成绩上一切典故搜集列表人纪念册，势难办到，则纪念册不至空泛不足以留纪念之实际，以其一也。余素不做学校宣传，如开成绩展览会，印杂志等类，皆余力所不暇及志所不愿为者，且对于校友之联络近更疏阔，故此事余实不能有助于诸君，余无以助则说不过去，而又不能助岂不为难之至，此其二也。诸君各有职务，日甚忙冗，试问何人可有办纪念册之时间，若草率为之，则他校之纪念册材料丰富，调查精密，我校向不在此处用功夫，仓猝为之，反相形而见绌，此其三也。余之言盖如此，而我校友诸君则以为皆不足虑，于是推举郭君步陶任其事。郭君奔走经三阅月，向各旧教员征序数篇，向各级校友每级征文若干篇，而纪念册遂以告成，持样本来告余曰，此册以时间太促，校友中多学业深造者、阅历宏深者皆不及一一向之征文；校之历史成绩又无所凭以纪录，又以限于款项，不能多制图画以增美观，良为遗憾云云。虽然，不可无校长一序以冠简端，余故为之序，乃告郭君曰：余任校务虽久，做日和尚撞日钟，自知以学识能力经济种种关系，历年来对于同学负疚滋深，误人子弟不知凡几，每日之所为且不克尽其责任，更何有足以纪念之事可以告人，过去种种因之不复纪念，余自知之，而校友诸君亦多知余者。此册之出版，盖亦人事之相迫，例如招生之必登广告也。郭君闻余言粲然一笑，不复赘一辞。

资料来源：陆象贤编:《王培孙年谱》，上海市南洋中学校友会2001年刊印。

时间与学业

（1928年）

校长王培孙先生，日前在校友厅演说云：

诸君，时期可分为三，即过去，现在，与将来是也。此三时期，又有广义狭义之别。自盘古氏开天辟地，以至于清，谓之过去时期；及至先总理缔造共和，建设新中国之后，谓之现在时期；今日以后，谓之将来时期。此广义之三时期也。凡人未生以前，谓之过去时期；自生至死，谓之现在时期；逝世以后，谓之将来时期。此狭义之三时期也。今予姑舍广义之三时期，与诸君谈狭义之三时期。夫人生不过百年，与过去相形，实不过数万分之一，若与将来相较，尤为相悬。以此百年之短促时间，循环不已之世运，得生我一人，我人亦云幸矣。今既为人，得一日吐纳于世，即当尽一日之职责，尽瘁于社会，而收效于将来。如予昔日年少气盛，驰骋当代，结交天下贤士，意气之豪，不可一世（即三十年）。乃日月几何，寒暑数易，而视已变为茫茫，发已转为苍苍。白云苍狗，变幻叵测，电光石火，驹隙易逝，不禁感慨系之。今者年近六十，来日无多，将欲如何发展，如何进行，均成泡影。而吾在场诸君，悉为他日之柱石，前程远大，靡有涯涘，讵可与我垂暮残年者相形上下，而糟蹋自已哉？（有少数同学抛碗殴人，校长认为此种举动，败坏校规，并有损于个人之道德，故发此言）此予所厚望诸君于将来时期者也。

上学期本校斥退学生甚多，其原因不外抛碗与动武凌人、学业过劣而已。

（一）同学某君，品学兼优，只为一时失人，与人私斗，遂致斥退，殊为可惜。不知夫茫茫大海，一望无际，而达彼岸之难。巍巍高山，耸然屹立，而臻其巅之不易。人具有非常之才，而得大有为于将来，皆友助之力也。棹不鼓而达彼岸，足不行而臻其巅，不得友助而成事业者，未之有也。有人于斯，凶悍成性，动辄以武力相加，结怨于人，嗣后此人欲玉成一事，昔日之受欺侮者，必阳则奉迎，阴则作祟，即所谓怨怨相报是也。故动武一事，决非自助，直自作孽也。诗云："天作孽，犹可逭。自作孽，不可活。"盖自作孽，犹以至亲之我，弃若草芥，则我已失其为我矣，我失其为我，则有我等于无我。天能助有我之我，岂能助无我之我耶？惟善治我者，兢兢自守，如临渊履冰，毋使稍有瑕疵。不肯与人妄开衅端，处处谦让，此蔺相如之所以避见廉颇也。且也，学生体质，弱者多而强者少。彼柔弱者之至本校，费七十元之束修，将以进德修业也，非专沾强有力者之殴辱，或甘心受辱也。使有其事，被殴者，小则受伤，大则因伤身死，其家族提诉于法庭，则予之责任，何等重大？故予对于此种生徒，不稍宽宥，立即使之出校，以拔却眼中钉。虽然，余仍望其不失天性，以成全材。

（二）美衣美食，人人所欲也，然非士之志也。恶衣恶食，人人所恶也，然士所不耻也。得道则士之志，失道则士之耻。故孔子曰："士志于道，而耻恶衣恶食者，未足与议也。"盖孔子厚望夫士，深警夫士也。今之学生，自命为贤士，而徒尚口体之奉，以为必衣锦绣之衣，食膏粱之食，乃无愧为士，反之则引以为耻。夫士将以求道也，衣食之美恶，遑暇计耶？若子路之粗袍，颜回之箪瓢，则当如何耶？然而之二人者，曾不引是以为耻，而志于道，终能得圣人之具体。今也，本校有二荤二素，此等待遇，不为薄矣。诸君每不如意，即喝役易菜，偶不如愿，则抛碗罚之。吁！此等行为，士之所宜为乎？如日本学生，一罐饭，少许咸生菜，衣服亦单薄，如此刻苦，而学业则日进无已。此无怪日本之称雄于世，而我国一蹶不振也。要知抛碗一事，于校中之损失甚微，而于个人之破坏性已成。破坏性成，如无舵之舟，无勒之马，飘荡奔逸，无所底止，故余斥退此等生徒也。本校历年斥退抛碗者甚多，而以去年为最，今年仍在本校肄业者亦不鲜。此非余之厚于抛碗而薄于殴人者。盖予认为此种行为，究属罪小。又青年时代，血气未定，系一时之激怒所致，尚可宽贷，而殴人者，则尤劣于抛碗者也。

（三）智者，愚之反，明晓事理之谓也；愚者，智之对，昧于事理之谓也。孔子曰："唯上智与下愚不移。”言上智之所以为智，与下愚之所以为愚，其气秉不同，不可移易。是称智则非愚矣，称愚则非智矣。虽然，亦难一概论也。智者愈学固愈明，愚者困而能学，亦未始不可知。且智而不学，则聪明反被聪明误，犹不如愚者之所知。是故智者未必真智，而愚者未必终愚也。忆予主持中学，已三十余载，所有生徒，不知凡几。为学业不佳而斥退者，亦不下千余人。大都因聪明过度，对于各种科学，不假思索，已触处洞然。而一至考试，则茫然不知，以至不能升级而除名。其可惜孰甚焉！

忆予初主持中学也，生徒不过数十，聘请教师，极为艰难。校课之中，物理化学之设备，教授尤为不易。当时教员，有熟习日文，而不谙英文者；有富有实验工夫，而不知学理者。而生徒每自行搜集，合购西文原本，孜孜参考，早作夜思。尚忆某日某君，教授物理，拆阅时钟机器，学生围坐讨论，竟日不倦；又有某君教授化学，因不通学理，以致吾堂弟误弄炸药，当即炸死。然而其余生徒，仍克勤克俭，继续求进，无有畏避者。足见当日学生，求真之诚，耐劳之心，迥非今日学生所可同日而语矣。向之闹学潮者，虽时或发生，而指导得宜之学校，则师弟之间，敬爱之义犹存焉。而今之学生，往往蔑视自己人格。师弟之间，不尚诚心，而重机诈，不尚情感，而谋对付。时或教师木讷于口，则以为我之不若，借因驱逐。噫！人之心之不古，于此已极。殊不知为本校之教员，必学有根柢，安有不如生徒，而敢贸然来校者？故余望诸君敬重师长。

去年本校有学生会与党部之组织，今也学生会未曾发起，党部亦置之不理，足证诸君不能合群，又不能热心党务。嗟夫！行总理之遗志，将联合弱小民族，以与帝国主义奋斗。不料吾青年学子，因去年少数腐败分子捣乱，即志气隳颓，各种青年应尽之义务，完全停顿，蓬勃之气象，化为乌有，将来何以与帝国主义争胜耶？予以此为诸君之前途危，亦为我国抱无限之失望也。查去年学生会之所以终归失败者，每有会议，辄强迫同学与会，并订有种种无理约法，遂引起多数之反抗，该会遂以瓦解。党部则不知何故，迄今尚未成立。夫天生荆棘，所以磨人筋骨，天动风雷，所以壮人胆气，迨艰苦备尝，大任乃堪。故从前之种种烦恼，各种阻梗，皆天之厚我而玉我于成者，唯能忍受，斯无往而不自得。譬诸金焉，不经锻炼，不能成材；譬诸玉焉，不施雕琢，何以成器。人之于世亦然，必饱尝横逆，极人世最不堪之境，卒能鼓舞勇气，百折不回，而后临大难而不惊，决大事而不憎，障碍排除，斯其业成矣。卧薪尝胆，勾践之忍也，而卒成沼吴之功；拾履跪进，留侯之忍也，而终报仇韩之志。此非造大因而结巨果者乎？故吾辈待横逆之来，而容忍之，不可畏横逆之来，而趋避之。诸君血气方刚，而欲大有为于异日者，惟在能忍而已。今后望诸君组织学生会，并努力党务（不必一定加入党）以补予之不足。是则余之所渴望于诸君，亦可不负先总理之遗志矣。

今日之缕述而申言者，不可作平常之谈话。因今日之谈话，攸关诸君之终身。希在场诸君，悉心亮察！而六年级诸君，尤须留意。盖六年级诸君，不三月，即离本校。在此三月之中，倘发生不端行为，致留本校不愿留之纪念，则殊堪惋惜。故予望六年级诸君，善始善终，毋留恶印象于本校。他如组织学生会，注意党的工作，亦不必参与。因诸君毕业后，有远涉重洋者，有升入大学者，有献身于工商界者，有尽瘁教育者，当于此时预备，即朱子所谓，“宜未雨而绸缪，毋临渴而掘井，然后大成”。故余曰："无论何事，六年级诸君不必参与也。"

予今日之条分缕析，与诸君作长时间之谈话，不过二言以蔽之曰："诸恶莫作，众善奉行。"是所至盼！诸君其勉旃。

资料来源：《南洋》1928年7月。
注：张高蠖记录。

庚午级同学毕业赠言

（1930年）

庚午级诸同学以修业期满，行将离校，编印纪念册，索余一言以为赠。余维诸同学今后之出路不外升学与服务二途，切身之计，终身祸福系焉。考虑精详，必已久且熟矣，尚复何庸赘述？兹姑不嫌烦聒，聊进老生常谈，以资切磋之谊云尔。

物质文明日渐发达，人类生活日趋奢侈。在欧美各国，因多自制造、自享用，又利用其有余之奢侈品，以吸收物质文明不甚发达之国之脂膏，培补其所耗损之元气，故虽任意挥霍，而目前财富，尚未见匮乏。我国则自与世界新潮接触以来，虽凡事惟西洋之自效，而制造程度，至今犹甚幼稚，徒知享用而不自生成，进口贸易额与出口贸易额间，太失均衡，以致财源枯涸，物价腾涌，贫者无地立锥，于是依附军阀，祸乱相寻。《礼记》云"国无九年之蓄曰不足，无六年之蓄曰急，无三年之蓄曰国非其国"；又云"生之者众，食之者寡，为之者疾，用之者舒，则财恒足矣"，此数语也，固已昭经国济民之大道，且似预抉今日中国社会之病根焉。一般青年，当其在校求学，苦心钻研之际，未始不志气奋发，冀其将来有所树立。逮至一入社会，又多为恶势力包围冲动，捲落漩涡而不克自振。推其原因，无非心未清静，误以得致多金为贤能，浪漫为愉快，寝至入不敷出，非要求额外之进款不可。贪欲一起，愈陷愈深，而种种不名誉不道德之事情，敢作敢为而无所顾忌矣。司马光曰："侈则多欲。君子多欲则贪慕富贵，枉道速祸；小人多欲则多求妄用，败家丧身；是以居官必贿，居乡必盗。故曰：'侈，恶之大也。'"此数语也，又已垂有志青年以明训，且似预为今日中国社会之写真焉。本校风气，素崇俭朴。诸同学服务之后，必能永葆美德，决不计较待遇。苟其节衣缩食，薪金所入无论如何菲薄，必然可以过活；倘使滥用浪费，薪金所入无论如何丰厚，到底不能支持。安心乐业者，其初虽不免困难，而升擢之机会必较恒人为速。况人生服务，本期为社会尽一分责任，并非在社会争多金，博高位耶？至若以正常之方法，竟获多金而居高位矣，更当念及众苦苦无异自受苦，独乐乐不如人偕乐；节一家一己之消耗，还与身偕亡之货币于世界，以普渡众生，普化众生；务使人人有三年之蓄，六年之蓄，九年之蓄，以至十百千万年之蓄，而归于无所蓄，无用蓄。一变今日欧美各国人士多生产多废弃之心理，而行我国独具之多生产少废弃主义，而归于无生产无废弃。如是则直趋菩提，沛然莫御，尚何有贫有富相争相杀之虞耶？愿诸同学共勉之！

我国待建设之事业万绪千端，而能建设之人才寥寥可数，此诚今日最可痛心之处也。夫以我国疆域之广，天产之饶，果然军事告终，财政统一，监察之权彰而中饱之弊绝，关税之法修而外漏之卮塞。办市乡之事则用市乡之财，办省县之事则用省县之财，办国家之事则用国家之财。内有所不足则集赀于侨胞，已有所不足则告贷于友邦。凡为求中华民国之永久生存与幸福者，一一协力以谋之，同心以举之。我国虽贫，又何尝已陷于不能建设之绝境。所惧者，南北统一，党国告成，于今已阅三年，然而环顾城中，间有能接受总理《建国大纲》之所定，慎思明辨，措施裕如，贯注精神，始终不懈，俾训政大业，早日完成者若干人；间有能接受总理《实业计划》之所定，作部分或一部分之进行方案，供政府之咨询与采纳者若干人。相需之殷若彼而相遇之疏如此，国家无形之损失，乃至不可数计。生才之难欤？自用其才之难欤？得其才而用之也难欤？曰：皆是也，而有未尽也。须知十年树木，百年树人，物质之栽成也易而人才之造就也难。近年以来，国民革命之进展，其势一若飘风急雨之骤至，而前数年之军阀，不恤于教育事业，任意摧残，群众知识之卑陋，仍与光复以前无甚差别，即一般自命为知识阶级之青年，要亦未尝受过切实之训练，具备真正之学问，而党员自身，复多尽量牺牲其精力推翻军阀，罕有余暇研究学术，一旦训政开始，从事建设，需用人才突形缺乏。于是有仅闻几句口号，略阅几册宣传品，而遽膺指导群众者。盲人瞎马，夜半深池，危险可谓极矣！总理曰："革命以外无学问。"又曰："革命以高深之学问为基础。"然则有信仰之心而无遵行之力者，其能免于举鼎绝膑之诮乎？夫学问之求，固不尽于学校，然大学为知识之渊，不逾其为国内与国外，进而求之，其得自易。但须以沉静清晰之头脑，坚忍从容之步骤，从成本成套之书中，作有系统之研究，万勿舍难就易，浅尝涉猎。更须放大眼光，不矜小获，以灵敏细密之观察，从繁赜之社会自然界中，分析也，归纳也，体验出若干精确之规律，简易之方式，以自称一中国科学家。夫有非常之人才，乃有非常之建设。谨祝诸同学一一成功。党国幸甚！

最后余所欲言者：本校并办，于今三十六年矣！余之忝居校长，亦且二十余年！自知精力日衰，而世界潮流突飞猛进，果然未惮追随，其如归薄不胜何！且以赤贫之身，办赤贫之校，源既无从开，流又不能节，设备简陋，训练乖方。虽屡承诸校友之赞助，将来或可稍臻完善；然在此数年内，事与愿违，贻诸同学以重大之损失者，不一而足。余怀悱恻，莫知所云。今后尚望互相联络，消息频通，裨余以观感，觉余以警告，责余以成功。本校前途之福利，攸赖于是。

中华民国十九年夏，上海王植善谨赠。

资料来源：《南洋中学庚午年刊》（1930年）。

南洋中学卅五周纪念册发刊词

（1931年）

本校于民国十八年，以校友诸君之热心，发起募捐，建筑科学馆。承各界贤达之厚爱，慷慨捐助，达三万余元，期年而工程告竣。校友咸喜本校组织渐臻完备，决议今年双十节，举行卅五周纪念会，将集历届同学聚首一堂，甚快事也。不意夏秋之际，各省水患，灾民达数千万，拯溺不容稍缓。开学后，同学间有以停止纪念，移款赈灾为请者。付校友会讨论，佥曰可。决罢纪念会中之娱乐，以其款约二千元，改充赈灾。而纪念册付印在先，仍不废焉。同人援卅周年纪念会之例，属弁数言于简端。余追惟陈迹，株守斯校将卅年矣。校之发展，与国之治乱相依倚。教育政治，固息息相关，同其休戚也。当逊清季叶，甲午之役，创巨痛深。朝野憬然，竞言变法，维新兴学，尤为先务，本校应此潮流而建立。其始不过家塾之扩充，继构新舍，遂为今校。越二年，民国肇造，袁氏叛国称帝。本校不愿有求于当局，以污神圣之教育，寂而不动者六年。项城败而军阀割据之局成。东南军阀，虽图私利，尚稍知自爱，不敢扰民，无甚苛政，省库较裕。故本校自清吏批准，每年拨助省款近五千元，民元以来，仍循原案，常能照领，十余年未曾间断，经常用度，赖以维持。惟在南北分裂对峙时代，自中央以至各省，无不利用学生为政争工具，教育事业，卷入漩涡，学潮迭起，社会对于教育，冷淡已极。当时本校图书馆之建筑，亦尝募捐，绵亘数年，始获成就。且自民七以迄民十六，十年之间，以环境不安，使办学者心灰意隳。虽晨钟暮鼓如常，实无进步可言。迨国民政府奠都南京，政治如何，非本题范围，不遑置论。而学生心理，已由厌倦而趋镇静。本校得于三数年中，募集建筑捐款，科学馆卒能落成。而五千元之省款补助，则自民府成立以后，中止拨给，常年开支，益觉捉襟见肘。教育事业之进退，于时局之关系，有如此者。至青年在校，每逢国事蜩螗，学潮汹涌，耳闻者罢课，目见者游行，思想以烦闷而迷惑，学业以惊乱而荒落，此时成绩减退，较平时盖百于五十之比例焉。夫全国求学青年，成绩减退，实为社会无形之损失，国家莫大之不幸。彼嫉视我国之强邻，且窃笑于旁，引为私幸矣。爱国者对此，其痛心为何如哉。本校纪念典礼，亦既一而再矣。祷祝吾校者，辄以余三十年之株守，猥加嘉许。顾此三十年来，砥柱于恶劣环境之中，左支右绌，经无数之风波，感莫大之痛苦。语其大且显者，有如癸丑之役，甲子之役，丁卯之役，弦诵中辍，动历数月，兵燹之下，仅仅以免于灰烬为庆幸，亦可哀矣。假令本校所处时代，同于明治维新之世，国运日隆，教育事业，相随孟晋，或不难与福泽谕吉之庆应义塾比肩，而吾人所以报国家者，何至经历如许之岁月，而所成就仅此戋戋纪念之一小册？此余所为握管临颖，而不胜感慨者也。呜呼！今日人方占吾辽东，如入无人之境，最高学府，如东北大学、冯庸大学，皆遭池鱼之殃。本校过去之所遭如此，未来之惊涛骇浪，不知如何。求学于此之青年，所荷未来国民之责任，较余辈老朽，其艰巨更不知何如。可无深念哉！可无深念哉？

资料来源：《南洋中学卅五周纪念册》（1931年）。

南洋中学第二十七届毕业纪念刊赠言

（1931年）

二十年之三月，六年级毕业同学将为纪念刊物嘱为之序，距毕业尚三月有余也。犹忆去年夏间同学亦有是举，余力劝其勿为，盖以时已晚，刊印不及出版而人已各散去，岂非无谓。且此等刊物必求美观，糜费颇巨，除同学各持一册外以之赠人，所赠之人又鲜关系，一展览即随手抛却，故所糜之费无异定造字纸，不多时而发现于城隍庙之书摊已为幸事矣。而所谓联络感情以志不忘者，则毕业各散后亦每等于零。故以余之意见，以此金钱用之纪念刊物，不知用之于可以保存稍久之建筑或其他物品也。兹者本期同学之为此举则为时尚早，而刊印不及可无虑，联络感情以志不忘则余之所祝望者，故余乐序之而述已往之意见云。

资料来源：陆象贤编：《王培孙年谱》，上海市南洋中学校友会2001年刊印。

精勤学社十周纪念刊征文启

（1932年）

敝社创始以来，忽忽十载。岁月荏苒，世事沧桑，而犹得于教育界别树一帜，幸不为学生父兄所弃，此同人于淬励黾勉之余，所引为私庆者也。敝社组织较普通学校不同，非敢矫异，实鉴于一部份学子之需要而然。试办至今，虽未教言有显著之成，而子弟或处特殊环境，不适于受普通教育者，转觉敝社方法之较宜于个性。此稍堪自慰，而并以告慰于学生父兄者也。敝社向抱实事求是之旨，对外未尝有所宣传，一切规程，虽具载章则，而具体办法尚无详尽之纪录，外界因之罕有所知。今值十周纪念，编印专刊，留陈迹于已往，策进步于将来，所望历届同学，及赞助本社诸同志，毋闷金玉之音，籍借他山之助，锡以宏著，俾获南针。异日学务蒸蒸，前程孟晋，感激嘉惠，永矢勿谖。本社侯君所编十年概况，聊供参考，并乞指正。

中华民国二十一年七月，精勤学社社长王培孙。

资料来源：《精勤学社十周纪念刊征文启》，《生活周刊》1932年第8卷第412期。

哀亡友沈卓吾

（1932年）

飚轮失火烛天红，七望沙头劫烧逢。
中泽本云救鸿雁，高才胡竟侣蛟龙。
匆匆事迹留惇史，款款交情付激淙。
剪纸招魂魂在否，槟榔陆畔几声钟。

丁家浜口响春雷，埋骨何期竟未灰。
山斗昔标江北望，云旗今见浦东回。
由来国士开时局，沉为中枢惜此才。
太息人天原一贯，江潮呜咽有余哀。

资料来源：王培孙:《哀亡友沈卓吾》,《新闻报本埠附刊》1932年5月4日，第一版。

各界病愈人致上海乐天修养馆的谢函

（1933年）

（一）上海南洋中学校王校长来函

患目疾者留意：

南洋中学校友戴臣清君双目失明，中西医药无效，西医专家亦言不治。时适刘仁航先生设乐天修养馆，余为介绍，往施哲学治疗。住馆七阅月而愈，后赴欧洲留学比国，至今无恙。兹因刘先生重设馆于法界西门路仁吉里二七号，有眼疾者可往试之。

王培孙启

资料来源：王培孙、江谦:《各界病愈人致上海乐天修养馆的谢函》,《慈航画报》1933年第11期。

述从兄引才事

（1934年）

清光绪二十二年，余叔父柳生公开办育材书塾，引才即任教务。名虽教员，而事实上对外隐为余叔代表，犹军队中之参谋也。至二十七年，余接任校务，引才意以为家塾改成学校，化私为公，育材书塾五年经过，自有积渐而成习者，允宜尽弃其旧，从新做起，主张旧人悉退出，而以自身为之倡。故余接任之年，引才离校，惟暗中为校布置而已。一年间校事具体安定，引才复任校务，至民元则以革命牵涉，随校董李平书先生离上海而居日本东京者岁一年。事过而归，即复回校，至民十六，就任吴县知事终止。屈指自育材书塾而南洋中学任教务三十年余，其要点有足述者。

引才任教以不旷课为第一义。常书标语“成大功者不断之勤劳”九字以自警，而即以警学生。犹忆先伯父去世时，引才归理丧事，星期六去，越日星期一已到校，竟不旷课一时也。人皆以为矫情，引才则言以一人之家事误多数学生学业，是以私害群也。人人以私害群，社会国家崩溃矣。故其不旷课者三十年如一日，尽所以示勤而有恒，私不误公之教旨也。

引才所教授者国文与历史，其注重之点在灌输智识、开拓思想。所采集之教材异常丰富，学生程度低劣者无从着手，然效果之发生每不在近而在远，获其益者不在少数。在民国之初，引才为学生组织一励学阅书会，至今获沿袭而存之。创设时，引才课余之暇，必往邑庙书摊上得书携归，以储斯会。而卧室内之书又复堆积如山，学生问学户限为穿。每一学期经过，整部之书往往皆成散帙矣。

引才见人片善寸长，称道不去口，时时以告学生，甚至家庭房闼间之琐屑事亦每举以告学生。善则劝，不善则戒，以为得之家庭房闼间者较亲切而正确也。偶见农人种植有一良法，或工厂有一种新式器具，则悉记之，为学生作口授笔述。一则练习文字，一则使良法及新式器具可传播于世，而人人得利用之。其善与人同之怀抱有如此，且于博学详说之教旨亦颇符合。

在三十年前，引才已有革命意想。教授时每揭孟子民贵君轻之理，为演讲资料。所选教材如柳宗元《送薛存义序》、黄梨洲《原君》之类数十篇，而冠以《礼运》“大道为公”一段，以注解成一帙。而成功家、发明家、制造家之记传文字尤所视为珍品，或作补充教材，或用以口授笔述，尽其教学之旨，一面提倡革命，一面劝导农工建设也。尝告人曰：国家不革命不进步，革命必先破坏，故革命家若无建设之技能与经书，不配参加革命，徒蹈洪秀全之故辙，苦无辜之民耳。由今思之，此言殊有至理。

教授文史之外，引才所注重者尤为写字。所备汉魏迄宋元之碑帖甚富，皆列之于卧室中一长板柜，课余则召学生参观，引起其写字之兴味。写字用功有成绩者给以奖物，惟上课时不课写字。常曰：学生行有余力则以学字，不以艺事分正课之时间也。时间问题，引才生平最为不苟。宴会遵时必到，明知主客之必未集，曰：宁人负我，毋我负人也。遇有庆吊，必课毕而出，或赶回上课，决不愿失片也。上课时闻钟即入，从未有教员先引才而入者也。学生有群聚闲谈者，必呵斥之曰：光阴有岁，而作此闲谈耶。凡此种种，俱足为社会模范。

计引才任教南洋中学自前清光绪二十二年，迄民国十六年，以教育为本业，而参预地方自治为副，界限分明，虽百忙中不以副荒本也。不居办学之名，而学校之建设成立实主持之。三十年间，事无大小，或属于学校，或属于学生，无一不维护之。去吴县任之一日前，犹在校上课且开会也。吴县退职，又往青岛。青岛归，一日告，拟就学校近旁僦屋，以便在图书馆看书，以补生平之不足，其精神到死不倦可以概见。孟年侄来，拟征集事迹以垂家乘，余就学校方面述之，而笔墨不能达其什一，平日见闻又多，不尽记忆，殊为憾事。

功服弟培孙谨述。

资料来源：王培孙：《述从兄引才事》，《南洋中学校友会会刊》1934年第4卷第3期。

史量才先生诔词

（1935年）

天清地宁，忽生荆棘。凶问之来，群伦变色。矧君与我，卅载交深。育材共处，异苔同岑。蚕业之兴，厥功甚伟。以此经纶，蔚为国瑞。民国肇建，君业日新。骅骝开道，超群绝尘。自是以后，阔疏遂久。申报晨报，如相握手。舆论之柄，流誉孔彰。余泽所被，源远流长。朝野推崇，斗山望重。有倬声华，允为时栋。君之建设，炳于丹青。社团悼叹，班禅讽经。况在深交，金石比巩。助校建设，兼为校董。瞻君遗挂，泣下沾襟。生刍一束，痛此人琴。

资料来源：王培孙：《史量才先生诔词》，《南洋中学校友会会刊》1935年第5卷第2期。

附：

1934年11月13日，南洋中学校董、申报馆总经理史量才被国民党特务刺死。22日，王培孙先生得讣哭之，题辞哀悼。

辞曰："瞻君遗像，温厉其色。功在社会，言为世则。昔我与君，交谊卓特。迹偶淡疏，精神不隔，而君与我，诚贯金石。德星陨芒，吁磋鬼蜮。南国卷葹，西陵松柏。死而不死，垂声方策。"

资料来源：陆象贤编：《王培孙年谱》，上海市南洋中学校友会2001年刊印。

乙亥级毕业纪念册赠言

（1935年）

岁月迈往，诸君来校六年，而将离校以去，怅惘之感，彼此同然。夫以可造之人才，付之庸师，犹以绝好之食料，付之恶庖。本校同人，虽兢兢期免于误人子弟，而陨越何能无之。偶一念及，未尝不愧至无地。仆本不材，又为新时代之落伍者，无可贡于诸君，惟忆宋人诗云："在昔井田日，一民本非四，农隙或工商，其秀乃称士。"可知我国三代盛时，原无哗众取宠之士，亦无孳孳为利之商，所以养其身而赡其家者，乃在于忍嗜欲苦筋力之农工，而以余暇习六艺、讲世务，用行舍藏，穷达两善，其禄以代耕者，亦位卑职微之自熹，以其易于称职也。后世人鄙心陋，所志不过富贵，所耽不过声色玩好，而国运以衰。近代青年每多狃于恶习，无立己立人之怀，以修身正心求为完人之旨为迂阔，卤莽其言行，苟且其学业，冀获一毕业资格而足。是以一入社会，即觉苍黄改色，荆棘丛生，既不谙于人情，遂乖违其举措，中途折足，怨天尤人者，往往而有，求其能敷奏以言，明事以功者，乃若空谷之足音矣。本校为一极简陋之中学，修业所得，卑无足道。然士之所究，不外学艺二者，艺贵专而学贵通，以专究学则通难，以通习艺则专失。诸君于学艺之歧，通专之方，当已略有自知之明。苟不丧志，进而求之，不患无神化之一日。所虑者，海通以来，中国未得欧美生产之利，早受欧美消费之毒，视奢侈为文明，浪费滥用之习，养于童蒙之年。钢笔洋簿，必精必美，又复笔不锋挫、簿不终叶而弃之，暴殄天物，他无论已。食品则牛乳西点，曰：是卫生也；课余消遣，出入于影戏院，曰：是可以广知识也。按其实，要皆得不偿失，而吾国数千年俭约朴质之美德，遂一往而不返。至若达官显吏，富商豪贾，其自奉之厚，较之古帝王犹有过之。损名节，败风俗，朘民膏，亏国币，所由来也。夫禽兽之身，生而有所覆被，羽毛毳革，已可御寒。而人独不然，是以食之外，有衣与住，此三者同为人生之所必需。近代科学家分人之欲为三级：一曰自然欲望，二曰适宜欲，三曰奢侈欲。衣食住之仅资自活者，属于自然欲。若必以美备为期，则视其人之地位，或属适宜欲，或属奢侈欲。若奢侈欲达于极点，则必求所以致之者，而即陷于贪矣。喻闲荡检之甚，而乡里不齿者有之，刑戮被身者有之，殃及子孙者有之，可谓愚矣。孟子曰："食之以时，用之以礼，财不可胜用也。"《王制》曰："士无故不杀犬豚，庶人无故不食珍。"服饰有定制，而作奇技淫巧者有诛。夫当闭关之世，家有余储，妄用之财，依然流通国内。今则举国上下，竞尚新奇，乐购洋货，土产不屑使用，二十一年入超之数，达五万五千六百余万，而奢侈品达百分之七十以上。一年入超之数至此，每年比增，不出十年，白金竭矣！《礼》云："国家靡敝，则车不雕几，甲不组縢，食器不刻镂，君子不履丝屦，马不常秣。"噫！此何时乎？岂仅靡敝之谓？疆域之蹙，一日万里，朝鲜、印度末叶之否运，即在目前。盗贼横行，市况萧索，富民危疑震撼，中人竭蹶支持，贫者饥寒交迫，建设之费，筹集无从，攻守之器，不如墨西哥小邦。苟不日省己用，何能有余以济人之物耶？退为一身计，《吕览》不云乎？"肥肉厚酒，务以相强，命曰烂肠之食；靡曼皓齿，郑卫之音，务以自乐，命曰伐性之斧。"天年有限，何必自促其生哉？本校地处乡郊，耳闻目击，无非农耨平畴，工劳厂屋，晨柯鸟语，夕泽蛙鸣。烦襟可涤，尘虑易消。诸君敦品励行，蹈矩循规，知之有素。然习欲移人，贤者不免。放眼纵观世界间，无非贪欲增上，嗔恚增上，邪见增上。药叉魍魉，驰聚纵横。非安乐所，非救护所，非皈依所。诸不净物乍似清净，诸苦恼物乍似安乐，杀机已开，殃祸益炽。心有所危，不能自已于言尔！虽然，剥极必复，困极必亨。诸君行矣，敬祝知行并进，为己积福，为家增光，为国家桢干，为天下肇和平！

资料来源:《乙亥级毕业纪念册》(1935年)。

丁丑毕业赠言

（1937年）

所贵乎士者，善处穷通之变，能择顺逆之途，要其成器以适合世用，不怨天，不尤人，不辞小就，不畏困苦，游于艺，习于事，利泽施于人，孟子所谓富贵不能淫荡其心，贫贱不能移变其节，威武不能益屈辱其志，若是而后可也。本校数十年来，毕业以去者何啻千百数，顾以时代之或臧或否，而事业或立或不就，群言淆乱，不知何途之从，时局扰攘，难免怀才莫展。今也不然，上有贤圣之领袖，为全国所拥戴，其精神之感召悬如日月之光明，言信行果之训条，昭然于吾人之耳目。毕业于此时者，得所依归，绝非昔日歧路徘徊之比，则当各自策励，本新生活之规定，不辞小就，不畏困苦，各展天赋之能，以自利而利人。况国家需才正急，怀才不遇又何虑焉？先圣有言，行远自迩，登高由卑，此言不辞小而后能至极也。千里马驰十里之地，不患其不至；百石弓射数十步之侯，不患其不中，是故以大就小，乐天者也。杨子曰：不胜其任而处其位，非此位之人也。与其不胜而偾事，何若小就而乐成。伊尹负鼎而汤王，五羖饭牛而秦霸，是皆先小就而后大用之效也。彼涉世未深者，往往自负不凡，有不可一世之概，而终或所如辄阻，盖未知基础之求巩固，必从下层工作做起也。此不辞小就之义，足为诸君告者一也。

孔子栖栖，墨翟皇皇。夏禹治水居外八年，陆乘车，水乘船，泥乘橇，山乘樏，开九州，通九道，陂九泽，度九山，而民以安。是故以困苦艰难而建功立业，即见称于语孟史册者，已数见不少。要知好苦而不以为苦，斯不苦矣。此不畏艰险之义，足为诸君告者又一也。

古者为士，皆出于莅政治民之一途，今则机械、工程、采矿、冶金、农工、种植、经商、营业，在在有待于开发致用者，路途之广，何啻倍蓰于前？故一技之长胜于拥资千万，非虚语也。至于由艺以明道，则游观其间，自有适情往返之快，以视专图分利，不事生产者，为何如哉？孔子曰：游于艺，旨哉言乎。盖游有玩物适情之意，而艺则日常所不可或缺者，朝焉夕焉，习此不倦，得到左右逢源之境，不特维持生计而有余，即由此以悟为人之道亦不远矣。此习艺之说，足为诸君告者又一义也。

资料来源：王培孙:《丁丑毕业赠言》,《南洋中学丁丑级（毕业纪念刊）》(1937年)。

戊寅级甲班毕业纪念册序

（1938年）

初中三甲有级刊之举，索文字以弁首。索且急而余不知何说之辞也。同时适有篮球争执事，致不得不禁止锦标比赛，故就此事言之。夫古今来事无巨细，恒成于让而败于争。吾国三代盛时，学校中六艺之教，有射有御，而射之一道，特著射礼，以明教让不教争之义。是故五物之教，一曰和，二曰容，四又曰和容。盖和则无不知礼，初不待当阶及阶东向南向而始为让也。明乎此而后知圣贤教人，在以让化争，举文学、武学罔不如是。近日世界以争为尚，吾国仁义之道，礼让之节，为国人唾弃久矣，学生之争锦标又何足怪？然观于今，德国复兴军备而欧陆风云几为变色，美国慎重国防而遂有海军大操之举。大国家之于防务，诚不可以或懈，然各国于国际间，苟能以玉帛易兵戎，则各国之人民蒙福者多矣。则仁义礼让之学说，宜提倡而恢复者也。或曰：仁义礼让，其如飞机重炮何？然飞机重炮亦以竞争之学说占优胜而后有者，吾人不能以仁义礼让化之，其自待为已薄矣。况争而不让，对敌国犹可，对同学则不可也。同学而争又何以对敌国哉？偶有所见，姑以是为弁言。

资料来源：《南洋中学戊寅级初中毕业纪念册》（1938年）。

庚辰级毕业纪念册序

（1940年）

张君鸿元来述及本届毕业纪念之刊，余无辞以弁其首，壹似重有憾者。余忆本校移设盐业大楼，迄今几已三载，举行毕业者，亦已三次矣。本届毕业诸君，始业也在斯楼，毕业也仍在斯楼。诸君试思之：斯楼也，阛阓交易之场所，而非吾侪学子之弦诵地也，以何因缘而集于此？本校所在地，有图书馆可以检阅，有试验室可以研习，有操场可以运动，有公园可以散步，膳有同餐之厅，宿有共休之舍，而今数百人局促于喧攘尘俗之一楼，向之所有，悉今所亡，果孰使之然哉？

不宁惟是。在此三年之间，国家之命运，存乎？亡乎？数万万同胞，主乎？奴乎？生乎？死乎？此皆吾人日夜煎刺于脑海中者，脑海中而无此，虽谓之冷血动物可也。诸君来此楼始业时，正如洪涛巨浪中，登一叶之扁舟，能达彼岸与否，谁难逆料。而今所幸者，中枢坚御侮之谋，危局现转机之象。诸君乃得托庇租界，优游于太平之一隅，以有斯楼，而得成就其所学。唐人诗云：欲穷千里目，更上一层楼。想诸君课余之暇，时而远瞩南天北地，与夫中原一带，自古英雄逐鹿之区，卫国健儿，膏热血于草莽者，何啻亿万计，目诚未见，而心非不见之也。时而俯观四方避难之民众，槁顶黄馘，扶老携幼，踯蠲呼号于路隅者，日以千百计，目之所见，当无不恻然有动于心也。诸君际此惨苦之环境，既得读书之乐，又达毕业之的，若掉弄文墨，刊册留名外，更无其他纪念，是与跳舞厅中一般痴男浪女，不识国家之存亡，不问同胞之主奴生死，又何以异？以是知诸君之所纪念者，当更有在。夫一治一乱，世运之自然，而历史之常轨也。相对之名词，固无不循环者。三年以来，险境渐过，一阳来复，诸君适于此时毕业，行将为国家效驰驱，为同胞谋幸福，盖有不自觉其喜且慰者。纪念之册，旨或在是，其然乎否？

资料来源:《南洋中学庚辰级毕业纪念册》(1940年)。

汶林路初中第二部第三届毕业纪念刊序

（1942年）

人世间有聚必有散，而不能无所留恋，人情之常也。壬午孟夏，汶林路临时分校初中诸同学将届毕业。于斯时也，欧洲之兵戈未息，太平之风云又起，沪市以此影响，生活高涨二十倍而未已，诸同学谋刊纪念册，欲充实而华美其势已不可得，而留恋之情所寄，事又不愿中止，卒以简单之办法成之，盖于节物力、达人情两全其美矣。夫当国步艰危时代，人民除思想卑劣行为荒谬者，乘以图利外，无不幽怨疾痛，困心衡虑，以图救亡，期复和平，而人才于是乎奋起，生于忧患，死于安乐，孟子之言，吾侪之明训也。诸同学毕业后毋忘此纪念之时代，庶乎其可。

资料来源：陆象贤编:《王培孙年谱》，上海市南洋中学校友会2001年刊印。

癸未级毕业纪念刊序

（1943年）

双丸转毂，岁月如驰，癸未级诸君已届毕业之期。此六年来，世情剧变，个人生活、社会经济无不在动荡艰困中，乃使有为之青年促起其自立之志，亦所谓祸兮福所依欤。然郅治之临，首赖人心共转，要在化小我之私，为大我之公。孔子称一以贯之，释迦劝人发大心，莫非斯旨。范文正公微时划粥断虀，而引天下为己任，亦大我精神之表示矣。大我者何？圆满人格之谓也。具此人格而后能入世、能出世。入世则威武不能屈，贫贱不能移，富贵不能淫，得时则驾行其民胞物与，老安少怀之素志；不得其时则言忠信、行笃敬，为一乡一邑之师表。出世则敝屣万乘，断惑证真，度己度人，成无上道。若局乎一族一家，甚而为一身之谋，娶妻育子而外无所事也，是与其他动物何以异，则诚鄙夫贱士而已矣。诸君将为刊物留纪念，征余作序，聊书简语，以当赠言。

资料来源：《南洋中学癸未级年刊》（1943年）。

甲申级毕业纪念刊序

（1944年）

《说文》云："㣺，人心，土藏在身之中象形。博士说以为火藏。"或问曰：心之于五行，既配土，又配火，二说孰是？曰：皆是也。土藏之心，道心也；火藏之心，人心也。《大禹谟》云："人心惟危，道心惟微。"由是知人心不同，道心无不同也。所谓人心不同，如其面焉者，盖指不同之人心也。所谓恻隐之心，人皆有之；羞恶之心，人皆有之；辞让之心，人皆有之；是非之心，人皆有之；盖指无不同之道心也。夫不同之人心，虽禽兽亦有之。其最明显者，类如饮食男女，凡有血气者，孰能免于斯？于是有所忿懥，有所恐惧，有所好乐，有所忧患，而道心日以汩没矣。曾子谓之不得其正，而亟欲人之正其心者，实以人心与道心二者相为消长也。人而充其不同之人心，至乎其极，则但知自私自利。其恶念如火燎原，不可乡迩，则亦禽兽而已矣。博士说以为火藏者，其在是乎？观今之世，相争相杀，危机四伏，伊考其实，亦由于一念之差耳。如得人人去其不同之心，而存其相同之心，则世界大同可翘足待也。夫相同之心何在？曰：孔子七十而从心所欲之心，即作《春秋》时加乎王心之心。其大端，无非劝善戒恶，而去其自私自利，而己立立人，己达达人，如土之生万物、王四方，而无何不在也。

今者毕业之级，以纪念册索余序。余感乎国际风云之日急，而括其致此之由，莫非人心所造，因述数行，欲二三子发挥其人人相同之心，而去其自私自利，勉为世界造福而后可。

资料来源：《南洋中学甲申级毕业纪念刊》（1944年）。

汶林路初中第二部第五届甲申级毕业纪念刊序

（1944年）

言为心志，有蕴于中必形于外。甲申夏，汶林路临时分校诸同学将届毕业，以数载聚处，情有难想，乃共谋刊纪念册以抒其所欲言，辞不必工，要以倾乎胸臆、存其真率者也。顾时方荐瘥，资物枯窘，虽涓涓之事且不易举，即能举之，骤视以为甚易，而不知当其事者实经千方百计，困心衡虑而来也。今初中毕业生刊物之作，仅其小焉者，然吾知其难已倍蓰往昔。嗣后或升学，或就业，所经验者多，则其遭遇必益错综而纷纭，失之毫厘，差以千里，不可不慎也。虽然，凡事从辛苦中来，则如涉江浮海，历风涛之险，尽谲诡之变，而可语江海之真。凡国家值困顿之期，必有坚贞不拔之士，挺身兴起，以回世运。诸葛武侯之训曰：俭以养德，静以修身。又曰：鞠躬尽瘁。盖惟持淡淡之情怀、宁静之志，乃能出污泥而不染；不为物先，不为利诱，乃得尽瘁以公。欲诸同学深体之，庶几不远。

资料来源：陆象贤编:《王培孙年谱》，上海市南洋中学校友会2001年刊印。

民国三十五年南洋中学呈请复校

（1946年）

呈为筹募复校经费，请予备案由：

窃属校在龙华路有自建校舍，下学期决迁回上课，惟一切设备在抗战期中尽遭毁损，校舍亦已年久失修，急待整葺，非有巨款，势难复校。爰经校董会决定，向本校校友及社会热心教育人士筹募复校经费，以一万万元为目标。现已开始筹备，理合呈报备案，至希查照。

谨呈上海市教育局

私立南洋中学校长王培孙

资料来源：原件藏上海市档案馆。

口述遗嘱

（1948年）

一、我一死后不可动用学校分文，贻我身后之诟。以我日常所用之衣服鞋袜等入殓，万不可制造新衣服及向店铺购买衣物装饰，尸体更不可借殡仪馆有所举动，西宾送我僧衣一件，即为入殓之用，如有主张立后开丧等事，请一吾弟尽力拒绝。

二、住屋交俞宅接收，因我与俞宅已有契约，器物借用者一一送还，另纸记载。除送还借物外，余物给侍病人作纪念品，请天放兄主持分配。

三、棺柩若干日后即葬于祖父之瘗穴，勿多延时日。棺柩绝对不可购买贵价佳木制者，一切丧事仪式删除净尽，愈简愈好。

四、南翔宅第，我意我弟兄五人各得一份，我名下五分之一归绍良名下，因我用他款多，至三奶奶名下，亦应得一份，亦请绍良设法给她若干地价，使她晚年可用，或者她身后之用。此意请孟年通知绍良，以免纠纷。

五、学校仍天放主持，请一吾速召集董事会正式任徐镜青君为继任校长，尚可主持十年。至图书馆请天放兄主持添购中西书册，恢复战前旧观。

上开遗嘱意旨，经余口述后，指定见证人杨将如笔记，除经余亲自细阅外，并经见证人宣读讲解，确为余所口述之遗嘱意旨，另有见证人2人：王雨槎、赵师震，交付顾天放、王一吾、王孟年3人。

王培孙签字

1948年3月

资料来源：陆象贤编:《王培孙年谱》，上海市南洋中学校友会2001年刊印。

第二编

信札手稿

整理说明

本编为“信札手稿”。从上海市档案馆、上海图书馆、上海交通大学档案馆、上海市南洋中学档案室、私人收藏家，以及已有名人手札出版物中，收录整理王培孙亲笔信札共20余通，各类手迹手稿30多份。

此次收录的20余通信札，时间跨度为晚清光绪年间至新中国成立前夕，尤以20世纪40年代抗战及战后时期较为集中。与之手札往来的名人主要有清末洋务派巨擘盛宣怀、贵胄名臣端方、民国出版大家张元济、著名银行家钱新之、航海教育家夏孙鹏[1]、苏州藏书家潘圣一[2]，以及国学家、南社友人胡朴安[3]等。从涉及的内容来看，主要分为三类。一是作为南洋中学校长，王培孙利用人脉资源，在政、商两界争取办学经费，谋求校务振兴，比如他致盛宣怀、端方、钱新之、上海市教育局的信函；也有为熟识的优秀师友、学生推介作保，以示惜才提携，比如他致夏孙鹏、周子建的信札，即是此类。二是作为藏书家与文献学者，王培孙与张元济、胡朴安、潘圣一互致信函，所论多为交流对古刻抄本之见解、稀缺志籍与书目的抄补寄赠等事宜。三是作为笃信佛学者，与胡朴安专论学佛读经之心得，谈以佛法去病延寿之益处，并向胡朴安介绍学佛入门典籍等。以上信札，以收录王培孙亲笔书写寄发的为主（仅有张元济至王培孙两通信札属于回信），有一人多封或一人仅一封。对于部分稀见的信札由来，整理者结合相关史料进行了注解；对于没有署名时间的信札进行考辨，并用“约”表示年份，以表慎重。

30余份王培孙手稿手迹，大部分为抗战胜利后王培孙为南洋中学复校事宜呈请上海市教育局局长顾毓琇的正式公函原稿，内容是请求给予经费、物资、免税、交通便利等方面的支持。为保留文献的“原真性”，采取影印方式编入文集。

1　夏孙鹏（1887—1933），字应庚，江苏江阴人。民国著名航海教育专家。1899年入南洋公学学习。1905年被派往英国留学，毕业于英国海军学校。回国后任邮传部高等商船学堂（交通大学前身）教务长。1928年南京国民政府成立后，历任国民革命军海军总司令部编译委员会主任委员、训练处处长、福建海军学校校长、吴淞商船学校校长等。

2　潘圣一（1892—1972），名利达，圣一为号。著名学者、藏书家，江苏苏州人。1911年入沪江大学学习文科，后留校在图书馆工作，继续攻读图书馆学。曾应张元济之聘，任东方图书馆外文部主任。后为苏州文史馆馆员。嗜藏书、喜抄书，尤有志于乡邦文献。著有《书林轶话》《苏州名胜诗集》等。

3　胡朴安（1878—1947），学名韫玉，字仲明、号朴安。近现代著名文字训诂学家、南社诗人，安徽泾县人。曾先后任教于上海大学、国民大学和群治大学。著有《中国文学史》《文字学丛论》《中国学术史》等，一生著述甚丰。

信札手稿

王培孙致盛宣怀

（1909年）

杏荪夫子大人函丈：

谨呈者：受业于南洋公学开办时，蒙前总理何梅孙先生录取，入校肄业师范院，至庚子年夏假后出校。时有家叔柳生设有育材学堂在大东门内王氏宗祠，已阅四载。受业仰体夫子倡设师范院之旨，不事他业，当即接办此校。次年往日本考察学制，回国改订中学校课程，定限五年毕业。以校舍隘小，不合式，历年募集捐款，在龙华路外日晖桥购置基地二十亩。购定由沈缦云先生发起，向信成银行贷款，建筑校舍。己酉年五月，新校落成，以中学本科移入，而于旧址设立小学，扩张学额达五百名。计自办规定中学迄今，十有三年，毕业学生达二百余名。历年只手支持，经济借贷之竭蹶，项款筹募之艰难，实已备尝苦况。虽办学之经验渐深，而终无发展之余地。惟思受业幼年失学，毫无知识，自夫子倡设公学，注重师范，录取肄业，始渐启愚蒙，知教育为国家急务。办学以来，夫子栽培之德，无日或忘。南洋公学改归部办，易其名称，受业即禀请江督魏制军，将育材学堂改为南洋中学，冀“南洋”二字永存不朽，渐次扩张发达，以复夫子倡设南洋公学之旧观。受业更思南洋公学倡设时，风气未开，迄今不及二十年，人才辈出，政、学、实业各界任事执权者，已无不有。曩时同学，而无非由夫子之裁成，先觉觉人，允为士人所钦佩。方今民国建设伊始，政庞人杂，基础动摇，恐非注重教育，不足以培国本。受业现办南洋中学，虽讲堂、宿舍差堪勉强应用，而理化试验室、藏书室迄未建筑，科学教授实多缺点，完全人才无以养成。受业有志未成，良深抱憾。伏恳夫子念当年设学之规，昔日栽培之恩，赐以提倡，俾南洋中学得建筑理化试验室、藏书室，以臻完美之境。窃惟今之政庞人才犹前之风气未开，南洋中学一经夫子提倡，庶影响所及，当世知所趋向，不独中学青年之幸福，而受业长留纪念已也。

至受业办学详细状况，倘蒙夫子垂念询及，当抠衣趋谒，恭聆训诲。临禀曷胜待命之至。肃此虔敬崇安。伏乞钧鉴。

受业王植善谨呈

资料来源:《王植善致盛宣怀函》，上海图书馆盛宣怀档案馆藏，档案号：044146。

王植善禀午帅（端方）文[1]

光绪三十四年（1908年）十月十六日

午帅大人钧鉴：

敬禀者，日前接奉雪宪陈札文，南洋中学因经费支绌，每月荷蒙拨给银三百五十圆。仰见大帅维持教育之盛情，曷胜感荷。除具禀奉覆外，特再声谢。苏杭甬路事起，植善因校务羁身，未能常与其役，私心窃计，关系甚巨，不得不向大帅一筹及之。外部主持借款，江浙人民主持拒款，日内函电分驰，相持不下。据植善私人意见，以为上下之拒隔自此甚矣，而与外人无毫末伤也。究其结果，签约则暴动起，人心去。暴动起而害在人民，人心去而害在政府，两败俱丧，势所必至。不签约，则外人岂能久待，且旷日持久，心思变幻，要挟益多。

道咸以还，外交所以著著失败者，无他道也，可了不速了而已。凡事须测其究竟，今上下皆意气用事，自争甚力，不顾其后，坐失此贵重之光阴而不之悟，不及数日，而上失民心，下失路权，无可挽回，咨嗟太息而已。植善私人之意，英人已用去之费若干，岂能置之不理，故最大失著不在订正约之日，而在订草约之日也。

1　王培孙与端方相识交往，始于1907年秋。1915年，王培孙曾撰《晋谒两江总督端方记》称："丁未秋，本校垫款日巨，无法维持，余乃具禀进谒前清江督端方公，同进见者凡二十余人。"而不太为人所知的是，王培孙能在丁未年谒见端方，乃是通过郑孝胥的牵线引见。《郑孝胥日记》对此有明确记载："（丁未年）十二日（5月23日），王培孙植善来，请为南洋中学求补助之款于江督。"参见中国国家博物馆编，劳祖德整理:《郑孝胥日记》第2册，中华书局1993年版，第1092页。

大帅为朝廷镇抚东南，宜从大处落墨，亟电政府，向英人谈判，偿以用去之费，速了此案。如此款能由政府拨给，以数十万元买东南数省之人心，将来犹可一用，策之上也。次之，向江浙两公司筹商，令支付此款，以达争回路权之目的。植善私见，两公司未必竟拒而不纳，如是，则暴动可弭，路权无害，不失为策之次。如必欲签押，其害可以立见，想大帅亦念及于此，不愿有此一日者也。且怡和已于昨日进京，海上人闻此消息，大为扰动，汲汲不可终日。大帅为大局计，亟须电告政府，以偿费为了案之唯一办法。梼昧之见，是否有当，耑函布达，用备采纳。敬请崇安，统希垂照。

治晚生王植善敬禀

十月十六日

资料来源：中国社会科学院近代史研究所编，虞和平主编：《近代史所藏清代名人稿本抄本（第一辑）》143册，大象出版社2011年版，第109—113页。

张元济致王培孙函（二通）

（1927年1月28日、2月27日）

一

培孙先生大鉴：

奉一月二十四日来示，敬悉。前呈敝馆志书目录，已承察入。该目录出版以后，又陆续购进二三百种，续印时尚当附入也。承示拟派人在敝馆抄书，未知所拟抄者为何种？可否请先将书名及卷数、页数示知，俟与该馆商定办法，再行奉复。闻贵校图书馆搜藏方志亦极美备，如有书目，拟祈惠赐一份。倘有为敝馆所未有者，亦拟别商互借之法。尊意谓何？并希示复为荷。专此，敬颂台安。

十六年一月二十八日

附呈天字号书目三册，乞詧及。

*信稿边有他人批注："复南洋中学王，留底。"——编者

二

培孙仁兄大人阁下：

二月十八日手教于前日始奉到，展诵敬悉。附还志书目亦收到。贵校图书馆拟购四十余种，自可奉

让。昨与敝同人商议，以近来志书价值亦甚增涨，有各店书目可以考证。查原目上有△者，均已售出，前函未曾声明，故尊处仍行选入，未克应命。又延绥镇昭文、汤溪两县志书，均甚难得，原目下业经注明，价应另定，其余无论新陈远近，祇可按本计算，未知尊意拟出价几何？乞按照通志、府志、厅志、县志分别开示为荷。专此布复，祇颂台安。

弟张元济顿

十六年二月二十七日

顷又读二十六日手教，承关爱指示，感不可言。此非俟政局大定，恐无办法矣。附复并谢。

*信稿边有他人批注："请转致张菊生先生留存。南洋中学王。"——编者

资料来源：张元济：《张元济全集》第1卷《书信》，商务印书馆2007年版，第271页。

王培孙致夏孙鹏函

（约1932年8月）[1]

孙鹏吾兄先生台鉴：

前日车中握晤，叙谈甚快。兹闻商船学校增设科学，弟旧同学朱君紫湘美国考奈而大学机械科毕业，朱君留美首尾七载，研究颇深，温文尔雅，颇宜教授之任。弟谨为绍介左右，谅蒙不弃。请通信外日晖桥南洋中学弟收。

弟王培孙顿首

资料来源：《王培孙函复吴淞商船学校教务长夏孙鹏》，上海交通大学档案馆藏，档案号：LS2-016。

1　王培孙函复夏孙鹏，并未标明具体时间，但据1932年5月至12月，夏孙鹏任吴淞商船学校校长，可知此通信函约在1932年8月。

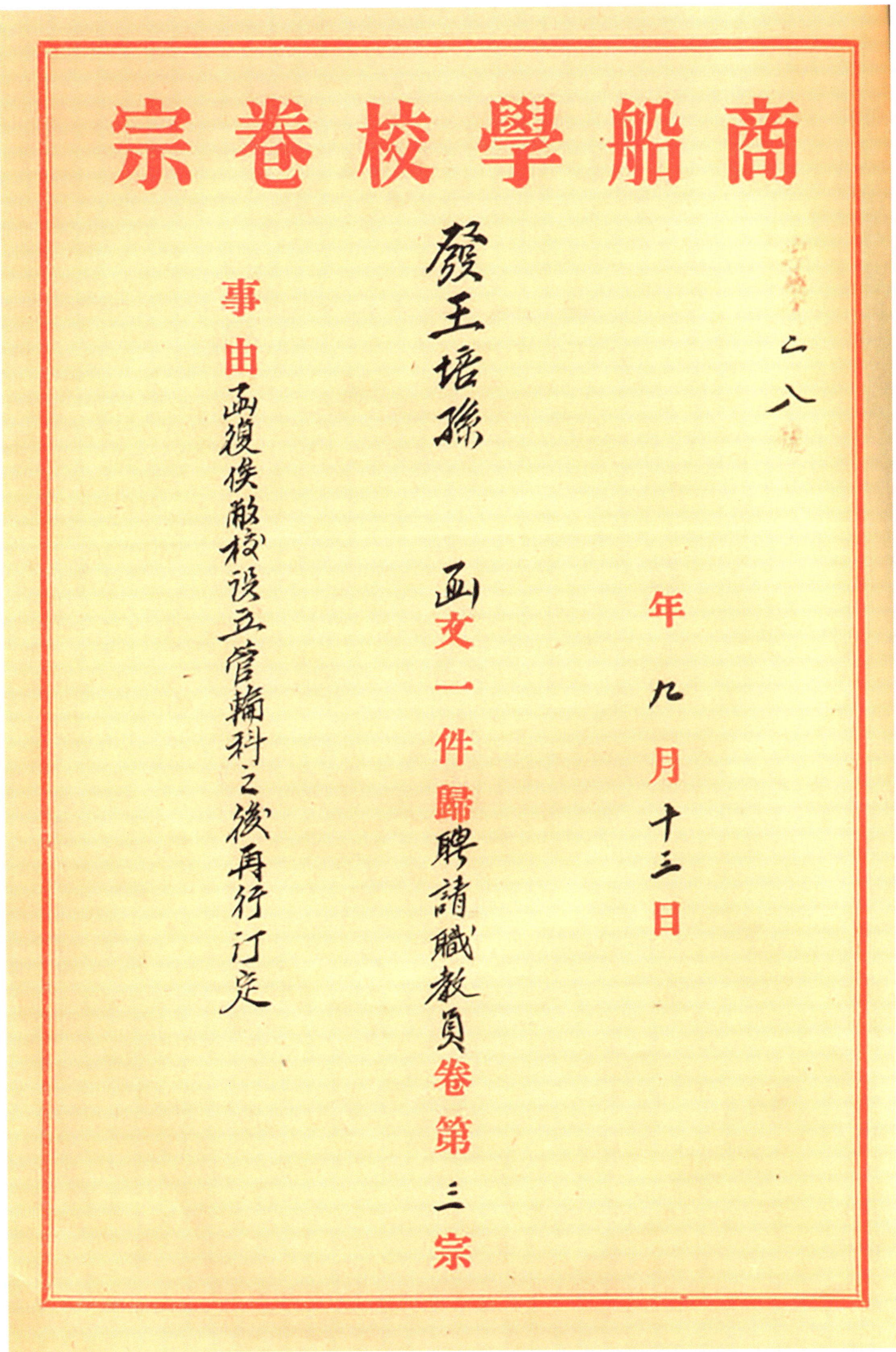

商船學校卷宗

二八

年九月十三日

發王培孫

函文一件歸聘請職教員卷第三宗

事由函復俟敝校設立管輪科之後再行订定

图2-1　发王培孙函，“函复俟敝校设立管轮科之后再行订定”

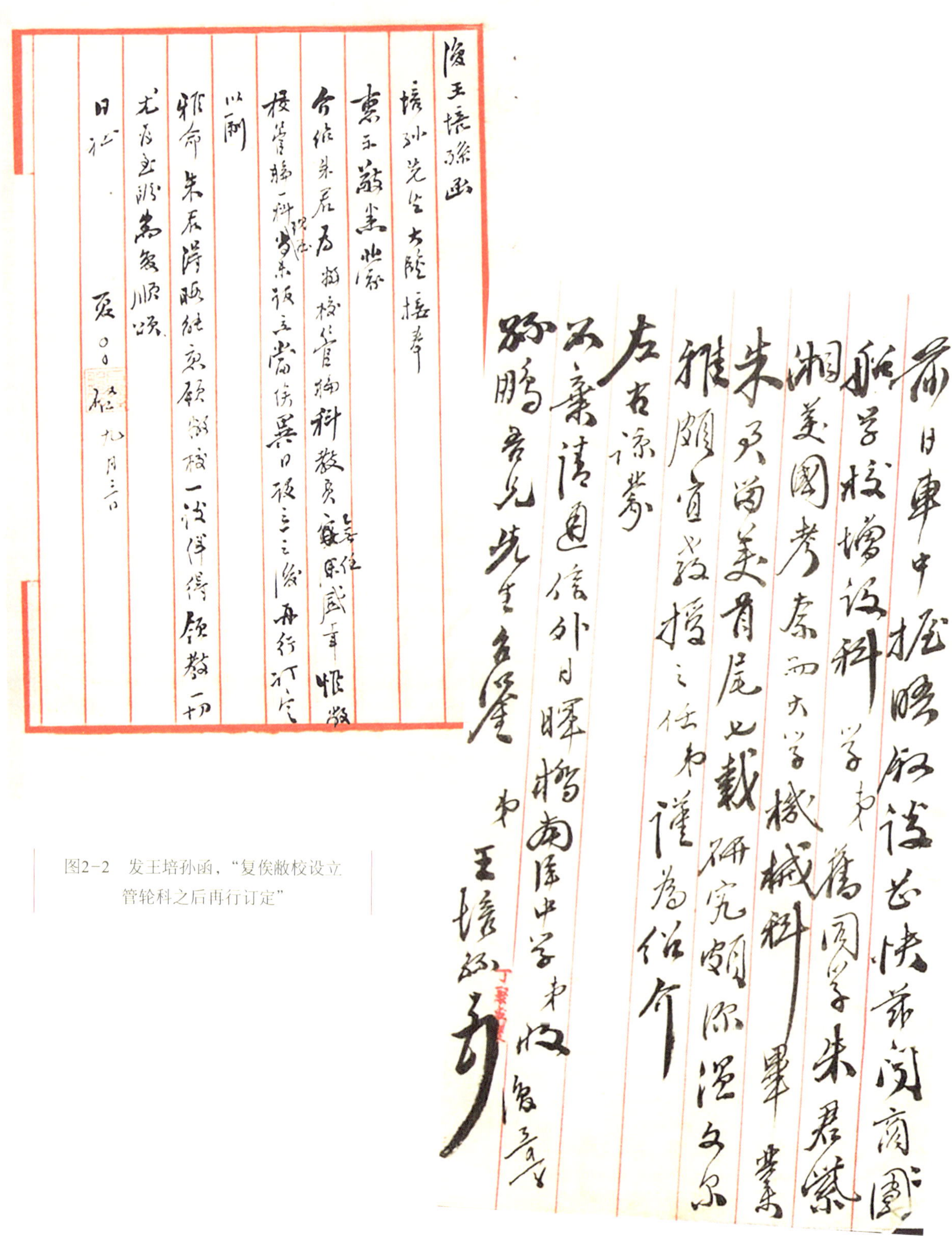

图2-2　发王培孙函，“复俟敝校设立管轮科之后再行订定”

图2-3　王培孙致夏孙鹏函

王培孙与潘圣一的书信往来（三通）

（1936年）

圣一先生大鉴：

前信述及弟欲游苏之意，因欲一访支硎山、花山之古迹风景，但不知现在此等地方是否有匪盗而为游人所不能到，乞为查明见告。弟灵岩寺内有相识之方外人可以借宿，如可游者，弟或旧三月中旬可奋然而往也。弟见诗集中每有皋亭山及殳山，而此二山，吴县志亦不载，或在浙江地界，不知能为苏州志书上一查否？

专此，并颂日祉。

王培孙顿首

四月十六日

圣一先生大鉴：

邮片悉。尊体违和，甚念。气候恶热，出行不宜。盼俟天时人事两适之适，翩然莅止也。惟最好星期六，则弟晚间甚暇，而可一夕畅谈耳。

王培孙顿首

五月十日

圣一先生：

复示悉，所嘱抄补山志等，惟我处现无抄书、订书人，而书又放在友家，检取不易，一时不克从事，实因沪局非昔，居此不能十分安心，故无意太平事业，故乞稍缓待机，何如？寄奉《南来堂》一部，售价六或八元，但兄如要送友，则不计值又何不可。南来遗诗在整理中，此间愿先生想苏游，我或同一行，如成事实，当在重九时，只须得价廉而清洁之中旅馆，城内外不计。到时如成行，当先奉托定房间，若目的在郊外游，则以住城外为宜，而入城访友，亦无不便，然否？

培孙上

九月三十日

资料来源：北京雜·書舘民国图书文献馆特藏。

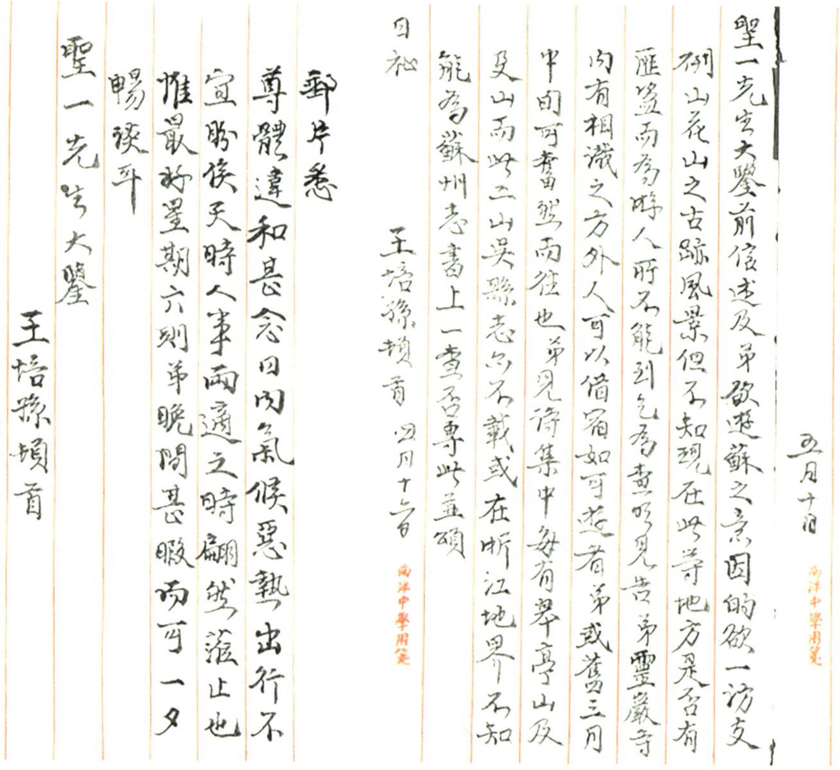

五月十日

聖一先生大鑒：前信述及弟欲遊蘇之意，因欲一訪支硎山、花山之古跡風景，但不知現在此等地方是否有匪盜而為時人所不能到，乞為查明見告。弟靈巖寺內有相識之方外人，可以借宿，如可遊者，弟或於三月中旬可前去而往也。弟見詩集中每有翠亭山及支山，而此二山吳縣志不載，或在昕江地界，不知能為蘇州志書上一查否？專此，並頌日祉

王培孫頓首

四月十六日

郵片悉。尊體違和，甚念。日內氣候惡熱，出行不宜，盼俟天時人事兩適之時，翩然蒞止也。惟最好星期六，則弟晚間甚暇，而可一夕暢談耳。

聖一先生大鑒

王培孫頓首

图2-4　王培孙致潘圣一信札两封（5月10日、4月16日，约1936年）

王培孙与钱新之的书信往来（四通）

王培孙致钱新之（1946年1月28日）

两周前邮奉寸函，想可达到。南中复校第一步总须借款，兄明春未必即回上海，请先致函伯元，恳切托其主持，并规划如何募捐之法。有此一信，伯元当更负责，需款进行当在四月间。

兹考同学三位，资格经验充分，无伪政府丝毫关系，政府需人之际，虽三位同学并不须薪水度日，而为事择人，在用人者自当计及，故奉上履历片各二纸，乞储诸夹袋中，备随时推介，何如？

新之我兄

培孙拜上

一月廿八日

王培孙致钱新之（1946年3月3日）

腊尽春初，转瞬过去。去冬曾寄寸函，谈及伯元意请达诠加入校董，此函未得复，不知收到否？为念。

南中复校，须先借款，一面募捐，募得随还。拟恳兄先函伯元筹办借款事，若待驾来，恐太迟，不及应付急需，是否可行？盼即见复，示我南针，至所感幸。我今衰迈，不能奔走活动，致复校进行为难，无可奈何，一切须仗大力矣。

新之我兄大鉴

培孙拜上

三月三日

王培孙致钱新之（1946年3月19日）

旬日前航奉寸函，为复校事恳赐南针，并恳通函伯元。兹尚未见回示，未知此函已否到达。流光迅速，如得早有办法，自然更好。兹奉徐君捐款收据一纸，尚乞转交是荷。

新之我兄惠鉴

培孙拜上

三月十九日

王培孙致钱新之（1947年6月11日）

兹定六月十五日（星期日）正午十二时在龙华路外日晖桥西首（大木桥路底）敝校高中部举行校董会议，报告复校情况，讨论兴革事宜，届时，敢希拨冗惠临指教。此致

新之校董先生

王培孙谨订

三六、六、一一

资料来源：《南洋中学留日同学会有关校务问题与交通银行钱新之来往函件》（1944—1947），上海市档案馆藏，档案号：Q55-2-157。

王培孙致胡朴安信函（九通）

（年份不明）

一

朴安先生台鉴：

刻乃乾谈及道静事，弟亦与道静晤谈数次而知其人矣。教事未尝不可，惟目下中学临时局面，地小不能多开班，现有之教员尚未能支配顾到，若加入局外人，恐因竞争而生不安，容当相机图之耳。弟今不出外，而对外不如顾天放之活动。若道静往访天放，而以此面托之，使天放夹袋中有此人有此事，或有触发之机缘也。姑备一说何如?

专达，并祝道祉。

王培孙顿首

六月二日

二

朴庵先生台鉴：

许久未亲教益为念。昨晤陈乃乾兄，谈及国粹报馆存书尚在沪上，其中有《皇明经世文编》一种。弟处有此书而缺《徐文定公集》二卷，久欲觅得抄补，先生可代为设法，发箧借抄，不胜感幸。拜托之至，惟鼎力图之。

专此，顺颂撰祺。

弟王培孙顿首

十二月十二日

三

朴庵先生台鉴：

寄奉《南来堂诗》谅已到达。兹闻尊处近刊胡氏著作，想有寄尘之文字在内，可否寄赠一部？寓中无聊，籍得消遣。弟今暂时休假，亦几乎杜门矣。

王培孙拜上

四月廿九日

四

朴庵先生台鉴：

奉诵复函并《朴学斋》全部，敬悉。弟杜门三年矣，尊体违和，未详悉也。写字吟诗，犹能弗辍，是可慰者，不可谓非残山剩水间岁寒松柏也。然思吾等无论健康与衰病，总是余年无几，现在之时光甚短，未来之轮转无穷，甚望以所余精力阅读大乘佛经，博得心安意远，受用当沛然自得。此于病躯更能获益，试之何如？寄尘未寿，弟时痛念之。生平文字著述虽非巨制，而所得亦甚多，从书之刻藉以流传，慰幸之至。惟各书店印行者佳作尚不少，不知尚可聚而传之否？

专复，顺祝起居珍重。

王培孙顿首

五月六日

五

朴安先生台鉴：

复示欣悉。弟想学佛之旨无非明心见性，利己利人，任何一门，可学可入。天台之止观、相宗之唯识，非有经过科学之脑筋，或具有宿根者，难以问津。弟从谛闲师听讲多次，有一次讲止观，弟自知其难，即退席未终局。此次有江居士编讲义，印行六经，六七年方能出版，即南岳大乘止观也。致天台之摩诃止观，则更复杂奥深，比数学之几何证解更难十倍，若劳扰于尘俗，或浸淫于文辞者，习惯已深，习止观终不易入也。弟二年来不便出外，无聊之极，就无线电中听讲佛经，所听者《金刚经》《维摩诘所说经》《仁王护国经》等，所看亦不外此。诵《法华经》则每日一小时，如是而已。无线电中亦讲《瑜珈师地论》《大知度论》，此亦非弟所能了解者，亦不听之矣。弟意先生可读《圆觉》《楞严》《金刚》等经，如要看注解，亦看近代人之注解较为明显，且学佛亦须由修而证，不宜专从书本上用功。若稍入门，自然心安体宽，病魔退避三舍矣。

王培孙复上

五月十六日

六

朴安先生台鉴：

得示，知大乘止观已多次，当有豁然贯通之一旦，钦佩之至。弟意学佛无非要了生死，若具有信心者，任取了义经中任何一段或一句，皆可明白佛理，学佛者，重在由信起修，不必费却许多研究文字功夫，万一因研究而生疑，更多阻碍。且不识字之人亦可由信起修，证道成果，此弟不过姑备一说。至《起信论》可阅真界纂注，较易明白。弟意研究止观，可择一位法师，函札往还，质疑问难，未识然否？

王培孙复上

五月卅一日

七

朴安先生台鉴：

复示敬悉。凡属智识阶级学佛者，当然从文字而起信心。惟要悟证，则重在修持，不专在研究。如唯识、因明、止观等类，非我等年力衰迈者所可从事。念密宗六字等于念佛号，而密宗念咒，尚有种种仪式事，亦不如念佛之简易。在学者或念佛，或作观，或持咒，或礼拜均可。佛教之礼拜是全身运动，比体操更有益于健康也。至择一法师质疑问难，或先写明要疑问之各条寄下，弟当择人试之，如彼此相契，再行介绍直接函札往来如何？

王培孙拜上

六月五日

八

朴安先生：

前寄来问题数则一纸，当即寄兴慈法师处，请其开示，迄未见复，而又未便催促。弟意如再录一纸赐下，当请一研究佛学专家答复，以资研究何如？惜太虚法师不在沪，否则请教当易矣。

王培孙顿首

七月三日

九

朴安先生赐鉴：

奉诵惠函，得王骧陆居士大善知识之开示，依云修持，甚为幸事。佛性人人同具，佛道门门可入，修持者无非反观自性，读诵任何佛经皆可开悟而得到修持方法。今修禅宗，乃不立文字之教处别传，可

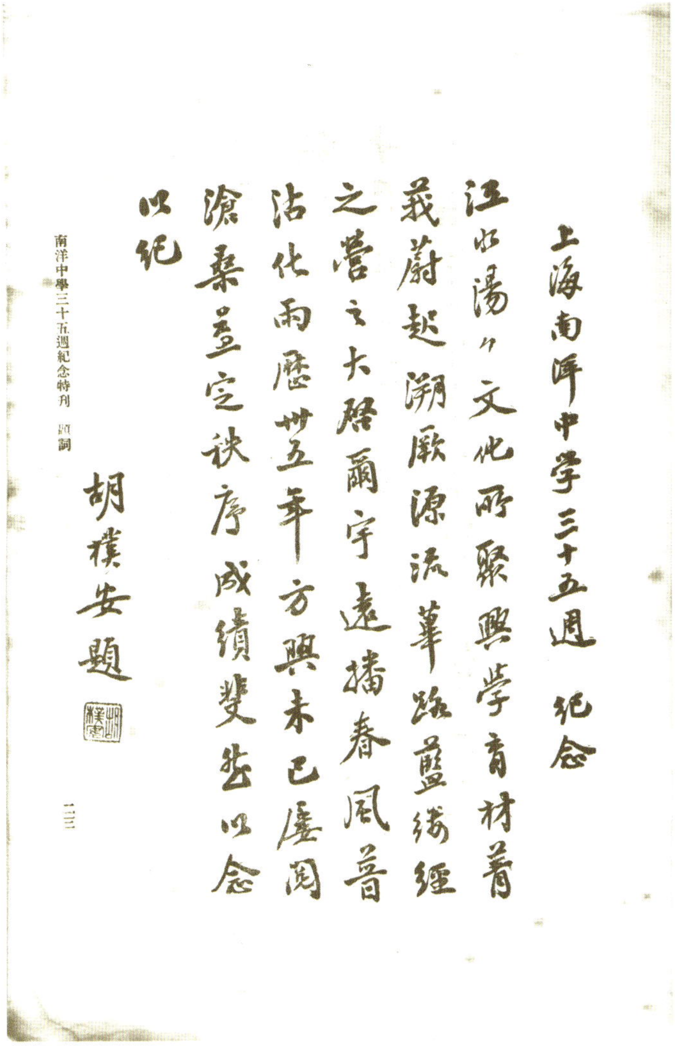

上海南洋中學三十五週紀念

江水湯湯文化所聚興學育材菁莪蔚起溯厥源流篳路藍縷經之營之大啓爾宇遠播春風普沾化雨歷卅五年方興未已屢閱滄桑益定秩序成績斐然以念以紀

胡樸安題

南洋中學三十五週紀念特刊　題詞

二三

图2-5　胡朴安题写，《南洋中学卅五周纪念特刊》（1931年）题词

知王骧陆居士之意重在修持，而书本研究不妨放弃。惟静坐持呪，病后不嫌劳苦否？我等读书人无书即不免无聊，用功之外，决可随便看经。惟既学佛，则世俗文书宜勿再观，看书消遣，不出佛门典籍，随处可供修持之用。范古农君大可时常通讯，当得不少助缘，想尊意亦以为然。

王培孙复上

十月二十日

资料来源：《胡朴安友朋尺牍一》，收入上海图书馆历史文献研究所编：《历史文献（第3辑）》，上海科学技术文献出版社2000年版，第174—177页。

南洋中学档案室藏王培孙手稿手迹一览

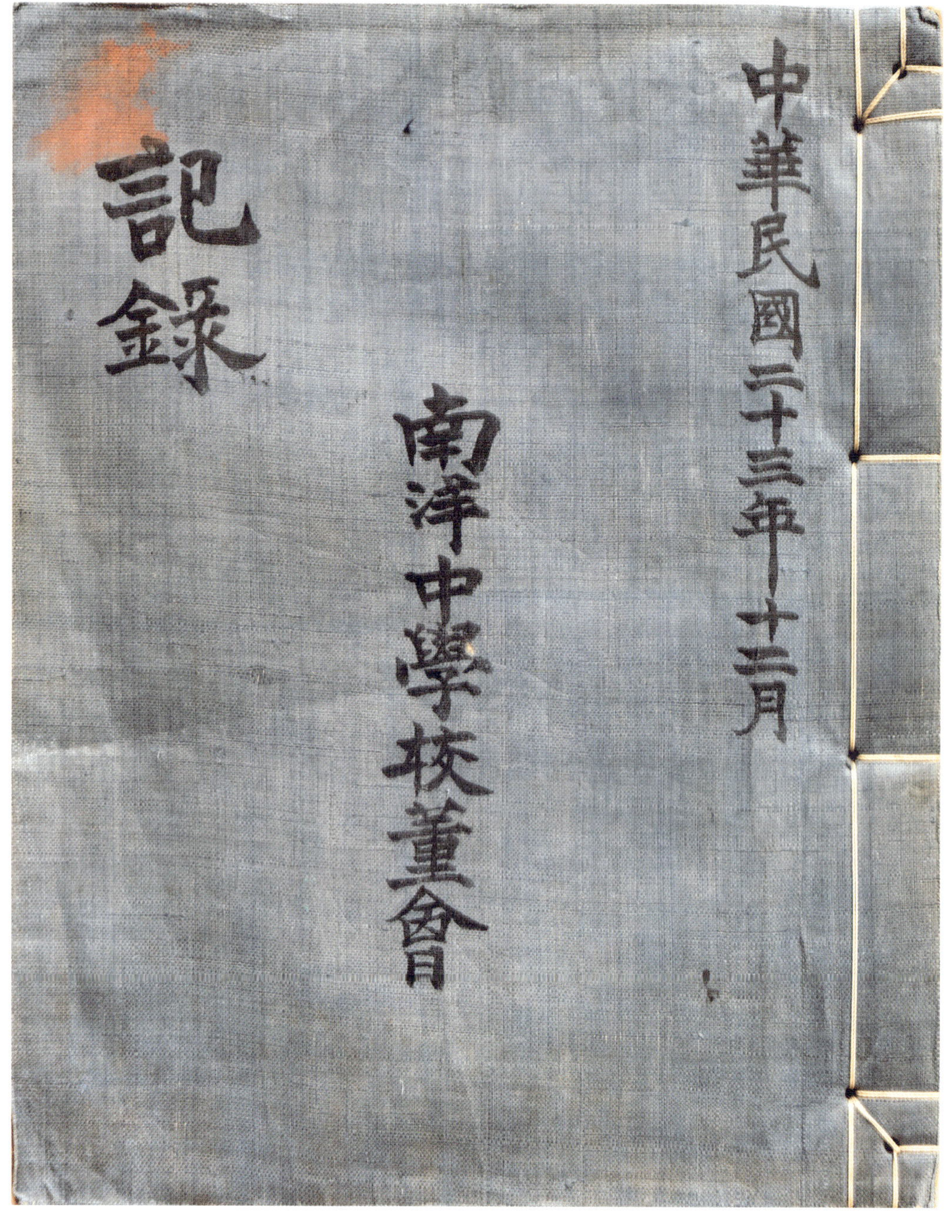

图2-6 《南洋中学校董会记录》（1934年12月）

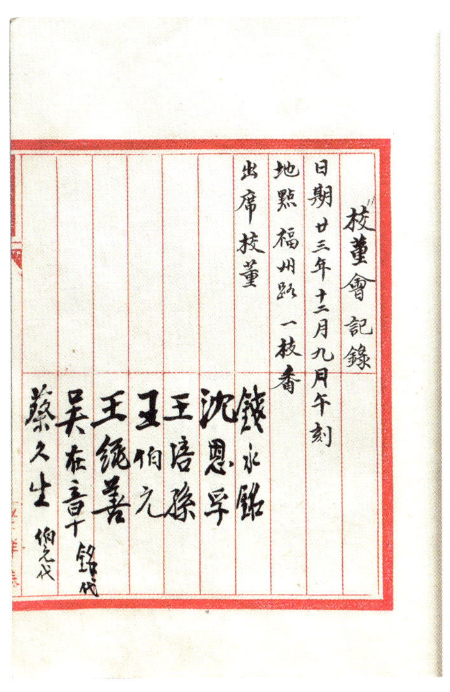

校董會記錄

日期 廿三年十二月九日午刻

地點 福州路一枝香

出席校董

錢永銘
沈恩孚
王培孫
王伯元
王繩善
吳在章 錫代
蔡久生 伯元代

图2-7　校董会记录（王培孙手迹）

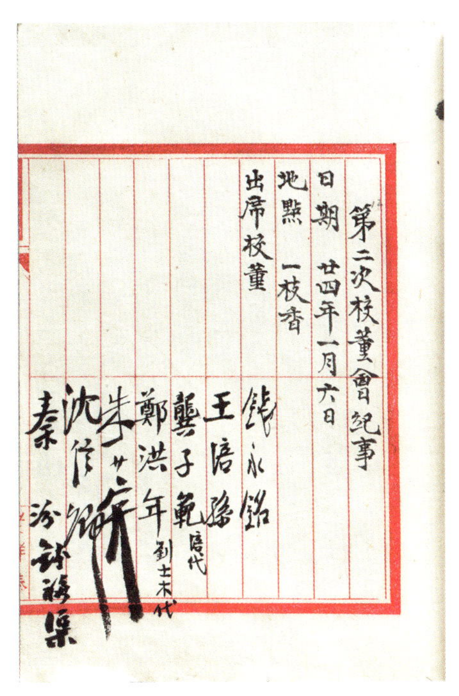

第二次校董會紀事

日期 廿四年一月六日

地點 一枝香

出席校董

錢永銘
王培孫
龔子範 培代
鄭洪年 劉士木代

图2-8　第二次董事会纪事（王培孙手迹）

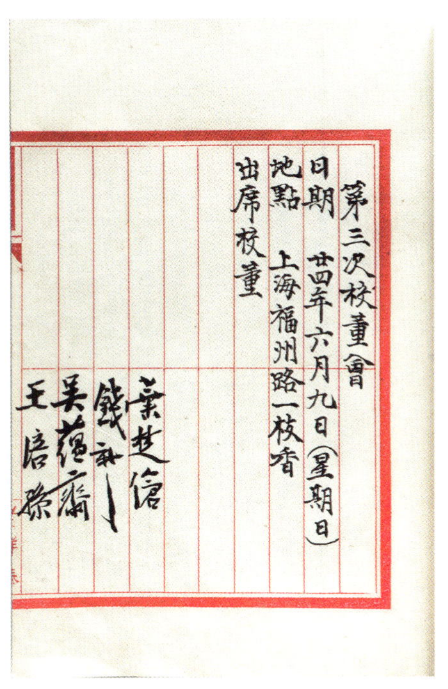

第三次校董會

日期 廿四年六月九日（星期日）

地點 上海福州路一枝香

出席校董

葉楚傖
錢新之
吳蘊齋
王培孫

图2-9　第三次董事会纪事（王培孙手迹）

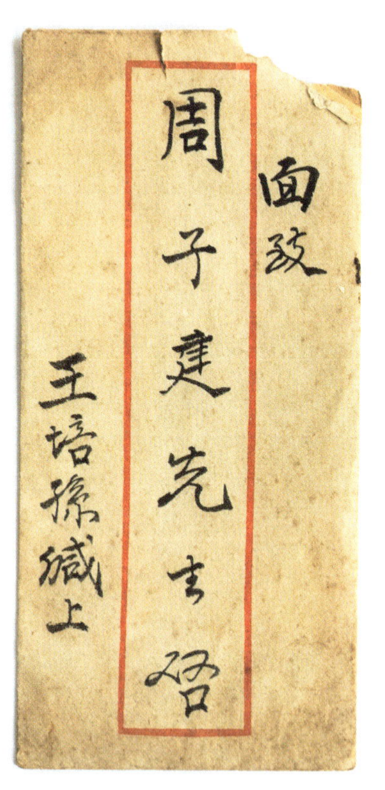

面致

周子建先生台啓

王培孫緘上

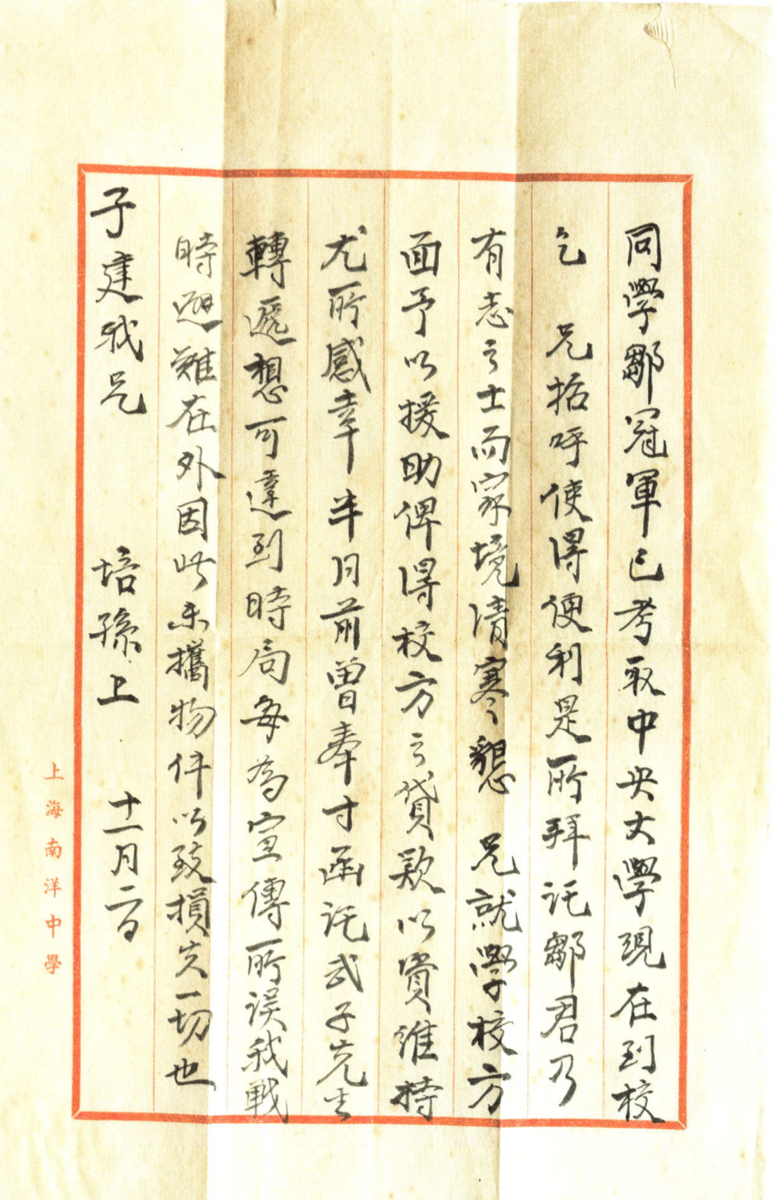

同學鄒冠軍已考取中央大學現在到校乞 兄招呼使得便利是所拜託鄒君乃有志之士而家境清寒、懇 兄就學校方面予以援助俾得校方之貸款以資維持尤所感幸、半月前曾奉寸函託武子先生轉遞想可達到時局每為宣傳所誤我戰時避難在外因此未攜物件以致損失一切也

子建我兄

培孫上

十一月二日

图2-10 《王培孙致信中央大学周子建，嘱其援助贫困学生邹冠军》（1939年11月2日）

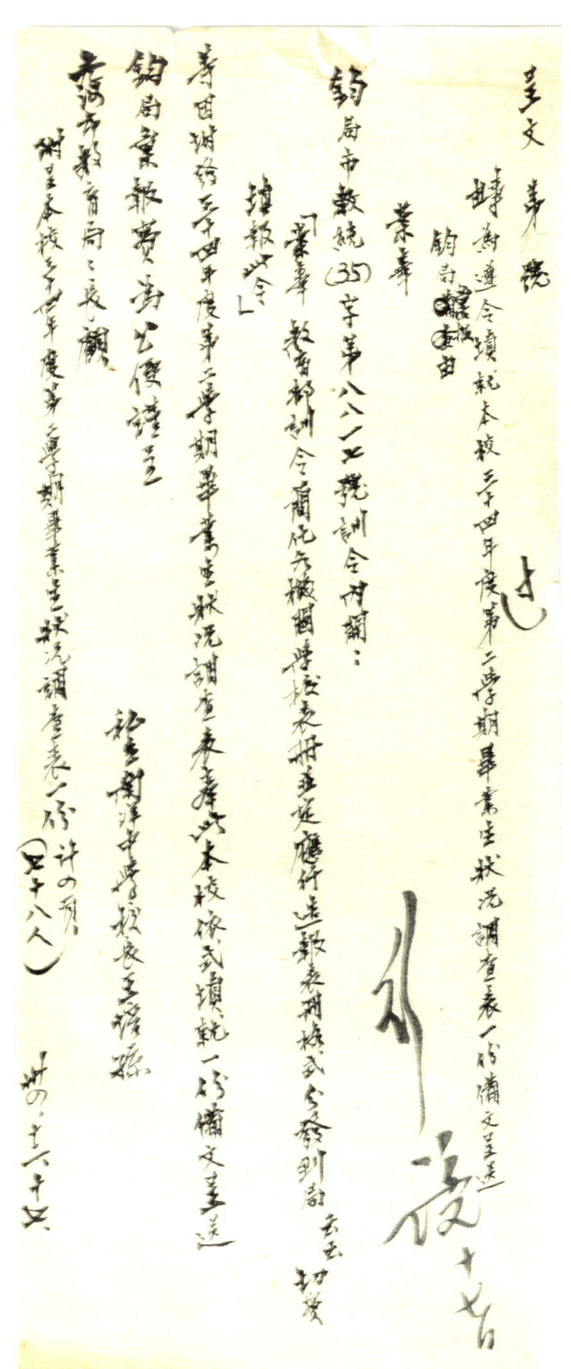

图2-11　王培孙校长手迹（散页），1945年12月17日

呈为申请验印由窃南洋中学高中普通科学生席德馨於民国三十一年六月毕业后升入厦门大学肄业，至本学期已得在该大学毕业。惟该大学须验中学毕业证书后方得发给大学毕业证书，为特缮就该生毕业证书一份，备文呈请钧局验印发还，至纫公谊。谨呈

上海市教育局

南洋中学校长王○○

上海南洋中学

图2-12　王培孙校长手迹（散页），1945年12月17日

呈文　呈字第十六号

事由：为填就本校三十五年度第一学期新生插班生等名册并连同各生证件备文呈送钧局查核备查由

案查本校三十五年度第一学期新生名额插班生复学生留级生休学生及退学生名册业已填就各三份并连同各生证件共计五五九份备文呈送

钧局查核备查

谨呈

教育局局长顾

计呈送新生插班生复学生留级生休学及退学生名册各三份，高中部学籍表共计四一张，证件九五份，初中第一部学籍表共计二六〇张，证件一五七份，初中第二部学籍表共计一一七张，证件二〇七份

私立南洋中学校长王培孙

卅五、十二、卅一

图2-13　王培孙校长手迹（散页），1946年12月31日

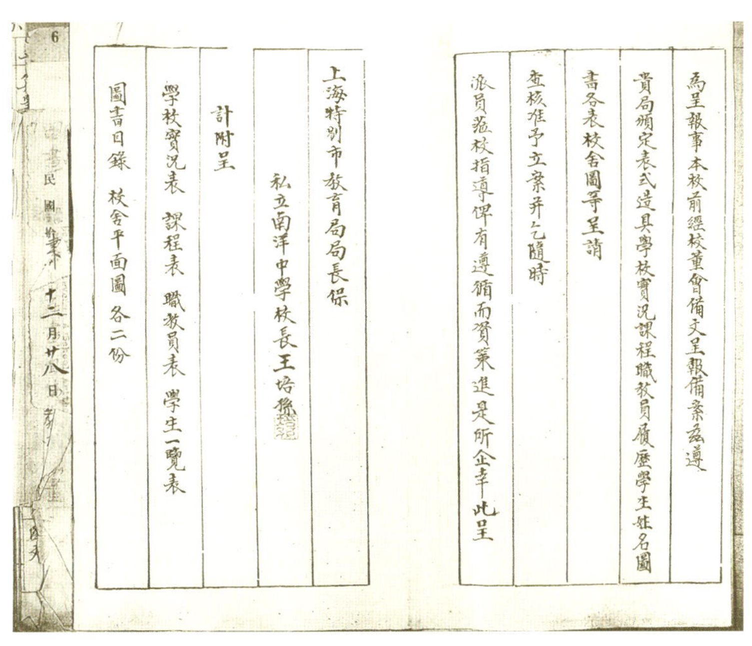

為呈報事本校前經校董會備文呈報備案茲遵
貴局規定表式遵具學校實況課程職教員履歷學生姓名圖
書各表校舍圖等呈請
查核准予立案并乞隨時
派員蒞校指導俾有遵循而資策進是所企幸此呈
上海特別市教育局局長
私立南洋中學校長王培孫
計附呈
學校實況表 課程表 職教員表 學生一覽表
圖書目錄 校舍平面圖 各二份

图2-14 私立南洋中学王培孙校长申请学校立案文件

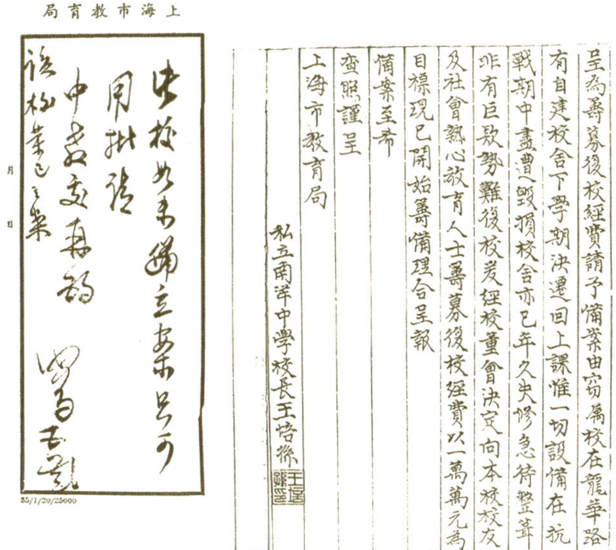

上海市教育局

呈為籌募復校經費請予備案由竊屬校在龍華路
有自建校舍下學期決遷回上課惟一切設備在抗
戰期中盡遭毀損校舍亦已年久失修急待整葺
非有巨款勢難復校爰經校董會決定向本校校友
及社會熱心教育人士籌募復校經費以一萬萬元為
目標現已開始籌備理合呈報
備案至希
查照謹呈
上海市教育局
私立南洋中學校長王培孫

图2-15 私立南洋中学王培孙校长为复校筹款等
呈上海市教育局函

《南洋中学呈文公函稿簿》（1946年9月至1947年1月）

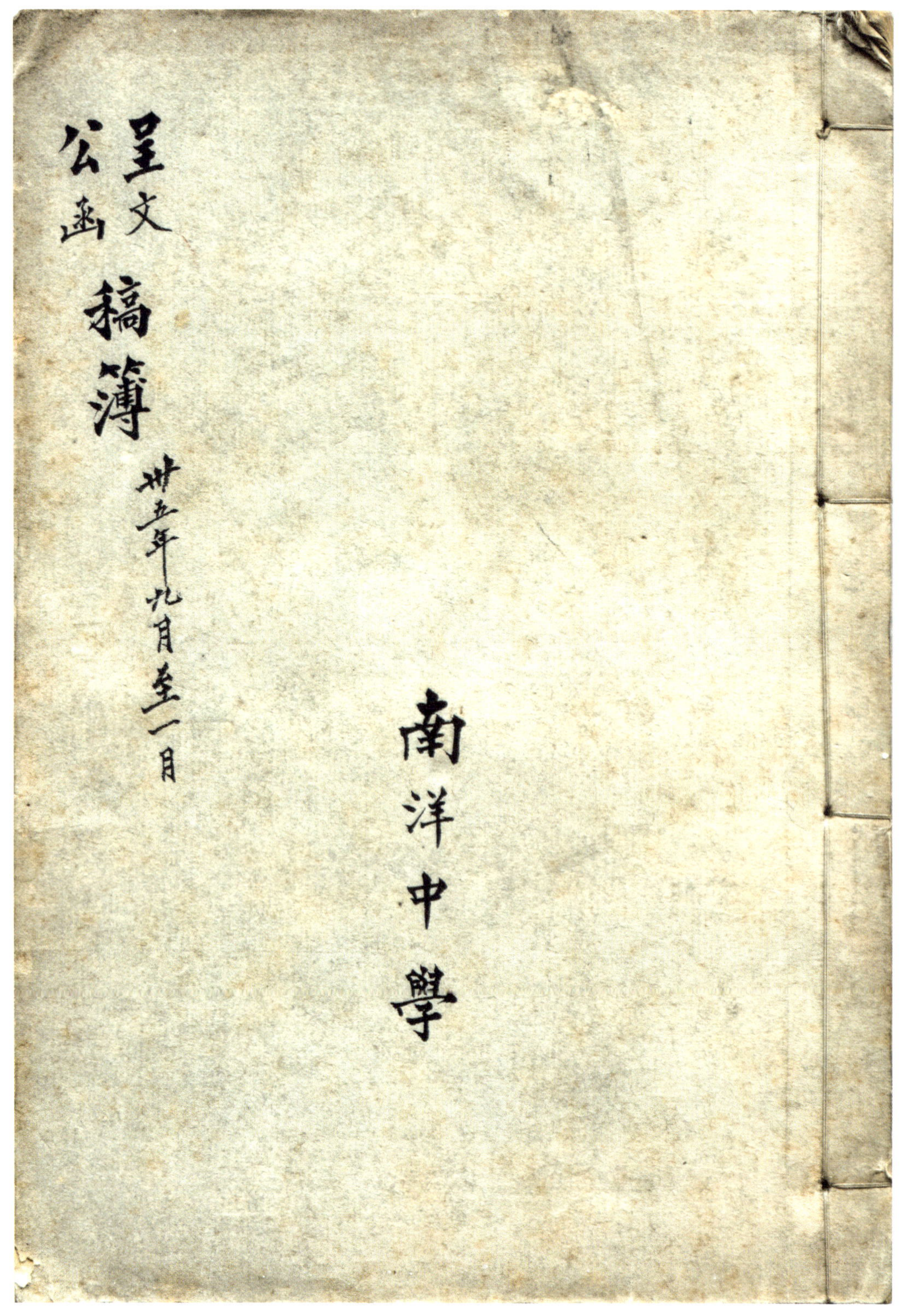

呈文

呈稿　第一號

事由：為呈報本校現已復校遷回龍華路一三五八號鈞局來文請寄龍華路校址由

查本校本學期現已復校遷回龍華路一三五八號原校舍不敷初中第一部暫設北京路鹽業大樓初中第二部暫設宛平路嗣後鈞局所有來文請逕寄龍華路一三五八號以免延誤

謹呈

教育局局長顧

私立南洋中學校校長王培孫

卅五、九、一

呈稿　第二號　已發

事由：為呈送本校學生黃蔭同畢業証書一張請特予先期用印以免延誤祈鑒由

案查本校學生黃蔭同年十九歲江蘇宿遷人在民國廿九年六月本校高中部畢業當由本校發給畢業証明書該生投入滬江大學肄業二年復至重慶投入中央大學畢業茲因該生已申請准赴美入學並可得獎學金然美國校方必須呈繳中央大學之畢業証明書但中央大學必須呈繳本校之正式畢業証書方可續發該校之畢業証書茲本校因該生赴美期迫特備文呈送續發之畢業證書乙張務懇

鈞長體念該生入學期迫特予先期用印以免延誤仰祈不勝感激之至謹呈

教育局局長顧

附呈學生黃蔭同畢業証書乙張

私立南洋中學校長王培孫

九、十六

呈稿　第三號　此稿未發改辦公函送善後救濟總署上海分署

事由：為呈送本校教職員及學生領取物品名冊共計三十三張以清手續由

查本校前領之教職員及學生領取物品名冊共計三十三張均已簽名蓋章理合備文呈送

鈞局備查以清手續謹呈

教育局局長顧

附呈教職員領取物品名冊一張學生領取物品名冊三十二張

私立南洋中學校長王培孫

九、廿九

呈稿 第四號

事由：為遵令填送本校學生人數調查表一份仰祈 鑒轉核由

案奉

鈞局市教中(35)字第九六六號訓令內開：

「案奉 國防部預備幹部管訓處代電開：茲為明瞭各省市學校情形云云 以憑彙轉為要」

等因附發各學校學生人數調查表式一紙奉此本校應遵將上項表格填就乙份備文呈送

鈞局鑒轉實為公便 謹呈

教育局局長顧

附呈本校學生人數調查表乙份

私立南洋中學校長王培孫 十一、四、

呈稿 第五號

事由：為遵令填送本校收支預算表教職員名冊 學生名冊各二份仰祈 核 鑒轉由

案奉

學校名稱	校址	校長姓名	軍訓教官姓名
私立南洋中學		王培孫	無

學生人數				
一	男	203	187	177
	女	22	31	45
二	男	147	147	114
	女	9	31	22
三	男	82	116	56
	女	8	50	32

鈞局市教中(35)字第七九四二號訓令內開：

「案查私校減低收費標準云云 以憑審核是為至要此令」

等因附發收支預算表教職員名冊學生名冊各一份奉此本校遵將上項表格分別填就各二份備文呈送

鈞長鑒核 謹呈

教育局局長顧

附呈本校收支預算表教職員名冊學生名冊各二份

私立南洋中學校長王培孫 十一、四、

呈稿 第六號（十四號）

事由：為呈送本校高中普通科畢業生席德懋畢業證書乙張仰祈 鈞局驗印發還以憑轉發由

茲有本校高中普通科學生席德懋於民國二十一年六月畢業後升入國內大學肄業在本學期終了已得在該大學畢業惟該大學須驗中學畢業證書後方得發給大學畢業證書特將該生畢業證書乙張備文呈送 鈞局驗印發還 謹呈

上海市教育局

校長王培孫 十二、十七、

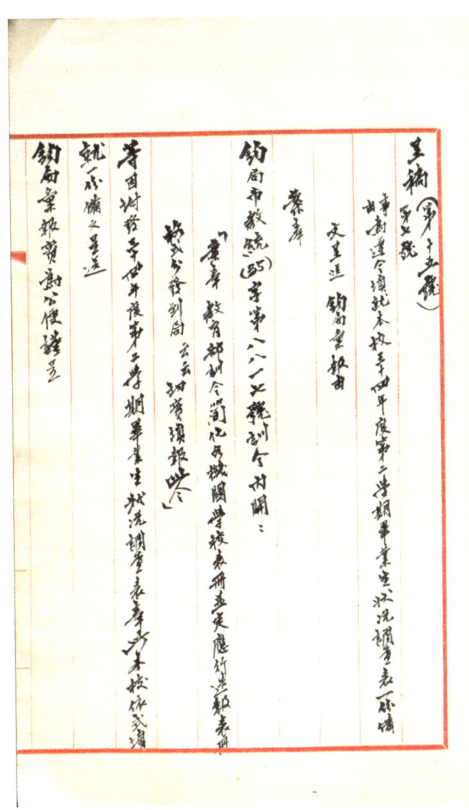

呈稿（第十五號）

第七號

事由：為遵令填就本校三十四年度第二學期畢業生狀況調查表一份備文呈送 鈞局鑒核由

案奉

鈞局市教統（35）字第一八八一七號訓令内開：

「案奉 教育部訓令簡化各機關學校表冊並規定應行造報表冊格式另發到局 云云 切實填報此令」

等因附發三十四年度第二學期畢業生狀況調查表奉此本校依式填

就一份備文呈送

鈞局鑒核賜予公便謹呈

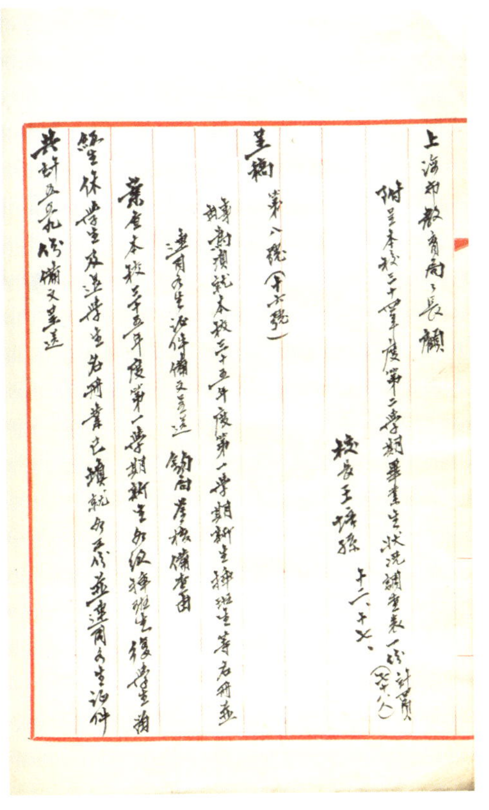

上海市教育局局長顧

附呈本校三十四年度第二學期畢業生狀況調查表一份計貳頁（共十八人）

校長王培孫 十二、十七、

呈稿 第八號（十六號）

事由：為填就本校三十五年度第一學期新生插班生等名冊並連同學生證件備文呈送 鈞局查核備查由

案查本校三十五年度第一學期新生分級插班生復學生

轉學生休學生及退學生名冊業已填就各三份並連同學生證件

共計五百九十八份備文呈送

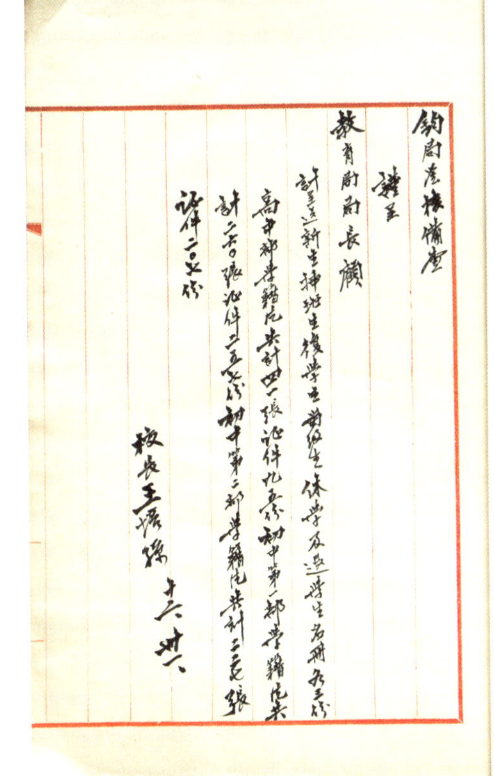

鈞局查核備查

謹呈

教育局局長顧

計呈送新生插班生復學生分級生休學及退學生名冊各三份

高中部學籍表共計四十一張證件九十五份初中第一部學籍表共

計二百○張證件二五○份初中第二部學籍表共計二百○張

證件二○七份

校長王培孫 十二、廿八

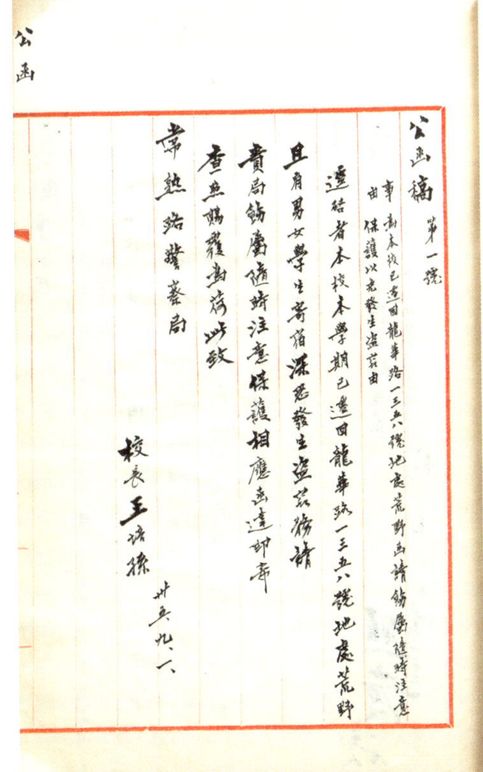

公函

公函稿 第一號

事由：為本校已遷回龍華路一三五八號地處荒野函請飭屬隨時注意保護以免發生盜竊由

逕啓者本校本學期已遷回龍華路一三五八號地處荒野

且有男女學生寄宿深恐發生盜竊務請

貴局飭屬隨時注意保護相應函達即希

查照賜覆為荷此致

常熟路警察局

校長王培孫

卅五、九、一

公函稿 第二號

事由：函請送本校教職各員公教人員物品配購證並附還未用之空白配購證祈查核發給由

逕啟者：本校前曾備函送上填就之配購證共計二十九份，已蒙發給收據乙紙。然當時本校尚未開學，所有教職各員均未到齊，故所送上之配購證是本校教職員之一部。茲因教職員均已到齊，本校上填之配購證現經補填共計四十[illegible]份，送請

貴處核發，並附還未用之空白配購證四十張，即希

查照為荷，此致

上海市公教人員物品配售處

附上填就之配購證十六張、空白配購證四十張、登記名冊乙紙

校長 王〇〇 卅五、九、十三

照發

私立南洋中學職員登記名冊　九月十四日

姓名	性別	籍貫	職務	住址	家庭人口	備考
駱[illegible]本	男	杭縣	教員	龍華路一三五八號南洋中學		
李傳書	又	松江	教員	[illegible]路[illegible]弄28號	七人	
吳祝豐	又	吳興	兼任	中正中路八三七號	八人	
劉丕濤	又	吳縣	教員	[illegible]	五人	
黃贊九	又	吳江	教員	中正中路三九一弄三號	五人	
汪文源	又	蕪湖	教員	[illegible]	六人	
徐桂芳	又		教員	[illegible]	六人	
宋[illegible]	又	吳興	教員	[illegible]	四人	

姓名	性別	籍貫	職務	住址	家庭人口	備考
沈同文	男	溧陽	教員	[illegible]		
胡祖蔭	又	[illegible]	又	[illegible]		
華兆麟	又	無錫	又	又		
錢森木	又	武進	又	又		
張[illegible]	又	鄞縣	又	[illegible]		
李[illegible]	又	[illegible]	又	本校		
楊[illegible]	又	奉賢	又	[illegible]	五人	
沈[illegible]	又	嘉[illegible]	又	[illegible]	五人	

公函稿 第三號

事由：函為本校擬請配售卡車或其他可供乘坐之汽車一輛藉便接送本校教員上課之用由

逕啟者：本校於本學期已遷回龍華路一三五八號原址，地處郊外，交通極感不便，所有教職員多數散居校外，因交通關係到校上課時間多有延誤，對於學生課業深受影響。本校為謀補救辦法起見，擬請

貴局配售卡車或其他可供乘坐之汽車一輛，藉供接送本校教員上課之用，事出特殊，請賜登記並希

見復為荷，此致

行政院物資供應局

校長 王〇〇 卅五、十、二

公函稿 第四號

事由：函請證明該生係本校畢業請仰准予辦理入學手續畢業證書容後補繳由

逕啟者本校創辦迄今已有廿一載民國十六年已呈准上海市教育局立案歷屆畢業生考入國內外各著名大學者為數甚多卸淪陷期間畢業生亦未鄉升入內地各國立大學並得教育部之承認勝利後本市教育局訓令本校淪陷期間畢業生成績俾憑核發正式畢業證書嗣仰遵令先行造具畢業生名冊呈局備查惟歷屆畢業生散居各地一時不易收集故畢業證書尚未能呈局驗印該生本校畢業生○○○已蒙貴校錄取請仰准予辦理入學手續證生之畢業證書容後補繳特此備函證明此致

清華○○大學

南洋中學校長王培孫　十六

姓名	學校名稱	填發年月日	備註
趙聲振	清華大學	卅五、十、七	

公函稿 第五號

事由：函請隨時派車來校運除班置之垃圾以重衛生由

逕啟者本校於本學期後校後學生共有四百餘人關於清潔本校平日極為注意全校各級教室均由校役班置自備之垃圾箱內但垃圾箱之容量有限易積致無處容納而又無垃圾車經過校門影響衛生實非淺鮮特專函請貴局隨時派車來校運去以重衛生此致

上海市衛生局

校長王培孫　十、十五

公函稿 第六號

事由：函請賜予繳款單若干以便分別繳款提貨由

逕啟者貴處第三次配給物品已登報公告本校教職員曾分兩次申請第一次係十月三十一日計　人共計國幣　元正第二次係補申請（十月廿九日）計　人共計國幣　元即請貴處賜予繳款單二份以便分別繳款提貨此致

公教人員物品配給處

校長王培孫　十、廿八

公函稿 第七號

逕啟者：查

貴處第四次配售物品已登報公告本校教職員擬購常青嗶嘰登記者計　人共計國幣　元擬購常青制服呢者計　人共計國幣　元請

貴處賜予繳款單以便繳款提貨此致

公教人員物品配售處

校長王培孫

十一月二日

公函稿 第八號

事由：為本校教職員擬購美國全毛華達呢請備函先行登記由

逕啟者：查

貴處十月廿七日公告有美國全毛華達呢配售並先行准許登記

查本校現有教職員共計　人擬購美國全毛華達呢特備函

向貴處先行登記此致

公教人員物品配售處

校長王培孫

十一、六

公函稿 第九號

事由：函覆學生姚佑緒係本校卅年秋初中第二部學生該生之證件確由本校所發由

逕啟者：接准

貴處十一月二日函開：

「業准本市私立滬新中學呈稱第二學期插班生學籍證件其中有學生姚佑緒所呈證件查係貴校所發給是否屬實無從稽考相應檢同原件函請查核見復並希將原證件送還為荷」

等由准此查學生姚佑緒係本校卅年秋初中第二部學生該生之證件確由本校所發相應函復即希

查照為荷此致

市教育局中等教育處

附送姚佑緒證明書及報告書各一紙

校長王培孫

十一、十三

公函稿 第十號

事由：為請賜予繳款單以便繳款提貨由

逕啟者：查本校學生擬購嗶嘰登記者計〇〇人共計國幣〇〇元

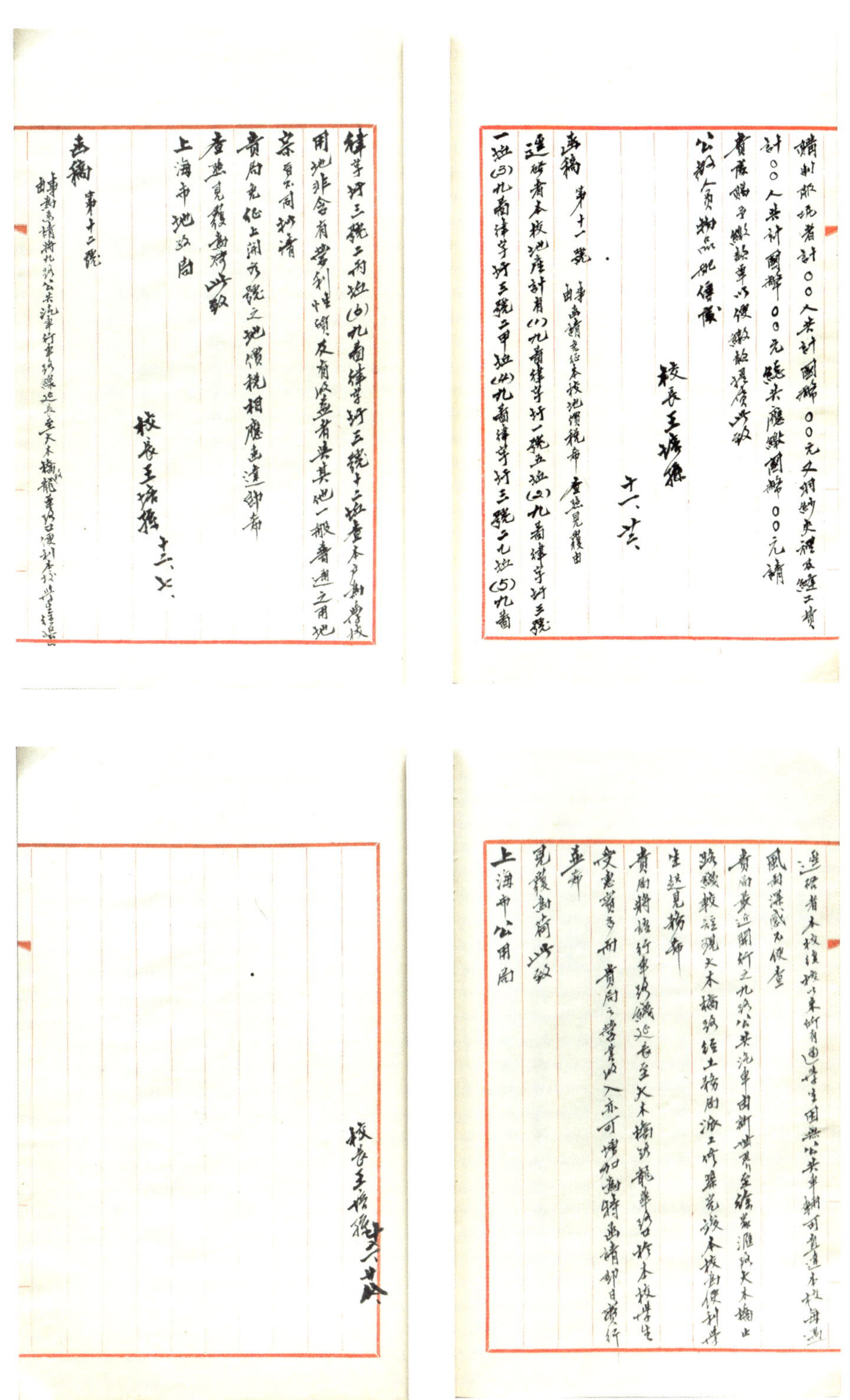
購制服者計〇〇人共計國幣〇〇元又[illegible]
計〇〇人共計國幣〇〇元總共應繳國幣〇〇元請
貴處賜予繳款單以便繳款提貨此致
公教人員物品配售處
校長王培孫
十一、廿六

函稿　第十一號
事由：函請免征本校地價稅希查照見覆由
逕啟者本校地產計有(1)九畝律字圩一號五坵(2)九畝律字圩三號
一坵(3)九畝律字圩三號二甲坵(4)九畝律字圩三號二乙坵(5)九畝
律字圩三號二丙坵(6)九畝律字圩三號十二坵查本户均為學校
用地非含有營利性質及有收益者與其他一般普通之用地
案自不同抄請
貴府免征上開各號之地價稅相應函達即希
查照見覆為荷此致
上海市地政局
校長王培孫　十二、七、

函稿　第十二號
事由：函請將九路公共汽車行車路線延長至大木橋[illegible]
逕啟者本校[illegible]以來所有通學生因無公共車輛可直達本校[illegible]
風雨深感不便查
貴局最近開行之九路公共汽車由新世界經[illegible]路至大木橋止
路線較短現大木橋路經工務局派工修築竣[illegible]本校[illegible]便利學
生起見務希
貴局將該行車路線延長至大木橋路龍華路於本校學生
受惠實多而貴局之營業收入亦可增加特函請即日實行
並希
見覆為荷此致
上海市公用局
校長王培孫　十二、廿八

图2-16　王培孙校长手迹，《南洋中学呈文公函稿簿》（1946年9月至1947年1月）

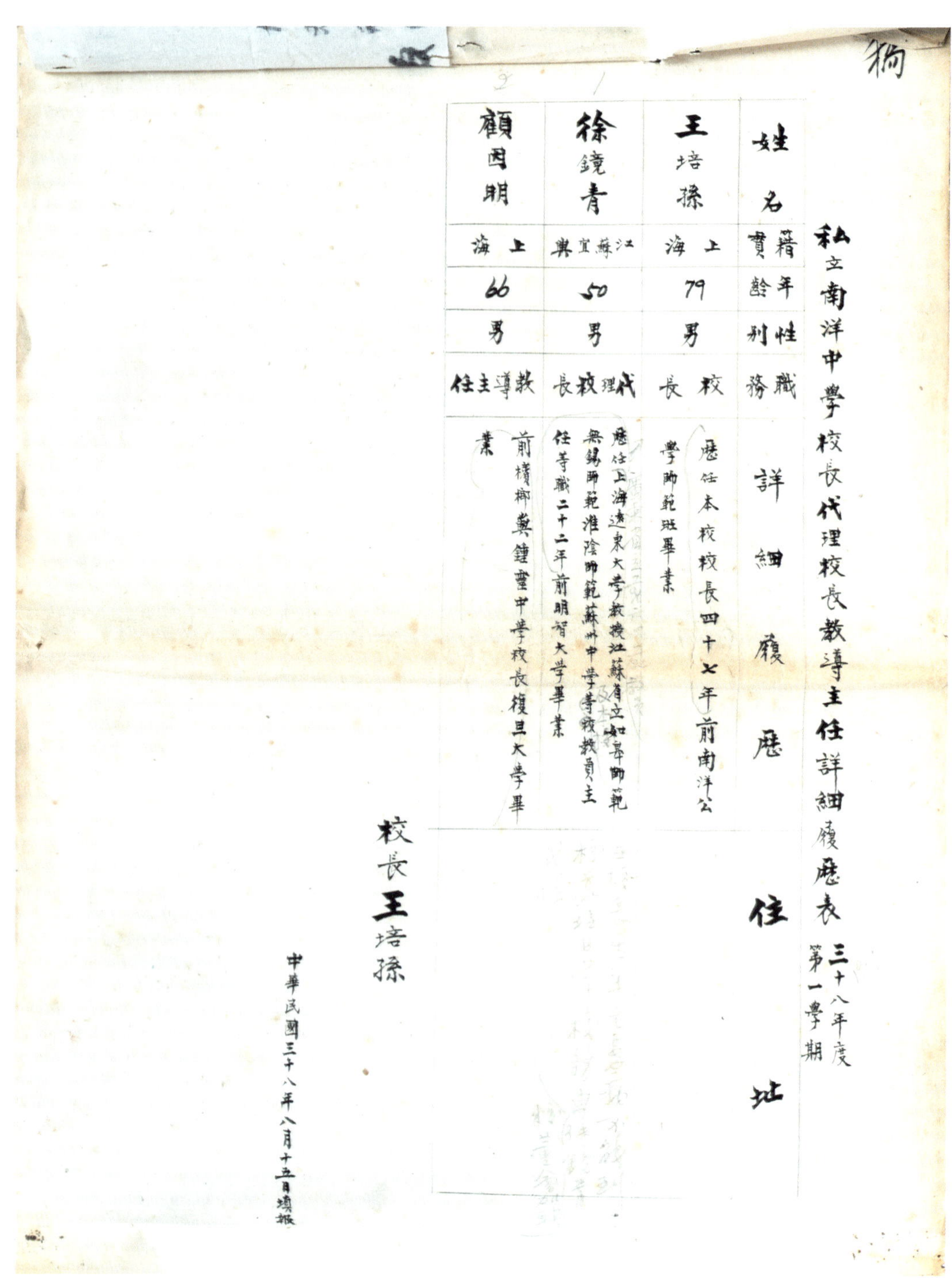

私立南洋中學校長代理校長教導主任詳細履歷表 三十八年度第一學期

姓名	籍貫	年齡	性別	職務	詳細履歷	住址
王培孫	上海	79	男	校長	歷任本校校長四十七年前南洋公學師範班畢業	
徐鏡青	江蘇宜興	50	男	代理校長	歷任上海遠東大學教授江蘇省立如皋師範無錫師範淮陰師範蘇州中學等校教員主任等職二十二年前明智大學畢業	
顧因明	上海	66	男	教導主任	前橫泖與鍾靈中學校長復旦大學畢業	

校長 王培孫

中華民國三十八年八月十五日填報

图2-17 王培孙校长签名，“上海市南洋中学校长室文件”（1949年）

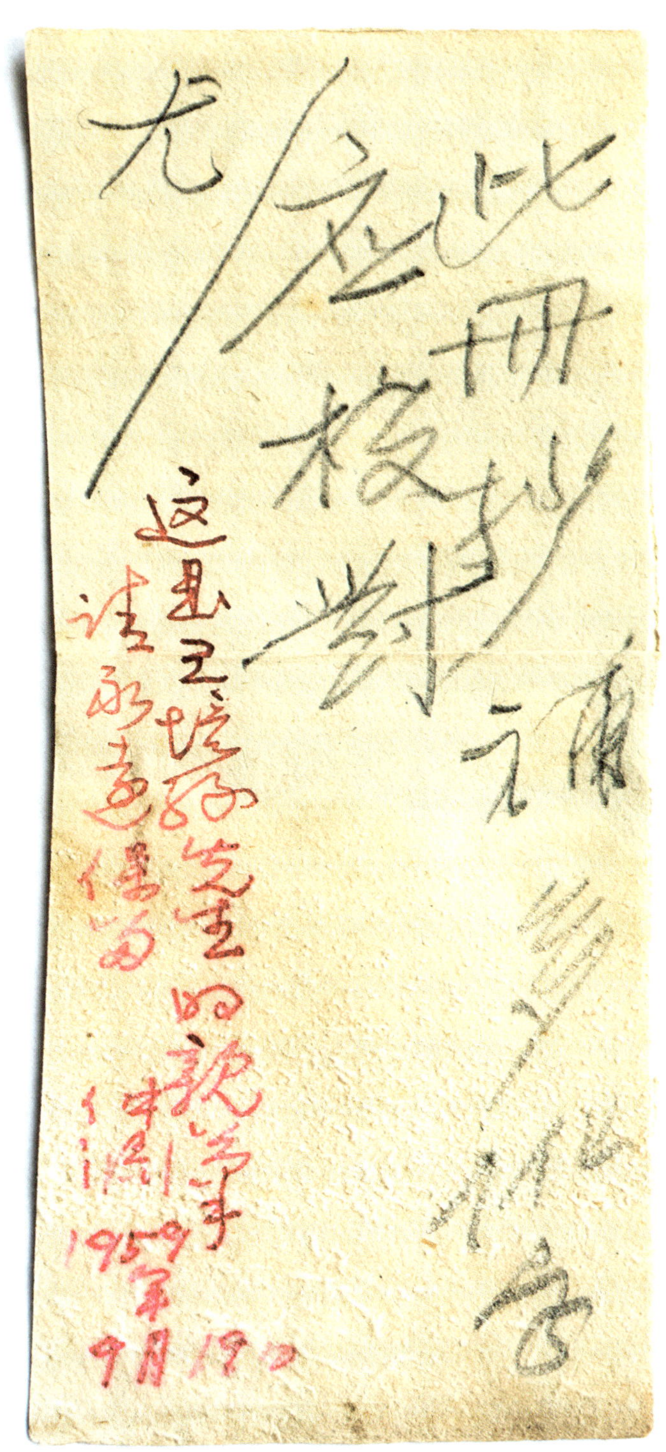

图2-18　王培孙校长亲笔字条

第三编

典籍辑注序跋

整理说明

王培孙一生，虽以执掌南洋中学，践行“教育救国”而闻名海内外，但他作为江南藏书家、版本校勘学家，对中华古典志籍的搜罗整理之功，也是其生命史与学术生涯中浓墨重彩的一笔。王培孙最具代表性的力作，当属他对明代诗僧苍雪大师《南来堂诗集》的校辑，质量上乘，版本之善，历来受到学者推崇，至今不衰。如王启元说：“王先生所辑《南来堂集》，以其搜罗、考订之精，为苍雪诗集流传诸本中之至善本，顾廷龙先生所编《续修四库全书》及纪宝成氏主编《清代诗文集汇编》皆取此本影印，即可见其版本价值。”[1] 除《南来堂诗集》之外，他还为不少珍稀的方志、日记、文集、图籍、佛学语录等做过序跋与题识。其中，序跋的主要内容是交代自己搜罗典籍之缘起、曲折经过；比勘各版本之优劣高下，残全异同；对于一些涉及自身研究旨趣与学术关怀的典籍亦有微言大义之阐发。本编特从上海图书馆收录载有王氏作序题跋的古籍十余部，按照序跋撰写时间先后排列，以飨读者。部分无法识别内容，用“□”表示，以表慎重。王氏为一些著述撰写的序跋或题识，部分采取影印方式编入文集。

1　王启元:《苍雪大和尚〈南来堂集〉辑佚》,《楚雄师范学院学报》2014年第11期。

苍雪大师《南来堂诗集》

王培孙校辑

目　录

点校说明

苍雪大师《南来堂诗集》，清释读彻撰，王培孙校注，有民国二十九年（1940年）上海线装铅字排印本。本书使用的是《清人诗文集丛刊》影印本。本次仅点校王培孙先生校注的内容，其余一律不录。体例一同原书，内容不做更动。本次校点由吴雅玲、周维文完成，由叶舟进行校订。由于点校者水平有限，不足之处，尚祈各位方家指正。关于本次点校的相关情况，特做相关说明如下。

一、关于苍雪和尚和《南来堂诗集》

明末清初僧人释读彻（1588—1656），号苍雪，云南呈贡赵氏子。童年落发于官渡古镇妙湛寺，后师从宾川鸡足山寂光寺水月法师，十九岁离山参访东南高僧，成为华严宗一雨法师的高足，为著名高僧雪浪再传弟子，并传承其衣钵。后主支硎中峰寺，于楞严、唯识、法华等诸经亦有深入。晚明弘光改元，金陵设坛，特赐三昧紫衣，称国师。最后圆寂于句容宝华山宝华寺，塔龛筑于苏州中峥寺后。读彻为华严宗一代大师，在当时的法坛上，一雨和巢松有“巢讲雨笔”之称，到苍雪和同门汰如法师出，天下皆称“巢雨苍汰”。其生平事迹可见于钱谦益《苍雪和尚塔铭》、圆鼎《滇释记·苍雪传》、西怀了惪《贤首宗乘·苍雪传》及收录于本书的由陈乃乾撰写的《苍雪大师行年考略》。

苍雪是得道高僧，其佛学著述有《华严经海印道场忏仪》《法华珠髻》等，但他真正影响后世的却是诗文。他在说法之余，与士子山人唱和之诗，名满文坛。其实雪浪一脉法嗣皆擅作诗，并多有诗歌别集传世，雪浪、一雨、苍雪三代，旁及雪浪另一弟子蕴璞如愚、巢松弟子道源石林皆为著名诗僧。然纵观晚明诗坛，僧诗中成就最高当属苍雪读彻。他曾与杨一清、张含、杨弘山并称云南诗坛四大家。历代学者对其诗歌均有极高评价。吴伟业称苍雪诗“苍深清老，沉着痛快，为诗中第一，不徒僧中第一”（《梅村诗话》）。王士祯云：“近日释子诗以滇南读彻苍雪为第一。”（《渔洋诗话》）孙静庵亦十分推崇，评曰：“伤心亡国之音，令人不忍卒读矣。”（《明遗民录》）近人陈垣则说：“人之知苍雪者多以诗，鲜知其为华严宗匠，诗特其余事耳。”（《明季滇黔佛教考》）可见至晚清民国时，一般人均目苍雪为诗人而非高僧，由此也可见苍雪在诗歌创作方面，达到了非同一般的高度。

读彻号苍雪，后又更号南来，他主持苏州支硎山中峰寺时，建有南来堂，故称其诗集为《南来堂诗集》。然苍雪虽然诗名甚盛，但由于所处时代的种种因素，其诗作的编纂整理屡经磨难，中间历程颇为复杂。《南来堂诗集》中收有陈继儒所写《书苍雪诗稿》一文，称苍雪请陈继儒为自己的诗稿作序：“苍公曰：‘余之诗正如迦叶定中舞，自觉习气不除，子为我序之。此集行后，一味宴坐，了没后生死大事……’”可见苍雪在生前曾经对诗稿进行过整理，并让陈继儒作序，而这尚是明亡之前的事情。书中另收有《宗统编年》一则记载：“丙申十三年秋，中峰读彻苍雪法师寂……彻将寂，以山茧袍及诗文集属晋行世。”这里所说的“晋”，系指著名的藏书家和出版家，汲古阁主人毛晋。可见苍雪圆寂前，是将其手稿付于毛晋，请求其刊刻付印，但此后却不知为何，未见刊印流传，诗稿应该仍留在中峰寺。遗憾的是苍雪死后不到十年，中峰寺失火被焚，庙宇凋敝，僧人四散，苍雪的诗稿也毁于一旦。僧人圆鼎为《南来堂诗集》作跋时便称：苍雪“著作颇定，尽贮中峰，不意忽遭烈焰之厄，无复存矣”。此后苍雪的诗稿一度淹没无闻。加上时势变迁，文字狱渐盛，对于以遗民自居的苍雪的作品更是少有人问。然而毕竟苍雪诗名影响较深，生前交友中文人不少，所到之处应酬点染、言情逸志的诗歌为人所收藏者，也不为少数，故仍有人在收集整理其诗集。如曾与苍雪有交谊酬唱的苏州徐崧、吴江顾茂伦在自编诗文选集中，已经大量选入苍雪诗歌，清乾隆年间沈德潜所编《明诗别裁》，也有苍雪诗作入选。

苍雪的门人更是努力收集其散佚的诗文。生前随侍其左右的徒孙行敏留心搜集苍雪诗稿，并找到其好友徐波和钱谦益题词。行敏去世之前，又将诗稿托付给同门师兄弟行坚收藏。康熙间，自号云间散人的陆汾几经周折，从行坚手中得到诗稿，又遍访苍雪生前好友及苍雪所到之处，“五易寒暑”，增补诗稿，校正错说，编排顺序，方才形成正式的稿本，并作了“序”“凡例”和“募刊小引”。此时苍雪已逝世22年，为康熙十七年（1678年）。陆汾既撰“募刊小引”，可知他正在募资准备刊印，但不知是否刊印，后世亦未见印本，只有抄本传世，由苏州湘舟禅师装订收藏。康熙五十二年（1713年），云南鸡足山寂光寺僧人正脉在吴楚云游时，从湘舟法师处抄得一份，并于十年后的清雍正元年（1723年）携之还滇。当时苍山比丘园鼎听说后马上借来抄录了一份，园鼎还将自己历年搜集的，而抄本中所无的22首苍雪诗按类补入，并写了“录诗拙语”“录诗续例五则”“像赞”等，同时又附上他在鸡足山访得的苍雪的“寄徒三和书”。这一抄本在云南流传颇久，清末时期出版的《滇诗略》《滇诗拾遗》，编者都从其中选刊了相当数量的苍雪诗歌。但是直到民国初的1914年，赵藩等主编《云南丛书》时，才依园鼎抄本刊刻付印，书全名为《苍雪和尚南来堂诗集》。

《云南丛书》的大规模刊印，使得《南来堂诗集》广为流传。王培孙先生也购得此书，但是他认为这一版本“讹脱过多，不可卒读”，所以“投置箧中者久矣”。到了1933年清明，他因“钱琴一先生约偕游虞山”，参观常熟图书馆，无意中发现了钞本《中峰苍雪大师集四卷》，录自常熟著名的藏书世家——铁琴铜剑楼瞿氏，得到馆长陈敬如（名文熙，1876—1937）先生许可假归，开始同云南藏本进行校勘、编排和整理。1936年季春某日，苏州著名藏书家潘圣一（名利达，1892—1972）又赠《苍雪大师南来堂诗钞》残本下册。诗为吴江顾有孝茂伦选刊，分上下二卷、外篇一卷，外篇为关于佛事之作。今存下卷及外篇，已佚其所选之半。他便根据云南丛书本、常熟瞿氏本和顾茂伦选刊残本，对《南来堂诗集》进行整理和校订。初稿写成时，又结识常熟瞿家后人瞿凤起，并征得瞿凤起同意，带着初稿到瞿家同其家藏的原始抄本进行校对，“所正颇多”。最终于1940年在上海将其成稿刊印出版，形成了今天的这一校辑刊印本。

关于王培孙先生使用的版本，根据相关学者的研究[1]，在此尚有必要进一步说明。

1　参见杨为星：《苍雪禅师〈南来堂诗集〉述略》，《西南古籍研究》2004年第1期；金建锋：《王培孙对苍雪大师〈南来堂诗集〉校辑的文献价值》，《韶关学院学报·社会科学版》2018年第7期。

首先是关于常熟瞿氏本。据王培孙先生在其“校辑缘起”中说：云南丛书本和常熟瞿氏抄本“二本均冠以陆汾序文、凡例及募刊小引”。这表明常熟抄本最早也可追溯到陆汾，即也是源于陆汾搜集整理准备刊刻付印的稿本。但常熟本与云南丛书本虽然同源，却仍有很多差异。一是常熟瞿氏抄本比云南丛书本所录的诗多出四百余首；二是“讹脱之处，二本不同”；三是常熟瞿氏抄本多出的诗大部分为乙酉年（1645年，清军入关第二年）至丙申年（1656年，苍雪逝世之年）间的诗，而“云南本罕见乙酉后诗”；四是常熟瞿氏抄本有陆汾本人的注释而云南丛书本没有；五是前面已述及陆汾的“凡例六则”文字有改动。云南丛书本之所以“罕见乙酉后诗”，王培孙先生认为“似当时别一人所择录，或国变后虑文字有所忌讳，而不人也”，此说应该是正确的。另外，从常熟抄本有陆汾的注释和“凡例六则”文字有改动这两点来看，常熟抄本自陆汾手上传出的时间要晚于云南丛书本。至于常熟抄本是怎样从陆汾处流传到常熟瞿家，则已经不得而知。

其次是关于顾茂伦的选刊本。王培孙先生在“校辑缘起”中说：“诗为吴江顾有孝茂伦选刊，分上下二卷，外编一卷。外编为关于佛事之作，今存下卷及外编，已佚其所选之半。”又说：“至顾茂伦选刊本，则陆汾、正脉等皆不述及，殆所未见，可知流传之少。惜佚首册，致刊书之序例及年月俱无可考。”表明这个选刊本的成书情况已不得而知。但这个选刊本有两点值得注意：一是该选本可能不是源于陆汾的稿本，因为陆汾的稿本成于苍雪逝世后22年，而顾茂伦是与苍雪同时代的人，同苍雪生前就有交往和酬唱。可能顾茂伦自己搜集了苍雪的诗文，后就其中选择部分整理成书，而且所选之诗，据王培孙先生所言，有一些是云南丛书本和常熟本都没有的，“外编”的内容，更是二本完全没有，可见顾氏选本是另有来源。其二，顾氏选刊本应该是陆汾本之前唯一所知的、单独成册的一个刊印本。可惜仅存有半册残本，可能因当时文字狱太盛，虽已刊印，也未能广泛流传。

另外值得注意的是，《南来堂诗集》“附录”中收录有一篇“郑敷教中峰苍雪彻公诗序”，此序不知王培孙先生收录自何处。序中称，苍雪徒孙辈中一个叫“学思”的人搜集了一部苍雪的诗稿，曾交给马退山帮助整理编订，又请郑敷教为诗稿作序。郑、马都是与苍雪同时代的人，与苍雪也有交往。这里郑敷教所说的学思应与陆汾本的行敏不是同一人，也就是说，学思、行敏两人各有一份诗稿。可能除了云南丛书本、常熟本、顾茂伦选刊本之外，苍雪诗集的传世还有另外一脉。

当然除上述诸本流传外，苍雪的诗还有一些抄本存世，如北京图书馆还存有《中峰苍雪大师集》六卷、《释苍雪诗》一卷，复旦大学图书馆存《南来堂拾遗》一卷，常熟图书馆藏《南来堂诗钞》二卷等。这些版本也可能另有来源，只不过限于篇幅，已不在本文的讨论范围之内，只能留请有心于《南来堂诗集》的学者进行考证和整理。

二、王培孙先生对《南来堂诗集》的贡献

如前所述，由于明清易代的政治原因以及《南来堂诗集》辗转传抄的复杂过程，之前各个版本的诗

集中鲁鱼亥豕，错误之处所在皆是。各种版本中往往存在着同一首诗各本互异；同题诗句，此联甲、乙本同而丙本不同，彼联甲、丙本同而乙本不同；诗句中个别辞字也有互异和错讹；等等。这就为王培孙先生的整理校订工作带来了很多困难。

针对上述的困难，王培孙先生的方法是尽量收集版本，其次是校勘版本，再次是收集相关文献进行辑录和考证。收集版本的情况详见于上，而校勘版本的方法如他所言：首先将常熟本和云南丛书本互勘，常熟本诗多于云南丛书本者几十之四，且讹脱处二本不同，而不妨于互勘。二本均冠以陆汾序文、凡例及募刊小引，其序文康熙十七年作，距苍雪示寂二十余年。诗集当时讹脱之多在陆汾时已然。其次，云南丛书本据正脉后述得自洞庭东山，后述作于雍正元年，距陆汾考订又四十余年。再次，据陆汾凡例以乙酉至丙申示寂诗为第三阶段，而云南丛书本罕见乙酉后诗。最后，“至顾茂伦选刊本，则陆汾、正脉等皆不述及，殆所未见，可知流传之少。惜佚首册，致刊书之序例及年月俱无可考。然在二本互勘后遇此残册，裨益已匪浅……且此册中为二本所无者又得多首，不特讹脱之赖以校正”。

这一方法大致可以总结如下：一以云南丛书本为底本，形成正编四卷，而将常熟本及各选本辑为补编四卷。二将云南丛书本的讹脱问题，依钞本及各选本改正。为了增加准确性，所以才寻求常熟本的瞿氏所藏原钞本进行校改，更有疑处只得存疑。三是将云南丛书本和常熟本原陆汾凡例等集为附录卷一，为“本集旧序凡例”，便于后人详解原貌。王培孙先生正是基于对《南来堂诗集》流传源流的考辨，方才形成了其校辑工作的内容和体例安排。

目前《南来堂诗集》的内容主要如下：其一是卷首，有王培孙先生友人姚光、周凤庠各序一篇，王培孙先生自撰“校辑缘起”，友人陈乃乾《苍雪大师行年考略》等。其二是《南来堂诗集》正编，有卷一至卷四，其中卷三分为上下卷。王培孙先生复于正编后辑附遗文四篇，补编诗歌四卷。对于正编和辑附内容，王培孙有校勘考证。其三是附录。附录卷一为“本集旧序凡例”，即收录有关《南来堂诗集》蓝本的序文、陆汾本凡例、录诗评论等；卷二为“南来事迹记述”，即收录有关苍雪大师的一些传记、塔铭、诗话等；卷三为“中峰前后概况”，即收录一些有关中峰寺的碑记、中峰大师的塔铭、游记等；卷四为“诸家酬唱汇录”，即收录苍雪与诸师友酬唱之诗歌汇编。可以说收罗广泛，考证精审，条理分明，层次清晰，安排得当。

王培孙先生的校辑工作主要成就有以下几个方面。首先是全面扩充了《南来堂诗集》的内容。云南丛书本共有正编四卷，收录苍雪诗376题，计623首；而王培孙先生的校辑本，在云南丛书本基础上增加了补编四卷，收录苍雪诗669题，计1048首，较云南丛书本增加了400多首。

其次，对《南来堂诗集》中265个诗题做了考证和注说。这是王培孙先生对深化苍雪大师和《南来堂诗集》研究的贡献。姑举一例：

卷二《送吴湛公北上》一诗，王培孙先生引《百城烟水》中记载，称吴江湖浦介于梅里简村，地多古梅，其吴氏别业曰荆园，吴子渊名与湛读书处，有《荆园诗》，四方和者颇多。其中有释读彻和诗：“五湖小隐钓纶垂，烟雨凄然问渡迟。公子有情怀古剑，老僧无意赋新辞。梅开寒夜千层雪，竹绕清溪一局棋。卜遁今朝何处好，住山住水总无悲。”此诗为集中所不载，则《送吴湛公北上》之“吴湛公”，当为“吴与湛”。王培孙先生又引《国朝松陵诗钞》所录吴与湛生平，“与湛字子渊，一字樵云，号一庵，明大司寇洪裔孙，有《荆园诗钞》”，指出吴与湛为当时世族，故和诗称“公子”，而此诗首句亦云：“我爱吴公子。”吴之遭乱隐居，当在国变之后，可反证未遭乱时非隐居者。北上当国变前事，时吴尚一少年，故诗次句云“翩翩美少年”也。《吴江诗略》选吴与湛诗，有《和徐元叹胡白叔落木庵》诗五律一首。徐、胡皆苍雪诗友，且所居邻近者，吴与湛与徐、胡友，即友苍雪，可知此题“送吴湛公”，当作“吴与湛”。录者脱去“与”字，又以诗首句有公子字而阑入“公”字，或诗题本作“送吴与湛公子北上”，而脱“与”“子”字。

仅此一条，便可见王培孙先生的工作之一斑：一是对字的同异处理，比如有近似字等列出。二是对相关文献的辑录，诗题中人物、地名、时间等考证，涉及的典籍、塔铭、传记、游记、方志等一一原文摘录列出。三是对诗文的内容进行考证，有史事依据按依据言之，无则存疑等。全书中仅培孙先生的校注近16万余字，已远超苍雪诗作的数字，可见其用功之勤。

最后，王培孙先生在考证中对苍雪的生平和交友进行了详细的介绍，尤其是书中附录四卷，对《南来堂诗集》的情况、苍雪事迹、所住寺庙中峰寺的情况和与苍雪大师酬唱之十人衲子的收录，大大丰富了后人对苍雪和《南来堂诗集》的全面研究。所以陈乃乾先生正是在《南来堂诗集》的基础上，对苍雪的生平进行了全面的考证，方才编纂了《苍雪大师行年考略》。陈乃乾本人云：“庚辰孟秋，王培孙先生以所注《南来堂诗》付印，俾予雠校，循诵数过，于苍雪大师之事迹，粗知梗概，爰依年编次写为一卷，其同时法侣诗友之可考者附焉。寒家自兵燹以来，箧藏尽散，索居孤岛，希借无门，今撰此编，不胜疏略之憾云。海宁陈乃乾。”而姚光《序》评价道：“海宁陈君乃乾助先生搜录校订，复辑《大师行年考略》一通以附之，于是而读《南来堂集》者，不仅可想见大师之禅机气概，且如读明清之际诗史焉。”如果没有王培孙先生校辑《南来堂诗集》的基础工作，要想厘清苍雪大师的生平事迹恐怕还要更费周折。所以谢正光先生便言，陈、王二先生的工作是“筚路蓝缕之功”，“为有志考论苍雪之交游网络者架桥铺路”。[1]

王培孙先生校辑《南来堂诗集》时正处抗战期间，虽然培孙先生富有藏书，但是以当年文献检索之条件，辑校而成此集，也相当难得。今天的学者也认为，即便以如今电脑数据库搜索复检，当日诸多按语、校记仍不失为最佳选择，殊为难得，也见得培孙先生深厚的文献考订功力。比如王启元指出，柴德赓先生《明末苏州灵岩山爱同和尚弘储》一文（收在氏著《史学丛考》），考“支型糁花庵主煦堂琪”（仅据《五灯全书》）知其姓韩，曾入仕途，而未列入其文下一节弘储遗民弟子。此本《南来堂集》补遗卷二《和韩芹臣冬青轩避暑四首》下出注，前翰林院左春坊左庶子韩四维，国变后改名煦堂延琪。[2] 又如

1　谢正光：《梅村二三事考》，《东方早报·上海书评》2014年6月1日。

2　王启元：《苍雪大和尚〈南来堂集〉辑佚》，《楚雄师范学院学报》2014年第11期。

谢正光先生指出，《南来堂诗集》补编卷二《同彦可、元叹诸公访安期寓中，乱后寄方内友或怀赠，或次答，共得九人》诗，王培孙先生注此题云："按，九人者，一文彦可，二徐元叹，三周安期，四张德仲，五文荪符，六毛子晋，七姚文初，八文初弟瑞初，九吴骏公。"吴骏公即吴伟业，而冯其庸、叶君远所撰《吴梅村年谱》此条失收。[1]

正是王培孙先生做的这些工作，使得此一版本的《南来堂诗集》被公认为是迄今载录苍雪诗作和相关研究资料最为完善的本子，如杨家骆、钱永铭等言，经培孙先生"博采方志群集数百种详注之""以诗注史"，此本"从常熟铁琴铜剑楼瞿氏，借汲古阁旧钞本相互校补，益证以苍公当时注采诸贤诗文、传志，疏通证明，为之笺注，穷七载之力，于是南来诗始粲然大备"。[2] 叶景葵在《卷庵札记》中亦云："王氏此辑，颇有价值，非泛泛之佞佛者比。"谢正光教授在《落木庵诗集辑笺后记》也言："替南来堂诗作笺者，搜求诗中人物，可说是'竭泽而渔'！而最堪宝爱者，又莫过于所得和徐诗中所涉大多重复。前辈学人为来者提供指引之功，尚未见有过于此者！"目前广为流传的《南来堂诗集》影印本，从20世纪70年代鼎文书局的《王氏辑注南来堂诗集》至现在通行的《续修四库全书》《清人诗文集汇编》本，均以培孙先生的这一刊本为底本。可见学界已经公认，此本为现今苍雪诗集的最佳版本。

三、王培孙先生校辑《南来堂诗集》的意义与价值

张鸿元先生曾回忆培孙先生"好释教，对佛学典籍，罔不深通，卅余年来，手录之释学名言，亦成数十卷"[3]。但是正如叶景葵先生所言，王培孙先生校辑《南来堂诗集》并非是"泛泛之佞佛者"，而是别有深意在。培孙先生藏书、校书、刊书的一大特色便是致力于明清易代时期的相关文献。顾廷龙先生在《检理王培孙先生藏书记》曾引培孙先生的一段话云："历史记往，事鉴将来，历代官书专制君主所为一面之辞，率不足据，其遗闻逸事可以考证当时事实及表见社会风俗者，莫如野史，我收罗当力。集部汗牛充栋，望洋兴叹，而明末忠节诸臣以及遗民，其忠义悲愤往往发见于诗文，读之懔懔有生气，我爱之重之，亦力致之。"顾廷龙先生称培孙先生"蓄书之方针于此可见一斑"，而培孙先生校辑《南来堂诗集》的深意同样于此可见一斑。

吴伟业《哭苍雪法师》一诗有云："得道好穷诗正变，观心难遣世兴亡。"苍雪亲历了明亡清兴的这场易代大变，他从来没有脱离尘世，而是密切关注世事的变化。国变之后，他坚持不与新朝合作，清初礼部行取天下高僧入直万善殿，他独不与，全祖望目为"僧中遗老"，成为东南界遗民的重要领袖。他还通过讲法、诗会唱和等形式，以佛教之教义接引饱含亡国之辱的遗民文士，或多或少为他们提供了精

1　谢正光：《梅村二三事考》，《东方早报·上海书评》2014年6月1日。

2　参见钱永铭：《重印南来堂诗集后记》、杨家骆：《重印王氏辑注南来堂诗集识语》，载《王氏辑注南来堂诗集》，鼎文书局1977年版。

3　张鸿元：《王培孙先生》，南洋中学编：《王培孙纪念文集：纪念王培孙先生诞辰一百卅五周年》，2005年，第83页。

神的庇护所。而他的诗作也是“于兴亡之际，感慨泣下”，情凝于中，发而为诗，有着深沉的黍离麦秀之音。他在《徐元叹五十初度拙句亦如数赠》中就有“爰及我明兴，王业冠百史”的诗句。其《次韵吴骏公见寄》即云：“国破家何在，山深犹未归。不堪加帛帽，宁可著缁衣。”这首诗作于顺治十年吴梅村被清廷征召之际，其目的本劝慰梅村归隐山林，但从中也表明了他忠于前明的节士品格的悲愤。在这些诗歌中，苍雪仿佛褪去了袈裟，禅僧的本色被亡国新恨消解得荡然无存，我们所看到的是一位忧国忧民的爱国文士，充满着悲愤昂扬的格调。这种基调在他著名的《金陵怀古》组诗中表现得尤为明显，如其中一首云：“长生古殿今安在，饿死荒台枉受名。最是劳劳亭上望，不堪衰柳动秋声。”学者李舜臣认为：“苍雪的这些兴亡诗虽不像吴梅村具有‘诗史’性质的歌行体那样描述宏大广阔的社会现实，但其中流露出来的深沉的亡国之思和悲天悯人的情怀亦能折射出当时僧人的心态。”[1] 郑敷教为苍雪诗集作序时言：“而海内文章之士又谓风雅之寄系存亡于一老。”这里的“风雅”应该不仅是简单的诗文“风雅”，而暗指中华传统文化的精魂。虽郑氏此言或有夸饰之意，但苍雪诗文的意义在此也可见一斑。

从这一角度来看，培孙先生对《南来堂诗集》校辑之用意便已是非常明显了。他自已称：“余二十年来，暇每披阅明清间诗，就选本中读苍雪诗而好之。”姚光《序》也言：“上海培孙王先生竺志文献，尤喜浏览明清间诗文，于鼎革时事固多识而明辨之矣，得大师之作而酷好之，因发愤为之校辑。”培孙先生校辑《南来堂诗集》时，恰好身处抗战时期的上海孤岛，家国兴亡之感不言而喻，他对《南来堂诗集》的校辑自然倾注了爱国情怀，所以才说，在“笺注之际，凡忠孝节义之所在，盖尤兢兢焉。夫礼义廉耻固为国之四维，而忠孝节义尤为人之骨格，此吾炎黄遗胄之国脉，虽游于方外者亦心焉存之也。今人只倡礼义廉耻，而不言忠孝节义，吾恐世局之震荡，正靡有极耳”。

近来，对王培生先生校辑《南来堂诗集》一事颇有争议，有论者认为此书考证过于烦琐，更有论者说此书当出陈乃乾先生之手，认为“王氏接掌其叔父维泰创设之南洋中学，先后垂数十年，天下皆知，何得有闲暇于著述？王家雄于财，礼聘陈先生于门下办理业务”，本书只是其“副产品”。[2] 在此，有必要对这些争议稍做说明。

杨为星先生认为王培生先生在校辑中除苍雪的诗外，所录其他相关文章诗歌太多；另外在题注中，王培孙就其所见相关的方志典籍和诗文，大段大段原文抄录作注，这虽能帮助读者了解一些成诗背景，也反映出王先生占有资料之多、治学之严谨，但对一般读者来说，多少会有些越读越远、舍本逐末的感觉。平心而论，就一般读者而言，王培孙先生的校注确实多，多少存在引文过多，进而引起喧宾夺主的嫌疑，如杨为星先生指出的《赠王奉常烟客五袠》引了十一首王时敏八十大寿时的寿诗，确实不必要。[3] 但是总体而言，王培孙先生校注中的大部分内容都有其价值存在。培孙先生曾指出他如此校注的本意：

1　李舜臣：《明季清初滇南诗僧苍雪论略》，《云南师范大学学报》2003年第1期。

2　张旭东：《江东留得一徐波》，《澎湃》2020年12月24日。

3　杨为星：《苍雪禅师〈南来堂诗集〉述略》，《西南古籍研究》2004年第1期。

苍雪“南来适际明清易代，集中所共酬倡者，一时高僧古德、名臣硕儒，与夫特立畸行之士，表而出之，足增是集之价值。故就诗题之有可考证者，笺注于下，作笔记观可，作诗话观亦可”。可见其目的是要充分搜罗当时相关的资料，让后人对苍雪和他所处的明清易代的时代有更加详尽的认识，让人们对那个时代的爱国精神和文化血脉有着更为直观的认识，从中不仅可以看出王培孙对古人的崇敬之心，而且可以看出他的学术乃天下之公器的奉献精神。如果因少数注释的略显烦琐而不识王培孙校注的真义和价值，实有一叶障目之嫌。

同样，也正是本书注释不厌其烦的详尽罗列，恰恰说明本书的校注应该基本出于王培孙先生本人之手。学生们曾回忆：“先生好读书，故无书不读，即以藏书而言，已逾十万册，罔不经先生手订而手批者也。先生每阅一书，常摘录其中精句，所录已成书近百卷。”[1] 所以说培孙先生忙于办学，无暇治学应该是不确的。王培孙先生校注《南来堂诗集》历时多年，从现存资料来看，基本工作应该是他自己完成的，而陈乃乾先生应该只是做了最后的校订工作。更何况，王氏家族虽然曾经雄于赀财，但培孙先生为了创办南洋中学已经耗尽所有，而且抗战期间，南洋中学辗转办学，更是备尝艰难困苦，相关情况在《为国桢干：上海南洋中学120年》（商务印书馆2016年版）中有清楚的记录，此处无须赘述。昔年，学生与好友正是知道培孙先生之窘状，为庆祝王培孙先生七十大寿，专门在报纸上刊登广告，集资刊刻此书，以为先生遐龄之祝。[2] 所以本书校注基本为王培孙先生所撰应该是无疑的。

当年，陆汾为《南来堂诗集》作序时，曾言“今集成，而千百年不朽；千百年不朽，而公亦不死”，并将《南来堂诗集》的刊印与“孔子没三百三十年，而壁经始出；所南亡三百岁，而井中之史现”相提并论。80年前，培孙先生萧然一室，校注《南来堂集》，不正是想让从孔子、郑思肖至苍雪一脉相承的中华民族的精魂传至千百年而不朽？而培孙先生为传承中华文化的努力也必将经千百年而不朽。

叶舟

2021年4月18日

1 张鸿元：《王培孙先生》，南洋中学编：《王培孙纪念文集：纪念王培孙先生诞辰一百卅五周年》，2005年，第83页。

2 《征刻南来堂遗集启》，《新闻报》1940年7月5日，第15版。

图3-1 《南来堂诗集》(上中下)

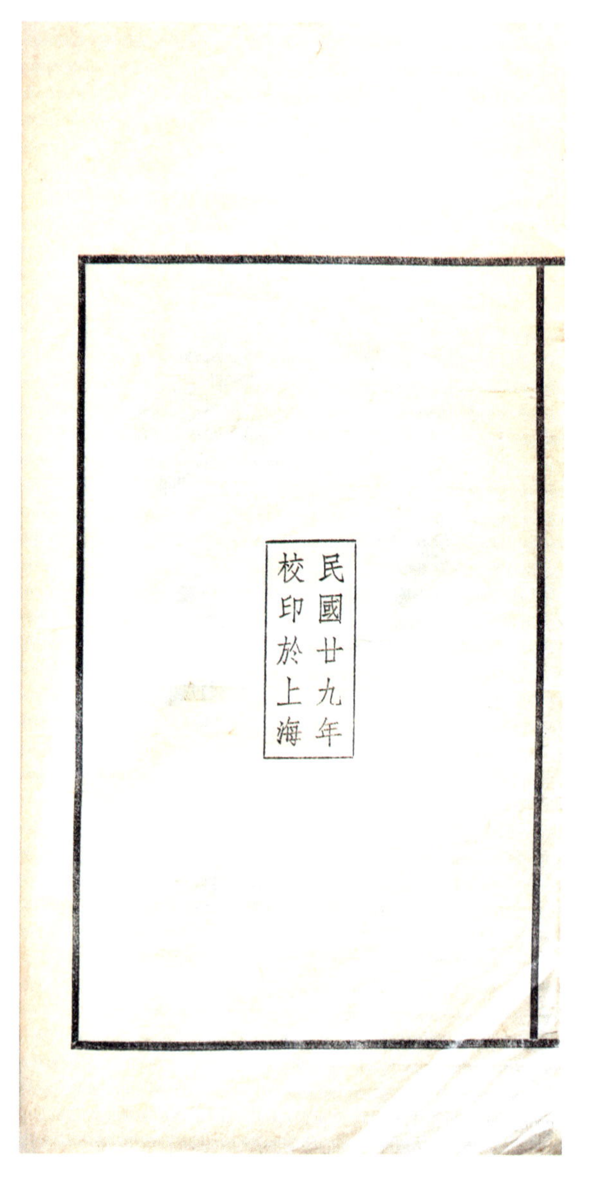

民國廿九年
校印於上海

图3-2 《南来堂诗集》牌记

图3-3 《南来堂诗集》

序一

世之知蒼雪大師者多以詩鮮知其爲華嚴宗匠詩特其餘事耳顧大師亦自謂生平於詩證入不二法門禪機詩學總一參悟蓋詩也禪也其眞諦不外乎性靈詩雖爲僧徒之外學而要亦爲禪門中所有事也若大師之詩則尤有可言者明季清初畸人逸士或性耽禪悅或有託而逃多隱於釋以余所知兼此二者則唯吾大師焉大師爲雲南趙氏子生於明萬曆初年父爲都講僧幼承家學具有宿根卽出家爲沙彌年十九慨然遠遊孤笻萬里說法於江浙間交遊遍海內一時高僧古德名臣碩儒多樂與之友國變後更棲棲無定所與往來酬倡者類皆勝代特立畸行之士所爲詩悲歌感慨多故國麥黍之音吳梅邨氏稱大師之詩蒼深淸老沉着痛快當爲詩中第一不徒僧中第一有南來道者爲蒼公說經如虎詩如龍之譽復稱師雖方外於興亡之際感慨泣下每見之詩也其自詠及金陵懷古之作當世諸鉅子旣極傳誦謂可見其志矣而余披其集中略如哭親之思極還疑在歸邏已隔生報恩恩反負無益是虛名題明詩選之著作觀前代無能勝我明大音歸正始元氣自和平中峯休夏之誰能甘餓死自喜比夷齊其忠孝節義之氣概躍然紙上數世以下讀之猶可想見焉大師之南來堂詩初未成集幾於散佚吾郡陸汾訪求之殷得其徒行敏所原蒐而增輯之始有四卷本之傳世時距大師之示寂僅二十餘年而陸氏謂隨處考訂五易寒暑而得成斯集蓋其艱已若此也然詩之佚者尚多且其中包含史實甚富而及今二百餘年猶隱晦不彰上海培孫王先生竺志文獻尤喜瀏覽明淸間詩文於鼎革時事固多識而明辨之矣得大師之作而酷好之因發憤爲之校輯卽依據雲南所刊陸汾四卷本而參以吳江顧茂倫選刊殘本常熟瞿氏鈔本及各選本更輯爲補編四卷又彙集原書之序跋以及關於大師之記載與各家酬倡之作爲附錄四卷使大師之詩佚而復存功已甚鉅而校輯之際復就集中詩題之有可考證者箋註其人與事之來歷於下網羅羣籍參互鈎稽不避繁瑣使大師之詩隱而復顯情尤眞摯海寧陳君乃乾旣助先生蒐錄校訂復輯大師行年考略一通以附之於是而讀南來堂集者不僅可想見大師之禪機氣概且如讀明淸之際詩史焉先生整理是集綿歷歲時國難陡作於奔波流離之中仍攜諸行篋而不舍今得完成授余讀之謂余曰箋註之際凡忠孝節義之所在蓋尤兢兢焉夫禮義廉恥固爲國之四維而忠孝節義尤爲人之骨格此吾炎黃遺胄之國脈雖遊於方外者亦心焉存之也今人祇倡禮義廉恥而不言忠孝節義吾恐世局之震盪正靡有極耳先生隱居滬南主持學校已四十餘年不騖聲華潛移默化門弟子多知名之士先生則寂處小樓一角坐擁百城不知者見之將以謂老頭陀也余與先生爲忘年交垂三十年矣每與先生晤對通書則相

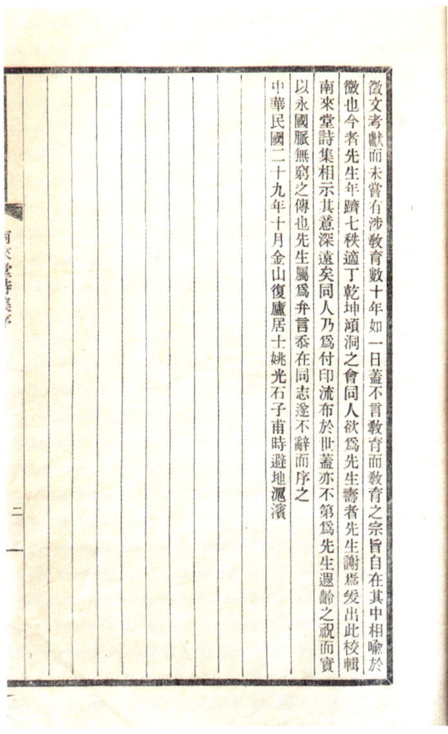

徵文考獻而未嘗有涉教育數十年如一日蓋不言教育而教育之宗旨自在其中相喻於微也今者先生年躋七秩適丁乾坤澒洞之會同人欲爲先生壽者先生謝焉爰出此校輯南來堂詩集相示其意深遠矣同人乃爲付印流布於世蓋亦不第爲先生遐齡之祝而實以永國脈無窮之傳也先生屬爲弁言忝在同志遂不辭而序之

中華民國二十九年十月金山復廬居士姚光石子甫時避地滬濱

图3-4 《南来堂诗集》序一

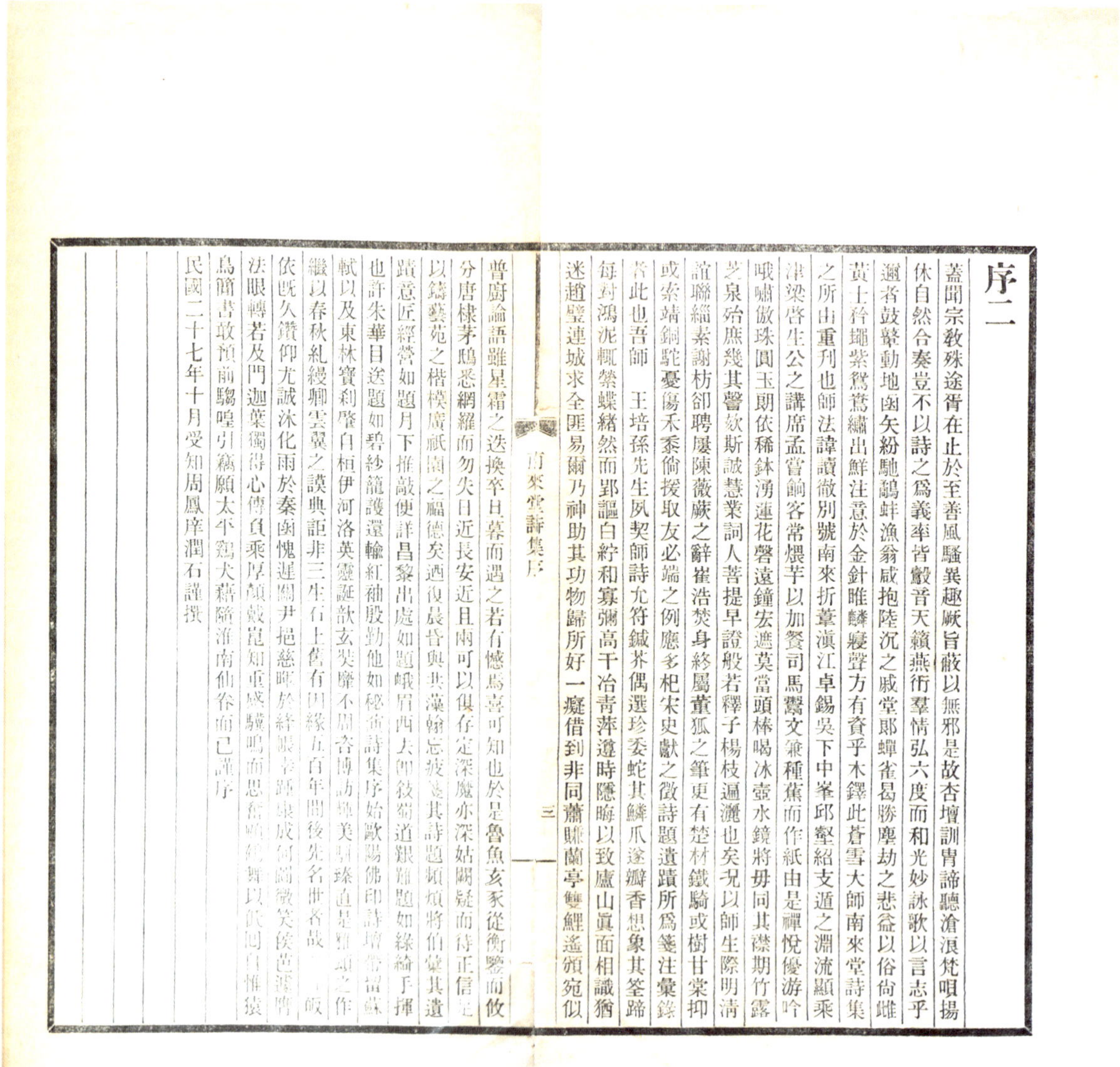

序二

蓋聞宗教殊途胥在止於至善風騷異趣厥旨蔽以無邪是故杏壇訓胄諦聽滄浪梵唄揚休自然合奏豈不以詩之爲義率皆觳音天籟燕衎羣情弘六度而和光妙詠歌以言志乎邇者鼓鼙動地函矢紛馳鷸蚌漁翁咸抱陸沉之戚堂郎蟬雀曷勝塵劫之悲益以俗尙雌黃士矜鄲紫鶩鷟纖出鮮注意於金針睢鱗寢聲方有資乎木鐸此蒼雪大師南來堂詩集之所由重刊也師法諱讀徹別號南來折葦滇江卓錫吳下中峯邱壑紹支遁之淵流顯乘津梁啓生公之講席孟嘗餉客常煨芋以加餐司馬鬻文兼種蕉而作紙由是禪悅優游吟哦嘯傲珠圓玉朗依稀鉢湧蓮花磬遠鐘宏遮莫當頭棒喝冰壺水鏡將毋同其襟期竹露芝泉殆庶幾其譽欸斯誠慧業詞人菩提早證般若釋子楊枝遍灑也矣況以師生際明清遭逢緇素謝枋卻聘屢陳薇蕨之辭崔浩焚身終屬董狐之筆更有楚材鐵騎或樹甘棠抑或索靖銅駝憂傷禾黍偷援取友必端之例應多杞宋史獻之徵詩題遺蹟所爲箋注彙錄者此也吾師　王培孫先生夙契師詩允符鍼芥偶選珍委蛇其鱗爪遂瓣香想象其筌蹄每對鴻泥輒縈蝶緒然而郢謳白紵和寡彌高干冶青萍遵時隱晦以致廬山眞面相識猶迷趙璧連城求全匪易爾乃神助其功物歸所好一癡借到非同蕭賺蘭亭雙鯉遙頒宛似

南來堂詩集序　三

曾廚論語雖星霜之迭換卒日暮而遇之若有憾焉喜可知也於是魯魚亥豕從衡鑒而攸分唐棣茅鴟悉網羅而勿失日近長安近且兩可以俱存定深魔亦深姑闕疑而待正信足以鑄藝苑之楷模廣祇園之福德矣迺復晨昏與共漢翰忘疲遂其詩題頻煩將伯肇其遺蹟意匠經營如題月下推敲便詳昌黎出處如題峨眉西去即敍蜀道艱難題如綠綺手揮也許朱華目送題如碧紗籠護還輸紅袖殷勤他如秘笈詩集序始歐陽佛印詩增帶蘊軾以及東林寶剎聲白相伊河洛英靈誕歆玄奘躃不周咨博訪雅美駢臻直是雅頌之作繼以春秋紀緩卿雲蘽之謨典詎非三生石上舊有因緣五百年間後先名世者哉皈依既久鑽仰尤誠沐化雨於秦函愧遲關尹挹慈暉於絳帳幸踵康成何圖微笑侯芭謝鳴法眼轉若及門迦葉獨得心傳負乘厚顏戴崑知重感驥鳴而思奮附鵬舞以低回自惟鳥簡書敢賴前騶喤引竊願太平雞犬藉隨淮南仙谷而已謹序

民國二十七年十月受知周鳳庠潤石謹撰

图3-5 《南来堂诗集》序二

校辑缘起

丙子季春某日，邮人来，得吴门潘圣一先生选书一册，则苍雪大师《南来堂诗钞》残本下册也。开缄喜甚。诗为吴江顾有孝茂伦选刊，分上下二卷，外编一卷。外编为关于佛事之作，今存下卷及外编，已佚其所选之半，则虽喜而犹有憾焉。余二十年来，暇每披阅明清间诗，就选本中读苍雪诗而好之，知苍雪有集名“南来堂”而未之见。后得云南刊本四卷，讹脱过多，不可卒读，投置箧中者久矣。乃于癸酉清明时，以钱琴一先生约偕游虞山，参观常熟图书馆，见钞本《中峰苍雪大师集》四卷，录自常熟瞿氏者。得馆长陈敬如先生许可，假归。检取云南本互勘，钞本虽亦多讹脱，而诗多于云南本者几十之四，且讹脱处二本不同，而不妨于互勘也。二本均冠以陆汾序文、凡例及募刊小引。其序文康熙十七年作，距苍雪示寂二十余年耳。据序文言，所得苍雪诗为行敏所钞藏，亥豕竟同落叶。遍访苍雪生前留墨处考订，经五易寒暑，而得成斯集。则斯集讹脱之多，在陆汾时已然矣。云南本据正脉后述，得自洞庭东山。后述作于雍正元年，距陆汾考订又四十余年。据陆汾凡例，以乙酉至丙申示寂时为第三段。而云南本罕见乙酉后诗，似当时别一人所择录，或国变后虑文字有所忌讳，而不入也。然其择录自有旨趣，非偶然者。至顾茂伦选刊本，则陆汾、正脉等皆不述及，殆所未见，可知流传之少。惜佚首册，致刊书之序例及年月俱无可考。然在二本互勘后遇此残册，裨益已匪浅（残），欣幸又奚如。且此册中为二本所无者又得多首，不特讹脱之赖以校正已也。抑又思之，顾茂伦之选刊，或在陆汾考订之后，故以陆汾访求之殷切，而未见此选刊本。余后陆汾几二百年，而于苍雪诗之契爱，殊有同情之感。假得常熟钞本，潘圣一先生又得顾刊残本，且校且辑，于是《南来》一集隐而复显，阙而复全，绝而复续。校辑之余，复就集中诗题，为笺注其人与事之来历。而斯时也，适范成上人得《吴都法乘》《南山宗统》《弘储语录》等历久沉湮之法宝，以次流通。时相过从，因更得资参考，增笺注之兴趣。凡此因缘凑合，事有非偶然者。中日战起，避地武进南乡者逾五阅月。归则寓居租界，寂寥寡欢。幸携此数册自随，乃得间而从事焉。而尤幸者，工作甫竟，获识常熟瞿凤起先生，为就其家藏原钞本校字一过，所正颇多。虽全书犹有阙疑，而庶乎可无憾矣。校辑概况，别为凡例，详之如左。

（一）云南本四卷，兹仍其旧，惟卷三分为上下卷。常熟钞本及各选本所有辑为补编四卷，卷三亦分上下。云南本一题数首，而只录其一，或两题连带关系而只录其一者，间为并合，庶便阅者。盖云南本为当时人所择录，而今则谋全集之流传，意趣不同。

（一）云南本四卷，正脉来吴得自洞庭东山湘舟大师，录以携归。常熟钞本四卷，当即陆汾所得行敏钞藏本，而欲为募刊者，讹脱较少。今云南本之讹脱，依钞本及各选本改正。凡字异同之两可者，注明各字句下。至常熟钞本中之疑字疑句，又经瞿凤起先生依所藏原钞本校改。更有疑处，只得存疑。

（一）南来适际明清易代，集中所共酬倡者，一时高僧古德、名臣硕儒，与夫特立畸行之士，表而出之，足增是集之价值。故就诗题之有可考证者，笺注于下，作笔记观可，作诗话观亦可。惜参考书之供给不多，借阅匪易，尚有无从考证者，不无遗憾。

（一）《南来堂集》原有之诗序、题跋、凡例与关于苍雪大师之传记等文，南来堂所在之支硎中峰之记载，以及各家酬倡之见于专集及选本者，汇辑为附录四卷。虽未能广博搜罗，亦可聊备参考。

（一）明河汰如与苍雪大师齐名，其传略具录于诗集《吴门送别汰公》题及补编《高松讲大钞于华山》题下，苍雪门人缘中、自均、德风、闻照、智光、印持六人《贤首宗乘》皆有传，集中亦皆有诗，已各录存于各题下，以征师友渊源。惟玄道无传可录，而诗中又未及之，仅附见卷四《文照还蜀》题。

（一）陆汾凡例云：就一二可知可见者，如赠深栖菩提二庵、寿西持宜修二师等，一为释明。今钞本中，有十余题下有此说明者，均仍录于题下，标明陆汾原注。至题原有附注，如中峰八咏之类，似非陆汾所释明者，亦仍其旧，录于题下。

（一）陆汾凡例云：行敏所集尚有书、启、序、跋，而今不存，可为憾惜。惟云南本附有寄徒三和书一首，又吴都法乘有文二首，吉光片羽，录附卷后。

是集整理，计自癸酉迄己卯，先后凡七年。避地蛰居，方得粗告成就。承诸友助，如江浦陈先生珠泉，吴县潘先生圣一，仁和王先生绶珊，金山姚先生石子，海宁陈先生乃乾，常熟陈先生敬如、瞿先生凤起，如皋范成上人，或借给书册，或商榷校订。兹幸得出版，而陈珠泉、王绶珊两先生已先后辞世不及见。浮生若梦，为欢几何，其乌能不抚卷而无恸于中也。

民国二十九年农历庚辰季夏之月，上海王培孙述。

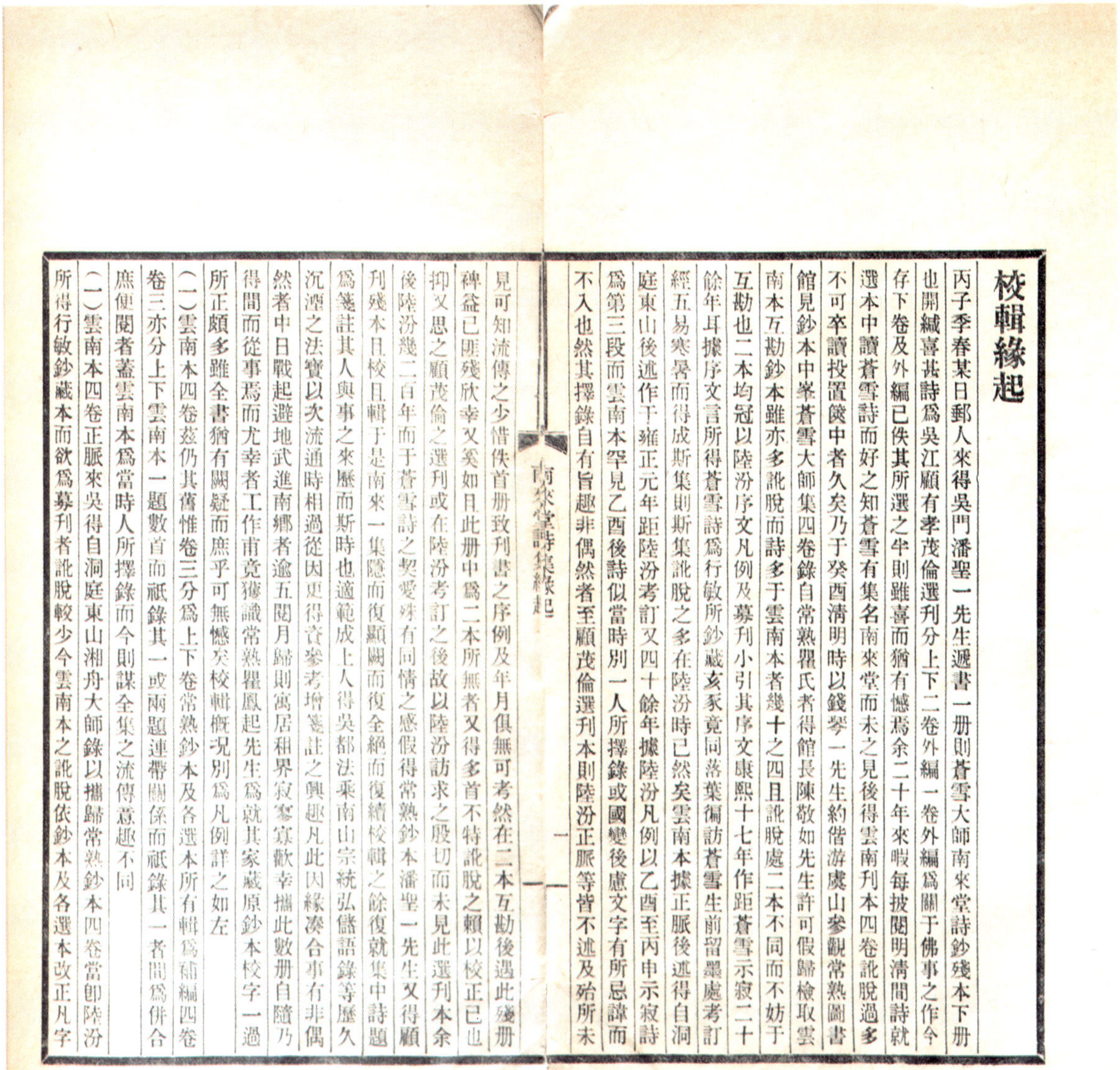

校輯緣起

丙子季春某日郵人來得吳門潘聖一先生遞書一册則蒼雪大師南來堂詩鈔殘本下册也開緘喜甚詩爲吳江顧有孝茂倫選刋分上下二卷外編一卷外編爲關于佛事之作今存下卷及外編已佚其所選之半則雖喜而猶有憾焉余二十年來暇每披閱明清間詩就選本中讀蒼雪詩而好之知蒼雪有集名南來堂而未之見後得雲南刋本四卷訛脫過多不可卒讀投置篋中者久矣乃于癸酉清明時以錢孝一先生約偕游虞山參觀常熟圖書館見鈔本中峯蒼雪大師集四卷錄自常熟瞿氏者得館長陳敬如先生許可假歸檢取雲南本互勘鈔本雖亦多訛脫而詩多于雲南本者幾十之四且訛脫處二本不同而不妨于互勘也二本均冠以陸汾序文凡例及募刋小引其序文康熙十七年作距蒼雪示寂二十餘年耳據序文言所得蒼雪詩爲行敏所鈔藏亥豕竟同落葉徧訪蒼雪生前留墨處考訂經五易寒暑而得成斯集則斯集訛脫之多在陸汾時已然矣雲南本據正脈後述得自洞庭東山後述作于雍正元年距陸汾考訂又四十餘年據陸汾凡例以乙酉至丙申示寂詩爲第三段而雲南本罕見乙酉後詩似當時別一人所擇錄或國變後慮文字有所忌諱而不入也然其擇錄自有旨趣非偶然者至顧茂倫選刋本則陸汾正脈等皆不述及殆所未

南來堂詩集緣起　一

見可知流傳之少惜佚首册致刋書之序例及年月俱無可考然在二本互勘後遇此殘册裨益已匪殘欣幸又奚如且此册中爲二本所無者又得多首不特訛脫之賴以校正已也抑又思之顧茂倫之選刋或在陸汾考訂之後故以陸汾訪求之殷切而未見此選刋本余後陸汾幾二百年而于蒼雪詩之契愛殊有同情之感假得常熟鈔本潘聖一先生又得顧刋殘本且校且輯于是南來一集隱而復顯闕而復全絕而復續校輯之餘復就集中詩題爲箋註其人與事之來歷而斯時也適範成上人得吳都法乘南山宗統弘儲語錄等歷久沉湮之法寶以次流通時相過從因更得資參考增箋註之興趣凡此因緣湊合事有非偶然者中日戰起避地武進南鄉者逾五閱月歸則寓居租界寂寥寡歡幸攜此數册自隨乃得閒而從事焉而尤幸者工作甫竟獲識常熟瞿鳳起先生爲就其家藏原鈔本校字一過所正頗多雖全書猶有闕疑而庶乎可無憾矣校輯概況別爲凡例詳之如左

(一)雲南本四卷玆仍其舊惟卷三分爲上下卷常熟鈔本及各選本所有輯爲補編四卷卷三亦分上下雲南本一題數首而祇錄其一或兩題連帶關係而祇錄其一者間爲併合庶便閱者蓋雲南本爲當時人所擇錄而今則謀全集之流傳意趣不同

(二)雲南本四卷正脈來吳得自洞庭東山湘舟大師錄以攜歸常熟鈔本四卷當卽陸汾所得行敏鈔藏本而欲爲募刋者訛脫較少今雲南本之訛脫依鈔本及各選本改正凡字

图3-6　王培孙撰《南来堂诗集》“校辑缘起”

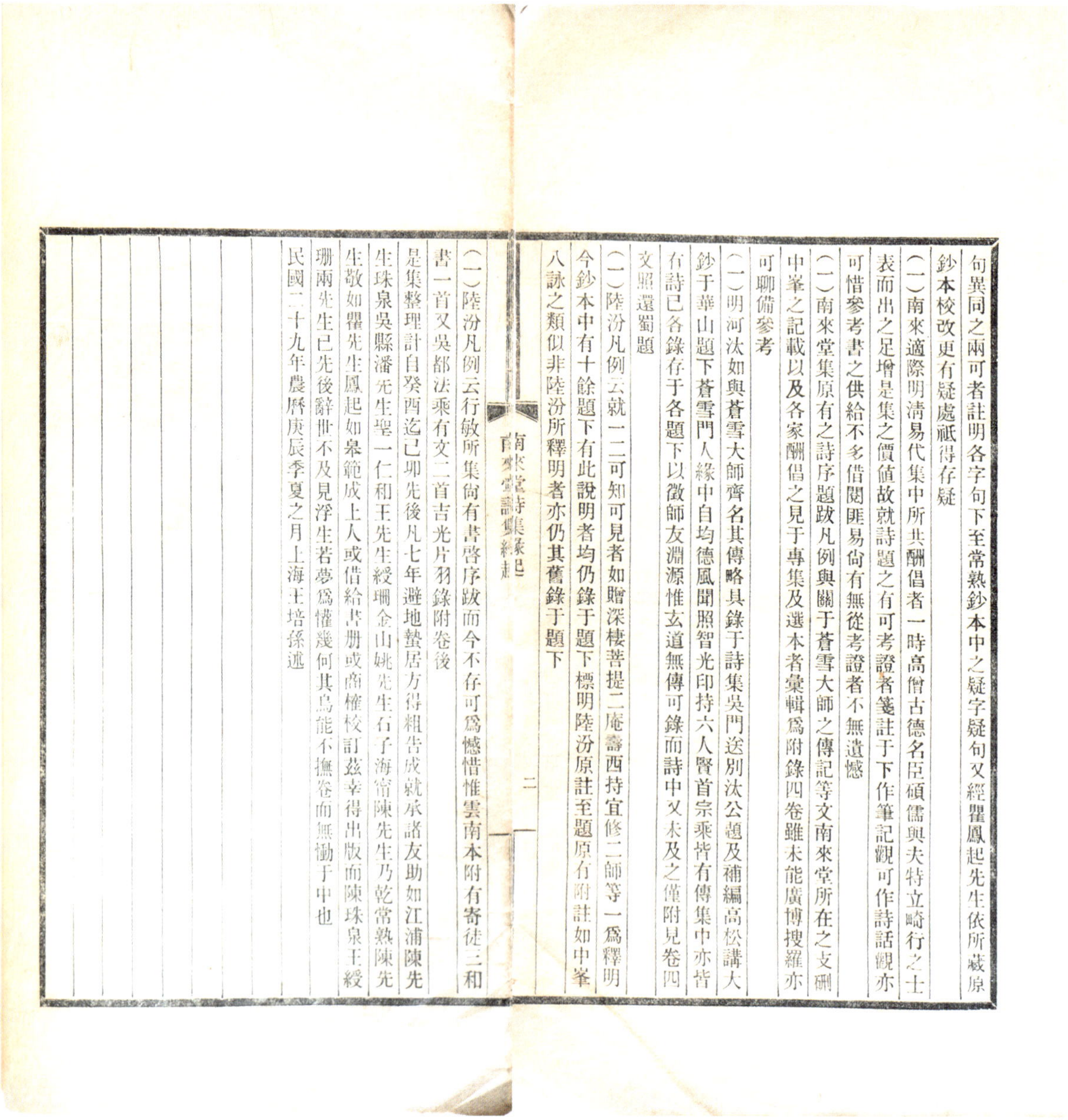

句異同之兩可者註明各字句下至常熟鈔本中之疑字疑句又經瞿鳳起先生依所藏原鈔本校改更有疑處祇得存疑

（一）南來適際明清易代集中所共酬倡者一時高僧古德名臣碩儒與夫特立畸行之士表而出之足增是集之價值故就詩題之有可考證者箋註于下作筆記觀可作詩話觀亦可惜參考書之供給不多借閱匪易尙有無從考證者不無遺憾

（一）南來堂集原有之詩序題跋凡例與關于蒼雪大師之傳記等文南來堂所在之支硎中峯之記載以及各家酬倡之見于專集及選本者彙輯爲附錄四卷雖未能廣博搜羅亦可聊備參考

（一）明河汰如與蒼雪大師齊名其傳略具錄于詩集吳門送別汰公題及補編高松講大鈔于華山題下蒼雪門人緣中自均德風聞照智光印持六人賢首宗乘皆有傳集中亦皆有詩已各錄存于各題下以徵師友淵源惟玄道無傳可錄而詩中又未及之僅附見卷四文照還蜀題

（一）陸汾凡例云就一二可知可見者如贈深棲菩提二庵壽西持宜修二師等一爲釋明今鈔本中有十餘題下有此說明者均仍錄于題下標明陸汾原註至題原有附註如中峯八詠之類似非陸汾所釋明者亦仍其舊錄于題下

南來堂詩集緣起　二

（一）陸汾凡例云行敏所集尙有書啓序跋而今不存可爲憾惜惟雲南本附有寄徒三和書一首又吳都法乘有文二首吉光片羽錄附卷後

是集整理計自癸酉迄己卯先後凡七年避地蟄居方得粗告成就承諸友助如江浦陳先生珠泉吳縣潘先生聖一仁和王先生綬珊金山姚先生石子海甯陳先生乃乾常熟陳先生敬如瞿先生鳳起如皋範成上人或借給書册或商榷校訂茲幸得出版而陳珠泉王綬珊兩先生已先後辭世不及見浮生若夢爲懽幾何其烏能不撫卷而無慟于中也

民國二十九年農曆庚辰季夏之月上海王培孫述

图3-7　王培孙撰《南来堂诗集》“校辑缘起”

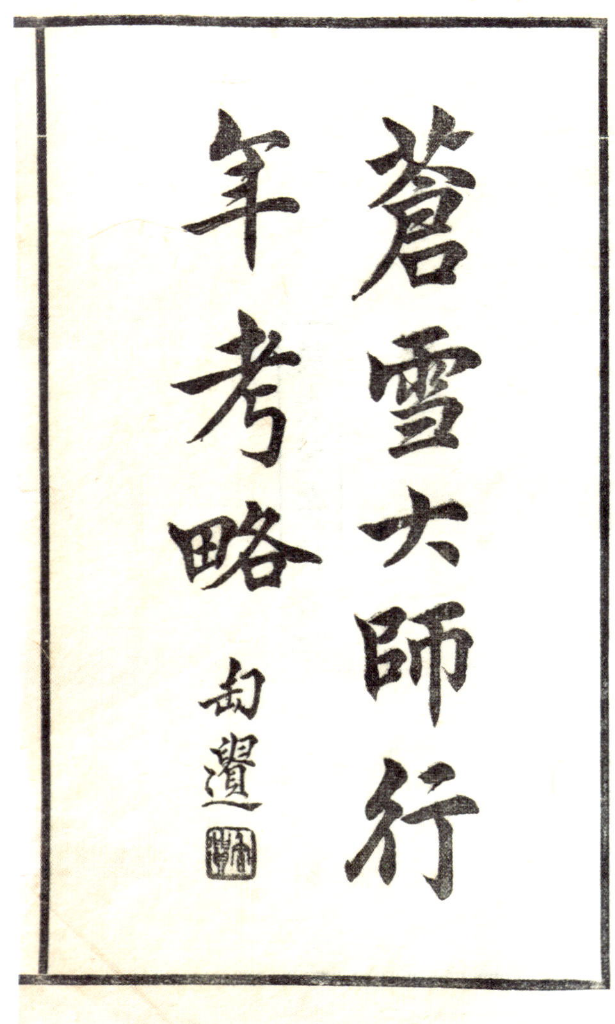

图3-8 《苍雪大师行年考略》

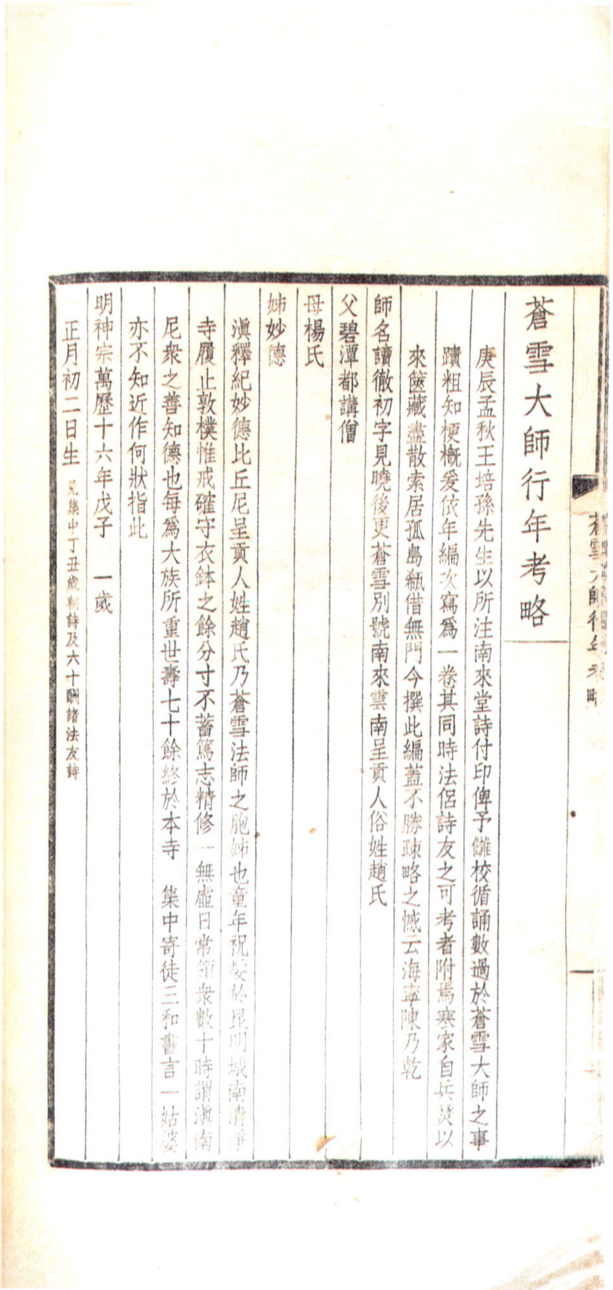

蒼雪大師行年考略

庚辰孟秋王培孫先生以所注南來堂詩付印俾予讎校循誦數過於蒼雪大師之事蹟粗知梗概爰依年編次寫爲一卷其同時法侶詩友之可考者附焉寒家自兵燹以來篋藏盡散索居孤島無借無門今撰此編蓋不勝疎略之憾云海寧陳乃乾

師名讀徹初字見曉後更蒼雪别號南來雲南呈貢人俗姓趙氏

父碧潭都講僧

母楊氏

姊妙德

滇釋紀妙德比丘尼呈貢人姓趙氏乃蒼雪法師之胞姊也童年祝髮於昆明城南清淨寺履止敦樸惟戒確守衣鉢之餘分寸不蓄篤志精修一無虚日常領衆數十時謂滇南尼衆之善知德也每爲大族所重世壽七十餘終於本寺　集中寄徒三和書言一姑婆亦不知近作何狀指此

明神宗萬曆十六年戊子　一歲

正月初二日生　見集中丁丑歲朝詩及六十酬諸法友詩

图3-9 《苍雪大师行年考略》(内页)

卷一

古　体

移画壁

卷二《病中怀九玉》，卷三《别九玉徐公订铁山看梅》。

《松江府志》：徐尔铉字九玉，华亭人。少孤，母王教育之。年十六补诸生。父炎墓在湖州，至是展谒，攀枝恸哭，赋《种松》《别墓》诸诗，读者比之《蓼莪》篇云。所居西塔巷宜园，水木清华，键户著述，不乐仕进。子荐承，崇祯己卯举人；汲承，诸生，皆以诗文名几社中。

《松风余韵》：徐尔铉字九玉，少司寇达齐陟之孙，太仆丞琰之子。著有《核庵诗集》三卷、《词》一卷，又《核庵集选》四卷，更辑《诗韵考裁》五卷。素与董宗伯、莫秋水友善，往来笔墨，刻为《缓墨齐法帖》二卷。郡西竹西草堂，当年与客觞咏处也。

按，病中怀九玉二首之第一首，顾选《诗钞》选入，题为“病中怀俞无斁”。

石菖蒲

晋砚为郭圣仆。

《列朝诗集》：郭天中，字圣仆，先世莆田人，其祖以避寇徙秣陵。母诞圣仆时，梦一道人，双髻，曳杖从山巅下直入其室。其生也，顶发截分，以征异焉。圣仆以五日生，早失父，性至孝，孤情绝照，迥出流俗。购畜古法书古画，不事生产。专精篆隶之学，穷崖断碑，搜访樵榻，闭户冥素，寝食都废。晚年隶书益进，师法秦汉，最为逼古。母没，权厝于城东郊，僦居其侧，风雨萧然，终不肯去。人欲为卜居，以僻耽山水为辞，竟不欲明言庐墓以市名也。故人泰和杨嘉柞守维扬，延致圣仆，赠遗数千金，斥以买歌姬数人，购书画古物，并散给诸贫交，缘手而尽。嘉柞叹曰：“此吾所以友圣仆也。”诸姬中有朱玉耶，工山水，师董北苑；李柁那，工水仙，直逼赵子固。疏窗棐几，菜羹疏食，谈谐既畅，出二姬清歌以娱客。或邀高人程孟阳辈，流览点染，指授笔法。钟伯敬赠诗曰：“姬妾道人侣，敦彝贫士家。”亦实录也。圣仆卒，无子，墓在雨花台之旁。圣仆平生无所造请，常偕孟阳访余虞山，信宿而去。至今想其面目，清冷古色，犹足照人也。

语小篇为邓彰甫，麻粒可书七言绝，犹能署款

葛一龙《葛震甫诗集·细字诗赠邓君彰甫》：羲画以前未有此，羲画以后此亦无。闭目养明数日始得见，只觉秋毫易数春芒粗。我有八角扇，半写五岳沧州图，愿取一角为我书《三都》。

程嘉燧《松圆浪淘集·赠邓彰甫》诗：邓生笔迹细无垠，汉代宜官岂后身。扬子玄成都尚白，佛家虚合众微尘。千言方寸犹非匹，八法寻常已逼真。若使惠施同此技，五车端可自书绅。

《明诗平论》：卜远《邓彰甫细书歌》：人谓邓君书法细，必曰蝇头与蚊臂。又云芥子及微尘，眉发尖头劈为二。即以等物作笔毫，未必如君笔画细之至。以笔作字细于笔，斯理令人难解意。乃知手腕别有神，笔墨之先更有秘。闻君粒麻书数行，闻君寸楮千行记。愧我老眼如雾中，细细看之若无字。纵使少年逞目力，拭目几回逼目视。

《上江两县志·耆旧传·张振英》：同时又有邓耀字彰甫，上元人，工小楷，方寸之楮，作千百字，波折结构，不失累黍。顾起元评其书，谓有晋蜗脚书、令狐綯九经铁筒之妙。

答朱白民隐君

《居士传》：朱白民，名鹭，吴江诸生也。参云栖宏公探求法要。宏公化去，白民因礼塔作偈曰："我昔初谒师，问参禅念佛，可用融通得。师答随口出，若然是两物，用得融通着。快哉一语令人心胆悦，时时举向人，诸方遍传说。念佛人无尽，灵山会未散。莲池舌长活，短偈作供养，合掌无缝塔。"与王孟夙同游径山，辟一轩居之，阅《般若经》，会憨山清公至，二人共礼为师。清公名白民曰大力，孟夙曰大钺，名其轩曰般若。铭之曰："咄哉此轩！光明透脱，内外洞然，了无缚着。六根门头，圆通虚豁。世出世间，一齐抛却。此轩之味，恬澹寂寞。轩中主人，身心快乐。一切情尘，火聚太末。问此法门，名不可说。"晚居苏州莲华峰下，偕三僧修念佛三昧，自号西空居士。年八十，作辞世偈，沐浴更衣而逝。

钱谦益《初学集·朱鹭传》：朱鹭字白民，吴县人也。少有俊才，事冯祭酒梦祯，为高足弟子。家贫，教授生徒以养父母，承颜顺志，以老莱子为法。床头恒贮数十钱，曰"买笑钱"。父死，久之，乃谢博士弟子，芒鞋竹杖，独游名山。所至画竹以自给，不受人一钱。尝游华山，登天井，黄绦道服，长髯等身，见者皆以为仙人也。少好玄学，解道德参同之旨。晚弃而归禅，参云栖、憨山二老，结茅华山寺之左。莲花峰矗立其前，若相向拱揖，栏槛之下，万木如茨，可俯而掇也。昼夜六时，偕山僧炷香念佛。崇祯五年，年八十，作辞世偈，沐浴更衣而逝。其孙旦葬之山中，在巢松法师塔左。为说者曰：中吴在胜国时，多愤世肥遁之君子，若龚圣予、郑所南。其最著者圣予，善画马，室无几席，命其子伏榻，按背伸纸，作《唐马图》，人辄以数十金易去，藉是故不饥。所南画兰，不肯布地。自赞画像曰："悬其头于洪洪荒荒之表，为不忠不孝之榜样。"其托寄卓诡如此。鹭为诸生，当万历全盛之世，每谈建文朝事，辄泣下汍澜，悲不自胜，不知其何谓也。网罗遗佚，作建文书法，拟欲进之朝，不果。崇祯初，撰《甘露颂》，策蹇入长安，侑以画竹，欲献新天子，又不果。虏薄城下，或劝之亟归。慨然叹曰："莫非王臣也，其敢逃乎。"端坐龙华寺，注《般若经》。寇退而后反。斯所谓隐不忘君者欤？原其初心，亦有心于斯世，托而逃焉者欤。鹭之画竹，与圣予之马，所南之兰，并传于世，后之君子当有见而知之者，余故为之传，无亦使其无传焉。

《百城烟水》：华山其顶，名莲花峰。明末朱鹭字白民，为名诸生，自金陵赴试，归无锡道中，偶闻乡人有“虫鸟有变而人难变”之语，遂弃青衿，隐莲子峰。善画竹，其斋联云：“写这个过日子，看山头当吃茶。”

赠北禅寺熙达掩关

《百城烟水》：北禅讲寺在齐门内。崇祯间，天童密老人憩锡，时出天童，养病于此。值诞日，众请上堂，有法语勒碣砌壁。十四年，三峰汉禅师结制，时文文肃公护持。十七年，三昧律师说戒，刻有《北禅同戒录》。按：熙达无考，惟北禅寺为当时高僧宏法之地，则知熙达渊源有自耳。

送淳公还蜀

《内江县志》：道淳号灵石，内江徐氏子。工诗书，归释氏教。游两京讲佛，倾动名流。辛酉，西旋坐化。人称为灵石大师，著有《金刚经解》。按，辛酉为天启元年。《贤首宗乘》，苍雪十九岁出发参方，离云南而达金陵，是年为万历丙午。道淳于辛酉西旋，则自丙午至辛酉，其间经十有六年。苍雪与道淳交当即在此十六年间。卷二《怀蜀友石公》，时闻成都有奢酋之警，此即天启元年事，时正道淳西旋，所怀之石公，即灵石大师道淳。盖道淳西旋后，适闻奢酋之警也。又按，补编卷二《怀箬上友人灵石》，亦即道淳，时正南游驻锡吴兴，送淳公诗有“草庐闻在雹溪西”句，可证知也。

砚山为道开题

《贤首宗乘》：师名自扃，字道开，吴门周氏子。父其乡书生，早死，舅夺母志，投东城某僧出家，剃染十年，犹为哑羊僧。游武林，听讲于闻谷禅师未竟，听相宗于灵源论师。昼则乞食屠肆，夜则投宿木筏，孤篷残漏，风号雪压，束缊篝火，一灯如磷，指僵手瘃，墨坚笔退，灯灺就枕，口喃喃如梦呓不休。由是贯穿经疏，旁搜外典，所至白犍，椎打论鼓，扬眉竖目，非复吴下阿蒙矣。还吴，参苍师于中峰，一见器异，命为维那楞严。席罢，留侍巾瓶六年。苍、汰二师约践更讲大疏，实尸劝请。汰师至华山，命为监院。及其顺世开讲堂，建塔院，刻绩《高僧传》，覆视遗嘱，若操券契。师长身疏眉，风仪高秀，能诗，好石门，能画宗巨。然事苍雪、彻汰如河，通贤首、慈恩二宗旨归。出世为人分席开演，讲《圆觉》于虎丘，讲涅槃于华亭，讲楞严于武塘，妙义云委，如瓶泻水。壬辰六月，自槜李归虎丘东小庵，属疾数日。邀苍师坐榻前，手书诀别，有曰：“一事无成，双手拓开。”志气清明，字画端好，仪衣敛容，掷笔而逝。钱牧斋曰：人言道开故清净僧，频年好游俗姓，征逐竿牍，热脑煎煮，寝疾弥留，临终正定，因果超然，此则吾之所不识也。余曰：固也，盍以生平考之？当其忍寒饿，击蒙钝，钻穴教网，摩万智刃，视古人刺锥拥帚，死关活埋，亦何以异。虽其求名未了，世缘系牵，一旦报熟命临，正因迸现，如豆爆灰，如金出矿，心花开敷，业种烁尽，佛力法力，与不可思议熏变之力，积劫现行，一往发露，临终正定，又何疑焉。昔生公自誓背经与否，舍寿之日，得报如是。厥后升座已毕，众见麈尾纷然坠地，隐几而化，始知昔誓之有证也。开深心密誓，人莫测其如何。顾其舍寿之日，示现实相，使学人知金刚入腹，少分不消，毒药涂鼓，千年必发，斯其撑拄末法，揭正智而续命者，固已彻底拈出矣，不谓之有证焉其可乎？道开每出游，余辄痛为锥劄。良以邪师魔民，窃禅扫教，旁生倒植，正法垂尽。今为举扬末后一着，药狂薤秽，如用一线引须弥，是以心言俱值，不可得而回互也。师世寿五十二，僧腊二十九。塔在庵右若干步，其徒文圭拾遗骨藏焉。

《苏州府志》：广生庵，文震孟记云：庵在郡城东，与圆妙观连址，旧名观音庵。元大德七年，五台僧智衍游吴中募建。永乐中废，嘉靖乙卯，僧光寰重建。至万历四十六年戊午，僧道开扃，增拓堂宇，始倡东林社，诸方龙象，望风遥集，大士威神之力，有感必通。刺史毛公文炜，有孙抱危症，梦中以药丸授之，疾已，刺史尝著《梦感篇》纪其事。余因易其名曰“广生庵”。庵与先忠烈祠相望，隔一桥。予与道公结世外交，每瞻拜先祠，必过其地，笑语移时，如远公之过虎溪也。时天启甲子。

《吴都法乘》：明河砚山为道开法友题云：肤寸雨，含润别，峰峦同溟涬。可以反，可以正，可以横，可以互，可以远，可以近，可以摇，可以定。割天地之至精，为几席之司命。坐而镇纸墨笔砚，趋而奔吾，谁与亲，呼尔问。

《明诗平论》：胡梅道《开砚山歌》：开公砚山面面好，捧玩常攒十指爪。枝峰蔓壑岂在高，仙的神器不厌小。点经阁笔飞赤霞，云实空濛圆若枣。须弥若纳芥子中，此应缩小蓬莱岛。倘能时袖过茅斋，一度摩挲一娱老。

钱谦益《初学集·砚山诗为道开上人赋》：云生摇笔处，月驻点经诗。砚北何人见，壶中自可窥。坡陀悬石鼓，空翠涌天池。举似华山老，莲峰倘在兹。

董文骥《微泉阁集·道开招饮虎邱》诗：春阴初覆雨花坛，石虎尚凌绝壑寒。入社攒眉容栗里，围炉饶舌笑丰干。松房雪欲停回棹，梅驿书应劝挂冠。共喜灯前煨芋熟，不知何客五云端。

龚鼎孳《定山堂集·虎邱和管道开见寄》诗：檐卜香闻旧讲坛，生公妙偈未应寒。高斋夜榻春堪续，世态秋云懒更干。雨暗梅林开白社，鹤归烟海误黄冠。空山乱定容支许，弹尽沧桑一指端。

《方孝标诗集·虎邱宿道开僧院》诗：古寺经时驻，宁徒三宿名。近岑春夏色，远水暮朝声。挥翰酬僧别，题诗谢友行。十年惭学道，随地有离情。

《扶轮广集》：宗元鼎《赠道开》诗：家叔曾推重，诗中久著名。与君交两代，傍岁值孤城。皎月天无夜，空江画有声。应将休上锡，响落众山清。

刘城《峄桐集·白门遇道开赠》诗：兵气江南始，吾生孰可凭。艾罗古有曲，丁昨世多能。入耳惟蛮触，关心谁土崩。祖刘不可得，只望佛图澄。

曹溶《静惕堂集·道开致梅花十树赋谢》诗：青郊日暮多沾湿，虎阜贻书喜到门。良友琼瑶江外少，早春花叶寺中存。荷锄漫洗蓬蒿色，览物增思雨雪恩。不藉冲寒能饷我，即今诗兴与谁论。

《松江诗钞》：自扃字道开，长洲人，寓普照寺。选《重过云间朱宗远园居》一首：过从追昔日，菊信候重阳。叶脱如无径，山寒欲上堂。改移经手妙，迂曲再来忘。乍可携琴去，相将刺海航。

按，明清间诗集，不少关于道开之酬赠诗，选本中亦尚有选及道开诗者。

迟黄子羽看梅不至

卷三《喜子羽冒雨入山，次早即同出山》，又《送黄子羽之任成都》。

《太仓州志》：黄翼圣，字子羽，少隽异，眉目如刻画，举止謦欬，秀绝人表。崇祯十一年，以荐授四川新都县令。时贼躏楚蜀名城，望风奔溃。新都素残破，闻贼至，争走匿。翼圣积薪拒县门，誓死守城，得全，升安吉知州。寻弃官归隐，名所居曰莲蕊栖。翼圣性萧闲，绝喜山水，工五言诗，人称“如么弦哀玉，自有天韵”。郡人徐波刻其遗集。《居士传》：黄子羽，名翼圣，太仓人。素服云栖之教，与妻王氏精修净业。崇祯中以荐，起为四川新都知县。尝饭僧县堂，躬行匕箸，继以膜拜。张献忠寇四川，过新都，子羽率民城守。新都千僧感子羽之德，相率登城，击鼓称佛号，夜中其声震天，贼寻引去。以城守功，迁知安吉州。明亡，弃官归印溪，所居楼曰莲蕊楼，自号莲蕊居士，营斋奉佛，日持佛号数万。已而卧疾浃月，自制终令。四壁张弥陀像，请晦山显公授菩萨戒，语显公曰：吾神明愈健，誓愿愈坚，自信生西方必矣。明晨显公将别去，刻八日必行。已而果然。年六十四。

病听歌为百史

卷三《陈百史雁宕游归，剧谈其胜》。

《溧阳县志》：陈名夏，字百史。少有大志，能文章，好交游。为诸生时，已名重天下。崇祯十六年，癸未科进士第一，廷试第三，授编修，晋修撰。奏对奉旨，改户、兵二科都给事。甲申三月，流贼李自成陷京师。四月，清兵破贼于山海关，五月入京师，实顺治元年也。会南都马、阮用事，将修复社旧怨。名夏避仇，北行至正定，督抚以闻，世祖召见，授修撰，寻擢吏部侍郎。丙戌秋，以忧归里。明年起复吏部。戊子，擢尚书。辛卯，拜大学士。后被劾论死，时顺治十一年甲午三月也。名夏负诗文大家之称，著有《石云居集》三十卷。

《丰县志》：陈名夏，字百史，溧阳人。落魄时，流寓丰县，与泗上阎尔梅、彭门万寿祺、邑人张逢宸为忘形交。时主董象三家，尝醉语曰：嘲杜甫，笑空峒，吾不及阎；泼醉墨，追草圣，吾不及张；披素笺，工隶楷，吾不及万；驰驱制艺之场，游心规矩之外，则海内不让人矣。闻者以为狂。未数年，果破壁飞去。通籍后，买宅一区于城北之襄田里，欲移家于此，而遭时丧乱，不果。今其宅虽易主，然过者犹唏嘘指为陈公村云。

阎尔梅《白耷山人集》：顺治三年，百史为清吏部左侍郎，以书招阎，阎以诗谢之。其一：海外生还九死余，先慈未葬故踌躇。绝无世上弹冠想，徒有年来却聘书。伏腊不关新晦朔，湖山犹访旧樵渔。侍郎休问田园事，先帝宫陵亦废墟。其二：放废苦茨学种蔬，劳君频寄欲何如。逢荫应诏还迷路，矫慎逃名不报书。清夜闻钟呼客梦，空山结屋傍僧居。当时风雨鸡鸣约，二十年来岂尽虚。其三：未必长安好僦居，五云堂下即穹庐。谁无生死终难避，各有行藏两不如。龚胜坚辞新室组，臧洪迟复故人书。寥寥此意期君解，捃拾还来共鹿车。四年，百史过沛，专使以书招阎，阎以诗却之：四野霜高不可尘，孤峰天外有谁邻。歌来恐复如狂疾，泣下嫌其类妇人。已见沧州沉义士，何妨洛邑恕顽民。只今惟独君知我，莫遣渔郎屡问津。五年，百史又以书招阎，时已为冢宰，阎又以诗绝之。其一：落落生平耻受恩，甘为寡合住秋村。每当花发尝沽酒，犹恐人来独闭门。邴子无书酬北海，留侯何事苦东园。闲云过去相忘好，莫使空山有挂痕。其二：三过平陵匪偶然，山亭久已刻来贤。科名得意交游重，国步伤心出处悬。旧社遗忘如幻梦，新诗感触作愁缘。闲时每痛河梁句，临到吾侪更可怜。十一年八月，阎自山东归里，闻百史被祸，以诗哭之：邸报飞来万事空，春天栗栗起霜风。韩非不料秦难说，崔浩曾于魏有功。谁与招魂归濑上，我方囚首在山东。交情史笔难相掩，遗恨河梁录别中。

芝泉赠澹然禅师

《上江两县志》：清公住永宁寺，掩关参悟，不与人接。按诗有“雨花台畔永宁寺”句，则此澹然禅师，或即清公也。

晓青《高云堂集·赠澹然老宿》诗：雅操人方雪后松，难名我欲叹犹龙。微吟若有莲花气，高引初非尘土踪。几藉吹嘘成晚进，何妨谈笑起先宗。从心境界知无欲，万壑烟霞七尺筇。

眉山归隐卷为扈公

卷二《过梅里访扈芷》。又《维扬送扈弟入京》。卷三《华山除夕怀扈弟》。按苍雪自滇游峨嵋，遇扈芷，偕来吴中，见陈继儒，书《苍雪诗稿叙》。

《嘉善县志》：广育字扈芷，四川人，游金陵，住摄山牛首间。属大胜寺落成，邑人士延之卓锡。墙宇高峻，好吟咏，有《偶庵诗》。其徒大澍，字时乃，号懒先，本江宁倪氏子，从广育于大胜寺剃染。能诗善画，殊有巧思。后死于乱兵，有《瘦烟草》。

徐石麒《可经堂集·请扈芷主大胜禅院》诗。其一：白业青莲足翠阿，公余野服每相过。有无闻谛鸦鸣树，大小乘禅兽渡河。限铁裹云香气湿，衣珠迸雨笔花和。吾乡古刹烟岚处，幸踏浮杯主薜萝。其二：长干烟树锁禅窝，强起生公下碧阿。入世比来青眼少，知师到处白云多。壁留残偈教龙护，锡响深秋并鹤过。我亦好闲今欲老，请分半榻礼维摩。

陈继儒《白石樵真稿·题扈芷》诗一则：扈芷诗清隽高迈，品亦类之。性好五岳，而贫不能办千里资粮，往往望山青云白，欲紧绊芒鞋，倒拖藤杖，徒悬想耳。故取至游处，辄乞名贤绘图，以代卧游，华藏竹林寺在卷中矣，幸诸子假笔端肤寸墨，以烟云供养之。又《书扈芷偶庵草小叙》：昔石曼卿隐于酒，秘演、惟俨隐于浮屠，皆最相友善。扈芷自西蜀走吴，顾独与董玄宰、章青莲、徐九玉、眉道人为诗友。青莲酒豪如曼卿，缁素无拣择。而余畏客，甚闻剥啄声如避催租人。及报扈芷至，跫然喜，挽之语，不听归。尝与苍雪、匡云休夏山中，打松子作爨，余为煮蔬蒸菌，留连者九旬始去。去则本如吴司马供养秣陵山居。吴公长者，具择法眼，不徒以其诗之能起予而已。参寥云：齐己以旷荡逸群之气骨，王侯将相之推誉，而能役于石霜老人会下，此岂专用意于诗者。扈公与苍雪背诵《唯识论》及《天台止观》，竟夜不放参。忍饥耐冻，不以告人，游戏而为诗，则新意芽甲，异趣涓流，春云秋烟，荡于胸臆笔墨之间，每读之，如见峨嵋山五月卖雪翁，不觉寒气透骨。至于宛转奇焕，则佛现鸟一声，兜罗弥空，莫可得而议拟矣。谓秘演、惟俨、齐己后无诗，吾不信也。顷奢安、二酋逆我，前行西川，稍梗青莲，醉睨扈公曰："子休矣，蜀道登天，矧今日乎？"而玄宰独谓是不足难扈公也，赠诗云："清标灿舜华，幽意同枯木。五岳一枯筇，三峨一茅屋。笔带锦江锦，囊携玉山玉。人言蜀道难，奈此摩天鹄。"扈公刻诗成，挟之西归，试为我叩小瓦屋中辟支佛，牛山心孙思邈果否尚在，余与青莲作诗一通以寄之。

含澈《方外诗选》：广育字扈芷，成都人，住江南武水东塔寺，著有集若干卷，选诗四首。按，补编卷二，有《扈芷五十而亡》诗。则知扈芷没年五十，盖曾欲返蜀而未成行也。

送元震北上

按，此题，顾选《诗钞》作"张元震"。

葛一龙《矫褐吟·答张云震》诗：同居松风间，翠响答孤啸。就此深一山，关窦开圆照。忽然为我出，心神肃言貌。空返路不熟，斜光雨边导。

《扶轮集》：邵弥《能仁寺寻张云震，时何仙郎谷语师先集》诗：入门蓊蓊蒙青雾，压面寒筠误晨暮。穴窗人影生幽语，便拂缥巾敛深屦。渴尘盈襟冰雪滤，十日犹嫌置身遽。覆椀驱豪杂风雨，宛虹侧睨苍螭怒。

按，张元震无考，仅此二诗证其为葛、邵同时之友。葛诗以集中前后诗观之，当在白门作，邵诗能仁寺亦在白门也。又按《启祯遗诗》，有丁雄飞《为艳雪美人雪恨，次张元震韵七律》一首。

赠别友苍

蜀僧含澈《方外诗选》：祖嵩，字友苍，遂宁人。崇祯初游京师，名动公卿。召入大内，赐紫衣金钵。后之金陵，居报恩寺。一日呼僧众留偈，订涅槃之日，届期端坐而逝。著有《语录》《诗集》若干卷。

纪映钟《戆叟诗钞·赠友苍法师》诗：翠微山居山转麓，瓦官寺里莺啼竹。道人十载此中住，秋雨春烟半间屋。山中岁月多闲心，山中钟声间朗读。白云如水翻阶上，此句当年称绝唱。松光在笠雪在心，独出孤峰无依傍。金台一去二十年，廿年中事抢风船。紫柏家资成隔世，金门弟子空云烟。长干舍利千年宝，蒲团放处梅花好。独庵雪浪不可作，公也英姿追二老。长辞天北苦风沙，特少岭南间葛獠。相思莫莫意憧憧，丁宁尺素谁相从。世间万事无快意，一邱只足安孤筇。拏云攫雾不可见，今日宗门此卧龙。

据此，知友苍住金陵久，又知自北直来者，诗中“岭南獦獠”当指函可剩人。《诗观》二集郝浴剩公一首，起句“不恨獦獠死大荒”，自注：剩公自篆此章。

钱澄之《田间诗集》卷三《江上集·过友苍精舍》诗：老去投闲别院居，松窗芋火即吾庐。旧游数问燕京事，好友常通辽海书。对客添炉灰陷后，冒寒洗钵菜香初。年来丈室无长物，柴米萧然转自如。

据第三句及纪诗“金门弟子”句，知友苍向在燕京，后因国变南来。第四句好友亦指函可剩公。查函可《千山诗集》，放逐到辽阳后，与友苍有往还诗札也。又《田间诗集》有《冬夜同介丘友苍，陪虞山翁礼塔即事》诗，而钱谦益《有学集》亦有《丁酉仲冬长至礼佛大报恩寺，偕石溪诸道人，燃塔绕灯，乙夜放光，应愿欢喜》诗，事可互证。又卷四《江上集》，有《坐徐氏水亭，因忆石溪、友苍二师东去》诗，又卷十二《客隐集·游水西寺即事》第三首“丈室僧遗小影悬，支公没去已三年”，自注谓友苍禅师。

按，《田间诗·江上集》卷三、四为甲午至戊戌诗，卷十二《客隐集》为甲辰诗，言“没去已三年”，则当在辛丑，顺治十八年。

又按，《有学集·辛卯秋，憩友苍石门院，扣问八识规矩》，则知自辛卯迄丁酉，即顺治八年迄十四年，友苍皆在金陵。东去，当顺治十五年也。

至友苍没去在水西寺。《泾县志》：水西寺有上中下三寺，水西为三寺之统称。引《舆地纪胜》：宝胜寺旧名水西寺、崇庆寺，后改天宫水西寺，唐时黄檗所居，在崇庆寺左之白云院。崇祯间改称水西首寺。又《仙释门》：国朝大嵩，号好山，蜀人，工诗文书法。明末避流贼，虽托迹空门，尝住北京浣花庵。寻南游，会曹洞觉法师，主教金陵，授以衣钵。泾人迎主水西道场。一日晨起，趺坐禅床，有示寂意。学徒请留偈。嵩喝云：虽钻研处钻将去。书记逐字详讯，师云：大难不立文字更好。遂屏息涅槃。

按，所称“工诗文”，尝住北京，南游而居金陵，均属友苍无疑。惟友苍崇祯初游京，已奉召入大内，赐紫衣金钵。则所称明末避流贼，虽托迹空门，殆非核实。至祖嵩作大嵩，或友苍到水西后更名。隐方外者，避人避地更名，乃寻常事。或误“祖”作“大”，亦未可知。至友苍又字好山，则明代多一人数名者，例如函可字祖心，又字剩人；戒显字愿云，又字晦山，不胜枚举。

又按，《扶轮集诗选》：祖庭字友苍，四川合州人。则祖嵩，又作祖庭。此或当时钞寄者之误书，又误遂宁为合州也。

《遗民诗选》：遂宁吕潜《送友苍大师住水西》诗：瓢笠叹无定，名山久待公。雪残春路滑，云过晚江空。道力驯岩虎，乡心折塞鸿。还憎多慧业，诗句满南中。

《尺牍新钞》：《大嵩友苍与介丘师札》：峰峦峭异，鹤不停机，水西可当一面。入院后山头踏开草径，岩际汲引春流，虽水落石出之势，尚自遥遥，而牛背铁笛或可横吹也。再留得顶笠荷锄之人数辈，相与品字支铛，掀翻云雾，便可安心作投老计耳。惟是回望牛头老子，目朝云汉，横卧大唐，真不啻霄泥之隔。所苦白纸频封，千里相寄，实难于问津也。小力旋，附此相闻，并慰法爱。惟望调适道体，应时顺物，使竹柏交荫，烟雨濛濛，座上之石无令其魂处可也。

按，释髡残字石溪，或作谿，又字介丘，湖广武陵人。

赋赠毛子晋壬午赴试南闱

又《祝毛子晋五十》，卷二《过昆湖访毛子晋》，卷三《赋得天寒有鹤守梅花，次毛子晋》。

《苏州府志》：毛晋原名凤苞，字子晋。父清，以孝弟力田起家。晋少为诸生，晚乃谢去。游钱谦益之门，好古博览，性嗜卷轴，于是湖州书舶云集于七星桥毛氏之门矣。邑中为之谚曰："三百六十行生意，不如鬻书于毛氏。"前后积至八万四千册，构汲古阁、目耕楼以庋之。患经史子集率漫漶无善本，乃刻十三经、十七史、古今百家及二氏书，手自雠校，行于世，至今学者宝之。为人孝友恭谨，与人交有终始，尤好行善，水道桥梁多独力成之。岁饥则运舟载米，分给附近贫家。雷某赠诗云："行野田夫皆谢赈，入门僮仆尽钞书。"盖纪实也。

送一公主席栖霞

卷三《同一公吸江亭晚眺》。

《丹徒县志》：吸江亭，在焦山绝顶。

《焦山志》：吸江亭，旧在山西。弘治中都纲妙福、僧妙瑛移建于西峰顶，即旧镇寺塔基也。嘉靖十年，郡守刘重可建。万历间，僧觉周重建。

章诏《宿焦山一公山阁》诗：乱竹烟霏合，孤峰夜宿寒。待来潮上月，照出水中山。共就闲房老，因悲久客还。长吟君不厌，江海共潺湲。

邬宪《访一如上人不值》诗：万国秋容好，担簦涉翠微。钟残众鸟下，帆落几人归。石气滋花径，江云闭竹扉。偶然同小朗，相对共忘机。

按二诗俱载县志，以诗互证，时地均同，则一公当即一如上人，盖曾主席栖霞，又曾居焦山也。按《南山宗统》，西林一如真律师为千华第一世金陵宝华山三昧光律师法嗣，与见月读体同列，则与苍雪渊源可见。惟《宗统》有名无传，事迹无考。

《庐山志》:《释崇端真公塔铭》：师名照真，号一如，竟陵人，姓尹氏。受具于三昧光公，住西林。适给事中景陵王鸣玉谋兴复，乃再创西塔，殿阁经堂，粲然一新。年六十，坐寂塔于寺之后山。又引方拱乾《重修西林寺碑》：崇祯甲戌，为匡庐游，投止西林寺。真公前而谓曰：八年前之西林，居士所目击也，即永公卓锡处，仅得之听闻影似，今竭檀那之力，以意摹永公之址，而为之举其坠也。又引龚鼎孳《西林题塔田序》：自虎溪桥步至西林，老衲一如煮茗迟客，出塔社一册，相示所区画置田饭僧之事甚详且备。又《庐山志》：三昧寂光律师住东林，自万历乙卯至庚申，阐扬净土，四方学者来归，不下二千指。后宏法金陵，预定时日，端坐而逝。弟子见月嗣法宝华山，为宇内律师第一云。

赠吴与则孝廉

《宜兴县志》：吴正己，字与则，常与文震孟、张纳陛诸君子讲学东林。万历四十三年举人，为蒙城教谕，升国子学录，大司成命主讲席圜桥，听者千百人。转户曹，督饷良、涿间，出入矢石，军赖以济。寻管太仓，时其收放，解户便之，余米三千五百石，豆二百五十石，贮于仓。或请上闻，不可，曰:“市功作俑，非君子之道。”大司农程公闻之，叹曰:“所谓‘有金如粟，不以入怀者’乎?”管崇文门税，刷蠹宽商，一介不染，商民为立碑署前。寻管明智草场，又值军兴，买运以补不足，不伤民，不病兵。迁湖广郢襄兵备，乞归，年七十一卒。著有《开美堂文集》行世。

按，“与”“舆”二字，未知孰是。

解嘲病发诗次答胡清壑

又卷三《宿胡白叔斋中，白叔双瞽悬壶，同汰兄赋赠》。

《平望志》：胡梅，字白叔，白皙，美丰姿，曾隶梨园，以狐旦登场，四座叫绝。少警敏，能诗。徐通政维岳俾掌书记，取通政友人尺牍畀之火，为通政诵之，不遗一字。著有《清壑道人诗集》《玉台后咏》。

《列朝诗集》：胡山人梅，字白叔。生于阛阓，少警悟，能诗，白皙美须眉，口多微词，翩翩自喜，晚而目眵。家贫无子，卖药吴门市，自号瞽医。以余赀买石，建二幢于天池华山，以表归心。然其于诗，结习愈甚，东莱姜如须为疏募刻之。庚寅冬病卒，抚其诗，属友人曰:“为我请于虞山，得数行为序，死可瞑矣。”徐元叹怜其意，选其诗十余首，余录而存之。白叔尝游三山，寓曹能始石仓园。能始序其诗曰：作诗先辨雅俗二字，黄鲁直云弟子，凡病皆可医，惟俗不可医，然惟读书可以胜之，此即谈艺之法也。余与白叔论诗，譬如书者、奕者、讴者未有传授，罕窥古法，而但本一己之聪明，则必趋于邪路，终其身不能精进。世人往往畏难，而乐其所易，势不可挽，只误一世耳。白叔之为诗避俗套，如汤火驱使己意，如石工之琢砧岩，篙师之下滩濑。所未免者，有斧凿痕及喧豗声耳。予故不为字剖句析，辄用古人讽之，以为宁舒迟，毋急遽，亦古法也。白叔之诗未能参预格律，而殊有诗意，纤妍之语，多从草次输写中迸出，亦其性灵流逸，去俗远而去诗近也。武塘夏雪子曰：知白叔者，远有三山，近有虞山。三山者能始也，余故录能始之言，以存白叔，不独见能始之知白叔，亦以见能始之知诗也。

《明诗平论》：徐波《胡白叔得子》及《悼白叔胡山人》二诗，读之，知胡白叔一生贫病穷老之概况。《胡白叔得子》云：曰余少小无耽悦，一草一木为臣妾。诗穷未已诗种绝，仰面看天常面热。山中夫妇齧冰雪，五十生儿直似掇。善善不欲止其身，此意如闻天与说。从此老夫更多事，忧及他年梨与栗。《悼白叔胡山人》云：吴中布衣号能诗，三十年间白叔氏。前有汤因后有君，志士成名皆崛起。当时沈野亦知名，五言妥贴动公卿。城中富室怜风雅，分羹继粟恒丰盈。白毫徐子称孤僻，延举后生为己力。君如弱冠困风尘，指说将来能弄笔。从此诗篇在人口，珠玉无胫亦善走。落帆驻马日喧喧，辄问胡君无恙否。京兆怜才煞卤莽，止爱吹笙披鹤氅。寄托虽佳主不文，别馆栖栖悲豢养。闽社相招待入群，石仓观察最知闻。言鸟不离鹦鹉伴，干鱼曾荐武夷君。双眸役使菁华竭，黯黯观书岩电没。雾里看花久不堪，句中有眼犹能活。薄俗衰年所向穷，出门不异在家中。数钱啧啧惟闻鼠，裹药陈陈并化虫。东偏瓦屋鳞鳞者，说着恩门泪盈把。攫拏无力效饥鹰，刍秣未能收老马。虞山宗伯厚无加，许叙遗文备一家。既着赠衣归地下，又传佳句到天涯。以前数子先朝露，文字寥寥不比数。不如君暗中摸索得虞山，身后诗名悉委付。

画歌为懒先作

《檇李诗系》：大澍字时乃，号懒先，南直应天人，嘉善大胜寺僧，扈芷弟子。性好游，擅丹青，有《瘦烟草》。

姚希孟《松瘿集·懒先上人画册跋》：贯休以画作佛事，如巨然辈，直是画耳，然而水树林鸟，从指端化出，非真非幻，即假即中，皆佛理也。一日过中峰，见壁间悬一帧，霏微澹荡，空秀绝伦。问为谁作，则座中懒先白足也。望其眉宇，的然文僧，追章琢句，又骎骎欲逼慧休矣。世之善于规僧者，谓不特书画障道，并山水亦障道。然古之至人，何尝不从喧热场中，领取那伽大定，而必求孤峰顶上盘结草庵，但须从山不是山，水不是水处，穷到是山是水，即此是诗画家解脱门也。因共出沈子居画相赏，不觉婆心陡发，即以此奉订。

《扶轮集》：越其杰《题懒先卷》诗：勿云为技小，有作定求全。才固从天授，机非在俗边。虽当繁响后，欲反未声前。易视皆繇浅，虚衷始造玄。难容纤类杂，尤忌众称贤。刻岂留余力，雕仍出自然。亦如存气运，不在点云烟。耳目终于歇，精神庶可传。

按杜浚《变雅堂集·燕矶感旧诗序》云：岁在丁巳，余年三十有一，东游鹿城。荷同人饯送于燕子矶者，为四明薛千仞、内江范仲暗、秋浦刘伯宗、吴次尾、莆田林茂之，桐城方直之，江宁顾与治、云间张友鸿、贵筑杨爱生，方外则道开、懒先云云。据此知懒先诗画兼长，而与当代闻人抗手论交也。

百岁翁为蔡以宁王父

《太湖备考》：蔡维宁，字以宁，弱冠入长安，工部尚书柳佐一见奇之，遂定交。时柳方董庆陵工，维宁佐之经画，以劳例授官，不拜。会逆珰毒流缙绅，柳欲上疏发奸，病不能起，属维宁代草，维宁奋笔疾书，烈烈数千言。疏就，柳已病革。其家人窃焚之，维宁恸哭，出都门赋《绿树嵎虎》诸诗以见志。后珰诛，维宁踊跃赴临清拜告柳墓，道病归，卒年三十一。先是，山中奸人起挖煤衅，维宁倡同志作《挖煤谣》，上当事，得禁止。好为诗，无专集，其友王倪、金俊明辑其遗稿刻之，名《秋陵独响》。

《扶轮集》：朱衮《亡友蔡以宁遗稿刻成，渡河焚告灵几》诗：繁音满天下，雅丧昔所忧。作诗少原本，苟焉徇其流。高往或矜戾，沿泳沦纤柔。惟君深猛心，研覃不能休。奇音振群物，远想开百幽。砭恶施危言，微显各有繇。节义自天性，昧者谓何求。有同麟经作，所存惟刺褒。惜也使贫贱，厥命复不修。

按，朱衮即金俊明。《复社姓氏传略》：朱衮，字九章，本姓金，少从其父永昌宦宁夏参军，往来燕赵间，驰骑游猎，颇任侠自喜。诸边帅争欲延入幕府，意不屑也。既归里，始折节读书，补县学生，复本姓，改名俊明，字孝章。数试于乡不利，最后复赴试，筮《易》，得《蛊》《之》《艮》，遂不终试而归。逾年明亡，又逾年清兵渡江，人始服其知几云。善书画，长于梅竹。卒年七十四，私谥贞孝，有《春草间房诗集》《退量稿》。

葛一龙《葛震甫诗集·早春渡河，访以宁，拜太公百岁翁》诗：雪后放舟烟火新，石公山外水之滨。渔樵出入双扉径，杖履婆娑百岁人。尚有寒花开未足，侭多嘉树结为邻。穿云度酒携清供，狼籍君家一月春。

乞米歌糵庵求赠

《居士传》：熊开元，字鱼山，湖广嘉鱼人也。其家故奉佛，持不杀戒。天启进士，出为崇明知县。移吴山礼三峰汉月禅师，书问往复，激发精烈。已征授吏科给事中，以言事，为辅臣周延儒所疾，贬秩乞归。与同邑金正希友善，切劘大义，忠愤出于至诚，以辨邪正贤不肖为至严。已而起为光禄寺监事，迁行人司。崇祯十二年，延儒复相，鱼山疾其举措失当，遂言辅臣不职。帝方倚重延儒，恶其言切，遂下锦衣卫狱。会给事中姜埰如农亦以直言下狱，帝恨两人，逮至午门杖一百，仍系狱。顷之，延儒得罪赐死，言官多救鱼山，不听。十六年，遣戍杭州。三月抵戍所，而流贼遂以是月陷京师矣。如农亦戍宣州，后剃发于黄山，寓居苏州卒。如农尝以书问法于鱼山曰：日来参叩于心，空境空处，略知趋向。然只完得吾儒知止工夫，于静定安虑得搔不着痛痒。乃诸祖师极口诋静胜为非。古德云：恰似木人看花鸟，到得木人地位，非静胜而何？鱼山复之曰：承示于空处，略知趣向，空是何物，可容人趋向，既有可趋向，又得谓之空耶？譬如木人未尝知有静胜，故不缘而照，花鸟不惊，才知有静胜，早已不静胜，此如澄得一泓止水，惟恐人拨动，则渣滓复生耳。盖静与动对灭与生，对初向道时觉往昔尘劳可厌，自然谓静与灭是胜境。若明眼人看来，金屑瓦屑，总无殊类。须知更有向上事在，所贵学道，贵了生死，故当不顾身命，向无可巴鼻处进步。若只图顺易，可以攀缘，认定有澄空一境，在非心非目之间，亦只是死水，澄之则是，挠之则不是，去道远矣。鱼山后为僧，名正志，得法于灵岩继起禅师，隐莲华峰翠岩寺，终老于虞山。

按《居士传》，原文甚长，节录。

《复社纪事》：熊鱼山流离南国，削发祝融峰下，携榔栗来吴中，缚禅灵岩山寺，号蘗庵和尚，今无恙。

《吴江沈氏诗录》：沈永今《赠蘗庵禅师》诗：浮生阅尽几沧桑，独卧寒云拥竹床。百炼身犹余铁石，万言字尚挟风霜。列朝文献征遗史，一代天龙护法王。士女争来瞻瑞相，使君故是宰河阳。

吴伟业《梅村诗集·题华山蘗庵和尚画像》其一：清如黄鹄矫如龙，浩劫长支不坏松。四国鸡坛趋北面，千年雪岭启南宗。江湖夙世归梅福，经卷残生继戴颙。诤论总销随谏草，故人已隐祝融峰。其二：西南天地叹无归，漂泊干戈爰息机。黄蘗禅心清磬冷，白云乡树远帆微。全生诏狱同官在，乞食江城故老稀。布衲绽来还自笑，箧中血裹旧朝衣。

送溯闻游天台

《吴江诗略》：照音字溯闻，一字雪岸，工诗。同时有照影者，字指月，住梅里江枫庵，有《镜斋诗集》。四方名流每假江枫以居停。

按，溯闻，当与指月同一师门，《诗略》选诗二首，亦与指月唱和之作。

《康熙苏州府志》：清远庵在二十六都周庄，宋淳祐间建，明初遭兵燹，僧玉琳复兴之，万历中又毁，崇祯十四年僧照音重建。

赠灵白法友开忏坛于狮山

《百城烟水》：思忆讲寺在狮山。旧名思益，唐开元中僧胜光建。宋高宗南渡，值寿圣公主薨，因赐今名。元季，寺毁。洪武间重建，有邓雍言碑。后废，归王氏，复请圣胤松山启云诸师驻锡。顺治乙酉，灵白祯继住重建。又，宝林寺在阊门内，专诸巷东。元至正间，圆明大师宝林懋建。崇祯中，延云栖派履冰育开法。顺治间，育退青松，而法嗣灵白祯等，继灵白为启云之徒，灵栖广育之长嗣，法名智祯。又智祯《狮山大殿落成，和徐癯庵居士》诗：瓢笠自高悬，悠悠二十年。荒茅成宝刹，尽日礼金仙。树色空堂翠，钟声四野传。更逢庞老过，煮茗共谈禅。

《采风类记》：陈匡国《酬狮山灵白师见怀》诗：不见灵公岁月更，道于岑寂见相成。秋山坠叶云常补，晚寺炊烟钵未擎。疏磬几从清梦听，好诗应自远来生。何时策杖岩头径，一扫狮峰劫外情。

赠一云寺埋庵上人

《苏州府志》：华山东南为龙池山，又南为一云山，一云庵在焉。

《明诗综》：袁年《雨宿一云寺》诗：蜡屐候新晴，携尊陟西岭。松间聒涛声，树杪挂瀑影。云起日欲晡，雨来山亦暝。径窄怯筇跻，林寒觉衣冷。言投方外居，因尝雨前茗。堂悬灯一粟，门拥墨千顷。鸣禽写幽泉，顿使万虑屏。

《松风余韵》：朱佑《一云寺同盛允高、程原伊二同年》诗：春日试跻攀，飞花点鬓斑。客愁同草蔓，僧意与云闲。绀殿齐高鸟，白云连断山。同游有佳士，日暮竟忘还。

《五山耆旧集》：卢纯学《夜宿一云山理庵上人》诗：僻性抱幽赏，名山到处看。林深当夏孟，风急作宵寒。借榻孤云冷，分灯一磬残。清言殊不断，萧飒听琅玕。

据此三诗，一云寺即一云庵，《府志》误寺为庵耳。寺因山而名，理庵当埋庵之误。

钱谦益《有学集·埋庵老人曾孙歌》：吴门老叟长眉青，清斋手写《华严经》。八十一卷罗舍利，笔端错落含桃形。劫火焚烧大千溃，妙莲佛刹无迁代。贝叶明灯夜未央，曼花飞雨春长在。花雨登云拥筚门，徐家世产石麒麟。宝志公曾记摩顶，武彝君又唤曾孙。抱送自有神天护，世人那得知其故。寄位应参德生法，入胎先说童真住。老翁弹指叹善哉，善财楼阁一门开。楮香葵艳翻经候，亲见天童入口来。

老人，当即一云山之埋庵上人，盖徐姓，以居士出家，而在僧俗间者。

《明诗综》：徐树丕，字武子，长洲人，县学生。兵革之后，屏居郊西，布衣藿食，视世事等浮云。其八分书高古，近驾文彭，远师梁鹄。诗以唐人为师，有《埋庵集》。

《苏州府志》：徐树丕，字武子，少补诸生。姚希孟器重之，妻以长女。屡试不利，益博览群籍。国变后隐匿不出，卒年八十八。子晟，字祯起，博学工文，鼎革时年甫壮，亦弃诸生，从父隐居，授徒养亲，垂四十年。康熙癸亥，树丕没，晟亦六十六矣，哀毁得疾，营葬甫毕，卒。

阎尔梅《白耷山人集·徐武子携祯起、绥祉步过虎丘》诗：葛巾茅履出山塘，略似陈公挈二方。三十年前曾把臂，九千里外忽登堂。野民流涕归司马，孺子辞征老豫章。醉后放言无忌讳，满林松鼠跳斜阳。

卷二

度黔中铁锁桥，拟装师西游，有举烟招伴而过者

又卷三《盘江铁桥》。

《贵州通志》：盘江，在安南县城东四十里，源自金沙江，分派由乌撒二百里至此，流入粤，为滇

南孔道所经。两山夹束，而水势湍急，往以舟渡，多覆溺。明参政朱家民拟建桥，水深不可架石，乃炼铁为絚，悬两岩间，覆以板，人行其上，如在空际。复于桥东西建堞楼，以司启闭。岸傍琳宫梵宇，金碧辉煌，西南胜境也。后桥为贼毁，今重建木桥，复加楼楯，坚好华丽，倍于畴昔。

葛一龙《葛震甫诗集·铁索桥》诗引云：盘江之水，来自蜀西，崩崖走石，作怒千里，至此横决，势不可当。舍梯而航，颠覆十七。先有舆梁，木石所为，不数年而败。来者咨嗟，去者眩惑。参知朱公，分莅兹土，倾囊倒箧，费有不赀。成不计日，钩连锁结，延袤六十余弓，南北相互，虹施龙现，天实为之，非人力也。庚午冬仲，予以赍捧再过，经制刻画，无所不备。且两崖护法，梵诵晨夕，怪厉俱属皈依，民命生全，已不胜数。鸦涂百字，骥托千秋。诗云：铁索锁江沉，为桥异古今。天荒十万里，山断一千岑。木石穷无技，鬼神通此心。多烦百炼手，大费五丁金。钩带绳绳结，冰渊步步临。雷轰余烁火，虹现豁重阴。难易同年语，安危独力任。置身周道孔，鳌足禹功深。相见始相信，载歌还载吟。毒龙皈护法，钟梵起高林。

《黔诗记略》：潘润民《喜盘江铁桥成》诗：黑水由来波浪狂，何人石上架飞梁。千寻铁锁横银汉，百尺丹楼跨彩凰。可信临流无病涉，因知济世有慈航。澜沧胜迹今重见，遗爱讴歌满夜郎。

注云：桥为天、崇间安普副使朱家民建。

《明史·王三善传》云：家民字同人，曲靖人，万历三十四年举于乡，天启二年官贵阳知府。盘江居云贵交，两山夹峙，一水中绝，湍激迅悍，舟济者多陷溺。家民仿澜沧桥制，冶铁为絚三十有六，长数百丈，贯两崖之石而悬之，覆以板，类于蜀之栈而道始通。

文祖尧《明阳山房集·盘江铁桥》诗：谁把缠绵数条铁，浮空飞系两山腰。苍苍龙影云中偃，隐隐雷声水上飘。欲济不劳思巨楫，临流谁复叹狂潮。当时若使无诸葛，此日应推第一桥。

《檇李诗系》：夏绌《盘江涡过铁桥，游大愿寺》诗：解辔似停桡，孤寻写泬寥。铃声遥引杖，沙路亦乘撬。江束惊蛇网，山奔渴骥骄。龙归金粟寺，蚪锁铁绳桥。扪壁行鼯鼠，逢僧话獦獠。佛身镂石骨，禅屋寄藤腰。草果时充茗，蛮花亦间蕉。眉攒峰乱簇，绘裂瀑斜飘。待住颠愁秃，将行踵欲焦。徘徊且留饭，为我满椰瓢。

谢为霖《游滇诗历·过盘江，是日铁索桥新成》诗：湍激峰回势欲奔，南荒天险此中存。山连铁绠横江锁，峡束银涛触石喧。高阁卧云烽火静，小亭倚壁夕阳温。车行恰是梁成日，不用临流羡驾鼋。

又《大愿寺，在铁索桥边，俯瞰盘江》诗：金碧辉煌绀宇开，客游乘兴一登台。风吹不断涛声响，雨洒常新树色回。历历山川终古在，纷纷车马渡江来。浮生悟彻安心法，俯视尘寰总劫灰。

按，盘江铁桥天启时建，已在苍雪南来之后，盖来时所过铁索桥，虽有桥而犹未完备。葛一龙庚午过此桥，庚午，为崇祯三年，朱家民重建已告成功也。

登金山寺

《丹徒县志》：江天寺在金山，旧名泽心。《太平寰宇记》云：金山泽心寺在城西北，扬子江。梁天监中水陆仪成，尝即寺修设是也。宋祥符五年，改山曰龙游。天禧五年，复名金山，而以龙游名寺。政和四年，改为神霄玉清万寿宫。南渡后，仍为寺，而毁于火。淳熙中，僧蕴衷重加修创。明永乐中，僧道烂创建两廊及毘卢阁。洪熙间，葺大悲殿。正统十一年，寺毁，明年，都纲宏霪重建。万历二十一年，赐金山藏经，敕谕犹称龙游禅寺。惟唐宋元明诗人，则通谓之金山寺，清康熙二十五年，赐额江天寺。

怀章青莲

又《章青莲开社西堂》，卷三《次章青莲韵，送扈芷弟还山》，又《寄怀章青莲》，又《读章青莲病稿因寄》。

按，陈继儒《书扈芷偶庵草小叙》，扈芷自西蜀走吴，顾独与董玄宰、章青莲、徐九玉、眉道人为诗友云云。

《松风余韵》：章台鼎，字吉甫，有《青莲馆集》。台鼎父名宪文，字公觐，成进士，官虞部郎。后父母见背，遂绝意仕宦，营菟裘东佘，悠然高寄，著有《陶白斋稿》《白石山房稿》。《松风》选白石山房七律一首：旋种松萝护石栏，漫携棋局傍檀栾。春深燕子寻巢垒，月落渔郎卷钓竿。懒性恰宜东佘隐，移文休作北山看。卧游莫笑希宗炳，早识风尘行路难。据此知，章青莲即章台鼎，而白石山房为章氏室名，故董其昌《容台集·寿章公觐虞部》诗有“斯人只合青山老，慢世萧然白石居”之句，而苍雪寄怀章青莲亦有“床横白石犹连梦，社冷青山久未归”之句，白石即指白石山房也。

自枞阳至桐城将登投子山

又《送完初住投子山》。

《安徽通志》：投子山在桐城县北二里，相传吴鲁肃有子投此为僧，因名。后为唐大同禅师道场，有三鸦伺晓、二虎巡廊之异。《一统志》云：鲁肃与曹兵战败，投其子于此。宋刘兴言、周邦彦俱有诗咏其事。上有赵州泉，赵州和尚飞锡得泉处。

国清寺

卷四《国清寒山火口》。

《天台山志》：国清在天台县北十里，旧名天台，隋开皇十八年建。先是智顗于陈大建七年秋九月入天台，未议卜居，常宿石桥。见三人皂帻绛衣，有一老僧引而进曰：“禅师若欲造寺，山下有寺基，用以仰给。”因问曰：“当于何时能办此寺？”老僧曰：“今非其时，寺若成，国即清，当呼为国清寺。”大业元年赐此额，李邕为记，所谓应运题寺是也。唐会昌中废，大中五年重建，散骑常侍柳公权书“大中国清之寺”。宋景德二年，改景德国清寺，前后珍赐甚多，合三朝御书数百卷，有御书阁，后毁于寇，独顗所题莲经与西域贝多叶经一卷，及隋栴檀佛像、佛牙仅存。建炎二年重新之。明洪武甲子，大风雨，殿宇尽为摧毁。隆庆间重建，又毁。万历间又重建。壬寅，赐御经一藏，建藏经阁。旧有谢伋撰《重建国清寺碑铭》，今亡。寺内又有三贤堂祀丰干、寒山、拾得，又有锡杖泉，为普明遗迹。

一宿树悬瓢

阿育王寺礼舍利塔，塔在浙四明山，造非土木金石，中供伽文舍利，即阿育王所造八万四千，遣地神一夜送遍四天下供养者，此其一也。每随喜所见不同，但根异，非所见殊，今人恐验器小妄神，其说可笑也。

黄氏山馆

此诗前为《将游黄山留别友人》诗、《黄山道中》诗、《黄山》诗、《黄海》诗，后为《赠黄山静主》诗，则此黄氏山馆之在黄山无疑。

按，范凤翼《范茧卿诗集》，有《赠黄山黄光禄》七律一首，或即黄氏山馆之主人也。诗云：与君林下两人闲，为厌尘劳日闭关。心远自能回俗驾，书成应可贮名山。怡云樵谷松萝侧，汲古琅函宝鼎间。世态菀枯都不问，看来单豹好容颜。

葛洪井

《丹徒县志》：炼丹井在马迹山，相传葛洪炼丹处，故名葛洪井。

炼丹台

《黄山志》：炼丹峰高八百七十仞，相传浮丘公炼丹峰顶，经八甲子丹始成，黄帝服七粒，不藉云霱，升空游戏。石室内丹灶尚存。峰前有晒药台，台下深黝不可测。炼丹台从炼丹峰下行数百武至台，石皆紫色，平敞旷衍如坪，容万人。自右稍降，台俯深壑，乃炼丹源也。群峰咸从源中拔起，仰视天都叠嶂诸峰，如朝参座位。台端然一小峰，名紫玉屏，亦崛然拔地而起，端拱乎台如几案间物，余峰视此侧矣。黄山峰多以逼仄险绝示奇，台独平旷可喜，台下复变眩百出，宜涉海者叹观止焉。

自招隐至八公洞，招隐即戴颙隐居处

《丹徒县志》引《元和郡县志》：兽窟山，一名招隐山，在城南七里。《太平寰宇记》：梁昭明太子曾游此山读书，因名招隐山。又，回龙山在城南七里，与招隐山相接，下有八公洞。俗呼内监为公，昭明太子读书时，有八内监随之，太子没，八人皆焚修于此，故名。《京口山水志》则曰借淮南八公故事以名洞。

琉璃窑望三山

《江宁府志》：琉璃窑在南门外，西南旧为芙蓉山，与城内凤凰台相接。洪武时，形家言其地有王气，因置七十二窑，烧断气脉，称为无用山。其窑专烧琉璃，以供宫阙之用，今废。按，三山，一西山在朝阳门外东南五里，二石山在朝阳门外东北九里，三马房山在朝阳门外东北十二里，详《府志》山水类。李白诗“三山半落青天外，二水中分白鹭洲”，即此。

《明诗平论》：张一如《琉璃窑》诗：在昔陶甄处，于今亦冷烟。坏垣存五色，贡土积千船。莽里兽长望，露中鸳不骞。人家如月户，宝屑各纷然。

《诗观三集》：闵思《舟中望三山》诗：波翻波涌叠三山，鼎峙中流隔几湾。帆影一天烟树里，钟声两岸水云间。鸦啼古戍千秋在，鱼引寒潮半夜还。蟠踞到今推白下，上游形胜总萧闲。

巢师云隐讲期水仙居对雨同社分韵

又《春怀华山巢松师》，卷三《礼水田师塔》。

《贤首宗乘》：师名慧浸，字巢松，长洲甪直人也。父小峰，仕至府判，母褚氏，生师于东昌府任。长准圆颅，骨耸神清，天然高僧之相也。出家偕雪山、一雨二师，同受业于雪浪大师之门，砥砺攻苦，形影相依者十余年。尝各言其志，雪曰：“吾经论之暇，愿读尽天下之书，以广我闻。”雨曰：“吾经论之暇，愿究尽教外之禅，以博我趣。”师曰：“书与禅未尽而先白文矣。第愿一心华严，终身背诵，以便我谈。”后果背诵五十三卷，有病而止。万历庚戌，山中公论，请师主持华山。此山虽自浪师开讲，麓师演化，而规模湫隘，师至扩而新之，山灵面目，顿然改观。至泰昌元年，谓门弟子曰：“吾可以弛担矣。”遂请雨师，以谢院事，自归水田方丈，未几而终。师生于嘉靖丙寅，殁于天启辛酉，世寿五十七，僧腊若干。弟子融彻等奉全身塔于华山之麓。南来之论云：方今登宝华座，踞曲录木床，宇内不无其人。己求其无为，于事无事，不为来而随应，去而不留，脱略无碍，如吾水田师者，吾未之多见。大要师之谈名理也畅，吐词句也丽，处朋辈也谦，接门弟也慈，调物情也和，应世缘也泛，其就里一着鬼神，不容觑破，妄下名言，为师写照，虚空填彩也哉。

《苏州府志》云：隐庵在阊门外桐泾桥。宋元祐间，僧月潭建。天启七年，僧懋德重建。中有法雨轩、立雪堂、山水窟。万历间，僧慧鉴修，今废。

藤溪平野堂，雨师命同联句

又《侍雨师藤溪休夏》，又《华山讲期，奉怀铁山师》，卷三《侍二楞师初住藤溪》，又《奉和二楞师，辛酉元旦》，又《铁山师闭关》，又《二楞大师久寂》，又《夜入中峰，拜铁山师塔》。

乾隆《吴县志》：通润，字一雨，西洞庭邓氏子。八岁聚沙为塔，稍长，父母亡，投长寿寺祝发，究心大乘经论，兼习外典，凡六经子史，罔不探研。工诗文。时雪浪和尚开讲无锡，因渡湖与雪山巢松同参，夏坐破屋，悬灯纳足瓮中辟蚊，定以香，香不尽不起。在焦山，破衲敝屣十年，游禹穴，吊严滩，访古德遗迹，穷黄山白岳，寻复究三竺六桥，双径两目之胜。喜虞山秋水庵幽蔄，卓锡焉。休夏于断臂崖，升天界座。又说法于惊峰，迨东旋，憩云隐庵及桃花坞北庵、胥江余庆庵，讲《楞严》《楞伽》，间一赴甘露之约，遂壹意韬晦考室山中。得瑷禅师铁山故庵废址，喜曰：吾老于是。辟人枯坐，执爨、拄扉、劚釜皆躬之。隆冬举桑火烧芋，雪压柴门，经旬不启。谢却学人，改铁山为二楞庵，自称二楞主人，以疏《楞伽》《楞严》二经故也。泰昌改元，升道林讲座谈经。天启甲子，就花山演《华严疏钞》。明年示寂，阅世六十载。著有《法华大窾》《楞严合辙》《楞伽合辙》《圆觉近释》《维摩直疏》《思益梵天经直疏》《金刚心经解》《梵网初释》《起信续疏》《琉璃品驳杜妄说》《辨谬唯识集解》《所缘论》《发硎论》《释因明集》《释三支比量》《释六离合》《释漆园逸响》《易经标义开示语》，诗文偈颂又若干卷。

《具区志》：通润，字一雨，姓邓氏，洞庭山人。儿时昼夜啼哭，抱入寺见佛或遇僧即止。嬉戏大树下，累砖成塔，指爪礼拜。稍长辞家，祝发长寿寺，究心大乘经论。高僧雪浪讲《楞严》于无锡华藏寺，以书招，润乃往，与雪山杲公、巢松浸公同参，随雪浪至金陵之花山、京口之焦山，历十余年。雪浪没，卓锡虞山北秋水庵。已而应天界之请，与浸公大弘雪浪之道，诸方皆曰：巢、雨二师，雪浪之分身也。卜居瑷禅师铁山，改为二楞庵，疏《严》《伽》二经，自称二楞主人。后移住花山，又移中峰。天启四年示寂，世寿六十，僧腊四十六，注经二十余种，约法性则有《法华大窍》等书若干卷，约法相则有《唯识集解》等书若干卷。崇祯元年，法子汰如河、苍雪彻奉润全身，葬于中峰虞山，钱谦益为塔铭。

《吴赵访古录》：藤溪草堂，在虞山秦娥涧之下。古藤盘绕，伏地蔽天。明孙柚筑草堂，其中有隐虬亭、松龛、丛桂轩、芙蓉沼。蕊珠堂以奉先，昙花庵以奉佛，古逸祠祀虞仲、陶渊明、严子陵、孟浩然、林君复。

《吴都法乘》：通润《将归铁山示同志》诗其一：卜居三十载，始得就山根。小辟梅花径，斜开桑柘门。鸟啼流水处，犬吠白云村。吾自知吾意，无劳白世尊。其二：屈指人间世，毫无一事真。可亲唯白业，难得是青春。丛桂云中老，寒松堰上新。果能心淡泊，同作住山人。又《秋日铁山绝粮》诗：麦饭无从乞，湖砂不可蒸。锡声埋乱竹，钵影窦枯藤。夜梦云千斛，朝心水一层。首阳如可着，添箇采薇僧。又《疏楞伽、楞严二经毕，名其庵曰二楞》诗其一：峭骨瘦崚嶒，冰霜老葛藤。抚心惭负佛，摩顶谬称僧。自拟窥天管，谁云照世灯。回看阁笔处，山月白高陵。其二：秋涧响泠泠，茅斋倚翠屏。眼枯三寸管，心碎两函经。老竹云香出，颓花墨色停。每逢风雨夜，似觉有神灵。

《采风类记》：西碛山在邓尉西旁，带吾家诸山，梅花最盛，虽高大少景，然在湖滨，潭西聚坞差胜，潭西一隅色如铁，名铁山。

娄谦《吴歈小草·同孟阳访一雨师于北庵》诗：昨到山中逢荷笠，赵风争炷法筵香。今来郭外停归舫，一沃真今焦腑凉。花坞轻云低落日，溪桥流水带垂杨。未缘咨决依休夏，倘许秋光与对床。

雪夜集白业堂赋得挂瓢

《百城烟水》：金井庵旧为铭心庵，在齐门内，元至元四年建，后废，尚遗三普同井。明嘉靖癸卯，僧祖晓法志重建，因井发金光，易今名。内有白业堂，冯时可撰碑记。

按，文徵明有《金井庵白业堂记》，载《吴都法乘》中。

又按，此题，顾选《诗钞》作"雪夜，止水、无照、溯闻、竺兰、圣宣诸友集白业堂"。

《百城烟水》：水宁境华严讲寺，在吴江县长桥东，中有巢云禅房，释行荃居此。行荃字竺兰，僧会司，能诗。徒超时，字圣宣，得法于虎丘佛智禅师。佛智以修塔愿住都门，罹疾，粮艘奉师还吴，逝于天津桃花口。以所付信命授门人圣宣继席，时为康熙庚申之冬。

又，吴江湖《浦东庵》诗，僧德渊居之。德渊号止水，有徒无照，亦能诗。

按，德渊，别详补编卷三《闻香渡讣音哭之》题。溯闻，已见卷一《送溯闻游天台》题。

《乌青文献》：超时，原名元时，字圣宣，乌镇澄门前桃村人，族姓花。幼有出尘志，十二岁礼吴江华严寺铃语为师，善诗，学参平阳弘觉老人，有省，传法于虎丘佛智传师，即主灵岩方丈。康熙二十三年冬，驾幸虎丘时，领大众迎接，刊有《御问机缘》行世。师尤精戒律，筑精舍于吴江之同里，名曰拈花庵。

渡江访师利居上阻风

又《重到庵罗树园》，卷三《寓吴师利庵罗树园》。

范凤翼《范玺卿诗集·吴氏园作四首》，有引云：冬日遇广陵吴师利道兄，为予下榻文园，而苍雪大师先已驻锡于此，因出所和李本宁先生诗见示，不揣依韵酬之，终愧不如"碧云秀"句更悠远耳。时为甲子十月云云。按，甲子为天启四年，正苍雪居白门时也。诗题为吴氏园作，而引云下榻文园，则文园，当即吴氏园。惟据康熙《如皋县志》，文园在县东丰利场汪之珩读书处，海内名流寻水绘古址者，必东至古丰，游文园，访主人，诗酒倡酬。

《通州志》：文园，在丰利场，张祚筑，后归汪之珩。

《如皋县续志》：文园，汪之珩筑。

据此似文园主人为张、汪二姓。然张、汪均康熙时人，而文园天启时张凤翼等已居之，可知张、汪皆后来之园主人，而园在明代之主人，或即吴师利也。范凤翼下榻文园，而苍雪所寓者庵罗树园，则文园似别有主人，每为当时名流所居，而庵罗树园则属吴师利。吴师利，学佛之徒，故寓苍雪于庵罗树园，而为范凤翼下榻文园。二园地当接近，或文园中别有一区名庵罗树园，为吴师利所居，吴师利招待来宾，各从其所适宜也。

《新安二布衣集》吴非熊有《送吴师利游栖霞》五律一首，《法海寺吴振之师利同游》五排一首。又《过吴师利文园》五律一首。首二句云：园馆花已发，主人仍未归。据此，则文园主人即吴师利矣。

按吴师利，与振之同为休宁商山巨族，富拟王侯。

《休宁名族志》：吴继福，字真福，中翰瀛仲子。不乐仕进，潜处山林，修禅宗之学，造清署，集僧寮游衍其中。耽吟咏，著有《掩关草》。子明典，字太常，以太学授州司马。次明本，字师利，亦事禅学，乡绅并折节重之。又吴元乐，字振之，志澹泊，善鼓琴，书画咸名家，有《寂寥居稿》。

《东皋诗存》：洪家谟《再过庵罗树园》诗：乱溪曲曲水湾湾，地僻人幽结构闲。红叶远封亭半槛，白云低护屋三间。诗歌句里皆成画，猿鸟声中别有山。此日重过秋渐老，夕阳檐影暮鸦还。

按《诗存》次序，洪家谟已在清康熙、雍正时代，距天启苍雪寓此园，几将百年，时间沧桑，而园尚未废，人物虽殊，风景犹昔，何志乘之无考也。

游鹤林寺

寺在京口，即唐人李涉竹院逢僧处，伽蓝为宋米南宫。

《至顺镇江志》：鹤林寺，旧名竹林寺，宋永初中改今名。唐开元天宝间，法照元素主其地，始为禅寺，又名古竹院。唐李涉题壁诗“因过竹院逢僧话”是也。

《丹徒县志》：鹤林寺在磨笄山下，明永乐中寺烬。有僧名得月者，就古竹院稍葺治之。弘治中，始建殿宇。万历中，吏部尚书陆光祖捐金，复寺旁侵地，重建天王殿及方丈僧寮，寺有米公伽蓝殿。

题莲宇为吴去尘

《徽州府志》：吴栻，字去尘，别号逋道人，休宁商山人。性豪纵，有洁癖，尝持千金，一日都尽，终岁衣白布袍，不染纤垢。为诗清古澹隽，工书画，又精琴理，有订正《秋鸿》诸谱。尝自入山林，择木为琴材，故相传有“去尘琴”云。生平制墨及漆器精妙，人争宝之，其墨值白金三倍。

《明诗综》：吴栻，字去尘，休宁人。有遗稾。徐武子云：去尘慷慨重诺，然中年以结客倾其家，晚栖吴市，寻避兵虞山，困厄死。其诗自出机杼，决难泯没。朱子蓉云：去尘夙饶于赀，破产结客，赠予手制糜丸，不啻沈珪对胶也。客金陵，遍题十寺廊壁，七言如："花雨已过寒食后，风筝又傍社坛斜。""蛮乡有梦三千里，闽海无书二十年。""半偈岁深香积饭，一番春老木棉衣。""移家转近寒山寺，探箧惟余秋水篇。衣上露凉飘柏叶，鬓边霜重压芦花。"诵之神采溢目。

《列朝诗集》：吴栻，居新安之上山，宗族多富人。去尘独好读书鼓琴，布衣芒鞋，寥然自异，轻财结客。好游名山水，从曹能始自楚之黔，览胜搜奇，归携一编，以夸示里人，里人争目笑之。仿易水法制墨，遇通人文士，倒囊相赠，富家翁厚价购之，辄大笑曰："勿以孔方兄辱吾客卿也。"坐此益大困。耳聋头眩，为悍妇所逐，落魄游吴门，遇乱，死虞山舟中，毛子晋为收葬之。

许楚《青岩集·舟梦吴去尘诗序》云：友人吴栻死国六年矣。辛卯二月廿日，予雨宿兰陵舟中，梦栻双眸炯炯，面如绽芝，赤臂索书。语余曰：古人能用淡墨，盖欲书神奔轶，气不留笔，止此丸研渍汁，可纵横数万字，今人罕识也。旋寤而追纪其事云云。按辛卯为顺治八年，则吴去尘死当在顺治二年，既云死国，则当时或参预吴易起义，乱离间事迹以讳言而莫考矣。许、吴皆休宁人，同里闬，自当有所知也。

吴应箕《楼山堂集·吴去尘寄诗西湖井所制墨》诗：故人念我湖之滨，贻书一握道艰辛。墨光置锦护青旻，七言不尽声隐辚。霜风昨夜发西泠，红树晓起照东邻。我欲持之还相赠，安得诗工尔不贫。

《梅里诗钞》：徐贞木《寄吴去尘吴门客寓》诗：音书何至久蹉跎，避地春风二月多。入谷自携三秀草，隐吴仍抱五噫歌。官桥水静闻长笛，渔浦花深卧短蓑。能向雪溪乘兴否，一瓢留得待君过。

吴门送别汰公

崇祯《吴县志》引读彻所撰《明河传略》：明河字汰如，扬州通州人。生数岁，体孱善病，父母虑其不育，送入寺，习瑜伽教。河不愿诵大乘诸经，暇耽词翰，足不出关，力穷内外典。至十九，奋发长住，孤筇绝侣，遍阅大方。凡南北禅讲之宗，古今名德之迹，烟山瘴水，靡不遍历。后遇二楞通润，依之，住铁山，住中峰，迁皋亭。返花山，学侣争趋，性相经论，庄骚左史，手不停披，口不辍讲者二十年余。最后应白门长干寺讲法，道愈振。人谓雪浪以后，惟河踵其盛。尝于讲期，群鹤翔空而下。已还中峰示寂。所著有《楞伽解》《华严十门眼》《法华斯要》《圆觉蛟饮》《甘露门月》《明钟高僧传》。

按，苍雪与汰如同学齐名，集中倡和诗最多，诗题或称高松。此崇祯《志》所引汰如传略，又出苍雪之手，查为他志所无，而此志已流传绝少，特录存之。

送吴湛公北上

吴湛公，无考。按《国朝松陵诗钞》：吴与湛字子渊，一字樵云，号一庵，明大司寇洪裔孙，有《荆园诗钞》。袁朴村注云：一庵遭乱，隐居湖浦之荆园，闭户读书，不问世事，与徐介白、俞无殊、无斁、赵砥之、山子、顾茂伦、樵水、陈长发、朱长儒、徐松之、其叔闻玮、兄宏人、小修、闻夏、弟汉槎结诗社于江枫庵，作招隐诗以见志，亦高尚士也。

《百城烟水》：吴江湖浦介于梅里简村，地多古梅，其吴氏别业曰荆园，吴子渊名与湛读书处，有《荆园诗》，四方和者颇多。诗云：遁迹荒园业未垂，耕桑采药卧偏迟。栽松恨不高千尺，论史谁能赞一辞。僧向锦囊探短句，云生怪石绕残棋。调饥留得湖光在，放鹤冲霄莫可悲。又：曲桥隐隐隔溪垂，泽畔闲吟独步迟。树势欲随云外影，樵歌堪补竹枝辞。访梅未竟先呼酒，惜箸无期且覆棋。小囿就荒存古木，埋名何必向人悲。释读彻和诗：五湖小隐钓纶垂，烟雨凄然问渡迟。公子有情怀古剑，老僧无意赋新辞。梅开寒夜千层雪，竹绕清溪一局棋。卜遁今朝何处好，住山住水总无悲。

按，苍雪此诗录入《百城烟水》，为集中所不载，而《送吴湛公北上》之吴湛公，当为吴与湛。吴为当时世族，故和诗称公子，而此诗首句亦云："我爱吴公子。"吴之遭乱隐居，当在国变之后，可反证未遭乱时非隐居者。北上当国变前事，时吴尚一少年，故诗次句云"翩翩美少年"也。《吴江诗略》选吴与湛诗，有《和徐元叹胡白叔落木庵》诗五律一首。徐、胡皆苍雪诗友，且所居邻近者，吴与湛与徐、胡友，即友苍雪，可知此题送吴湛公，当作吴与湛。录者脱去"与"字，又以诗首句有公子字而阑入"公"字，或诗题本作"送吴与湛公子北上"，而脱"与"字、"子"字，均未可知。南来原本传钞讹脱，不可究诘，姑就所见正之。

仪园四咏

按诗：仪园当在金陵，而遍查官私各志，并无仪园之名。《过江诗略》左国材有《同戴道及读书仪园七律》二章，第一章首二句："觅得城南小筑隈，疏林远接凤凰台。"第二章五六句："月坠空亭残玉照，花飞小院冷云深。"自注：玉照、云深，皆斋名。

《凤麓小志》：凤凰台，在瓦官寺正殿之左。又《小志》考园墅云：明以陪京之繁盛，士大夫选胜探幽，率在凤台左右。若乃王侯子弟招集宾朋，则徐申之锦衣之西园，实为其冠。吴本如中丞园，即徐氏西园也。中有葆光堂、澄怀堂、海鸥亭、木末亭、荼蘼轩、桃花坞、梅岭、菊畦、荻岸、桐舫、茆亭、南轩、云深处诸胜。

按，"云深"二字，与左国材诗合。左国材，桐城人，与吴本如同籍，则读书于吴本如之园，亦其相宜也。苍雪于甲子春，隐居白门廿四松山居，即吴本如供高僧处。廿四松山居或亦在西园之内，西园固范围极大者。至仪园之名，或吴本如所居西园之一部分，或吴本如据此园时，曾改此称，鼎革之际，沧桑瞬易，为时既短，后人遂无知者。至仪园四咏，均为金陵古迹，尚有记载可征，皆不在园内而近园者，此四咏盖在仪园中咏近地之胜迹也。

《凤麓小志》：吴用先，字体中，一字本如，桐城人，家应天。万历二十年进士，官佥都御史，巡抚四川，平时播之乱，以病乞归，后起为兵部尚书，总督蓟辽。珰祸起，致仕还家，居西园。著有《周易筏语》《寒玉山房集》。

初夏，怀蜀友石公，时闻成都有奢酋之警

《通鉴辑览》：熹宗天启元年九月，四川永宁土司奢崇明反。三年五月，四川总督朱燮元克永宁，奢崇明走龙场。按，龙场在叙永厅永宁县东南，与贵州大定府毕节县接界。按，石公或即灵石大师，见卷一《送淳公还蜀》题。

葑门化城庵留别社中诸友

按，题称“葑门化城庵”，则庵当在葑门近城之地。

康熙《苏州府志》：化城庵在葑门字四图，宋绍兴四年僧普济建。此题“化城庵”当属普济所建者。又，化城庵在支硎山西，旧赵凡夫隐居处。内有石壁峭立，水溅石上，日夜不绝声，因名“千尺雪”。明夏雪祚化城庵诗：入门无寸土，起伏尽崖石。其中洼者泉，一一湛寒碧。稍加斧凿功，构此幽人宅。不忍山骨伤，庐舍宁取窄。崇卑就石势，为磴亦为壁。虽行密室中，荦确响行屐。轩廊倚断壑，渡以桥盈尺。昔人栖遁处，远与市尘隔。今为佛子庐，�篮有游客。是时春事动，山气润泉脉。环转轩棂间，渐闻泉涛涛。岑楼面青巘，飞翠坐来积。西窗杏一枝，鲜妍合画格。尚想写生人，玉台去无迹。空山万籁静，钟磬响晨夕。按，支硎山化城庵，即苍雪所居地，故此题以葑门别之。

岁暮，雨中入华山，寻听公

又《寄芥山静主听公》，卷三《怀听元闻公》。

按，姚希孟《行远集·与范尚宝太蒙书》末云：贵地有讲师汰如，及苦行闻宗，驻锡吴门，皆有伽蓝之寄，而檀施未集，往往香积生尘。知台翁夙因不浅，幸以神通力，一振起之。弟行矣，专以此为托。据此，知汰如与闻宗为友，同驻吴门，且同住于华山，惟一为讲师，一为苦行僧，以苦行而名不彰耳。法名闻宗，字故听元，怀听元诗有“君诗数寄到江南”句，盖此时闻宗适在江北之通州等地，乞食留滞，有飘零困厄之慨，故姚希孟函托范太蒙。观此诗编列于《同姚太史中秋泛舟》后，《灵岩探桂》前，知为同时所作。盖乘与姚希孟酬对时，作此诗讽之，而以听元事嘱托，而姚即为书致范耳。范为扬州通州人，明时通州隶扬也。芥山当华山之误。

送元白之燕

《周庄志》：元白，明清间僧，住清远庵，博涉释典，真实修持。

《贞丰诗萃》：心嘿，径山耆宿也，来吴访元白师，息足永宁庵，即清远庵，深阐法华微旨。按此

诗送元白，当非此人，同时方外名元白者非止一人，且此题元白又未必为方外人也。

答函三，时掩关溪上

《龙眠风雅》：吴日录，字函三，号澹庵，大司马本如之子也。年七岁，一夕读《洪范》，竟即可背诵，司马公甚爱之。随入蜀，蜀山川、人物、官职、军政，耳濡目染，了了于中。又耽嗜内典，登峨眉山，便有超然出尘之思，人谓其种夙因也，荫中书舍人，以珰祸起，乞归。崇祯末，凤陵灾，慷慨倡助，草疏数万言，深切时政，以中阻不果。奉母避乱白门，孝行弥谨。所著《世仪堂集》藏于家。

按此诗，函三即吴日录，而掩关溪上，即避乱白门时也。

《龙眠风雅》：吴日录《拜墓》诗：白下侨居久，身心亦渐安。只因霜露感，不惮往来难。垅树枝枝老，儿衣岁岁宽。伤心无限泪，忍向寝门干。此诗首二句，可见白门掩关之况味。

《上江两县志》：吴日录字函三，崇祯中居羊鸣街之西园，所谓六朝松者也。

慧庆寺殿前双松

《苏州府志》：慧庆禅寺在阊门外白莲泾西，元延祐间建，元统二年赐寺额，僧维则记。初在泾东，至正末毁。明洪武初，归并寒山寺。成弘间，寺僧即旧退居地更葺。正嘉间，寺复完。万历、崇祯间再葺，康熙初修，汪琬记。寺有塔院曰慧文，在竺坞。

按，补编有《慧庆寺窗前古梅》诗，二诗或同时作，可知此寺之多古树也。又有《慧庆树训斋》七律一首，亦寺多古树之证。

三峰诗

按，此题“中峰松下”自注云：双松在殿前，始就松建殿。殿成，松势难容，吊而伐之。“南峰池下”自注云：池多金鳞，云开放自支公，唐皮、陆二公曾游此，联句具载集中。今山院已废，幸池尚存。“北峰塔下”自注云：塔高丈许七层。志云宣德间移于鸡窠岭，雕镂极工，镌永和年号，相传为支公埋蜕处。

中峰八咏

按，此题“中峰院下”自注云：在寒泉上，又称楞伽院。相传支公夏居石室，冬隐茅椒，即其处也。嘉靖间废，予今仍复为寺。“支硎山下”自注云：在龙池东北，以支公尝居此，而山多平石，故名。

近掘得古碣，又名报恩山。“古井下”自注云，井在峰腹，深可丈许，甘洌异常。“古碣下”自注云：二小石碣，方从事土木，在旧地掘出，上镌平治年号。报恩山中峰院及勾当行者福能，一吴姓，一张姓，昔曾有小施，聊记姓名岁月而已。时旁有二同姓者见之，恍若前身，遂大施助成，亦一奇事。因以二石砌井亭壁，诗以表之。“寒泉下”自注云，山有石室寒泉，支公诗“石室可蔽身，寒泉濯温手”。又泉上凿紫岩居士虞宗臣书“寒泉”二字，径丈许，在山之麓。“石门下”自注云：在峰右腹，双石直上，一径斜穿，恰可作斗马迹。“石下”自注云：石大如虎，印石如泥，今在汤氏墓侧，支公养其神骏，此遗迹也。“放鹤亭下”自注云：在东南两峰间，支公好鹤，翅长欲飞，乃铩其翮，鹤若有懊丧意，公曰：既有凌霄之姿，岂肯为人作耳目近玩养。令翮长置，使飞去。此其处也。

同陈百史方密之分韵怀滇中唐大来

又，卷三《丙寅白门送唐大来明经北上》，又《暮秋怀唐大来，时闻在白下》，又《王公子升如自滇至吴，得唐大来书问》，卷四《送唐大来还滇》。

《滇释纪》：普荷担当和尚，云南晋宁人，俗姓唐，名泰，字大来。以明经选不赴，遍游吴越。初参云门湛然和尚，乃法名通荷。归滇礼无住老人祝发，多往来鸡足、点苍、水目、宝台诸胜。康熙癸丑冬，一日微疾趺坐，乃书偈曰：天也破，地也破，认着担当便错过，舌头已断谁敢坐。置笔寂然而化，寿享八十一春。所著有《悠园》《橛庵》二集，及《拈花颂》百韵行世。

《云南通志》：普荷一名通荷，号担当，晋宁唐氏子，名泰，号大来。年十三，补弟子员。天启中，以明经入对大廷，尝执贽于董思白之门。过会稽，参云门湛然禅师。回滇未几，闻中原乱，遂剃发，从无住禅师受戒律，结茅鸡足山。工诗，有《悠园集》，儒生时作;《橛庵草》，则出世后诗也。善画，取法于云林。其自题云：“大半秋冬识我心，清霜几点是寒林，荆关代降无踪影，幸有倪存空谷音。”又云：“老衲笔尖无墨水，要从白处想鸿濛。”可以得其意矣。又其自跋《橛庵草》云：前名普荷，从戒师无住，遵戒而不嗣法；今名通荷，从先师云门，嗣法而遵正眼。且云：有沙门而士者，洪觉范是也，后世则湛然云门和尚。偈颂中有风雅遗意，其皈依如此。

葛一龙《葛震甫诗集·过唐大来悠园》诗：小径延三折，中林敞 亨。雪囤花不冷，松落了犹青。得所携家口，全神负酒星。白云几两屐，紫气五千经。把握还于此，山衣罥鹤翮。又《南阳风雪夜怀唐大来》诗：风雪止行尘，南阳五日春。灯鸣窗纸碎，草宿野蓊贫。独客无情夜，思君善病身。药泉生竹涧，松子落花茵。按悠园诗，葛游滇时作，南阳诗，则归途中也。

答夏雪缁

按此题，“雪缁”当作雪子，以名缁又音近而致误。

《槜李诗系》：夏缁，字雪子，初字幼青，嘉善人。天启间儒学生。有《西泠》《维摩》《孤望》三集。其诗早务纤艳，既悔之，渐趋空澹一派。至《南中》《梦游》诸作，奥削苍凉，点染特妙。绝句尤多风调，有竹枝缥缈之音。

《嘉善县志》：夏缁，字幼青，号雪子，诸生。善书画工诗，刻有《西泠集》，风光细腻，不减金荃、玉溪。钱中丞士晋抚滇时，重其名，走币聘之。缁闻其地多灵迹，将便访袈裟华首之奇。甫至滇，而中丞逝，竟不及游，乃取志记，及图画，仿佛其状，各系以诗，名《孤望集》。归益究心法乘，别著《维摩集》。晚年诗更苍劲，颇得山川之助云。

按，答诗词意实为夏雪子。首句“滇水何年别”，则夏曾赴滇而归也。第四句，“犹见故乡人”，则夏自滇归，而非滇人，故曰“犹见”也。五六句，则夏亦究心法乘者，故曰“绝世逃名”也。

钱谦益《初学集·答嘉善夏雪子枉寄兼订见过》诗其一：清文丽句满奚囊，吴越才人敢雁行。初日芙蓉谢康乐，月中杨柳孟襄阳。莲花漏点清宵雨，贝叶经翻静室香。闻道孤山新结隐，祇应配食水仙王。其二：汗竹溪藤卷帙纷，千金敝帚漫云云。百年自笑吾攻愧，后世还期子定文。阁涌诸峰山有月，窗含半野水如云。傍檐干鹊何时噪，洒扫先除蔽榻尘。

《明诗记事》：夏缁《至滇幕寄扈芷大师》诗：白浪青崖处处愁，无端万里却来游。远心自欲投鸡足，秃笔非真羡虎头。海际孤萍来泽国，天边一发到梁州。归来还约师同住，阅尽花开共水流。

送德水还豫章

按，德水，疑即匡云。苍雪、匡云、扈芷在云间时，与章青莲游，已见陈继儒《扈芷偶庵草小叙》，详卷一。《眉山归隐卷》，为扈公题。匡云居庐山九奇峰，庐山亦称匡山。匡云名性淳，或字德水，以居匡山，而又字匡云，诗有“无日不怀匡”句，又有“青莲旧草堂”句，故臆测之如此。“匡云”详补编卷三题《匡云淳公无心出岫卷题》。

《德州志》：卢世漼，字德水，宗哲曾孙，生九岁而孤，哀毁如成人，事母及兄姊以孝友闻。中天启乙丑进士，授户部主事，乞侍养归。服阕，补礼部，改御史。攒漕运，时久旱河竭，盗贼纵横，条议上闻，皆中肯。桀报竣，趣移疾归。甲申之变，世漼与其乡人擒斩伪牧，倡义讨贼。清兵下山左，以原官征，病不行，又数年，卒于家。雅好赋诗，最慕少陵，尝即家为亭祀之。架上有诗万卷，与客饮，醉辄隤然自放，有陶、阮风。未卒十年前，即为棺椁，扫除墓地，称南村病叟。有文集若干卷行世。其《春秋闲说》一卷见四库全书。

按，卢世漼，以官巡漕，寓南京、镇江久，明代巡漕之巡视地颇广，上游则湖广、江西，下游则苏、松、常、嘉、湖五府，每年须巡行一次，故卢世漼往还苏赣间，为必然之事也。卢世漼《尊水园集略》，有与钱牧斋、徐元叹、毛子晋等往还诗文，而与方丈往还亦多有之，则与苍雪为友，可以例知。苍雪送德水诗，作于金陵还豫章者，或其时须还豫章之漕使公署耳。

寄石林老宿，别号寄巢，时在汲古阁

《明诗综》：道源号石林，太仓州人，居吴北禅寺，有《寄巢诗集》。石林好读儒书，尝类纂子史百家为《小碎集》。又以余力注李义山诗三卷。其言曰：诗人论少陵忠君爱国，一饭不忘，而目义山为浪子，以其绮靡华艳，极玉台、金楼之体而已。第少陵之志直，其词危。义山当南北水火，中外箝结，不得不纡曲其指，诞谩其辞，此风人小雅之遗。推原其志义，可以鼓吹少陵。惜其书未刊行。会吴江朱长儒笺义山诗，多取其说，间驳其非，于是虞山诗家谓长儒阴掠其美，且痛抑之。长儒固长者，未必有心效齐丘子也。

严熊《白云诗集·陆敕先哀石林禅师遗稿请牧翁为序，有作，次韵》：亲承瓶拂忆高吟，应是多生结契深。世幻廿年迷道貌，兰盟终古只初心。成书已作波中绠，遗稿几同爨下音。邀得椽文重拂拭，永留佳话谱祇林。第五句注：石公李义山诗注为吴江朱鹤龄窃取，刊行吴中。

《静志居诗话》：汲古阁主人毛子晋，性好储藏秘册，中年自五经、十七史，以及诗词曲本、唐宋金元别集、稗官小说，靡不发雕，公诸海内，其有功于艺苑甚巨。

《苏州府志》：道源字石林，娄江许氏子。初礼智林明公，受具于古心律师，听讲于巢松法师，居郡之北禅，晚归虞山。仪貌清古，不招徒众，精专禅讲，博极经史。

《常昭合志》：处士毛晋宅在东湖南七星桥，有汲古阁。

陆世仪《桴亭诗集·赠毛子晋》诗：高阁藏书拥百城，主人匡坐校雠精。名传海外鸡林识，学重都门虎观惊。卷幔湖光浮几案，凭栏山色照檐楹。沧桑世界何须问，缑岭吹笙月正明。

次答雪松法师过华山讲席

又卷三《雪公应请还山，投诗留别，如韵奉酬送之》。

《启祯诗选》：周永年《存没口号》诗：山拥皋亭院各分，桃花十里见停云。汰如雪老时酬倡，寂寂安庐瘗慧文。自注：汰如师名明河，住月明庵；雪松师名正性，住崇光寺；慧文师名广制，葬桐华坞，皆在皋亨山之上下。

按，补编卷三有《再过青松庵访雪松》诗。据申用懋《青松庵记》雪松则名本瑞，盖名正性，取性本善之意，而字本瑞，雪松其别一字也。皋亭，详卷三《丙子秋，以中峰玄谭讲期过皋亭月明庵，礼请汰公题》。又按，卷三《雪松应请还山》诗，有“烟水六桥”句，知即还杭州之皋亭山。

朱云子《明诗评论》选及拙作

又《悼朱云子》。

《苏州府志》：朱隗字云子，治博士业，雅尚文藻。天启中，吴中复社聚四方积学士，隗与张溥、张采、杨廷枢、杨彝、顾梦麟等分主五经，驰驱江表，为一时厨顾。诗宗中晚唐，时称为徐祯卿、唐寅之流亚。按，《明诗平论》二集二十卷，朱隗自序，末署崇祯甲申长洲朱隗书于支硎山之紫宙斋，则是书刊行，适当易代之际也。又自撰发凡，第一条，盛明诗选初意合为一编，三百年来作者如林，未易卒业，今先以二集问世，自天启辛酉至崇祯甲申春为断也。统前后补亡拾遗及海内各稿搜罗未竟，并予卅年所藏同人邮寄之稿，山城迁转，多致散佚，须更收辑者，统入三集。至一集，则自洪武起至万历末年云云。据此，则一集及三集，均未及刊行也。

《静志居诗话》：云子际钟、谭盛行之日，倡酬吴下，遥应南风。然其论诗有云，诗贵渊源风旨，不取蹈袭形模，汉魏未尝规摹三百篇，盛唐未尝规摹汉魏，今且拘拘习其声音笑貌何为者耶？其赠陈玉立长歌云：譬如韩昌黎、杜少陵，文章无一字无来路，何曾入蹊径，尚平腐。也说不惊人不休，也说横空盘硬语。堪叹世人疲驴瘦马逐队行，及至跨险腾空鞭不去。五十年前不知天下几人僵死中原白雪中，后此还为楚风误。则于竟陵非中心诚服可知。且盛称卧子之作，而其己作第留意于中晚，不可与闻修、元叹等齿也。

赠鹿门刺血书经

《梅里诗辑》:《通门登白云山讯鹿门大师》诗：崱屴缘山磴，崎岖列涧阴。望来青嶂杳，真入白云深。幽鸟晴呼谷，疏钟昼出林。上方花雨净，一话十年心。

按，道忞《布水台集·与鹿门禅师书札》三通中，有“白云古香火地，赖法力复然”句。又《百城集·鹿门西禅师赞》：白云坐断几星霜，道望人同山斗印。住近仙坛生共里，前生定是大梅常。

按，《分水县志》：白云山在县北二十里，亘于潜县境上，有三池，岁旱祈雨于此。又玉瑞寺，在县北二十里，兴建年代无考。寺有石佛，相传为陈代造，旧名国荣禅院。元末兵毁，明洪武初僧慧俊建。又麻姑庙，在县北生仙乡。据宋人何梦桂撰记，觉道山独高于万山，相传为麻姑坛，有祠在焉，水旱疾疫随祷辄应。昔有道士炼丹其上，一日羽化，倒影灭没岩石间，尚遗人影，冠服俨然，远近神之，谓其能觉大道也，因名是山云云。据此，鹿门所居白云山，当为分水县之白云山，所谓古香火地，当属玉瑞寺。据县志，山与寺同是距县北二十里也。赞文住近仙坛，则指麻姑庙古迹言。此题鹿门，或即白云山之鹿门禅师，盖曾游寓吴门也。

《启祯遗诗》：陈稞《送鹿门和尚游洞庭》诗：闲云无住若行藏，笑别临风一苇航。泽国本来皆大地，名山到处是吾乡。湖空夜诵鱼龙处，林密朝参橘柚香。销夏湾头过六月，好将飞锡慰沧浪。

按陈稞，吴人，亦鹿门曾游寓吴门之一证。

魏际瑞《伯子文集·送九江僧鹿门归南昌序》：鹿门顺治末年侍其师玉林，赴召入大内。则似非刺血书经之鹿门，殊无确考。

寄王奉常烟客

又卷三《次韵王奉常烟客首夏西田杂兴》，又《西田赏菊》，又《辛卯季秋恭逢烟翁居士花甲初周》，卷四《游东园偶拈四绝呈王烟老》。

《吴郡名贤图像赞》：王时敏，字逊之，号烟客，晚号西庐老人，文肃公锡爵孙，编修衡子。未弱冠，祖父相继即世。以恩荫授尚宝丞，奉使齐、豫、楚、闽、两江及藩封者四。天启四年升正卿，丁内艰，服阕，迁太常寺少卿，仍管尚宝事。又五年，谢病归家，居饬内行，著家训，勖诸子读书砥行，维持善类，奖掖英髦，以其身系乡党重者四十年。公性通达，筑乐郊园及西田别墅，以延宾客，诗文书画师黄公望，八分师魏受禅碑，参用夏承碑法，寸缣丈幅，海内珍之。卒年八十有九。

《太仓州志》：西田亦曰归村，在西城外十余里，吴梅村有记。

答考叔见赠

《金陵通传》：魏之璜，字考叔，上元人。父尧臣，工画人物，金陵天界寺洞神宫斗姥宫壁，皆其所画。生之璜，周晬日，臂之嬉，适友人寄画笔，之璜坚握之不舍，尧臣叹曰：又一画工矣。之璜起孤贫，业丹青以糊口，有部郎赏其笔意，稍知名，杜门匿影，日事磅礴。天性孝友，养亲抚弟，皆取给于画，而不以干人，轩车过访，不一报谢，惟招之饮酒则往，清言献酬，坐无之璜，不乐也。少不知书，以佣书通晓文义，遂能为诗。尝与胡宗仁、王允龄、孙谋结画社。年八十余，卒于秦淮水阁。

《画史会要》：之璜写山水，不袭粉本，自创规制，岩壑树石，特标灵异。晚用浓墨突笔，意贵苍老，稍输风韵。

《客座赘语》：魏考叔真书师《黄庭经》，结构致密，神采流丽，团扇尺素，嫣然动人。又工山水，笔法秀美，有不胜罗绮之态。

阮大铖《咏怀堂集·丙子诗怀魏考叔》二首，其一：忆与班荆日，秋篱垂豆花。别来三十载，予鬓已增华。老虑准孤鹤，时情看暮鸦。思君擅三绝，白首卧青霞。其二：结庐临绮陌，何必异寒林。但看闲门雪，斯知静者心。路人归孝弟，素位在书琴。茹虑萧萧处，予情为尔深。

憨山大师《梦游集·寄魏考叔》诗：钟山秀色少齐肩，常忆高楼对坐时。老我漂零空梦想，知君清爽正相宜。江山有限供词藻，风物无穷入酒卮。倘许归来寻旧隐，莲华尚可结幽期。又二首，其一：幽居宛是在家僧，一室清如六月冰。纵使善空诸有尽，尚余山水挂眉棱。其二：大隐从来混市尘，钟山秀色绕床前。知君心似王摩诘，一片精神在辋川。

赠倪连山移居半塘

赵士冕《稼庵近草·和建山移居半塘》诗：不必远人境，幽栖只此间。窗虚迎绿树，户启即青山。

几榻殷勤拭，诗篇取次删。小桥通古寺，钟磬逐风还。

《国朝山左诗钞》：赤霞先生去润州，薄游吴中，与诸人赋诗饮酒，同社如林若抚云凤、徐武子树丕、杨无补补、金孝章俊明、徐祯起晟、顾云美苓、许箕屋潍、朱望子峻等四十六人，皆一时名士，集名“半塘倡和”。

按，东莱赵氏楹书丛刊，刊有“半塘倡和”，同社姓氏适合四十六人。倪俊明建山，吴江人，其一也。此题倪连山当为建山之误。

按，赵士冕《半塘草》有《建山华隐草堂小集》诗，又《建山华隐草堂分赋》诗，而《稼庵近草》有《抵吴门与倪建三杨明远舟中夜话》诗、《同倪建三守岁兼怀同社》诗、《建三过存客舍》诗，均作建三，不作建山，知山又为三之误，以三山同音，或当时称谓互用耳。

宋之绳《载石堂诗集·和倪建山梅字》诗：邓尉邻堪卜，何须姓是梅。况逢花事近，正忆社期开。年表云舒卷，诗邮鹤往来。求羊相过外，谁许破荒苔。

《虎丘山志》：半塘在阊门至虎丘之中间，桥名半塘桥，寺名半塘寺。

《采风类记》：半塘自大津桥下塘至虎丘，延亘七里，旧名白公堤，约三里半为半塘。自此至山麓，红栏碧榭，与绿树画舫相映发，为游赏最胜地。半塘居民俱以竹器为业，制作精巧，园丁杂植，花木盆景亦极工。

次答王惠叔世兄喜逢半塘四首

赵士冕《半塘倡和》，同社姓氏，王肇顺字惠叔，云南人。又，《稼庵近草·和王惠叔半塘喜遇苍雪》诗：闻住西山锡，慈航过半塘。禅衣侵水润，法履带云香。未悟三生石，先看二月桑。真如今已是，何事再章黄。按王昊《硕园诗选·偕张子孝绪闲步秦淮遇家惠叔拉饮酒楼》七律，第五句“弟兄万里张雷剑”，自注：惠叔，原籍滇中。据此知王惠叔以滇人而寓居江宁，与苍雪为同乡，而或兼有世谊者。

赠宝华山见月师弟

又卷三《赠见月和尚》，又《寿见月律师五十》。

《宝华山志》：见月名读体，俗姓许，句容人。其先从军滇黔，以功封世袭指挥使，遂家楚雄。体生而神异，自幼喜绘画，好登陟，遇佳山水，辄不忍去。父母早逝，伯父无嗣，收育之，欲以所袭官官之，体不屑焉。年二十七，入剑州之赤宕岩，修真三载。一日行松荫下，遇一老僧，授以《华严经》，披阅大悟，寻诣宝洪山，乞度于亮如。先是，亮如夜梦一僧身披袈裟，无数僧众随踞而求剃发，诘朝见体，喜与梦符，乃与剃染。因慕江左三昧律师，欲住乞戒，遂瓢笠东行。历南岳，过庐山，登五台，遍参诸老。会明末流贼蹂躏，所在凶荒，不惜蹈险逾危，冲寒忍饿，两涉大江，茧足至二万余里，始值三昧圆具于润州之海潮庵。自是研穷律藏，即充上座，命讲梵网经，析义释文，如河倾海注，座下千人罔不叹服。嗣随三昧主宝华山席。昧将示寂，取紫衣戒本命曰："以此属累汝。"乃继主法席，自立规约十则，与众遵行。两度静修般舟三昧，不坐，不卧，不依倚，昼夜壁立者九十日，四方缁素，翕然从风，日食至三万余指，南北礼请开戒者无虚月。一日示微疾，以衣传其徒德基曰："勿进汤药，后七日吾当行矣。"至期寂然而逝，寿七十有九。荼毗时，见莲华佛相腾于火光中，获五色舍利升余。没后，方亨咸、尤侗辈皆为立传。所著有《大乘玄义》《黑白布萨》《僧行轨则》《三坛正范》共若干卷，《毗尼止持》十六卷，《毗尼作持》十五卷。

杜溹《湄湖吟·寿华山见月律师》诗：毗尼严静本无尘，缥缈空香总莫论。云日有辉真即幻，风幡不动果无因。江横匹练明天眼，峰绕千花作报身。顶相遥瞻三稽首，万松深锁呗声频。

缘中法友应请还山，时值秋旱

《贤首宗乘》：法师名普经，字缘中，长洲吕氏子。生而颖秀，孩提时即口不沾血肉，父母异之。年十六，投城西宝月庵自公为师，服勤三载。受戒于报国茂林律师，遂以《华严经》自课。一日抚卷叹曰：彼善财一童子也，犹能遍参知识，我何株守于此耶？乃担笈策杖，有烟水百城之志。先之武林，从雪松大师，习天台教观，次游古德、新伊二师之门，受法相宗旨。他如示权律师、三际法师，皆法门耆宿，师一一参谒。而唱演贤首教者，是时共推华山汰公、中峰苍公，两山相望，如甘露门。师归而承事苍、汰二公，苍公一见曰："此教家之义虎也。"即为印可。时二公轮讲华严大钞，师早晚入室，叩请不怠，潜心力学，无间寒暑，故传衣最早，随侍苍公甚久，所得亦甚深。苍公迁化后，还居宝月，草屋数椽，仅蔽风雨，粗衣粝食，恬如也。是时宗风炽盛，师慨贤首之教，不绝如线，深居杜门，不登高座，不应别请，谢却世事，惟与诸门人推明本宗之道。呜呼！此可以知师之所学矣。师临灭时，犹以楞伽百八句义指示门人。某人请益，师应声未竟而逝，时顺治庚子四月十九日也。生于万历庚戌三月廿七日，世寿五十一，僧腊三十一。得法弟子三人，晓庵、指月、弥邵。

雪中（中一作后）喜万年少至

《徐州府志》：万寿祺，字年少，徐州人，明御史崇德子。崇祯三年举于乡，五上公车不第。甲申后，避地吴中，当事欲授以吴江令，不就。复渡江，卜筑山阳清江浦，自号沙门慧寿，或曰明志道人。其学博极群书，深明历法，旁通禅理，吟咏无虚日，有《隰西》《内景》诸集，书画俱精妙绝伦。

《顾亭林年谱》：万寿祺字年少，崇祯庚午举人，工诗文书画，又工写美人，他若琴棋刀剑，百工技艺，细而女红刺绣，粗而革工缝纫，无不通晓。风流豪宕，倾动一时。沧桑后罢公车，僧冠僧服，痛饮食肉如故。

按，《府志》，万年少至吴，以国变避兵，则当在甲乙间。惟《隰西草堂》中《郑仙韬制义序》，皇帝十年一之日，予至吴会，则崇祯十年丁丑，亦曾至吴也。又集中《自志文》云：崇祯十七年甲申三月京师陷，五月南渡。其明年乙酉五月，江以南郡县皆陷，炳俊、芑起、陈湖、瑞龙、起沕、易起、笠泽皆来会。八月溃，被执不屈，将加害，有阴救之者，囚系两月余，得脱还江北，作《泛湖图》第四。据此知，年少甲申后避地吴中，且几及于难也。

《扶轮广集》：程邃《同诸公送万年少还吴门》诗：惆怅流莺树，鹃声急落晖。何心工戏谑，无物著依违。之子亦游子，曰归不当归。丹阳旧津驿，湖水拂春衣。此诗可证万年少曾寓居吴中，诗中似无乱离意，或当作于丁丑。

送朗癯入匡山，投礼憨大师

钟惺《钟伯敬全集·题画送沈朗癯入庐山兼寄憨公》诗其一：犹未除须发，先能断肉妻。晨星惊老宿，秋色引遐栖。瀑过层层树，桥藏曲曲溪。杳然云树里，奔悦漫成迷。其二：泉石冥游迹，幽明默护身。出家超将相，度世答君亲。水观神三界，山行影一人。远公迎汝处，寒月石门新。

《列朝诗集》：王醇《开元寺送朗道人祝发庐山》诗：芳草萋迷闭曲房，竹床芸帙一灯光。常悲逝水因除发，偶看浮云遂别乡。烟月待吟开远岸，江妃闻梵礼孤航。净心好过东林寺，寻向莲花印旧香。

按，憨山大师《梦游全集》有《闻沈朗癯掩关姑苏城中》七古一章，即在庐山时作。

又按，余友吴江陈去病熟知其乡掌故，前人著述，寸缣片纸，博览勤搜。兹检所辑《松陵文集》三编之卷五十一，沈颢字朗倩，一字朗癯，有《枕瓢集》《念佛六偈》，今未见。又卷四十六，朱鹭致朗癯笺：客岁奉答一书，谢枕瓢之示。近命儿子致《台荡纪游》，想俱到宅第，未审曾入览耳。适见兄《念佛六偈》，念后扫踪绝迹，念前无点无埃，惊喜甚。兄便已证念佛三昧耶？弟仗佛缘，已安住径山，方向法藏海中了夙愿，向上事正在中流，未济也，敢不借润先证？独晤言未卜，眷焉兴怀，亮同之也。闻兄有法螺之约，毕竟践否？颇忆。凡夫望兄真切，然已往事矣。默孙诸兄相见或便，间幸为弟致声。秋间以嫁女缘，一还吴门，道便或当作半日晤耳。法弟朱鹭顿首。朗癯道兄。去病注云：此笺手迹今藏邑人沈廷镛所。

陈仁锡《无梦园集·同沈朗倩访金焦诸胜》诗：片帆秋色海门寒，落日同君醉鹖冠。晨雨昼含江黯黯，蛟烟时锁雁漫漫。吟来匣剑芙蓉冷，别后征衣薜荔残。欲问相思天际隔，白云愁杀旧长干。

《明诗平论》：沈颢《怀匡山》诗：匡庐一掬裹，雪眼嗽天根。时落冻僧影，不逢飞鸟痕。梦中石门路，月照柴桑村。春水自此远，幽期空复存。

《黄山志》卷首《词翰姓氏》：沈颢字朗倩，吴县人。

《无声诗史》：沈颢字朗倩，号石天，长洲诸生。秀骨天发，论画源流，颇得其旨。山水近石田，诗歌、文辞、书法、真行、篆籀，无所不能。好奇，有《枕瓢焚砚》《浣花闲话》《蟭阿杂俎》《河洛六法》诸书。

卷三上

庐山送义公归隐，兼致山中故旧

《金坛县志》：义公字湛怀，金坛王氏子。十岁披薙于金陵报恩寺，二十远游名山，参访耆宿，建黄曲社于尧山。后返长干，新安汪仲嘉募金建阁，以摄禅净，遂不复出，游戏笔墨，作倪迂小景，贤士大夫多从之游。天启末年元日，命僧徒具汤沐，跏趺端坐而逝。周晖选其诗三十首，附憨山、雪浪二老之后，曰三僧诗。

按，诗是借庐山为题而送义公，所谓寄想者是也，非在庐山送义公，亦未必有义公住庐山之事实。义公没于天启末年，以时代计，即义公年长，亦可与苍雪有一番因缘，且义公能诗者，更当相契也。

青原山送游

《江西通志》：青原山，在吉安府城东南十五里，山势郁盘，外挂如蔽。旁有径，萦涧而入，度待日桥，石壁峭倚，其中旷衍，静居寺在焉。山半，蹊稍平，有卓锡泉，在七祖行思塔左，虎跑泉在右，其后为雷震泉。三泉之外又有名龙井碧乳者。狮、象二山，左右拱立，驼峰、鹧鸪岭，巑岏络绎，盖天然胜区也。

《指月录》：东土祖师，初祖达摩大师，二祖慧可禅师，三祖僧璨禅师，四祖道信禅师，五祖弘忍禅师，六祖慧能禅师。六祖下第一世南岳怀让禅师，青原行思禅师。师幼岁出家，参曹溪，得法归，住青原。开元十八年十一月十三日升座告众，跏趺而逝。

甲戌闰中秋，林若抚、陈季采留宿山中

《明诗综》：林云凤，字若抚，长洲人。当钟、谭焰张之日，守正不回。诗篇繁富，惜知者寥寥，困厄终老，相如遗草，已不可问。

《元气集》：申继揆《寄怀林若抚》诗：故园几载共追欢，一别俄惊逼岁阑。金尽已知无鲍子，雪深将恐卧袁安。梅花遥想新诗读，灯月还怜异地看。不及古人分俸意，空凭鱼腹问加餐。徐增注云：若抚为文定公门下士，垂老而贫，人无有怜之者。先生时官辇下，心念旧交，寄诗注存，如此气谊，岂末世所易见。“金尽”一联，尤为警策。

《因树屋书影》：吴门林若抚云凤，老而工诗，沧桑后匿影田间，虽甚贫，不一谒显贵。庚午秋，吴众香开星社于高尘寺，时社中惟予与余姚黄太冲、桐城吴子远，年皆十九。若抚赋诗赠予辈曰：白社初开士景从，同年同调更难逢。谁家得种三珠树，老我如登群玉峰。书寄西池非匹鸟，席分东汉有全龙。慈恩他日题名处，十九人中肯见容。后予以庚辰，子远以丁亥登第，惟太冲以明经隐于家。后予官

闽中，若抚累欲访予，不果。予戊子北上，先数日，订若抚出山，晤于舟次。予至之日，即若抚捐馆之夕，贫不能治丧，予欲有所赠于若抚者，即付其子为含殓费。申霖臣谓：若抚若忍死以待君者，异哉。若抚诗数卷，其子藏之家，闽中徐兴公前辈与若抚为通家好，亦有若抚诗钞，兴公之子延寿藏之。脱余不死，会当为亡友镌行于世。

按，陈季采无考。《明诗平论》明河《寄陈季采》诗：多时不到山，见说在人间。秋水远天净，野航今日还。开尊邀月饮，闭户课儿闲。却望青来处，西峰近可攀。据此知，陈季采当时往来山中，而与苍、汰等为友。

和廖傅生梅花诗四首，禁香影雪月字

何栋如《何太仆集·廖傅生墓志铭》：廖君讳孔悦，字傅生，别号定庵。先世籍豫之泰，且徙楚涵江。王父明河公，以春秋魁南国，历官南司空。生梦衡公，登隆庆辛未进士，历官南司寇，终观察副使。既父子官南都，乐其山水土俗之胜，因徙家焉。公初艰嗣，年五十余，一夕梦老僧入室，寤而君生。眉目秀朗，颖异独绝。弱冠补博士弟子，业成均，不乐以举子义见长，独嗜释老之学。尤喜作诗，又往往自逃于酒，掩关却扫，不喜数见客，独与高僧胜流携钱酒，觅山水佳处盘桓啸咏，则竟日忘返。饮至数斗不醉，座无可共饮者，则举大白自酌。每有所酬对，意思简穆，而言语温醇，令人如饮醇醪，不觉自醉。入良常山，访陶贞白遗迹，睹石壁秀绝，而洞户湮塞，君疑有异，为展转搜剔，得石穴，豁然如数间屋，盖古柏枝洞也。作《复柏枝洞记》千余言，奇伟特甚。因就修玄秘之业，居久之，念母春秋高，而良常险远，不时得觐左右，谋得近地可栖托者。过祈泽寺，悦之，因构小亭乱石丛木中。日宴坐其下，夜则就僧家小楼卧，数日一归觐母。晚更以母病，不复暂离。乃创小庵宅前，延寺僧共住，朝夕作佛事其中，盖老僧之梦，当自有本末，非偶然也。生于万历甲申，卒于崇祯丙子，得年五十有三。娶邢氏，生男四女三，次则适不佞。第三子煌以某年月日葬君小山祖茔之右。

《列朝诗集》：廖孔说字傅生，先世为衡州人，从父宦陪京，遂为应天诸生。博学强记，为诗不经意，轻俊自喜，漉囊策蹇，日游溪山间，山僧道流，无不相识，问以京洛贵人都不记也。每入城过酒人及好事家酬饮赋诗，不数日辄厌去，居山中不数日又复来，以此为常。海昌许同生弃官隐华阳，招孔说偕隐，常往依焉，爱祈泽龙泉之胜，卒死其间。少跅弛纵酒，晚年戒酒持律，临终持佛号而绝，死后人或见之于茅山柏枝左右，以为尸解不死云。顾起元《懒真草堂集》：祈泽寺在都城外二十里，有泉清冽出石罅间，寺踞其左右，银杏两株，苍枝老干，云是晋时所植。

靖江孤山

《靖江县志》：孤山屼峙江中，欲登山者必方舟而渡。厥后江势徙北，山址徙南。至前明弘治元年，登岸，山北俱膏壤，距邑可十里，周遭可三里，形如狻猊，东北石壁陡崭高五十丈，西半土石相杂，石质尽赤，中含银星。山顶常蒸气出云，竹树颇郁茂，中有石骨，可作盆盎中物。山下乱石堆积，巨者至十余丈，层累峻绝，俱作苍藓色，意奇古。东侧有仙人洞，两石相拄而虚其中，可坐数十人，后为坠石所掩。东南有仙人台，山半西均有寺址，址半有张氏墓。山未登陆时，四面俱有石矶，东南矶距山二里许，西北距益远，今没为田。田中开池，时有露石。西十里外严家港，有尖峰透土，俗呼为孤山。碇山上祠宇梵林，或新或圮。山尝称元山，以俗讳孤字故也。

《诗观》：钱邦芑《靖江孤山》诗：寒气敛余肃，晴风振天表。林麓动幽怀，探历尽奇窈。孤筇蹑危级，寓目展清眺。烟岚浮远空，诸峰青未了。江流一片明，海门穷浩渺。百岁从中来，俯仰各有道。茫茫集百端，欣慨萦怀抱。古碣读遗文，岁月不易考。转境得幽异，绝壁参空杳。草木肆蒙茸，怪石迷丝茑。古穴不可寻，寒云栖木杪。诸子争胜情，领略具清皎。踞石发高啸，登峰纵奇讨。曲折顿忘疲，感触亦深悄。归途月色明，回首孤峰小。

汰公招游狼山，登大观楼，得九字

《通州志》：狼山在州治南十八里，以形似得名。宋淳化中，州牧杨钧上书，易狼为琅。山多紫石，一名紫琅。高五十丈，周五百十二丈。山之巅有塔五级，曰支云塔。塔前为江海神祠，祠前为萃景楼，再前为山门，前有大观台，甃石为栏，纵横十数丈。按，《狼山志》亦无大观楼之称引，“楼”或为“台”之误。

雨后铁山送陆仲安归洞庭西山

《七十二峰足征集·西山陆氏合编》：陆一宁，字仲安。据此陆仲安为西山人，惟事迹无考。《足征集》选诗四首。

送汰公之宣城，访汤太史霍林

《径山志》：汤宾尹，号霍林，宣城人。

《宣城县志》：汤宾尹，字嘉宾。万历甲午举于乡，乙未冠南宫，廷对第二，授翰林编修。内外制书诏令多出其手，号称得体，神宗每加奖赏。寻晋中允，署司业、谕德、庶子，迁南京祭酒。雍巾考课及分闱者三，所得皆当世名士。好奖励人才，士子质疑问难，殆无虚日。词林旧例，每优游文史，需次公卿，宾尹独慷慨负气，纵谈天下安危大计，好刺讥人，由是与人不和。又以闱中争韩敬举首，忤执政，罢归。崇祯初，廷臣乔若雯等疏荐，未及用，卒。居家孝友，父严峻，少拂意，辄长跪终日，色霁乃退。待诸弟友爱倍常，有俸余，辄为亲故持去。见负才坎坷者，推毂不容口。初以制举业名天下，至今无不称“汤宣城”云。所著有《睡庵诗文集》，其条议防边、备倭诸策详文集中。

甘露庵解制，送恒生还山

又《夜集恒生斋，顾怡如亦自洞庭至，自称白发沙弥，斗句剧谈，已漏下四鼓》。

《百城烟水》：甘露庵在半塘，普福寺东。崇祯初，僧彻如募建，静起禅师继之，三昧禅师开戒于此。

按，觉浪禅师《嘉禾语录》，有题《恒生上座血书法华经》一则，中有句云：更请衍门老代我拶你。衍门，苏人，则恒生当亦居苏者，即此题之恒生矣。

又按，夜集恒生斋斗句剧谈，又补编卷三《次答恒生因公》，有“铁限法门书智永，金刚慧眼读昭明”句，知恒生是一文人。甘露解制，又血书《法华》，知恒生是一苦修僧。《次答恒生》诗为入清后作，末句云：“珍藏乱后多私记，正史何年待采声。”又知恒生虽方外人而非绝世逃名者，惜乎遍搜志乘，无所考见也。

又按，《采风类记》：三昧律师于崇祯十七年，在齐门内北禅讲寺开戒。则甘露庵之开戒当亦崇祯时事。甘露庵解制送恒生，或即三昧律师开戒时也。

同大司马吴公达本月夜泛舟入山，访赵隐君兼探梅光福

按，《贤首宗乘·读彻传》：天启四年甲子，师隐居白门廿四松山居，即大司马吴本如供高僧处。

《龙眠风雅》：吴用先，字体中，号本如。万历壬辰进士，初为临川令，七年守正不阿，随牒除户部主政，寻改职方，典闽试，称得人。累迁浙臬，为政平恕，晋右布政，推方面第一。擢都御史，巡抚四川，时播为蜀患，公督大将刘綎讨平之，神庙嘉其功，特赐考绩，以病乞归。又八年，起通政使，以枢贰总督山西，陛辞，改蓟辽总督，首建防御十策。珰祸起，致政归，卒于家。崇祯初，特赐赠荫祭葬。所著有《周易筏语》《寒玉山房集》行世。

《题名碑录》：吴用先，安庆府桐城县民籍，徽州府休宁县人。

《休宁县志·仕宦类》：吴用先，兵部尚书。

《三朝辽事实录》：天启癸亥三月，吴用先以侍郎总督蓟辽。丙寅四月，吴用先自蓟辽归晋。

按，大司马为兵部尚书之称。查《明史》兵部尚书，万历后无他姓吴者。苍雪居白门，既与吴本如有因缘，又证以《贤首宗乘》，亦称大司马吴本如，则月夜泛舟所同之大司马吴公，即吴本如无疑，达本当本如之误。

按，《龙眠风雅》所选吴诗，有《吴兴舟中泛月》诗，有《登虎丘》诗，有《玄墓阁上望太湖》诗，

可知吴公曾至吴门，苍雪与有因缘者，同游固当然事。又所选吴诗，有《赠贝林上人》诗，有《登径山与澹居上人夜坐》诗、《送澹居归杭》诗，有《寄大海禅师》诗。又《云栖法汇遗稿》，有方伯吴公本如往还札，可知吴公之多方外交也。

又按，吴用先壬辰登进士，壬辰为万历二十年，至特赐考绩，以病乞归，当在万历四十年后，东山再起，则已入天启时代。此时方为蓟辽总督，明季为此者，辄加兵部尚书，吴当同例。其任蓟辽总督癸亥天启三年，解职丙寅七年，《三朝辽事实录》所记当不误。解职后，即以珰祸致仕归。据此，则同访赵隐君，当在致仕之后，故有大司马之称也。至所访之赵隐君，当属赵宧光，或宧光子赵均。

《娄东诗派》：赵宧光字凡夫，有《寒山杂著》。程迓亭云：凡夫幼颖，工书，晚筑丙舍于吴郡华山，与妻陆卿子偕隐。诗笔清隽，无尘土气。布衣声华文采，如凡夫者，近古未有也。

《百城烟水》：寒山别业在支硎山南。万历间，云间高士赵凡夫葬其父含玄公于此，遂偕元配陆卿子家焉。自辟丘壑，凿山琢石，如洞天仙源。前为小宛堂，茗碗几榻，超然尘表。盘陀、空空、化城、法螺诸庵，皆其别墅也。

《苏州府志》：赵宧光字凡夫，太仓人。祖汴，举乡试第一，成进士。父樗生，亦隐士。宧光少入赀为国子生，豪华自喜。中岁折节读书，不肯蹈常袭故。庐居寒山亲墓旁，手辟荒秽，疏泉架壑，俨如图画，一时胜流争造焉，所著书几数十种，尤专精字学，《说文长笺》，其所独解也。篆书亦精绝。妻陆氏，尚宝卿师道女，博学能诗文，娴妇德，或比之鹿门偕隐，而词章翰墨远出夫子上。子均，字灵均，有志节，从父传六书之学，又从燕山僧见林授大梵字并诸字母，移日分夜，父子自相讲习，遂得其精。均没无后，其宅改为僧庐，人犹称赵坟，亦曰“报恩寺”，有老梅二株，颇奇古。

《列朝诗集》：法杲《答赵凡夫》诗：嗟君长揖谢风尘，枯木寒崖是所亲。薜荔成衣初变姓，桃花为路不通秦。居山宁着炊烟断，作事无招野鹤嗔。身寄白云心未稳，游丝飞絮亦伤人。

按，赵凡夫山居时，明人集中酬赠诗颇多，惟此诗具有棒喝之意，故特录之。

董文骥《微泉阁集·寒山赵坟》诗其一：三尺蓬根处士坟，君家书法擅鹤群。妇姑彤管兼工画，唱和青山只卖文。栏外泉含禅观月，窗间石出讲堂云。传流翰墨人间世，破宅逢僧立夕曛。其二：茅堂深凿翠微开，松色斜过复涧来。石竖四邻分负侧，云封一径透崔巍。磴排古础凌蟠木，阶俯青冥破紫苔。埋骨名山俱不朽，还将文藻问香台。

吴伟业《梅村诗集·赵凡夫山居为祠堂，今改为报恩寺》诗：高人心力尽，石在道长存。古佛同居住，名山即子孙。飞泉穿树腹，奇字入云根。夜半藤萝月，钟声冷墓门。

九月九日同友登凤山次韵

《上江两县志》：凤台山，在聚宝门内西南隅。宋元嘉十六年，有三鸟翔集此山，乃置凤台里，起台于山，号凤山，亦称凤凰台。上有凤台园，一名锦衣西园。园有古松，苍劲绝俗。下覆二石，朱之蕃题曰“六朝松石”。西园后归吴氏，尚有旧迹葆光堂、荼蘼廊、南轩、桐舫、木末亭、云深处、澄怀堂、飞虹阁、海沤亭，并松石诸胜。后吴氏亦式微，松石仅有其名而已。

按，卷二《仪园四咏》题，此可互证。

送许韵远清凉山读书

又《雨后登清凉台》。

许韵远，查无可考。惟萧士玮《春浮园集》有许韵远诗序，故录之，仅证许韵远为一能诗之人耳。

文云：诗之高妙，本无兴寄，若远若近，颖脱于楮墨之外，慧人随口鼻所至，能触而得之，才士役意匠以经营，愈营而愈不合。余友钟伯敬，神明朗悟，然《诗归》一书，不无微恨。其抉擿刻削，露其情状，虽其意不主于必尽，而不能以不尽，故文士之慧路日开，而诗人之兴寄益微。买坚之射也，拂脊摩腹，附肤落毛，竞诧以为至。然其奇妙在不中，坚亦自恨其老，适可中之耳。夫诗人锐思机神之区，送怀要眇之际，情理云互，物色相倾，欣于所遇，手追心随，其尽者初非楮墨之有所悭，而其不尽者亦非楮墨之能独留也。彼闹扫贪得，禁奢制放，断鹤续凫，相吊惟均耳。秋清气洁，手韵远诸诗，于疏柳之下，驻想流波，若举复安。余少年好作绮语，今老矣，自忏悔之不尽。僧律云：隔壁闻钗钏声，尚为破戒，况与之为目成乎。

《上江两县志》：石头山在上元、江宁两界处，即城之所据也。山半有清凉寺，以寺故，遂易石头山为清凉山。寺后有程偃孙墓，其巅即南唐清凉台故址。地势迥旷，堪骋遐瞩，城堞烟树，幂历万家。城外江光一线，帆樯隐隐可辨，江北诸山，拱若屏障，登眺之胜，甲于兹山矣。吕《志》分石头、清凉为二山，盖沿明《应天志》之误，不知称清凉者俗，而称石头者古也。

过蕴辉师，兼探吉祥寺古梅，归宿庵中，时师注《南华解》初成

按此题，顾选《诗钞》作“访蕴辉师于清凉台下，时著《南华发覆》初成”。

程嘉燧《松圆诗集·雨后蕴辉见访话旧诗》：西楼群木晓幢幢，一笑空庭印屐双。天目水来浮野钵，城头云破拓秋窗。摘蔬禅意悠悠得，投芥闲心脉脉降。却忆清凉斜日里，相逢支策见长江。又《访孔雀庵蕴辉师不遇》诗：竹堑萝垣白板扉，庭梅烂熳雪花飞。窥窗白拂仍留在，却抱孤琴下翠微。

《新安二布衣集》：吴兆《与曹能始过孔雀庵访蕴辉》诗：竹日下清晖，林深一径微。萧然瓢室静，可息道人机。汲井鸟冲出，开篱蝶绕飞。复过邻寺去，留与明月归。

林古度《林茂之诗选·过孔雀庵访蕴辉》诗：早岁闻初地，凌朝试远寻。依然一茅宇，宛在千竹林。芳草定时积，清池雨后深。对君论古迹，寂寞起幽心。

《列朝诗集》：智舷《冬日穆湖村居同蕴辉上人赋》：买得渔蓑与钓纶，天寒日暮水无鳞。浩歌一曲

知何处，犬吠芦花不见人。又《道敷同钱叔达、茅止生访蕴辉不值》诗：信汝懒常出，空还所不虞。想应入深谷，悔少问樵夫。对竹坐堪久，虚檐日欲晡。无妨拟重过，岂畏路途迂。

《今诗粹》：谭贞默《过陈眉公东佘山居，同蕴辉宿溪边三夕》诗：慰余初想入山来，刚得梅花满志开。野馆离离分水石，松崖折折出亭台。邻虚响答歌成雪，坐惯参差月到杯。为向希夷风味暖，寒溪宿艇不能回。

虞淳熙《德园诗集·赠蕴辉诗序》云：蕴辉上人，雪浪恩公之子，因明论师愚公之弟也。诗字独步，盖藏真之伯仲。持大戒，以文殊为阿阇黎，学本贤首宗而不废南衡天台之法。居燕，燕人尊信之，且指秋林为清凉境，问蒲衣童子，是我六根三业不？拗直作曲，觅路宰官，于是乎孚台主说偈赠之：秋林黄叶万村飞，扬策青狮路不迷。归自寒山诗草重，别来风穴觉花吹。戒光一片浮金凯，禅影三年浸宝池。此后得从文喜去，劫前七佛觅吾师。

按，《贤首宗乘》，蕴辉有名无传。

《百城烟水》：万寿庵在新学东狮子口，明嘉靖间僧真果移此，后鹫峰、觉圆继之，至蕴辉复兴。今均远能诗，予霖善话，为庵中之秀。据此知蕴辉曾驻锡苏州，而有宏法之绩，故虞诗云“归自寒山”也。

《金陵梵刹志》：吉祥寺古刹，在郭城东北定淮门内，北城水军左衙地，南去所统天界寺十三里。元时为天妃庙，永乐初改寺，万历间僧具庆募修。

问病诗为邹啸白

邹啸白，遍查志乘无考。此问病诗，前有《次答昙容归梁溪》诗，疑二诗同时作。因昙容归而寄诗于邹啸白，则邹啸白或无锡人。无锡邹姓为当时巨族。《县志》：邹兑金，字子介，庚午举人，生平以济人利物为事。慈云寺在县北塘，邹兑金广池四亩为放生池，环莳花竹，中为石台，构殿其上，贮大藏焉。

按，苍雪在无锡寓蓬莱阁，阁与慈云寺均在无锡郭外，苍雪或与邹兑金有因缘。邹兑金字子介，或亦一字啸白，以名兑金，可曰啸白，而无确证，姑备一说。

丙寅金陵千华庵唯识论解制

千华庵，查府、县志及《金陵梵刹志》均未见。惟按《句容县志》温葆深《宝华山志序》，称宝华山为金陵旧刹，山旧有宝志公庵，明万历间赐额曰护国圣化隆昌寺，寺有铜殿，焦竑为之记。释寂光三昧崇祯间来寺住持，鼎新殿宇，开千华之社，四方瓶钵云集，南北所历戒席百有余坛，戒嗣数十万众，讲经时数著灵异，遂为宝华第一代祖，迄今住持山寺者，均称千华法嗣云。又按《县志》，载有寂光自撰《千华社》序。又，明胡宗俊《赠千华和尚》诗“我爱千华寺”，清鲍鳞宗《登铜殿》诗“独上千华寺”，均直指隆昌寺为千华寺，盖因有千华社，而寺遂以千华名。苍雪《宝华山应见月和尚楞严讲期》

诗，亦有“无端讲社应千华”句。诗刻山志中，据此，则千华庵之庵当作寺，或当时别有一庵，而不久即废，均未可知。丙寅，天启六年。

次答徐渭友，渭友曾为僧

又《次答徐巢友十岳游归》。卷四《题松风瀑响图，送徐巢友十岳游》。

《列朝诗集》：徐颖字渭友，改字巢友，海盐人。为诸生，以诖误逃于僧。自楚归，入茅山为道士。久之复出，游江南燕洛间。好谈兵，以徐鸿客、姚荣靖自许。兵后入闽粤，不知所终。洞庭葛震甫称其诗曰：不多作，不苟作，不为应酬之作。

《炙砚琐谈》：海盐徐巢友颖，康熙初结庐茅峰，往来句曲道上，双髻道服，骑紫牛，导以孔雀，道路以神仙目之。尝作梅花诗三十首，行吟不辍，旁若无人。犹记其数联，如“空山相对静如夜，澹到溪云亦是尘”“流水在门行处冷，斜阳衔树望来空”“蜡屐此生能几两，蹇驴明日又孤村”“古干辟尘终化石空香入劫不成灰”“幽光泻作水连屋，积气凝为冰满湖”“过墙新水浴眠鹤，压屋冷云惊定僧”，真不食烟火人语也。

按，《列朝诗集》及《明诗平论》各选录徐巢友诗三首。

又按，《七十二峰足征集》：徐颖尝游东洞庭，与顾子超、吴不官为友，居灵顺宫。载余后，同子超投躯岭海，不知所终。《足征集》选诗八首。

依树结茅题赠寄林山主

又《题辙凡结茅图卷尾》。

按，依树结茅，即结茅图，题文省“图”字耳。寄林山主当即辙凡，盖初为辙凡题图，后又题其卷尾也。按道忞《布水台集》，有《彻凡禅人乞题牧牛图》一则，当即此题。辙凡盖亦方外人中有逸致者，辙当作彻，字义自胜。

次答现闻姚太史见送还滇

又《同姚太史中秋泛舟金鸡堰》，又《同姚太史灵岩探桂》。

《明诗平论》卷首姓氏：姚希孟，字孟长，又字现闻。

《长洲县志》：姚希孟，字孟长。数月而孤，事母以孝称，读书修行，负时名。万历四十七年成进士，改庶吉士。天启改元，授简讨，纂修《神宗实录》。五年，分校礼闱，得士为盛。丁母艰南还。先在官时，魏珰乱政，以千金币欲为母寿，希孟詈而出之。及是遂以缪昌期党削籍。时钩党之祸，相寻未已。希孟受伤念乱，探林屋，泛具区，思栖土室以自免，遂于墓左构室三楹，为泣血之地，精求礼经，贞难自守。会珰败，起左赞善，迁谕德。不五年，至少詹事兼翰林侍读学士。希孟在讲幄四年，多所启沃，于用人行政必三致意焉。文震孟，希孟舅氏也。希孟入翰林，震孟犹未第。后震孟大魁，甥舅同直史馆。熹宗末又以珰祸，俱归林下，至是又同起废。入朝每值讲筵，因事激发，后先侃侃，人谓酷似其舅。寻出为南都掌院，未几遘病，予告卒，谥文毅。

留别眉公先生

《松江府志》：陈继儒，字仲醇，华亭人。幼颖异，能文章，同县徐阶特器重之。长为诸生，与董其昌齐名。太仓王锡爵招与子衡读书支硎山，王世贞亦雅重继儒，三吴名下士争欲得为师友。继儒年甫二十九，取儒衣冠焚弃之，隐居昆山之阳，为庙祀二陆，构草屋数椽，焚香晏坐，意豁如也。时锡山顾宪成讲学东林，招之，谢弗往。亲亡，葬神山麓，遂筑室东佘山，杜门著述，虽短翰小词，皆极风致。兼善绘事，又博闻强识，经史、诸子、术伎、稗官与二氏家言靡不校核。或刺取琐言僻事，诠次成书，远近竞相购写，征请诗文者无虚日。性喜奖掖士类，屦常满户外，片言酬应，莫不当意去。暇则与黄冠老衲穷峰泖之胜，吟啸忘返，足迹罕入城市。其昌为筑来仲楼，招之则至。黄道周疏称：志尚高雅，博学多通，不如继儒。其推重如此。御史吴甡、给侍中吴永顺、侍郎沈演等，先后论荐，谓继儒道高齿茂，宜如聘吴与弼故事，屡奉诏征用，皆以疾辞。卒年八十二，自为遗令，纤悉毕具。

次答范玺卿太蒙见问

《启祯遗诗》小传：范凤翼，字异羽，号太蒙，扬州通州人。中万历二十六年进士，例刺州，自请改顺天府学教授，升国子监助教，户部云南司主事，管南新、济阳二仓。代尚书赵公世卿上疏，酌放军粮，全各仓浥烂之积，至六十万石。历吏部验封、考功、文选三司主事，稽勋司员外郎，乞终养。公为考功佐外计，为文选佐大选，黜陟无所回避，为党人侧目。于是里居八年，而以不谨拾遗，降长芦运判。天启初，起工部营缮司主事，升尚宝司丞，寻升少卿，皆不就。权奄用事，以东林党夺职为民。崇祯改元复原官。公自退居里中，凡东征余饷，领卖官盐，浮田上价诸弊政，与有司力争，以惠里人。会乱民变作，焚劫州中，诸大家因及公，当事者深探其狱，坐公激变，公避之南京数年，州人并走江上，迎公归旧居。十五年，奉旨起用。十七年，升光禄少卿，公坚卧不出，乙未四月卒。

与长公破关相接

又《送长公请藏归蜀》。

按，姚希孟《风吟集》有《送蜀僧登霜请藏经归邛州序》，或即此长公，而登霜其字也。请藏是一特殊事，当无同时有多人为之，故意长公即登霜耳。

过望亭雪浪师翁饭僧处

《采风类记》：望亭距浒市三十里，吴先主所御亭，隋开皇九年置为驿递，唐常州刺史李袭誉改今名。

《宝华山志》：雪浪山在山之西南，西连胡山，山石星列鳞次，半出土中，色白如江浪叠叠，月下视之，浑疑积雪，山之得名以此。西麓有庵，亦名雪浪。

《贤首宗乘》：师名洪恩，字三怀，别号雪浪，金陵黄氏子。生性超迈，高朗不群，塾师以句读督之，颔之而已。无极大师说法于报恩，师年十三随父往听，倾耳会心，留旬日，不肯去。母使父趣归，师暗袖剪于玄奘大师塔前，自剪顶发，提向父曰："以此遗母。"父含泪而归。憨山大师少师一岁，得度于本寺西林长老，同参无极，比肩握手，如连珠珏玉，见者以为无著、天亲。师留心义学，憨山缚禅枯坐，且谓南方软暖，决计北游，以练其身志，别师于雪浪庵。师苦留之，憨给师入城，遂冒雪携瓢而去。师还庵，痛哭久之。嗣后师亦游嵩、少，入伏牛，上五台，觅憨师于冰雪堆中，腰包罨饭，誓共生死。憨曰：人各有志，亦各有缘，兄之缘在弘法利生，以续慧命，不当终老枯坐。江南法道久堙，当上承本师法席，荷担嘱累，为人天眼目，庶不负出世因缘也。师然之，相与郑重而别。极师弘化比来演大疏，讲玄谈，师尽得其旨。极师迁化，次补其处。先是，南北讲肆如老塾师，墨守兔园册，口耳之间传递而已。师出，尽扫训诂，单提白文，颦呻咳唾，光明炽然。恒揭理观为入法之门，学者耳目焕然一新，如拨云雾而见晴空，闻者莫不罄快，叹未曾有。说法几三十年，如摩尼四映，一雨普沾。一时俊伟特达之士，无不出其座下。闲游杖锡，随意挥麈，四众环集，云布星罗，变山水为妙音，化林树为宝网，东南法席未有盛于此时者也。初，嘉靖四十五年，报恩毁于火，师与憨师尚幼，相向大哭，誓以兴复。憨师北游，虽在台山东海，未尝一日忘报恩也。后憨师罹难，赴南海，师见浮图盘欹，倾率众数百，行乞都市，高门悬簿，金钱云委，凡三年而竣事，寺塔一新，会计所费数万缗，惟圣母施三千金，其余皆出民间。晚年接众于望亭草庵，日则运水担薪，普济饥渴，夜则随缘说法，开导昏蒙，二利并兴，学者翕集。未几示疾，集众告别。弟子乞垂示，师曰：如空中花，本无所有，说个甚么。问灭后用龛用棺。师曰：坐死龛子，卧死棺材，相锡打瓶，且莫安排。沐浴更衣，端坐而逝，万历戊申十一月十五日也。世寿六十四，法腊五十一。弟子奉全身建塔于雪浪山。师高颡朗目，方颐大口，肌理如玉，讲演撤座，默修止观。尝于长城山中正定二日，林木屋宇皆为振动，心下如地，坦无丘陵，不立涯岸，不避讥嫌。论诗度曲，一皆随喜。鲜衣美食，取次供养，已而饭惟豆羹，卧则刍秆，舍茶则担水出汲，饭僧则斧薪执具，人以为閟现少异而不知行已有常也。尝住嘉兴楞严寺，爱其池水清佳，作精舍三楹，经营浃月，手自涂概，落成三日，飘然而去，终身不再至焉。其逍遥摆落，类皆如此。传法弟子廿余人，一雨、巢松、雪山、耶溪、明宗、蕴璞、若昧、碧空、无学、蔚然、瑞林、三明、归空、格空、心光等各分方摄化，信乎一时之盛也。

《长洲县志》：洪恩《望亭饭僧作四首》其一：借得人家隙地，中藏几树梅花。旋构数间茅屋，欲谈一卷《楞伽》。其二：隔岸长松疏柳，双溪一片湖光。夜听渔舟共语，风吹菱芡时香。其三：屋后一湾流水，门前几点青山。云去月来桥上，鸟啼花落林间。其四：添得一条略彴，如从画里行来。即此草庵亦可，何须百尺楼台。

中峰喜逢白公，夜集汰公方丈

按，此题各选本作《中峰遇夷白绥公》。

《国朝画识》引《云山酬倡》：释楚琛，字青璧。从超果寺珂雪莹公剃发，随天童密老人受具，同师住吴兴之栖云山。癸未岁，归隐超果西来堂，杜门养道，兼游情翰墨，善画工诗，径山雪老人与夷白、珂雪两兄弟，往还三十余年，青公时于座下领其謦欬。据此，虽夷白事迹无考，而与雪峤往还三十余年，亦当时方外人中有道风雅者。

己巳春，云间董宗伯诸绅以书见招于郡西白龙潭，开演楞伽，期中陈征君以佘山茶笋见饷，诸学者以诗报谢。及解制，余入山作别，征君以诗赠行，有“执香聊代去思碑”之句，且云师濒行，执香前道者数千余人，有追尾至白石山房，不及一见者，从来讲师之盛所未有也。记此，以志余愧

《松江府志》：董其昌，字元宰，华亭人。万历十七年进士，选庶吉士。礼部侍郎田一俊以教习卒官，其昌请假走数千里，护其丧归葬。还授编修，知起居注。光宗出阁，充日讲官。因事启沃，光宗每目属之。主考江西，寻有忌之者，出为湖广按察副使，陈疾归。三十二年，起为湖广提学副使，逾年致仕。光宗践祚，问阁臣曰：“旧讲官董先生安在?”乃起为太常寺少卿，掌国子监司业。天启二年，改兼翰林院侍读学士，纂修实录。奉诏至江南，采录诸司掌故，凡万历朝章奏案牍辑为三百本，其留中之疏，有切于国本、藩封、人材、风俗、河渠、食货、吏治、边防、议论可施行者，别为四十卷，仿史赞之例，每篇系以笔断，成书表进，有诏褒美，宣付史馆。三年，迁少詹事，掌两京翰林院，转礼部右侍郎。四年，充纂修实录副总裁，同知经筵，寻转左侍郎。五年迁南京礼部尚书。时政在奄贤，党祸深酷，其昌深自引退，遂谢政。崇祯四年，召拜礼部尚书，掌詹事府事。七年，进太子太保，乞骸骨，温旨慰留。章七上乃允，赐乘传还。九年卒，年八十二，赠太子太傅，谥文敏。其昌天才俊逸，善谈名理。少好书画，临摹真迹，至忘寝食。中年悟入微际，遂自名家，行楷之妙，跨绝一代。画集宋元诸家之长，论者称其气韵秀润，潇洒生动，非人力所及。

泖上应讲，因访汪希伯

《扶轮集》：汪历贤，字希伯，华亭人。

《松风余韵》：陈征君称希伯新安世家，客华亭为寓公。而《帝京景物略》《扶轮集》皆云希伯华亭人，想如今之从新安来者，久之入籍，皆如土著人也。征君评其诗曰“新”，一字足以概之矣。

陈继儒《晚香堂集·汪希伯诗叙》：吾尝与山中友人夜谈，曰：吾辈诗文无别法，但最忌思路太熟耳。昔王元美论艺，止拈《易》所云“日新”之谓盛德。余进而笑曰：孙兴公不云乎，今日之迹复陈矣。故川上之叹不曰“来者”而曰“逝者”，人能觉“逝者”为窠臼，为糟粕，而肯恋恋于已吓之腐鼠，不灵之刍狗为哉。天马抛栈，神鹰掣鞲，英雄轻故乡，圣人无死地，彼于向来熟处，步步求离，刻刻不住，此谓真解脱，此谓真喜舍，此谓日知其所无。右军万字各异，杜少陵千诗无一雷同，是两公者，非特他人路不由，即自己思路亦一往不再往。嘻！此吾所以重赏于希伯也。希伯，新安名家，客华亭为寓公。杜门苦吟，其思路甚异，众人近者使之远，夷者使之险，澹者使之隽。盖诗道之至新也，新则变，变则传，何疑？若夫穿天心，射月胁，腾玉价，走珠声，人与骨皆已朽矣，我希伯能之而能不为者也。

同姚太史中秋夜泛舟金鸡堰

《苏州府志》：金鸡堰在葑门外。按志图，则湖作河，误也。他书及诗文集均作湖，今人或称金姬湖。有湖即可有堰。又《府志》金泾桥注云：在葑门外金泾堰界。民国《吴县志》第二十卷：金泾湊，一名金鸡湖，在县东十余里，南为独墅湖。又独墅湖在葑门外东南十五里，北连金鸡湖。

按，《吴县志》之金泾湊，即府志之金泾堰，又以金泾湊为金鸡湖，则泾之即鸡可知，盖方音之近似耳。

次答安无咎入山看枫叶见过中峰不值

《无锡县志》：安广誉字无咎，希范子。不事绳检，而文采宕逸。与弟广生并工于诗，兼善书画。门人张慥亦有名。族人夏，字大己，诸生，善诗。鼎革时文文肃震孟子乘死，夏保其遗孤，隐居吴县之木渎。

雨后登芙蓉山探杏花

《无锡县志》：芙蓉山在县东北二十五里，周八里，高三十丈。清明节，士女咸集，故又名清明山。上有二土邱，曰龙井峰、天乙峰。有石高六七尺者二，俗呼石公、石母。二石对峙，中通人行。又有石曰“金鸡”。山之西麓有田一规，名弹子邱，中有土垅，圆转若弹丸，人不敢近垅而锄，以为锄辄有蛇虺出焉。当芙蓉湖未湮时，兹山盖近在湖上，故因湖以为名。又，芙蓉湖在县西北隅，古名无锡湖。然自昔或坡而田之，宋以来田者浸广，故元《志》已云湖之经界漫不可考。至明，巡抚周文襄忱大治圩田，而湖始尽湮，所谓“芙蓉圩”是也。其间港汊纵横，多为堰闸。

葛一龙《葛震甫诗集·芙蓉山看杏花》诗：山以秋为盛，今来独不然。数家同税地，一望可名天。花淡经初雨，村寒逼禁烟。城中有好事，就饮只携钱。

周文斗自甬上来，陆敬身以诗见寄次答

《甬上耆旧集》：周应辰，字斗文，号绿庄。性疏散，不事修饰。初为诸生，工诗。家在西村，去郡中十里。时入城，辄馆双湖上，与诸词客唱酬。壮岁游京师，再客白下，有《两京集》行世。慕豫章山川，过吉水，游于邹南皋先生之门。晚年合删其诗六百首，名曰“绿庄诗采”，闽人林茂之叙之，谓：诗家色不古则近媚，骨不坚则近柔，徒事一时，不足千载，惟绿庄诗色古而骨坚。

《续甬上耆旧集》：陆宝字敬身，一字青霞，学者称为中条先生。少喜为诗，屠仪部、余太常、沈尚宝诸公引为小友。京洛诗人如葛震甫、汪遗民、林茂之唱和最多。己巳以边事请缨自效，论者壮之，思宗优诏报答。已而母老乞养。先生家素封，然其风流蕴藉，绝不以家事关怀。乙酉、丙戌之间，输饷助军而不受官。国亡，遁入碧溪之上，憔悴行吟以卒。年过八秩，诗逾万首。读其晚年诗，国事君仇惓惓魂梦，放笔不讳，故虽经开雕，未尝轻以示人。初集曰“霜镜”，次集曰“辟尘”，三集曰“悟香”，“悟香”皆汐社之音也。先生南轩藏书甚富，为范氏天一阁之亚。

按，《明诗综》陆宝有《周斗文自易水归纵谈燕太子及荆高遗事》诗，此可证周斗文与陆宝友，此题斗文误作文斗。

又按，此诗，顾选《诗钞》题为“次答翁仲谦”。

《松陵诗征》：翁逊字仲谦，一字元明。性孤介，终其身未尝就人一食。至交如顾茂伦、徐介白辈招之，必观某诗某画，始一往，见匕箸必起也。所居湖浦草堂，近江枫庵，与诗僧指月善。没后，指月藏其遗稿，今散失尽矣。

指月《祀翁仲谦》诗序云：丁酉暮春，斋中独坐，忽忆故友翁仲谦，不觉涕零，聊为设祀，哭之以诗，时三月二十九日，是十载忌辰也。诗云：君时恸哭太湖东，身世飘零似转蓬。不谓一经垂白首，竟遭五马渡秋风。生平歌啸幽明隔，畴昔艰危出处同。十载莺花犹溅泪，西台涕泗自无穷。

周安《过指月上人江枫庵怀故友翁仲谦》诗：翁生介节士，自昔寄禅关。诗律中年细，穷愁旅鬓斑。竹窗留白月，夜雨暗秋山。蹭蹬风尘日，思君泪欲潸。

吴锵《吊翁仲谦》诗：死生契阔十余年，江上谁看墓草芊。几见故人青眼后，独怜红树夕阳边。爱山每入宗雷社，结客常留字画钱。每忆旧游惊老大，低回泪落酒垆前。

夏日携佩子、奚童过天庵藕花居

按，补编有《己卯秋元叹奉倩子羽雨宿一滴斋，同汰公、道开、佩子分韵》五律一首。

严熊《白云诗集》有《新秋侍大人藕花居雨过纳凉》诗，又《藕花居同潘大也学博》诗，前数句云：荒园枕湖湾，诛茅自吾祖。手种广池莲，玉井不足数。平生得意物，堪与周鼎伍。临没遗手书，谆谆授吾父。自注：先祖中翰公捐馆时，遗命云：文王鼎、藕花居是我生平得意之物，栻当得之云云。

按，《常昭合志》：严熊父栻，栻父泽。泽父讷，明世宗时大学士，参机务。泽，万历中官中书舍人，为人豪侈好义，挥斥千金不惜。栻登进士，知信阳州，丁艰服阕，起为兵部主事，未赴，有别业在锦峰山麓先祠旁。

又按，《虞山胜地纪略》：锦峰书院，严文靖公祖茔也。楼阁崇丽，花竹繁植，春时游人肩摩踵接，前可舣舟。两旁居民，稍成聚落。院后旧有望湖台，凡三层，修竹拥之。登者从竹杪寄眺，吞吐烟波，拄颊西爽，眼界奇绝，今坏不修。据此，则锦峰山麓之祖茔，当即别业所在，亦即藕花居所在，盖别业中之室名也。此题藕花居有“傍岩架屋，身外不留长物”语，似属严氏之藕花居。此诗或藤溪休夏时作。

按，佩子与汰公、道开同列，而不列于元叹等，则为当时僧众之一。

《西湖游览志》：藕花居在净慈寺前，洪武中净慈僧广衍建。衍以博学，征修大典，归老于此。此题藕花居或属西湖，而天庵或人名，盖当时寓藕花居之主人也。

答魏雪窦见赠次韵

《续甬上耆旧集》：雪窦山人魏耕，原名璧，字楚白，甲申后改名，又别名甦。本慈溪人，少失业，学为衣工于苕上，然能读书。有富家奇其才，客之，寻以赘婿居焉，因成诸生，国亡弃之。先生所交皆当世贤豪义侠，讲求大节。与于苕上起兵之役，事败亡命走江湖，妻子满狱中，弗恤也。久之事解，乃与归安钱缵曾居苕溪，闭户为诗，酷嗜李供奉，长洲陈三岛尤心契之。东归游会稽，有张近道者，好黄老管商之术，以王霸自命，见诗人辄唾之，而其里中朱士稚与先生论诗极倾倒，近道见之亦辄痛骂不置，然三人者交相得，因此并交缵曾、三岛，称莫逆。先生又因此与祁忠敏公子理孙、班孙兄弟善，得尽读澹生堂藏书，诗日益工。然先生于酒色有沉癖，一日之间非酒不甘，非妓不寝，礼法之士深恶之。惟祁氏兄弟竭力资给之，每先生至，辄置酒呼妓，而朱、张、钱、陈数公左右之。久之，先生又遣死士致书延平，谓海道甚易，南风三日可直抵京口。己亥夏，延平如其言，几下金陵，已而退军。先生复遮道留张尚书，请入焦湖，以图再举。于是复有刊章之捕，缵曾以兼金贿吏，得稍解。癸卯，有孔孟文者，从延平军来，有所求于缵曾不厌，并怨先生，以其蜡书首之。先生方馆于祁氏，逻者猝至，被执至钱塘，与缵曾俱不屈以死。粤人屈大均不可一世，独心折先生之诗，尝曰：平生梁雪窦，是我最知音。一自斯人死，三年不鼓琴。是矣。大均盖尝再从先生寓鄞云。

卷三下

中峰大殿落成，呈湛持文相国及诸檀护四首

又《和文相国快雪》诗。

《长洲县志》：文震孟，待诏征明曾孙也。初名从鼎，字文起，号湛持。弱冠举于乡，十上礼部，至天启二年成进士，廷对第一，授修撰。时太监魏忠贤擅权，禁讲学，兴党议，谋尽斥正人。震孟上疏，言勤政讲学之实，必君臣相对如家人父子，则左右近习无缘可以蒙蔽。又言，空人国，逐名贤，不减唐宋清流伪学之禁。忠贤览之，怒摘疏中语为讥讪，矫旨予杖，辅臣力救免，得降调。未几以孙文豸《步天歌》事，株累削籍。《步天歌》者，哀熊廷弼诗也。震孟未第时，读书竹坞中，至是归居吴赵之青瑶屿，与里中周顺昌及甥姚希孟砥砺志节。既顺昌被逮，震孟自度不免，预经理家事，俟缇骑至，即自裁，后竟未及于祸。崇祯改元，复原官，进中允、谕德，充日讲，兼纂修官。见《光宗实录》皆逆党崔呈秀辈所修，是非乖舛，贤奸莫辨，条列所宜改正数条，疏入，帝御平台召廷臣议，温体仁、王应熊辈力争，然邪说不胜，卒如震孟所奏。其在讲筵，讲君使臣以礼章，反复规讽，帝即出尚书乔允升、侍郎胡世赏于狱。一日讲《尚书·五子之歌》，至为人上者，奈何不敬。帝时以足加膝，闻其语，即以袖掩之，徐引下。其严惮如此。故事，经筵缺《春秋》，帝以关治道命，择人进讲。震孟讲至"宰咺归赗"，言咺位六卿之长，而坏法乱纪，自王朝始，焉用彼相。大臣为之侧目，天子颔之。八年七月，升少詹事，旋进礼部侍郎兼东阁大学士，入阁办事。先是，吕纯如为魏忠贤党，已定逆案，后交结吏部，欲借边才起用，震孟纠之，与体仁不和。继又论梃击、红丸、移宫三案不合，方谋中伤，而未有隙。既同入值，因深衷俟之，每拟旨，必商之震孟，震孟疏略，不及防，后借许誉卿事倾之，遂落职。许誉卿者，故劾魏忠贤者也，官给事中，震孟欲用为南太常。体仁嗾尚书谢升诬誉卿通震孟姻亲申绍芳营求美官，体仁拟削誉卿籍。震孟曰：科道为民，极荣事也，公玉成之矣。体仁露章，揭此二语，帝怒，逐震孟归。在内阁止二阅月，归甫半载，值姚希孟卒，哭之恸，未十日亦卒，无恤典。又四年，诏复职赠官，后追谥文肃。

按，此题第一首后自注：南峰寺额昔为裴相国休手书，今中峰禅院乃文相国笔也。第二首后自注：古井传为支公手凿，得之一片荒榛中，此外别无所有。第三首后自注：殿柱阶梯皆巨石，采之本山者，乃神人梦指得之土坑中，故引，东林异之。第四首后自注，山为王文恪公所有，四传而至伯真君，不以为松楸，仍还佛地，其殿上乃寒寺长老西沉独力所造。

径山语风老人过访，集南来堂分韵得花字

按，《径山志》卷十二静室类"千指庵"下注云雪峤大师建塔在语风居，则知语风居亦为静室之一。静室类下跋云：是山静室，盛于唐，衰于五季大慧，中兴于宋之绍兴、隆兴间，众不下万指，穷参

力究者满山谷。至元稍替，入明嘉隆间仅存古殿僧寮，求所谓静居别室，励志精修者，寥寥罕遘矣。万历初，有古道、仪丰、化仪诸禅德诛茅筑室，至皇上赐藏时，已成三十余处。司李为绘图以进，从是渐增，迄今不能尽载云。又法侣类，古道禅师笑岩弟子为刻《笑岩集》行世。创静室于文殊台，力参大事，径山静室之盛自师始云。

《鄞县志》：圆信号雪峤，一曰语风，鄞朱氏子，与圆悟同师。尝行秦望山间，瞥见"古云门"三字，一旦开悟，遂结庵于武康之双髻峰，立万山中，遇虎不为害。凡四坐道场，终生不付一弟子。手携藤杖甚古，或见之以为难得，信笑曰：小大魔王动以主杖拂子传人，十年之后，此物不中打狗。谓密云及通容也。顺治四年，结跏而逝。将示寂，见担粪者过，呼之前，授以拂子曰：拿去赶苍蝇。其特立如此。十七年，诏赐金五百两，修藏塔。

李邺嗣《甬上高僧》诗：吾乡雪峤老人，高风绝尘，离离在云气之表，人与诗俱极似中峰，时称其山居、题画诸诗，空青遥碧，澹不可收，如气之秋，如月之曙，即在诗人口中，亦是王维、常建极佳处。宋人论诗，谓能从妙语入，乃为上乘。然余读一时宗门诸公诗，翻多黏滞近小乘人语，意中未尝一满，至读老人诗，始可谓妙语，始可谓得第一义者也。诗家每言方外诗，不宜逗出本色。若老人全以清净妙心转作文句，正其天然本色，独妙古今矣。所录雪峤诗有《语风居》七律一首：不把精神逐块忙，深居岩畔好商量。垂垂穿屋青藤细，忽忽倦思绿树凉。雨气暗消苍术火，人情渐觉葛衣香。案山尽兴谈风月，使得成群野鹿狂。

《明诗平论》:《自扃双径参雪峤大师》诗：秋气苍茫径乍升，遥通天目见崚嶒。百千万仞窥其顶，八十余传到此灯。睡虎未醒冈月堕，冻猩初语竹烟蒸。欲探师道何从入，一幅溪声卷剡藤。

和元叹黄蔷薇

《吴郡名贤图像赞》：徐波，字元叹，吴县人，诸生。工诗古文，竟陵钟惺见而惊赏，以为古人复生，缔交甚厚。甲申冬，马士英擅政，将以清职罗致，公拂衣竟去。归隐竹坞，筑落木庵以居，中有洗句池。年七十四卒，即其居葬焉，著述多淹没，仅有《谥箫堂集》数卷行世。公遗照今藏葑溪海会庵。

《池北偶谈》：吴中诗老徐元叹，康熙初，年七十余尚在，居天池落木庵，与中峰、灵岩二高僧善。牧斋寄诗云："皇天老眼慰蹉跎，七十年华小劫过。天宝贞元词客尽，江南留得一徐波。""落木庵空红豆贫，木鱼风响贝多新。常明灯下须弥顶，雪北香南见两人。"自撰《顽庵生圹志》云：夙喜登陟，而筋力遽衰，未废吟诗，而发言莫赏。又尝为《落木庵记》云：崇祯癸酉，与竟陵谭友夏，在其弟服膺署中，晓起盥漱，见余白发盈梳，曰：子从此别计必住山。请择嘉名以名其居。服膺出幅纸，请作擘巢大字，友夏为书"落木庵"。今三字揭诸庵门，松柏数株，撑风蔽日，元冬霜夜，萧萧而下，双童缚帚，扫除不给，斋厨爨烟，皆从此出。事之前定如此。

按，续编卷三《柬落木庵主元叹》题，陆汾原注云：元叹无子，弘光朝曾三辟不就，鼎革后隐于天池山莲华峰下落木庵。

送玄閟法友归蜀三首

按此诗之第三首，选入《明诗平论》，为《菩提庵留别若镜、净目二友》三首中之第三，第一、二两首均为十二侵韵，第三首则一先韵，前二首叙留别，后一首送二人中之一人归蜀也。此刻本既题“送玄閟法友”，玄閟当即净目，盖若镜、净目均蜀人而来吴者。若镜，详卷四《文照还蜀》题。

寄怀贵阳谢君采二首

《黔诗记略》：谢三秀，字君采，一字元瑞。其先自南直扬州兴化来，为贵州前卫官，遂著卫籍。《省志》云贵阳人，盖以卫人附府学。《明诗综》云贵竹人，则当时贵州通称也。《志》云：君采天才卓越，博览群书，早有令誉。为诸生时，巡抚郭子章、副使韩光曙皆深器之。晚以明经起家，三任教职，旋弃去，为万里游，历览山川，与东南大家建词坛旗鼓，有“正始遗音，天末才子”之目。著《雪鸿堂》诸集行世，其他行迹皆不可得详矣。贵州自成祖开省，讫于神宗，阅二百年，人才之兴媲上国，而能专精风雅，隽永冲融，驰骋中原，卓然一队，虽前之文恭，后之龙友滋大，未有先于君采者也。《雪鸿集》千余篇，屡访不可得，仅得《远条堂小集》，曩曾碎拾他见附之，山阴王介臣为刊以传。同治初元，客皖口，乃得陈允衡伯玑《诗慰》所录七十四篇，因以《远条小集》为上卷，以《诗慰》增出合碎拾者为下卷，于全集盖略具十之二，亦足以传君采矣。

按，王介臣所刊《雪鸿堂诗》，莫友芝为之序，言其诗冲和之音，澹憺之味，苍润之色，初若易至，索而愈遥，故其时公安、竟陵先后提倡诗道荆棘，而先生崛起万山中，排脱习染，悠然高举，非其中有得之深者而能然耶。

怀支公陈质先社约

按此题，顾选《诗钞》作“怀支公”，下注：陈质先社题《感旧集》。陈式字质先，又字二如，江南桐城人。

《桐城县志》：陈式字二如，号问斋。文笔骏伟，屡荐不售。授经里中，门下士多高第显官，耽著述，多未就，有《问斋杜意》二十卷。

钱澄之《田间诗集·雨中同左子直、子厚过陈二如呼饮，二如后至》诗：负郭双扉辙迹新，吾徒老去几交亲。入门作馔呼中馈，踞榻狂歌待主人。雨骤独留元直住，尊开未觉阮家贫。厨前鹿脯难逃算，自诧公明术有神。又《数过潘伯鸾小饮与陈二如剧谈》诗：南楼深巷隐双扉，每访潘生尽醉归。讲《易》超超迎妙悟，谈诗往往合禅机。日斜川上收虹饮，雷过城头挟雨飞。不有所至思想之，超有非俗流比者。

按此题，陈质先是即桐城人陈式否，自难确定。

《国朝松陵诗征》：陈式字质先，明庆府长史良谟子，县学生。选《早秋晚步》五律一首。

《停云集》：周永年《西郊过顾茂伦、陈质先》诗：游渐稀同辈，年惟畏后生。君能不贱老，我尚足闲行。平野随云尽，归途与月迎。诗情容易发，谁敢共秋争。

据此，则陈式为吴江人，或侨居桐城者。《龙眠风雅》搜集宏富，独无陈式诗，则或以非桐城人，而选诗不及之，王士祯则以陈式侨居桐城，而遂以为桐城人也。惟《桐城县志》，陈式无质先字，则桐城之陈式或非吴江之陈式，《感旧集》所记误合三人为一人，而此题之陈式，则为吴江人无疑。

夜泊皂林

《桐城县志》：皂林镇在县北九里，宋时有寨，元明皆置驿于此，居民夹运河为市，户口蕃庶，商贾云集，本一雄镇。明设巡检、驿丞两员，皆有官署，县中于此建便民仓焉。自元至正间，张士诚据苏州，以攻嘉兴，元将路成驻此御之。嗣常遇春破士诚于此，始遭兵燹。然自宣德间，桐乡分县后，此为襟喉之地，颇称繁盛。四方舟楫往来停泊，张灯夜市，为河路之要津。至嘉靖三十五年，倭围邑城，参将宗礼战没于此，遂为战场，庐舍渐废。迨国初郑成功兵出此间，燔毁民房略尽，遂至一过为墟。旧设皂林驿，后改设石门县，南门外而仍其名。康熙间移巡检于青镇，遂为村落矣。

《嘉兴府志》：宋钱惟善《早发莳门得风抵皂林》诗：白龙庙前风浪生，扁舟初离阊阖城。婵娟霜月雁千里，颠倒衣裳鸡五更。橹答渔歌江入梦，帆迎野色树移程。苇间何限秋萧瑟，愁绝胡茄出塞声。据此，知皂林为苏杭间水道必经之地，由来已久也。

《过日集·徐行舟泊皂林》诗其一：日暮烟村密，风寒江水澄。舟维桥畔石，花落旅中灯。荒乱余桑柘，萧条见友朋。故乡渐渐近，翻觉泪痕增。其二：闲行江岸曲，不是问桑麻。落叶他乡梦，孤舟游子家。戍寒慵击柝，俗变学吹笳。酒尽征衣薄，篷窗乱雪花。按，此二诗，当为清初郑成功过兵后作。

丙子秋，以中峰玄谭讲期，过皋亭月明庵礼请汰公

《杭州府志》：皋亭山在浙江杭州东北二十里，山高百余丈，有水瓮及桃花坞。元至元十三年，进军临平镇，次皋亭山。明初李文忠取杭州，遣将茅成驻此。

按，补编卷二有《柬皋亭汰公屡负桃花之约》题。

《湖壖杂记》：湖墅有三胜地，西溪之梅，皋亭之桃，河渚之芦花。河渚芦花名曰秋雪，西溪梅名曰香雪，则皋亭之桃亦可名曰绛雪矣。又跳鲍老，儿童戏也。徐天池有《玉通禅》剧，此亦戏耳。而孤舟山下有柳翠墓，神道路侧有月明庵，郡城中有柳翠井，遗迹昭然，非徒戏言无据也。考绍兴间，有清了、玉通者，皆高僧也。太守柳宣教履任，玉通不赴庭参，柳恶之，使红莲计破其戒。玉通羞见清了，

即留偈回首，托生于柳，誓必败其门风。宣教没，翠流落为妓二十余年，与清了遇于大佛寺，清了又号月明，为之戴面具为宰官身，为比丘身，为妇人身，现身说法，示彼前因，翠即时大悟，所谓月明和尚度柳翠也。今俗传月明和尚驮柳翠，灯月之夜，跳舞宣淫，大为不雅。然此俗难革，为父老者盖教儿童改作度柳翠之故事，剧场关目，一如《四声猿》戏中所演，庶足以垂戒而儆俗乎。

梅花庵即吴仲圭自篆碑文梅花和尚墓

《铁网珊瑚》：梅花道人者，嘉兴吴镇仲圭也。尝预题其墓曰“梅花和尚之塔”，后葬于是。元末嘉兴被兵，墓多发掘，仲圭墓获免。

《嘉善县志》：梅花庵在县治东梅花里北，元隐士吴仲圭墓。明万历间生员袁士鳌等为建庵守之。天启间，邑绅钱士升捐资，僧明松建锦墙珉砌。

又《县志·隐逸传》：吴镇字仲圭，性高介，少好剑术，读《易》有悟，乃一意韬晦，效君平卖卜。既而厌之，潜迹委巷，绕屋植梅，因自号梅华道人。工诗翰，善画山水竹石，每题诗其上，当时称为三绝。有势力者求之不得，惟贫士则慨赠之，使取值焉。同时倪瓒、杨维祯辈，皆风流纵诞，广延声誉。镇独隐匿穷乡，日与羽流衲子为群。元至正中卒，年七十五。盖有道隐君子，而后世乃以画掩之也。著有《梅花庵稿》，多散佚，钱孝廉棻辑遗墨行世。

《感旧集》：魏允聃《吴仲珪墓》诗：咸淳之末宋事非，诸陵毁榻魂无依。玉匣珠襦启幽寝，古人白骨将安归。橡林处士有遗墓，自署沙门植梅树。虚冢不羡祁连山，残碑尚立青松路。蹂躏曾无樵牧歌，斧斤自远匠石顾。阅历沧桑三百年，慕君高节爱逃禅。已传绘事冠当代，还将《易》数推先天。君臣大义委草莽，子孙中落无墓田。胥塘诗绕昌蒲浦，丙舍荒凉属谁主。桃李春飞寒食烟，梧桐秋落重阳雨。君不见，六陵鬼哭蔓草平，此地犹存一抔土。

和云度月夜坐葡萄架下

又《云度山堂新建》。

《明诗平论》：性筏，字云度。选《野庵早起》一首：鸟啼春树晓，自起扫柴门。人语桥头市，鸡声雪后村。暗黄流井脉，细绿长莎痕。已有山农过，阴晴与共论。

黄淳耀《陶庵集·云度上人别久过访》诗：筏师别我岁屡改，勇割天亲住南海。黑风罗刹不得侵，一片袈裟作重铠。今年瓢钵来叩关，乃知筏也归吴山。为言海浪大如屋，金毛玉髻何时攀。却到吴山访耆宿，有茅可诛笋可劚。巢鸟聒聒竞栖檐，猛虎依依来暖足。以兹卓锡在山腰，忽忆遗民是故交。一宿人间桑树下，他年候汝虎溪桥。我听师言深感叹，老我犹歌白石烂。欲依佛日未离家，空误儒冠难靖乱。师言此事且勿论，留诗一卷清心魂。诗心禅骨良有以，得似冰梨沁牙齿。江南昔有沕季潭，君步前人从此始。

《梅里诗辑》：郑公玄字子康，号云渡，士奇长子。云渡以儒皈释，结庐村南，弁曰秋亭，焚修其内，居然老头陀也。朱欠庵诗：远依林壑结秋亭，老眼茫茫见独醒。苦向红尘招失路，喜从白社听谈经。芝兰春到华堂馥，松柏霜留晚岁青。谷口逃名元是郑，千秋常照少微星。褚啬斋诗：土积蓬编一小亭，萦回涟水映疏棂。月明漏永梵音散，几度秋声静里听。秋亭后作僧居，今不可考。

按，此题“云度”，当即郑公玄，“度”“渡”通用，《梅里诗辑》选云渡诗三首。

和刘太史晋卿闽游咏荔枝

《东林列传》：刘同升字孝则，一字晋卿，江西吉水人。少有至性，居父应秋丧，邹元标来吊，见其哀毁，语人曰：吾侪讲学不如刘孝子之一哭也。时遂称为“刘孝子”云。读书刻励，以古人自命，文非班马，书非钟王，勿好也。屡困场屋，有谓不宜专力于古者，弗应。久之至天启辛酉举于乡，上疏为父应秋请恤典。戊辰再上疏请易名，赐谥文节。甲戌删《宋史》，期以三年。辛丑，上春官，箧无他卷，携《宋史》自随而已，同行者私窃诮之。是年登进士第一，盖思宗特擢之也。在翰林独行己志，黄道周曰：刘殿撰养其身以有为，中立不倚者也。然小人辄指曰，此东林之余波也，将大不利于国家矣。戊寅，杨嗣昌夺情入内阁，服绯上任，诸臣交章劾之，俱被严旨申饬。同升愤然上疏，谪福建按察司知事。遂至东林讲学，月余而往。壬午召复职，未赴。甲申，闻思宗殉社稷，一恸几绝，卧病吐血卒。所著有诗文二集，《删改宋史》《五经四书注大全合编》《明名臣传》《明文选》《明诗选》《文苑英华删选》《金陵游览志》《音韵汇编》《金石宝鉴录》等书行世。

《复社姓氏》：刘同升字晋卿，一字孝则，祭酒应秋子。崇祯丁丑赐进士第一，授修撰。杨嗣昌夺情入阁，同升上疏以为不可，上怒，谪福建按察司主事，移疾归。廷臣屡荐，将召用，而京师陷。福王立，召起故官，不赴。明年五月，南都不守，江西郡县多失。同升携家将入福建，止雩都，唐王加为祭酒，乃入赣州。偕杨廷麟复吉安、临江，加詹事兼兵部左侍郎。同升已羸疾，日与诸大夫讲忠孝大节，闻者咸奋。廷麟请与同升抚南赣，十二月卒于赣州。唐王赠东阁大学士，谥文忠。

次答桐城方密之见赠，时寓虎丘二首

《龙眠风雅》：方以智字密之。九岁喜属文，十五通十三经，《史》《汉》诸书皆背讽。比冠，著书数十万言。与陈公子龙力倡大雅，复社诸公皆以声气名节相推。崇祯己卯举于乡，庚辰成进士。会中丞公抚楚，忤时相被逮，公控疏请代，膝行沙墀中两年，卒获赐环。壬午，授翰林院简讨。公素愤时弊，欲痛陈之。适李贼破潼关，乃慷慨请缨。范公景文复荐之，召对德政殿，至夜分，直言不避讳忌，上抚几称善，欲超用之以执政，格不行。贼陷京师，梓宫陈东华门，公往伏地哭，为贼执拘囚廿余日，峻刑楚毒，两髁骨见，至死不污。既南奔，值仇憝柄国，遂流离岭表，十召不受宰相。庚寅，披缁为僧，粤破被絷，环以白刃，终不屈。晚遭患难，谈笑自若，卒于万安。临终犹与门人讲道，语不及世事，惟以未卒业诸书，命少子中履踵成之。风雨大至，遂瞑。公博览群书，天人、礼乐、象数、名物，以及律历、医药、声音、文字、书画、卜算，靡不精研。所著凡数百卷，诗文奏议丧乱后多散佚，诸子搜求之四方，编成四十卷，分前集、后集、别集，总名之曰《浮山全集》行世。公读书深识力厚，才大笔老，故能驱使古今，奇正因创，各极其至。其论诗主于内发性情，外娴节族，所谓中边皆到，舍声调字句，雅俗可辨之边，则中有妙意无所寓矣，故词为边，意为中，而词与意皆边也。素心不俗，感物造端存乎其人，千载如见者，中也。必陶铸骚雅，蒸涪汉魏，然后可与解衣盘礴耳。说见《稽古堂诗说》。

过访钱虞山北归二首

按陆汾原注云：牧斋于崇祯年间，曾撄圣怒归里。

《昭文县志》：钱谦益字受之，号牧斋，万历庚戌第三人及第。旋丁外艰。里居十一年，始诣阙补官，典浙江乡试，历左右春坊。坐钱千秋关节事，移病去。寻补詹事，魏奄罗织杨、左之党，削籍归。崇祯改元，召为礼部侍郎。荷枚卜，乌程温体仁抨击之，又削籍。居九年，邑民张汉儒受乌程指踪，飞章诬讦，急征下狱，事白，逾年始放还。后又起为礼部尚书，颠顿仕途，立朝不满五载。当时忌嫉之口，大抵谓其把持党局，遥执朝政，然得谤而名亦随之。追南都再用，而论者有“远志小草”之讥矣。其学地负海涵，其文体大思精，辟何、李之榛芜，启钟、谭之幽陋，起熙甫于荒江寂寞之滨而尸祝之，使天下操觚家朗然共识正途。其散华落藻，卮言謏语，时出入于齐梁，资助于佛乘，要皆指事会情，融释变化，萧伯玉所谓尺寸必谨成法，无不停当者也。志成《明史》，绛云楼火，典籍煨烬，殆有天焉。按钱谦益于清兵入南都时，迎降事迹，别详《贰臣传》。

游琴川瞿氏园

《常昭合志》：瞿文懿公宅在广义桥西巷，有额曰“昆湖先生里”，有宝思堂、驱娑馆。孙忠宣公构一斋曰“耕石”，因爱畜沈石田画以名。又春晖园，在阜城门外拂水岩左，亦瞿忠宣别墅，亭馆丘壑并饶佳致，后为曹节妇祠，今废。

按此题“瞿氏园”，当即春晖园。

康熙《苏州府志》：琴川在邑治中，自北而南，有渠七道，横亘其中。昔人凿此，以疏泄山水，岁久渐塞，甚有跨梁为屋者，方在疏浚，以复旧观。

查慎行《敬业堂集·留守瞿相国春晖园》诗：不知颓废自何年，一片伤心到目前。战后河山非故国，记中花石尚平泉。烟埋寒碧迷芳草，血染春红化杜鹃。狼藉南云凭槛外，愁看白日下虞渊。

喜子羽冒雨入山，次早即同出山

按《百城烟水》引此诗，题为“喜黄子羽冒雨入中峰，次早即同出山”，惟钞本作“喜子羽冒雨入山，期次早放舟同入□□”，“同入”下缺二字，当属某山之山名。诗第四句，钞本作“已到山中更入山”，以文义言，若出山则不当用更字矣，故从钞本为是。盖此题因有脱字，而人便擅为涂改，题既改入山为出山，诗亦改入为出耳。

期周云岫道人不至

《苏州府志》：周世德字云岫，长洲唯亭儒家子。幼丧父，礼邓寄虚为黄冠。年二十，从龙虎山夏北衢学清微五雷祈祷祛邪治病诸法，精通道典。时遇水旱，祈祷无不感应。又尝应郡绅李模、申绍芳之请，讲《道德清静经》于福济三茅诸观，侍听者动以千计。张真人洪任赐额曰“可以宏教”。年六十二卒。

《百城烟水》：卫道观，元初邓道枢建，康熙丙午，法师周弘教重开山。郑敷教有记云：先是，堂中有额曰“可以宏教”，五十三代天师张洪任赐本观法师周世德者，后十余年而周君兴后院事，恰应其名，或以为有先几云。徐崧《重过卫道观悼周云岫法师》诗：五千传后玄言尽，谁与人间一指迷。月到讲坛钟渐歇，春来仙院鸟频啼。白云影里挥松麈，翠袖光中曳杖藜。今日重游君不见，洞房尘锁草萋萋。

辛巳，久寓菩提庵，留别若镜、净目二友二首

按，《贤首宗乘》目录，有若镜法师而传缺，如惟汰、如明河法师传，称弟子七人，而若镜其一也。净目无考。惟补编卷三《菩提庵大殿落成赋赠远主净目》诗，陆汾原注云：菩提庵在苏州阊门外渡僧桥北，南北逼两濠，西近东西二园，内多茂竹池塘。据此则知庵之所在，而净目曾主此庵耳。若镜见卷四《文照还蜀》题，净目见前《送玄闼法友归蜀》题。

过访李仲木文学，读书法螺庵

《复社姓氏传略》：李楷字仲木，崇祯壬午举人，清顺治中任工部员外郎。

曾畹《曾庭闻诗集·与李仲木后板厂述旧》诗：锦帆深处旧时情，坐看桥头春水生。伯仲乱来齐好佛，亲知老去渐忘名。鸡头岭外花前发，鹦鹉声中夜半行。我与君交吴越久，不闻羌笛不伤情。第五句自注：李旧守宁羌州。

《箧衍集》：吴伟业《送李仲木出守宁羌》诗：君到山南去，兴元驿路长。孤城当沮口，旧俗问华阳。稻近磻溪种，鱼从丙穴尝。残兵白马戍，废坞赤亭羌。铁锁穿天上，金牛立道傍。隗嚣宫尚在，诸

葛垒应荒。往事英雄恨，新愁旅客装。七盘遮骆谷，十口隔秦仓。黑水分榆柳，青泥老骕骦。不堪巴女曲，尚赛武都王。

《百城烟水》：法螺庵，度岭沿涧，径绝幽秀，曲如旋螺，故名，内有二楞堂。

次赵太守赤霞饯春韵，送王惠叔还江宁

《莱州府志》：赵士冕，字赤霞，士哲从弟也，以超贡任镇江守，誉流江介。早岁豪宕，喜交游。去官归里益好客，有置驿投辖之风。诗清穆，别具逸致。在润州携士哲诗校正授梓，并倩钱虞山宗伯为序，陈皇士为立传，俾士哲一生节义文章大著人间。又诠次本朝诸家诗，名《鼓吹集》，脍炙艺林。

《渔洋诗话》：赵士哲字伯浚，掖县人，副都御史耀之子。甲申后，避登州之松椒山，遂不归。与弟子董樵耦耕海上，著《石室谈诗》《建文年谱》《辽宫词》各若干卷。弟士亮、士冕皆能诗。

施闰章《愚山诗集·东莱赠赵赤霞太守》七古诗，自注：赵尝守润州，为处士顾与治完逋赋，士类多之。

《顾与治集·赵赤霞使君五十初度》诗：南徐郡里传遗爱，北固山前走瓣香。急难不知贫逆旅，还家只有满诗囊。逢佳山水归心缓，携好宾朋静日长。闲到白头欢到老，百年余万八千场。

《扶轮广集》：韩四维《喜赤霞寓半塘书室》诗：三秋我不见，劳结开今年。久别惜如雨，荒涂情若烟。处贫礼多俭，在贵交以贤。莫问淮南米，酒升今四钱。

《采风类记》：曹林《同金孝章访赵赤霞于半塘寓》诗：风景半塘好，相携到竹林。烟波聊寄托，花鸟亦关心。爱士倾天下，奇文动古今。山光春可挹，正拟抱琴寻。

《明诗平论》：释圆生《送赵赤霞使君归东莱》诗：衰柳芜城路，秋风惜别离。逢人频问酒，对客似无言。短背骑斜日，轻装慎晓寒。年来东海上，鸥鹭报平安。

赋得天寒有鹤守梅花，次毛子晋

陆世仪《桴亭诗集·天寒有鹤守梅花毛子晋社约》其一：天冰雪冻云垂，老树花开有鹤知。疏影乍横矜独立，飞英忽下喜频窥。似将素质怜芳质，欲以仙资伴野资。几度夜深清唳发，却疑羌笛月中吹。其二：梅有芳兮鹤有音，岁岁相守更相钦。云霄久谢风尘志，冰雪初看天地心。羽客自寻高士伴，飞仙如挟美人临。林逋旧事君知否，回首孤山月色深。

《启祯遗诗》：林云凤《天寒有鹤守梅花毛子晋社约》其一：仙禽株守敛修翰，腊尽阳微夜正寒。树底步来风澹澹，枝头踏下雪漫漫。摧藏空谷飞鸣苦，冻合坚冰饮啄难。梦断罗浮人不见，花神独自凭雕阑。其二：底事瑶林有素翰，坚心相守不知寒。若教北向天寥阔，即使南图路杳漫。辨影月中殊未易，分香雪里亦何难。咸平处士神如在，点笔还应傍石阑。

甲申春，娄东海印庵法华讲期解制

又《海印庵解制赋谢吴太史骏公》。

《太仓州志》：海印庵在朝阳门内故镇海卫中所地，明万历年间僧恒如建。初名印月庵，崇祯初王时敏增建殿宇，易今名，董其昌题额，李继贞有记。

《感旧集》：吴伟业字骏公，号梅村，江南太仓人。崇祯辛未进士及第，官国子监祭酒，有《梅村集》。

丙戌元旦次答王彦平

按，王彦平，一作文彦，可详补编卷二《同彦可、元叹诸公访安期寓中》。又卷三《次韵寒山鼓吹呈文彦可》题。

次钱础日《无家诗》

钱肃润《十峰诗选·无家诗序》云：无家之义曷昉乎？堆山有言：宦游以官为家，老衲石隐以山为家，估客以巨艑西邸为家，甲士以沙场为家。惟础日家于友朋，所过开轩命酌，青山送盏，白鸟依人，审若是，固有家耶？无家耶？为作《无家诗》。诗云：一身上下已浑无，那得留家更置吾。世界三千同弈局，乾坤百六等樗蒲。何方云壑堪长钓，随地松风试暂沽。去去来来原莫定，柳溪失足便为愚。

《无锡县志》：钱肃润字础日，幼从学于邹期相。邹故高攀龙弟子也，授以静坐法，颇有得。既补博士弟子员，鼎革后，隐居教授。当事见其衣冠有异，执而笞之折胫。肃润笑曰：夔一足，庸何伤？因自号跛足生。自此名益高，四方学者尊为东林老都讲。年八十八卒于家。

《梁溪诗钞》：华始旦《和钱础日无家诗》其一：南国田园半有无，石麟荒草卧封狐。东隅晓望三株树，北渚秋伤五丈蒲。居卜湘潭悲屈子，光分邻壁叹徐吾。素心何计堪晨夕，尚有黄公旧酒垆。其二：乾坤何处不吾家，朱雀乌衣日易斜。月上小山吟桂树，云封流水问桃花。道南近舍庐江宅，天际遥乘博望槎。办得一竿携一笠，碧湖秋影老蒹葭。

《启祯遗诗》：殷衡《和钱础日无家诗》其一：陆处舟居室已无，岂堪暇豫效吾吾。枭争腐扑千金注，鹿走高台一掷蒲。瑟以好竽终不入，玉因被褐定难沽。惟将佛法消余业，急水滩头问大愚。其二：王官谷里暂为家，谷口仍封一片霞。物亦有情辞汉主，天应无术补皇娲。伤观阅尽棚中舞，鼾睡从他床下哗。未接卢遨游汗漫，便期姑射访幽遐。

丁亥秋，王奉常烟客西田赏菊，和吴宫詹骏公韵二首

吴伟业《梅村诗集·王烟客招往西田赏菊》诗其一：九秋风物令公香，三径滋培处士庄。花似赐绯

兼赐紫，人曾衣白对衣黄。未堪醉酒师彭泽，欲借餐英问首阳。转眼东篱有何意，庄严金色是空王。其二：不扶自直疏还密，已折仍开瘦更妍。最爱萧斋临素壁，好因高烛耀华钿。坐来艳质同杯泛，老去孤根仅瓦全。苦向邻家怨移植，寄人篱下受人怜。

王时敏《西庐诗草·西田看菊归梅村以佳什见招次韵奉和》诗其一：老圃秋容傲晚香，群贤星聚在渔庄。名花紫凤还输丽，宿酿新鹅更赛黄。伴隐正宜侔远志，延年何用觅昌阳。谁为藻饰东篱色，诗律于今有墨王。其二：寒候孤开如有意，萧斋纷列自成妍。苍官结侣同三径，红友追欢拥七钿。篱畔霜华惊岁晚，灯前瘦影幸天全。却嗟聚卉多摇落，独把幽芳肯受怜。

按，此题第一首第三句下自注云：菊有名老僧衣者。又按前题《西田杂兴》第四首第七句下自注云：用刘寄奴事。此《西田杂兴》诗，吴伟业亦有和诗八章，而他人集中亦多此题和作，兹不具录。

又按，《梅村诗集·丁亥之秋王烟客招予西田赏菊，逾月苍雪师亦至》，则知赏菊诗作于丁亥顺治四年也。

《吴梅村年谱》：顺治三年秋，王烟客治西田于归泾之上，去城西十有二里，构西庐等室，叠山种树，先生为作《归村躬耕记》。

灵岩坐雨和继公韵

又《次答灵岩继公见过》。

《苏州府志》：弘储字继起，晚号退翁，通州李氏子。年二十五，投三峰藏和尚，力参顿明大法，藏许为临济荷担真子。住常州之夫椒祥符，又历台州之东山能仁，天台之国清、兴化、慧明、瑞严、天宁诸刹。所至开堂说法，衲子景附。顺治己丑，始居灵岩。寺久废，储至，檀施云涌，遂成丛林。继游南岳德山，大振宗风。归吴，卓锡尧峰。未几仍返灵岩。康熙壬午秋示寂，寿六十八。

《崇川诗钞汇存释》：弘储继起，俗李姓。年二十余弃家辞亲，礼三峰藏于邓尉山，豁然有省，深明宗旨。毗陵孙慎行、张玮、许鼎臣延主夫椒之祥符，居六年，遁迹天姥山。台州陈函辉请住国清，尝语郡将释数千乱民于死。以葬亲归里，事讫还灵岩，有智井二，祝之水溢，人异之。寻入楚，主岳麓德山诸道场。逾年吴中人请还山，既至乃退老于尧峰。久之，定南王遣使请入粤，辞不赴。使者去，遽拈偈，顾左右曰：行道不力，愧三峰先师。问何时，曰未时。乃命进浴更衣而逝。火烬后，发声如雷，震动山谷，旋晕毫光成五色，观者惊叹。闻继起生时，地涌青莲，亦异事也。

《小腆纪传》：南岳和尚退翁，名弘储，字继起，扬州兴化人。姓氏李。早岁出家，师事三峰，驻锡苏之灵岩。父嘉兆，志士也。甲申之变，贻书其子曰：吾始祖咎繇为理官，子孙因氏理，其后以音同亦氏李。今先皇帝死社稷，而贼乃李氏，吾忍与贼同姓乎，吾子孙当复姓理氏。先是中州李邕和上书，请改理氏，嘉兆未知，而适与合，天下传为二理。弘储虽出家，然感其父之大节。丙戌以后，东南之士濡首焦原，吴中为最冲，皆相结衲，从者如市。然厚重不泄，为人排大难最多，世不尽知也。辛卯竟被连染，诸义士争救之，久而得脱，好事如故。或以前事戒之，则曰：吾苟自反无愧，即有意外，风波久当自定。又曰：道人家得力正于不如意中求之，使受患得其宜，汤火亦乐国也。吴中高士徐枋叹曰：是真以忠孝作佛事者也。枋所居灵岩之麓涧上草堂，生平不肯纳人丝粟馈，顾与弘储有深契，自称白衣弟子。弘储时其急而周之，无不受，尝曰：退翁是西竺国中所谓大人者也。故仪部周之玙，三吴之良也，临终脱然谈笑逝。弘储蹙然沉吟曰：是恐非故国遗臣所宜。闻者瞿然。一日登堂说法，忽发问曰：今日山河大地，又是一度否？众莫敢对。居吴既久，筑报慈堂于尧峰，祀其父。晚以南岳之请，主讲福严寺，吴人惟恐失之，复迎归。壬子，卒于灵岩，年六十有九。著有《灵岩树泉》《集孝经笺说》。在沙门四十年，闳畅宗风，笃好人物，大类三峰，海内皆能道之。徐枋曰：是非退翁心之精微，但观其每年三月十九日，素服焚香北面挥涕，二十八年如一日，是何为者。

顾苓《塔影园集·灵岩退翁和尚别传》：翁名宏储，字继起，南通州人，姓李氏，娶妻生子，妻子死，舍俗出家。崇祯乙亥[1]，得法于三峰藏禅师。年三十一，遂住名山，登法席。辛巳，入天台。久之卓锡于苏州灵岩之崇报院，院久废，经营整饬，殿阁庄严，书屋山曰“天上灵岩”，又曰“大光明藏”。像设独在殿上，更定施食科仪。三月十九日必率徒众，为烈皇帝及诸死国大夫士修斋诵经，泪出如雨，岁首为其亲师，亦如之。与人言必依忠信，好问礼法恶人之不忠不孝不遵典礼者。诗文得唐宋大家风气，书间学晋人。予最爱其冬雪诗“只为六朝遗老惧，隔江堆没旧时山”之句。一时檀施云集，瓢钵萧然，遗民处士或倚为薇蕨资。前大学士熊开元、户部尚书张有誉、处士赵庚皆为得法弟子。庚子秋，住虎邱，马国博端言欲为虎邱修举废坠，必资大贵人之力，翁言大贵人皆石火电光，其言大率如此。虎邱进院日，瞻礼者数万人。前兵部主事毗陵某私觌不及，明日投书抵触，搆衅未已。忽得噩梦，夜半来叩寺门，礼足求忏悔，请法名而去。辛丑春，于灵岩大悲阁上修忏将毕，缁素大集。有后至争席者，怙势怀愤，将侵扰道场。是夕有光起阁上，冉冉入云，照耀下方，其人愕然愧悔，出钱饭僧。翁具天人像，面如满月，所至围绕作礼。常住南岳，往来数千里，沿途瞻仰，昼夜不绝。楚人语余：翁在南岳，当路以金钱供养者多不纳，穷乡氓夫终岁勤动，余一斛二斛米，肩负出山，输委常住，得一见，顶礼欢喜赞叹，真不可思议。翁乃遽归灵岩，不复去。壬子正月，名王女自广西遣人迎翁。及秋，人船敦促，翁遂示疾，人船既去，病良已，即不食。八月二十日屈指数日至七而止，二十七日午后索水浴，浴已，更衣端坐而逝。系曰：翁知余不学佛，每相见辄多调谑。今年正月过灵岩，语予曰：“吾两人孰先死，居士先死，我为居士说法，设我先死，居士为我作碑记。”相视一笑。不意蒲柳未枯，松柏先落。忆初见翁，翁手如意，属予篆崇祯甲申字于上。八月养疾，方丈又属余预铭其龛，曰吴僧灵岩退翁，故为作《灵岩退翁别传》。

徐枋《居易堂集·怀人诗序》云：灵岩和尚与余敦人外之契有年矣。余尝柬一友云：灵岩为海内所宗仰，诸方耆宿谓此唐宋以来，诸大善知识中之所少也。至其笃好人物，别具至心，望之如渴，视之如

1 “亥”，原缺，据补。

伤，余则以为此唐宋以来，诸大善知识中之所绝无也。诗云：灵峰绝天表，孤云傍琴台。传灯晓长夜，法界森昭回。当兹象敦晦，一出溟濛开。慈心接群品，物色来尘埃。野人荷深鉴，千载同襟怀。视之犹如伤，茫然令我哀。仰首睇翠微，几时陟崔巍。但闻塔铃语，恻恻从风来。

祝虎丘山翁六袠，时开枯木堂于维扬

《焦山志》：枯木堂在海云堂左，宋释枯木成建。万历庚寅，都纲觉周、寺明一等重修。华亭唐文献题“选佛场”额，王稚登书，释洪恩题“枯木堂”额，久废。

又，法成字枯木，崇德人，嗣法芙蓉楷。初住东京净因，次住金山，移焦山卒。

《天童寺志》：山翁忞禅师，讳道忞，字木陈，晚号梦隐，潮阳林氏子。甫冠弃诸生，薙染于匡庐开先若昧明，受具戒于憨山清，得法于天童密云悟。继席三载，退居慈邑之五磊，迁台之广润，越之大能仁，吴兴之道场，青州之法庆，后以众请，再住天童。顺治十六年己亥，遣官赍敕，召师入京，赐号弘觉禅师。随陛辞还山，康熙甲寅六月二十七日示寂，世寿七十有九。

按，甲寅为康熙十三年，师六袠当为顺治十三年丙申，即苍雪师示寂之年也。此诗或于道忞岁首开堂时作。

按，山翁禅师《百城集》目录，诗文题下均注年代。顺治九年在吴门，有《赠光福妙高台法师》诗。是年与弘储以宏法婴难，质狱东瓯。顺治十年，由泰州至维扬。十一年在青州，十三年在维扬。此诗自东鲁初归维扬，为顺治十三年，益可证明。至道忞曾居虎丘否，并无确考。虎丘，钞本均作“虎岩”，丘当为岩之误。详补编卷三《寄讯虎岩山翁》题。

和徐州来梅花诗四首

按，徐州来无考。惟阮大铖《咏怀堂集》辛巳诗，有《和徐州来韵兼寄其尊公冏卿》诗，又有《过徐州来馆》诗，又有《述怀柬顾与治、徐州来》诗。按，冏卿为太仆卿之别称。《咏怀堂集》有《徐南高同年招饮》诗，有《旅怀感呈南高冏卿居庐》诗，有《同俞驾部容白、徐冏卿南高赴徐侍御孟麟招感旧》诗，又《咏怀堂》丙子诗，有《同王京兆玄珠、徐侍御孟麟集南京冏卿宅，时冏卿令子文孙均在座，古谊殷然，感旧赋此》诗。据此综观，则知徐州来，父字南高，官至太仆寺卿，家在金陵。阮大铖与徐为世交，丙子前则友徐州来父南高，至辛巳则与徐州来友矣。丙子崇祯九年，辛巳则十四年也。

徐波《浪斋新旧诗》有《同州来游虎丘塔影园》诗，又有《天池雨后偕州来入坞观瀑》诗。又有《和州来梅花》诗，《未开梅》其一：古干无花影绝奇，苍岚余骨在山姿。他乡瞥见惊心蕊，荒圃难寻入手枝。纸帐欲眠生梦早，冻瓶清玩候开迟。及将疏冷陪高士，怕是鳞鳞飘谢时。《盛开梅》其二：晓报开来到几分，阴霾驱尽念天勤。人吟藜杖遥遥见，佛坐苔龛默默薰。仰覆满枝俱照水，色光绕坞未消云。城中自少看花眼，一任飘残莫遣闻。

《吴江诗略》：释祖震《闻元叹住金陵兼寄徐州来社长》诗：暮山江畔足凉飔，夹岸芦花如画时。遥喜二难相晤处，秦淮阁上夜论诗。又，周延禧《雨中访徐州来于半塘僧舍》诗：濛濛烟雨湿轻裾，溪上停桡问索居。深院落花迷草径，阴云隔水暗林庐。流离十载空存剑，感慨春秋漫著书。乱后故人相聚少，栖迟江畔老樵渔。

王昊《硕园诗集》有《吴梅村先生席招同蒋太史虎臣、徐中翰子星、徐文学州来即事》诗，吕留良《东庄诗存》有《访徐州来留饮》诗、《过州来柳浪》诗、《州来六十初度》诗、《访王元倬留饮同州来》诗、《集黄俞邰竹斋次州来韵》诗，均在白门时作。施闰章《学余堂集》有《徐州来宅同商贤》诗，有《闻徐州来多失意事》诗。据此综观，则徐州来在明代，曾获一第，所交多知名士。吕、施诗已在鼎革后，知徐州来在明为望族，而入清已不得志矣。

函可《千山诗集·寄州来》诗：频年剥啄识相过，古寺寒泉笑语多。剑影千寻依佛火，书声一半落江波。每当静夜闻花雨，只恐雄心裂芰荷。远定有怀诗定苦，数篇莫遣雪儿歌。按，函可时窜辽东，在清顺治年间，此诗寄金陵诸友之一，可证徐州来家金陵，而鼎革后所交之友为何如也。

乾隆《苏州府志》：徐冏卿泰时，有东园、西园，在阊门外下塘。徐南高或即徐泰时。

秦淮大社，赋得投诗赠汨罗

《因树屋书影》：茅止生，名元仪。初入金陵，作午日秦淮大社《赋得投诗赠汨罗》。尽两岸之亭台楼榭，及河中之巨舰扁舟，无不倩也；尽四方之词人墨客，及曲中之歌妓舞女，无不集也。分朋结伴，递相招邀，倾国出游，无非赴止生之社者，止生之名遂大噪，至今以为美谈。

邢昉《石臼集·赋得投诗赠汨罗，社中分得兹字》：屈子昔居沅湘时，楚国之人胥弃之。茫茫大泽身孤羁，此意非止于御魑。曰子其问诸水湄，不从彭咸当从谁。上官大夫宁足怼，却使千秋有楚词。九歌上系三百诗，楚本无风风在兹。嗟哉世无孔仲尼，纵历九州奚以为。九州寂寞甘浮尸，眼中之人玉与差。杜蘅兰佳菊茫篱，愿言不食商山芝。洞庭云梦俱遨嬉，踏波看尽蛟龙饥。

钟惺《钟伯敬全集·秦淮大社赋得投诗赠汨罗》：湘垒千古去，意气久当平。所以怀沙赋，无烦激楚声。佳诗神易下，幽感目先成。旧俗犹歌舞，新诗即杜蘅。思君心窈窕，临水听分明。欲共沧浪咏，休为泽畔行。形魂常梦寐，酬对若平生。因想岷山事，悲欢亦此情。

谭元春《谭子诗归·秦淮大社赋得投诗赠汨罗》：赴渊辞未毕，不忍此心愁。已过千年事，何须代者忧。群然欢出舫，勉矣静同修。哀乐原为断，形神莫再仇。一言聊举似，随地可相投。非必节临五，敢云湘始流。牢骚君既足，寄托世焉求。良夜清淮上，梦来当有酬。

葛一龙《葛震甫诗集·秦淮大社赋得投诗赠汨罗》：忠愤塞天地，不以日月磨。年年此端五，在在皆汨罗。精灵默相感，荡彼清淮波。饮者各自饮，歌者各自歌。歌饮既不废，欢乐亦已多。投忧向冥漠，悲来如奈何。

登牛首

《上江两县志》：牛首山在江宁城南三十里，由山椒起，石级百磴，松桧行列而上，名曰“白云梯”，宏觉寺在焉。寺为唐法融禅师开教处，谓之牛头宗，有浮图七级，唐塔也。其南五里有祖堂，山南有石窟，若堂宇。《寰宇记》云：法融入定于此，有百鸟献花之异，故名献花岩。

白燕四首

按此题，钞本作《次咏白燕，为高学宪汇旃制中感白燕巢于孝幕而作》。

《无锡县志》：高世泰字汇旃，攀龙从子。崇祯十年进士，除礼部主事，擢湖广提学佥事。至则修濂溪书院，遴诸名士数百人，讲业其中。均州劣生某阴导武当太和宫税监，谒文庙，令诸生讲书于前。因有非笑之者，珰怒诬以毁拆宫坊，文致数十人入告。事下学臣勘覆，世泰备陈珰僭虐状，为诸生辩甚力，遂得旨撤珰，罪劣生而解均州狱事竣归。方是时，东林书院之毁几二十年，世泰为重建燕居庙，出旧藏先圣木主而祀之，春秋仲丁行释菜礼，又次第起道南祠，筑再得草庐，讲学其中三十余年。

《东林书院志》：高世泰《再得草庐成，与同志共咏》其一：素王宫畔缀吾庐，左属贤祠樾荫余。虽听嘤鸣终日静，待栽修竹一庭虚。王维别业多临水，扬子玄亭只著书。却笑缁尘犹涴及，潜龙无闷竟何如。其二：春秋释菜集城东，雨湿青皋草自丛。俎豆犹存三代制，儿童俱诵四朝风。泠泠琴瑟生柯韵，隐隐钟鱼出梵宫。吾道废兴天已定，舞雩沂水乐何穷。其三：哲人何处可追随，心放能求即是师。与鹿偕游常落落，闻鸡而起醒时时。此中山泽林交翠，昨夜风雷笋出篱。闭户十年忘得丧，前贤静力系吾思。其四：由他龙战自清宁，一室图书左右铭。老圃隔墙时抱瓮，诸儿侍侧每温经。昔年立雪传河洛，此日闻风感性灵。家学有源探未得，盼来三益启吾扃。按，《志》载多人和诗，兹不备录。

施闰章《学余堂集·哭高汇旃先生》诗其一：书来前日正开颜，肯信骑箕去不还。履道行藏追止水，问年甲子合尼山。愁云楚泽招魂远，茂草东林讲席闲。怅望中原与吴会，更谁耆旧在人间。其二：九峰高会岂沉沦，强饭犹传矍铄身。闽洛遗风还吾党，东南故老失斯人。预留治命宁伤鵩，特撰新篇竟获麟。天路招寻忠宪在，逍遥共喜出埃尘。按第一首第七句自注，当时孙钟元、陈瑚先后逝世。第二首第六句自注，汇旃旬日前序其文集，此序遂为绝笔。

宝华山楞严讲期未竟，病中自解

《句容县志》：华山在县北六十里凤坛乡，峰峦起伏，为县外护。中结寺基，翠微环拥，绀宇窝藏，俨如华之含萼，莲之有房，又名宝华。旧有宝公庵。明万历三十二年，李太后忽梦一山皆莲，因下部遍搜名山有莲华其名者，礼部以此山对。后即敕建铜殿一座，崇奉大士，高二十丈，纵横并十尺许，极工丽，光彩耀目，与武当山金殿同，额曰“圣化隆昌寺”，赐上人妙峰紫衣玉带。铜殿落成之日，峰峦皆有宝光，远近皆见。至今御笔缘册、钦颁藏经具存。李太后，神宗母也。大华山在山之东，双峰耸立，独高众山。小华山在寺后大华山之下，犹太华之有少华。西华山在寺西，势嶙峋而东顾。东华山在大华山东，巑岏突出，势回旋而西顾。又引《方舆记》：梁武帝登此山，问华山何如蒋山。高薛对曰：华山高九里，似与蒋山等。泉水倍多，秦淮源本此。

卷四

春浮园十三咏，为萧大行伯玉

《泰和县志》：萧士玮，字伯玉，河南郡丞一杰之子。幼英越，目光炯炯，读书十行俱下。登万历丙辰进士，仕行人。崇祯初，册封秦藩，再使琉球，请辞，谪光禄典簿。出为府僚，寻改评事，转礼部主事，迁吏部，自文选历考功，进光禄少卿，拜太常寺卿。嗣因染恙，辞疾归里。辟春浮园，阐大乘起信，著有《春浮园集》。《府志》称：士玮为南礼部主事，江宁诸僧寺习为浮竞，诗酒纨绔，转相慕效。士玮一绳以法，风度简远。为园于柳溪，选石置亭，极林泉之胜，闭户著书，未尝一接杂宾。

按，萧士玮与钱谦益为契友。据钱谦益所撰墓志，则萧于鼎革后野哭祈死，辛卯四月卒于西阳之僧舍，年六十有七。辛卯，顺治八年也。墓志云：伯玉之为人易直闲止，天性澹荡。登第后为园于柳溪，极云水林木之致。将之官，辄低回不肯出，曰：勿令春浮逋我。南评事除服，携家而北，过拂水丙舍，留连度岁，忾然赋诗返棹，其于荣利声势泊如也。故其生平无俗情，清斋法筵，围坛结界，闲房斐几，横经籍书，门墙溷厕，皆置刀笔，驿亭旅舍未尝不焚香诵读也。故其生平无俗务，在官则单车羸马蹩躠，退朝居家则版门铜镮，剥啄绝迹。以朋友为性命，以缁衲为伴侣，以杂宾恶客、烦文谰语为鲸髡疻痏，故其生平无俗交。通晓佛法，精研性相，起信则截流贤首，唯识则穿穴窥基，四部之书，刊落章句，淘汰菁华，我知其无俗学。于古今文章，辨析流派，褰剟砂砾，眼如观月，手如画风，我知其无俗文，无俗诗也。

又按，钱谦益《萧伯玉起信论解序》：伯玉精究性相之宗，参访尊宿，翻阅大藏，极心研虑，俯仰叩击者数年，而《起信论解》始出。

施闰章《学余堂集·萧氏春浮园》诗其一：近午收残雨，长林受好风。不知三径僻，只似万山中。木末层台出，云根小艇通。春光渐零落，惆怅旧花丛。其二：地静看云住，林深着处迷。藤萝缠旧碣，亭阁卧丹梯。疏磬夕阳外，平田春水西。黄莺解留客，尽日傍人啼。其三：林壑爱萧疏，平泉总不如。坞眠衔草鹿，池老放生鱼。种药兼茶圃，留僧置佛庐。漫嗟亭馆废，犹是子云居。其四：不及追前辈，怜予独后游。高怀丘壑见，乔木宋元留。野老能行酒，园丁解弄舟。婆娑问遗事，流水暮生愁。

《莆风清籁集》：余佺《游萧伯玉春浮园》诗：先辈高风不可求，石泉位置见风流。竹声拂栏长疑雨，松影沿堤早得秋。江上鹤归知日暮，林间鸟噪觉山幽。层楼复阁寂寥久，细向园丁问胜游。

和杨曰补，答申少司农青门载菊别墅宴赏，中有并蒂一枝十二首

《明诗纪事》：杨补，字无补，一字曰补，号古农，先世清江人，移居长洲。按，《怀古堂诗选》，署杨补字无补，而附刻《游黄山记》，则署字曰补，此可证杨补亦字曰补也。

《苏州府志》：杨补字无补，其先江西清江人，父润始徙长洲。补少好读书，家贫，工书画。为人孝谨重然诺。崇祯初，游京师，一时馆阁诸公皆与定交。后与高淳邢昉、金陵顾梦游游，刻意为清新古澹之学，诗益大就。甲申闻变，归隐邓尉山。南都再建，柄国诸人多旧游，屡趣之出，不应。同里徐汧最善，汧为马、阮所构甚急，补乃立起如金陵，诣所知杨文骢，责以大义，遂得解。汧将自沉，就补谋死所。汧没后，补哭之极哀，郁郁数年卒，年六十。

《读画录》：杨补字古农，尝画小幅，大不盈掌，自题云：永嘉郭外山川点点，皆倪黄粉本也。金俊明题：此幅是龙友令永嘉时，古农游经此地，忆写所见，秀澹洁朗，擅元人之胜。龙友曾为古农作小幅，转以相赠，笔致亦绝类。此可知良友气味相入也。王阮亭一绝云：布衣曾说杨无补，笔墨风流自一时。留得永嘉遗迹在，残山剩水也堪思。

《苏州府志·选举类》：申绍芳，字青门，万历丙辰进士，官至户部侍郎。按，申绍芳为申时行孙申用嘉子，《府志》附名申用嘉传，而无事略可考。

赵士冕《半塘草·申青门司农招饮别墅盆菊并蒂》诗：幽居掩映碧溪东，物外高风迥不同。世谊久惭祢刺懒，酒情得共阮林雄。一枝静对秋容艳，并蒂惊看幻化工。木石平泉人尽羡，奇英天遣入芳丛。

吴伟业《梅村诗集·寿申少司农青门六十》诗其一：相门三载胜通侯，兄弟衣冠尽贵游。白下高名推谢朓，黄初耆德重杨彪。千山极目风尘暗，一老狂歌天地秋。还忆淮淝开制府，江声吹角古扬州。其二：脱却朝衫上钓船，余生投老白云边。买山向乞分司俸，饷客还存博士钱。世事烟霞娱晚岁，党人名字付残编。扁舟百斛乌程酒，散发江湖任醉眠。

《嘉定诗钞》：徐时勉《赠申青门司马》诗：桑叶枯乾海水迁，画梁巢燕尚依然。元成业在人惟旧，贞白名高骨已仙。十载烟尘归史笔，五湖山水入诗篇。蓬莱风景原无异，只在城南尺五天。

按，此题十二首之第一、第二、第四、第六、第九、第十二之六首，顾选《诗钞》选入，题为“并蒂菊花”下注“王烟客西庄”。

泊相城姚少师受业处，感赋二首

《苏州府志》：相城在长洲县东北五十里。相传子胥初筑城时，先于此相地尝土，而城之下湿乃止，因名。

《列朝诗集》：姚少师，释名道衍，字斯道，族姓姚氏，长洲之相城里人。幼名天禧，本医家子，顾不肯学医。魁磊高岸，意度伟然，喜为儒者博贯该通之学。至正间，削发，居相城之妙智庵。里中灵

应观道士席应真者，读书学道，通兵家言，尤深于机事，公师事之，尽得其学，然深自退藏，人无知者。惟王行止仲独深知之，公应径山书记之召，止仲为文赠之，谓上人年甫壮，天下乱已极，且必该治治然后出，于时以发其所蕴，非以沙门之法终其身者。尝寓嵩山寺，袁珙见其相而异之曰：公非常僧，刘秉忠之俦也。洪武初，再以高僧征。十五年，十王之国，太祖命各选一高僧侍王，公在燕府籍中，住持庆寿寺。靖难兵起，妙识几先，赞助秘密。太宗即大位，召至京师，欲官之，固辞，为僧录左善。世立东宫，特授资善大夫、太子少师，复姚姓，赐名广孝，辅太子南京监修高皇帝实录。上命蓄发再三，终不肯，赐两宫人，不近亦不辞，逾月乃召还。尝以赈济归吴，徒步闾里，以赐金散之宗党。永乐六年，来朝北京，仍居庆寿寺。病笃，车驾临视，问后事，对曰：出家人复何所恋。明日，召诸门人，告以去期，敛袂端坐而逝。夏八十有四，追封荣国公，谥恭靖。毘之日，心舌与牙坚固不坏，得舍利皆五色，赐茔在房山县东北四十里，上自制文铭。其碑仁宗立，加赠少师，配享太庙，嘉靖中移祀大兴隆寺。公初侍燕邸，每夜梦与刘太保仲晦寤语。厥后现身佐命，恪守僧律，南屏西山，后先观化。两公之赐名一曰秉忠，一曰广孝，岂非宿乘愿轮，再世示现者与？余录公诗列诸释氏，以从公之志，所以崇公者至矣。公居吴，为高启北郭十友之一。启尝叙其《独庵集》，以为险易并陈，浓澹迭显，能兼采众家，不事拘狭。化后吴人总刻诗文，曰《逃虚子集》。

《陆氏说听》：姚少师广孝为僧于妙智庵。一日偶出闲步，见童子手一编，姚取观，皆占象用兵语。问何从来，云得之鹊巢中，遂以十钱易，归读之不解。后有一云游僧至，见而惊曰：是书乃落汝手耶。姚知其异，下拜求教。僧以秘诀授之，始洞悉其术，用佐文皇成靖难之功焉。

《长安客话》：太祖将封十王，每王择一名僧附之。姚广孝自请于文庙，曰：殿下若能用臣，臣当奉一白帽子与大王戴也。文庙默会其意，竟请得之，遂从之燕。后京师有姚少师画像，红袍玉带，髡顶上戴唐帽，惟荣国寺画像，犹是僧服，姿容潇洒，双睛如电光之灿。像赞云：看破芭蕉柱杖子，等闲彻骨露风流。有时摇动龟毛拂，直得虚空笑点头。盖本色衲子语。跋云：独庵老人自题。"独庵"，少师别号也。

《明诗纪事》：应臬《姚少师影堂有自题偈语》诗：冀北江南事已非，禅机未了说戎机。止闻智者师黄石，曾见功臣着衲衣。衫翠湿空春欲老，砌尘凝席客来稀。一参偈语低徊久，飒飒灵风动素帏。

《吴都法乘》：明河《相城》诗：相城香火少师家，二百余年水一涯。古迹略存求仿佛，胜时谁见问芦花。为僧不了真难辨，拜姊无言笑已差。最是英雄苦心处，祠堂碑下泪如麻。

潘奕隽《三松堂集·妙智庵观姚少师像》诗：诗集曾披御制词，古庵来此访遗碑。锡飞谁遣逃虚子，虎啸来兴靖难师。北郭社荒余白草，相城家败长茅茨。残僧衣钵凭丝管，轶事前朝总不知。

送徐介白之云间

《松陵文献》：徐白，字介白，本嘉兴人，徙吴江。性狷介，不苟取予。以诸生久当贡，遭乱弃去，隐灵岩之上沙。有园数亩，无子女，不蓄僮仆。手一镰，种蔬艺果，捃拾自给，暇则坐小楼，作画吟诗。诗幽秀得晚唐风致，画萧疏无俗韵，不为人作，自娱而已。故旧相寻，扫落叶汲泉烹之，清谈终日，使人忘世。三十余年不出山，人谓之石隐。

《松陵诗征》：徐白，字介白，号笑庵，嘉兴县学生，有《竹笑庵诗》。寓梅里时，惟与高僧遗老相唱酬。其诗幽冷峭刻，不食人间烟火。

德元《来鹤庵诗集·吊徐介白先生》诗：巢许入箕山，夷齐归首阳。苟非斯人俦，日月无辉光。呜呼千载下，廉耻俱沦亡。先生起草莽，立欲扶纲常。屏迹谢闻达，托意事柴桑。飘然弃尘网，化鹤归云乡。一人重出处，四海轻低昂。因风念高躅，还来登草堂。忆昔托交结，风雨同连床。离别未三载，生死异行藏。图书既已尽，松菊亦就荒。踌躇恋余照，俯仰欲沾裳。白杨风萧萧，但闻薇蕨香。又《送徐先生葬》诗：回首西州不忍看，青衫湿透泪汍澜。名高何用千秋碣，身死谁为七寸棺。云锁旧踪芳径寂，风吹残恨白杨寒。可怜徐稚从今没，只恐陈蕃下榻难。

喝狮窝送聂退庵游扬州

《过日集》：聂先，字晋人，长洲人。选登《蕺山》五律一首，《入坞漫兴》五排一首，皆游览。

此题“聂退庵游扬州”，“退庵”或聂先之别字，盖能诗而好游者。

寄娄东文广文

《滇南诗略》：文介石，初任名山训导，刊进修日程，以古道训士，士习为之丕变。改太仓学正，刊《儒学日程》，颁诸生，俾日记善过，月朔考其进退，躬行以率之，一时咸谓安定复生。国变弃官，从中峰苍雪师游，侨寓昙阳庵，服僧服，以青乌术自给。娄人无贤愚贵贱，愈益敬爱，周以粟帛。吴浙独行君子争相延致，岁会讲学。后还乡，竟为诗歌送行，绘像作传，以志思慕。既闻道卒，因就其所居室为位以哭，颜曰“思贤庐”祀之。

《镇洋县志》：文祖尧，字心传，号介石，呈贡人。以明经授名山训导。崇祯癸未，升太仓学正。鼎革后弃官，寓州僧寺间，以青乌术自给，人皆知滇南先生为古君子。久之南归，道卒，门人私谥贞道先生。

陈瑚《离忧集》：先生以贡士授名山训导。名山故边地，士鲜知学，先生日讨古训而申明之。崇祯癸未，迁太仓州学正，时纲纪废，师道坏，学宫颓圮，祀典荒芜，师弟子相视，非仇雠则路人。先生至，扫文庙，修尊经阁，整祭器，躬自拮据，不惮劳瘁，其脯贽有无，不问也。娄人士大感动。乃颁诸生《儒学日程》书善过，月朔集明伦堂，考其进退，谆谆以古先圣贤之道相劝勉，一时翕然以为孙、胡复出。国变弃官，屏居萧寺，自号日月外史，精于奇门六壬诸书，以青乌术自给，娄人士愈益敬慕。无少长男女，智愚贤不肖，皆知滇南先生为今之圣人，得延致一饭为幸，先生亦不固却也。吾郡黄端木向圣，孝子也。父孔昭以乙科知大姚县，阻于乱，道不通，向圣走万里，冒锋镝求得其父归，述滇南事甚悉。呈贡城歼屠殆尽，独先生阖门无恙，西军封而识之曰：此文秀才家也。其盛德之感如此。予居蔚村，以孝弟力田为善三章约其村人。甲午元夕，先生过予，予乞先生登台讲约，圜坐而听者三百余人。

予尝诒之诗曰：我有寒潭依古庙，不妨老此竟忘归。噫！此余志也。先生作诗和易近人，不为峭刻险诡之句，而性情寓焉。其题官舍为“饭足窝”，曰：“谁云饭不足，吾惧食犹浮。”见先生之廉。《感怀》曰：“发短眉长齿欲稀，梦魂犹恋旧黄扉。”见先生之义。《题陶庵》曰：“昼长堂静炉烟细，风定帘开磬响徐。”见先生之静。《村居初夏》曰：“酒熟适当邻叟至，径幽类有老僧过。”见先生之和。《寓城南精舍》曰：“逢人不话兴亡事，底事从来未易量。”见先生之慎。然则闻先生之风者，其亦可以兴矣。

陆世仪《桴亭诗集·闻文介石归途卒于桃源，遥哭》诗其一：廿年相聚忽西东，回首交情似梦中。万里微官犹正朔，一方绝学是宗风。沧桑尚喜邱园在，雨雪翻悲道路穷。寂寂云山千叠里，白杨黄草葬衰翁。其二：身世天涯总不殊，难忘邱陇是吾儒。千重巅桥双蓬鬓，万里风霜一敝儒。避地已无东海哲，移天安有北山愚。衹余魂气随孤旐，夹路深林啼鹧鸪。其三：闻说桃源好避秦，却教荣绮枉迷津。衣冠幽谷三更月，书卷空山一片云。谁道孤臣心似铁，可怜新鬼发如银。苍梧帝子魂何处，鹤唳猿啼应共闻。其四：犹记扁舟祖送时，一樽别酒百篇诗。晨昏饮啖殷勤嘱，山水登临郑重期。共羡苏卿归塞北，争看疏广返家祠。谁知日月会无几，为位空庵哭九疑。

按，文介石至娄为崇祯十六年癸未。以北兵至，去娄入中峰，依苍雪，为顺治三年丙戌。陆世仪有送文入中峰诗，作于是年也。居昙阳观，当在入中峰后，娄人又迎之居此。《遥哭》诗“共羡苏卿归塞北”句自注，文在娄十九年，而祖送诗为顺治十八年辛丑作，则知文归滇即是年也。

看菊无东，辛卯九月廿八日偕法螺庵修公与其徒照斯过华山，同含友往默然洞若观火看菊，久待洞主不至，归已抵暮。修公师弟先别去，予不能行，留宿弹指阁。是夜，西风大作，竟不成寐，因同含友作六绝以纪其事云

按，补编卷三《法螺庵主六十》诗，陆汾原注云：庵主修实，一生专修忏书经。据此则知，修公即名修实，而主是庵。

《苏州府志》：法螺庵在寒山上，有二楞堂，为中峰下院。山径盘纡，从修篁中百折而上，势如旋螺，故名。径旁涧水萦迴，石梁跨之，名津梁渡。

徐波《浪斋新旧诗·天地右崖有默然泉洞，僧惺然独处二年，最为孤僻，路诘曲蛇行乃可上。余住山五年，只两到耳》：定僧宴坐面寒泉，落叶纷飞满膝边。半夜东峰残月上，始知潭底是青天。

按，默然洞，查府县志及《百城烟水》等书均无记载，仅赖此诗知当时人迹罕到处，确有此洞，且有其主人。而此题所“久待之洞主”，或即惺然也。

赠廓南

按，补编有《次灵岩继公为廓南阇黎咏观树堂》诗。

康熙《苏州府志》：积翠庵在穹窿山北，即皇驾庵。相传，明建文帝逊国，曾税驾于此。万历间其名始显。崇祯末，僧扩南拓地重建。张有誉《积翠庵记》略：三峰汉月和尚建造邓尉圣恩寺，实扩南大师为之辅弼。师历参博山、天童，其于法门洞若观火。及汉公示寂，堂构得人，乃喟然曰：先师之道，不患不行矣。潜行密用，吾可独逊高峰乎？吴中诸山，惟穹窿最为深厚。唐之韶国师，明之姚少师道场在焉。相去数武，有皇驾庵一片地，尤称隐僻。庵以皇驾名者，传建文帝逊国，曾税驾于此也。万历间，李七泉居士修葺，未久倾圮。扩公相其形势，尽撤旧而新之。创建佛殿、禅堂、山门各七楹，旁建观树堂三楹，为丈室，以堂前有菩提大树，冲霄蔽日故也。其余寮舍，一一具备。简而不陋，精而不靡，修篁之外，乔松森立，人从树外行，不闻钟梵声，不知有精蓝也。颜其庵曰“积翠”，以据地幽胜，不减黄龙别业云。据此，则扩南所建观树堂，即灵岩继公所为咏者。知扩南即廓南，“扩”“廓”音义俱同，当时通用。

按，徐枋《扩南大师塔铭》载《居易堂集》中，文长不录。

陈瑚《确庵文集·积翠庵观树堂诗》：何处知僧腊，清阴满户庭。花飞轻扫径，月落静翻经。一水吟边白，千峰定里青。宗雷时过此，端不愧山灵。

赠范受之六十寿二首

《百城烟水》：天平山在支硎山南，视诸山最为峭崒。南趾有白云寺，唐宝历二年建，今为范文正公功德院，公祖墓在焉。其西有笔架峰，其后群石林立，名曰“万笏朝天”。万历末，范参议公允临构为别业，亭观台榭，璀璨一时，远望如画图中蓬莱三岛。

徐崧《登天平山，忆幼时得见范参议公居园》诗：直上丹霄一径悬，俯看众岭接湖烟。高僧榻置青莲洞，独客瓢盈白乳泉。岌岌危峰非着地，林林锐石尽朝天。犹思参议居园日，蜃阁虹桥赛列仙。

《松江府志》：范允临，字至之，华亭人，惟丕子。早孤，赘吴门徐氏，因家焉。善属文，工书法。万历二十三年进士，授工部主事，历云南提学佥事、福建参议。夫人徐淑亦工诗翰，倡和成集。尝筑园天平山，凡范氏义庄、先祠，靡不与葺。一日析理后事讫，端坐而逝。

按，《府志》范惟一传，惟一弟惟丕，嘉靖三十八年进士，长子允谦，隆庆四年举人，允临，自有传。据此，知范受之当为范允临之兄，“允谦”盖取“谦受益”之义而字受之。例如，钱谦益，字亦受之也。

文照还蜀

按，《补编》卷三《白椎庵文照法友掩关三年，新殿落成题》，陆汾原注云：庵在半塘鸭脚浜内，旁多茂林丘陇，虎邱、海涌峰在望。

《百城烟水》：白椎庵在鸭脚浜，初名清照。明万历间湛明法师建。文湛持太史为书“晋生公放生处”，更今名。湛之徒闻照传衣苍雪继住。顺治末，闻之徒雪邻传衣玄道住持。按，补编卷三《若镜六十》诗有“黄叶前朝开讲寺，白椎千众首传衣”之句，可知传衣之闻照，即为若镜。盖闻照其名，若镜其字也。又按，《贤首宗乘》：文照名寂觉，长洲县人，俗姓朱，就广慧礼湛公为师，发志参方。后归吴门，谒汰如师，授华严悬谈。汰如去世，竟入南来之室。癸未，法叔信贤公，以白椎院相招，师应之。后值甲申之变，兵丁横行，至白椎，师委曲动诱，兵丁遂多革心，施资为建大殿。顺治丁酉化去，建塔白椎之右。据此，施资建殿，以证掩关，三年新殿落成，文照当即寂觉。惟为苏人，不当还蜀，岂还蜀之文照，异人而同名欤？白椎庵掩关之文照与还蜀之文照、传衣之闻照是一乎，是二乎？

文祖尧《明阳山房遗集・寿若镜法师》诗：孤舟万里暂相依，法腊欣瞻近古稀。蓬岛鹤飞长傍锡，摩尼珠现自生衣。岷峨崛起高山仰，灩滪流来众壑归。说法多年无一字，更谁参透此玄机。

观此诗五、六句，可证若镜为蜀人。若镜字当文照。徐崧《百城烟水》误“文”为“闻”，徐崧过白椎庵，与雪邻、玄道等唱和，而不及闻照，或闻照时代较前，徐崧过庵已所未见，故误“文”为“闻”耳。而寂觉则字当闻照，《贤首宗乘》误“闻”为“文”。掩关三年，新殿落成，既为寂觉，则“文”亦为“闻”之误。据钱谦益《苍雪塔铭》所记弟子七人，闻照觉其一也，不作文照。塔铭依印持闻之状，为“文”自当无误。东莱《赵氏楹书丛刊》中所刊《半塘倡和》，同社姓氏方外二人，自扃道开，与寂觉闻照也。“闻照”亦不作“文照”。以字义言，若镜可字曰“文照”，寂觉或取观世音耳门圆通之义，而字“闻照”。二人先后在白椎庵，一为传衣，一为住院。湛明传衣者为若镜，即以苍雪之若镜六十诗为证。诗在万历间甚或崇祯初。寂觉仅以法叔信贤公之招而住白椎，自无湛明传衣之事。应人之招而往，其非传衣嫡系可知。此在癸未，即崇祯十六年，当在若镜传衣之后矣。姑以所见，证此题“文照”为即“若镜”，以俟后之考正。

董文骥《微泉阁集・白椎庵看梅赠关主闻照上人》诗：青林过雨石桥斜，鸥桨晴天当鹿车。闰岁柳迟春钱腊，幽扃人借客看花。乱离栝柏云相守，步屧林塘兴未涯。生计转惭灵运拙，十年闭户已无家。此诗称关主“闻照”与掩关二年正合，掩关既为寂觉，则此赠诗亦属寂觉，而亦证知寂觉字闻照而非文照。

赵士冕《半塘草・重九前同与治、无补、明远访闻照上人》诗：扁舟沿野岸，扶杖到僧家。仄径无来迹，平湖半落霞。梅边翻贝叶，松顶上藤花。清味堪消渴，虎邱秋叶茶。

顾与治《过白椎庵访闻照上人》诗：秋寻随小艇，水尽到山家。竹气暗晴日，枫林明夕霞。一庭堆落叶，何代种梅花。供客无他物，香生雪色茶。

顾与治诗为徐崧《百城烟水》所引，与赵士冕诗同韵，证为同时所作。赵士冕《半塘倡和》有《和韩四鸡》诗。韩居吴，已在乙丙之后，详《续编》卷二《和韩芹城冬青轩避暑》题。此诗“何代种梅花”句，似有鼎革后伤时意味。盖徐崧过白椎庵在顺治后，雪邻、玄道时代。顾与治过白椎庵则顺治中，寂觉正住庵也。综言之，若镜、苍雪同时。吴伟业有《赠苍雪、若镜两师见访》诗，而寂觉、雪邻、玄道为较后起。寂觉、玄道皆苍雪弟子，以此渊源，先后住白椎庵，住院与传衣自属二事。依《百城烟水》所记，传衣于湛明者，既证知为若镜，则传衣于若镜者，为雪邻，固甚明也。寂觉，癸未崇祯十六年住院，至丁酉顺治十四年化去，计共十五年余。此后之白椎庵则雪邻、玄道时代矣。玄道，苍雪弟子，已见钱谦益《塔铭》及《贤首宗乘》，而《贤首宗乘》有名无传。与若镜同能诗，采入《百城烟水》者数首，与此题无涉，不录。

又按，此诗文不对题，疑属前番菊题之第二首，或别有如番菊地黄之类之题，而文照还蜀，盖题存而诗亡矣。

补编卷一

徐元叹五十初度，拙句亦如数赠

又，卷二《元叹入山过余归途值雨》，卷三《东落木庵主元叹》。

沈归愚《别裁集》：元叹少年任侠，后工诗。至楚中，交竟陵钟、谭二公。晚归老落木庵，以枯禅终。生平诗近钟、谭体，牧斋痛贬钟、谭而于元叹独许之。

沈钦圻《赠徐元叹》诗：少年为侠客，万金散尽不少惜。中岁为诗人，远之楚泽哀灵均。归来慕隐者，脱弃浮荣如土苴。晚岁依空门，庵名落木归木根。我来访君荒山里，留客晚餐烹菊杞。夜寒襆被拥绳床，月满空堂疑积水。不是寻常话箭锋，生平披豁见心胸。卅年无限悲凉事，付与晨钟暮鼓中。

按，此诗可作元叹小传观，惜少年事无他记载可考。

钟惺《钟伯敬全集·读元叹诗，不觉有作》：诗亡岂遂绝真诗，喜得其人一实之。怒骂笑嬉良有以，兴观群怨想如斯。禽鱼鸣跃从渊下，草木勾萌雷雨时。功力非天亦非我，后先机候可能思。按钟集有《戢楞严注讫，寄徐元叹》诗。钟至苏，有《同一雨法师、徐元叹访城南古华严寺，劝募修复》诗，有《访元叹浪斋》诗，此可知钟、徐均信受佛乘者。

《采风类记》：落木庵在天池山中，为徐元叹丙舍。竟陵谭友夏题额。明末竟陵派吴门四家诗，为徐波元叹、刘锡名虚受、张泽草臣、叶襄圣野，而元叹为巨擘。灵岩继和尚捐资刻元叹诗，庵因归灵岩。

按，以元叹诗为竟陵派，殆非确论。即言钟、谭，昔人评谭诗浅俚，而钟为思想幽远之作家，则钟与谭尚不同，而况元叹乎？元叹尝游楚，致与钟、谭相识，惟于钟有交契，而于谭则泛泛。观谭集《得元叹书》二律外，无他唱和之作可知。葛一龙诗全近钟、谭，葛与元叹同居吴门，集中亦无一字往还，则元叹固自有其特立独到者在。《府志》称叶襄专工诗律，屏钟、谭余论，以唐人为宗，即此可证《采风类记》所称之非。元叹诗散见于梨枣者尚多，读之当知所别。

《明诗平论》：周永年《过元叹新斋》诗：屋后重开径，新栽竹树疏。出留僧守舍，坐傍佛摊书。多欲买山隐，忘为近市居。犹怜才塞向，野色隔庭除。

《扶轮集》：邵弥《过元叹斋居》诗：鸟声不在树，门馆斋如山。似此著书久，从知与世闲。恣苔封石脉，候雨浣花颜。衹觉无余事，新编日就删。

又，周制治《艺香山寻元叹新居》诗：路寻一水屡回互，过尽乱山才入村。尚有落花邀紧艇，已看高柳露衡门。到来未暇称幽胜，别久不难深话言。醉宿分灯浑旧日，溪云落枕梦无痕。

《娄东诗派》：黄翼圣《秋晚访元叹故鄣山居》诗其一：柴门乱山里，一径叶声干。残磬主人出，小庭风月宽。霜鱼才上钓，露果恰登盘。剪烛共邻曲，瘦身忘夜寒。其二：寒近客难久，庵留见汝情。全家共晨夕，肴核出经营。楼晚积山色，村孤闻棹声。应知别后梦，烟水更分明。

吴伟业《梅村诗集·宿徐元叹落木庵》诗：落木万山心，萧条无古今。弃家归去晚，别业住来深。客过松间饭，僧留石上琴。早成茅屋计，枉向白云寻。

徐枋《居易堂集·题落木庵赠徐元叹》诗：筑室依名山，园畦开数亩。杂时花药鲜，历岁松筠久。棲迟成名胜，声闻及林薮。数椽落木庵，丘壑擅吾有。高树阴琴书，清涧凉窗牖。珍羽窥山厨，锦鳞跃石溜。禽鱼自忘机，乐此幽棲叟。扣扉来高人，留客剪春韭。苍苔屐痕深，列坐花茵厚。披襟话羲皇，俄顷斯不朽。矗矗莲花峰，历历扪星斗。高隐十五年，下视红尘走。世事任悠悠，临风一挥手。

《明诗综》：毛晋《过徐元叹落木庵》：十年离旧榻，贺九又重登。山翠连村合，花香绕屋凝。寻僧过略彴，呼酒洗瘿藤。重觅题诗处，苔封厚几层。

《江苏诗征》：了缘《题徐元叹落木庵》诗：栖岩有精舍，窈窕掛藤萝。天与幽人占，山偏落木多。连峰当户立，一涧绕门过。近有离骚作，非因学楚歌。

按，《明诗综》，陆琏字茂璩，吴县人，两中武科。甲申后，削发，居莲子峰下，自号了缘道人。

《金陵诗征》：王汉《吴门访徐元叹》诗：何处残山曳短节，误从城郭讯高踪。埋名或恐同梅福，问字曾闻拟顾雍。人卧荒庵依落木，客停孤舫听疏钟。相逢莫语兴亡事，耕稼惟应学老农。

按，诸家集部与元叹酬赠之作颇多，偶录数首，以见元叹自明历清，一生隐居之概况。

《遗民集》：元叹少即究心内外典，与贺中男发楞严旨趣，性情如澄潭止水。居落木庵，断炊绝粒。灵岩退翁分钵中餐以周之，他有所遗，不屑也。

《贞丰诗萃》徐汝璞有《怀友集》共诗百余首，徐元叹诗下自注：元叹，郡人，与竟陵钟惺、谭元春友善，诗名满江左。年老无子，而多方外友。后结茅于天池山麓，钟惺为题其居曰“落木庵”，以垅墓道也。余以学诗，得为昆季交，常相往来云云。

《诗萃》以元叹尝主徐汝璞家，选诗一首，题为《乱后过周庄全福诗，喜大树无恙》。至落木庵，钟惺题，则与《池北偶谈》所见稍异。徐汝璞与元叹同时，又同为吴人，非王士祯时地相悬，得自传闻之比，所记或当较确。

彭启丰《芝庭诗集·宿落木庵怀徐元叹》诗：寒云封竹径，曲磴到山门。净业存诗卷，残僧当子孙。不随陵谷变，弥见隐沦尊。涧上清风接，闲心可共论。

薛起凤《香闻遗集·落木庵徐元叹先生像，旁有钟谭两先生小影题后》：莲花峰下路，踏叶到禅林。白社人间世，青山劫外心。竹枯犹抱节，木落不留阴。当日论文友，钟仪是楚音。

光福杨梅寄周安期道者，即次原韵

又，卷二《进竿招同安期观莲》，卷三《吊周安期先生》。

钱谦益《有学集·周安期墓志铭》：故太宰吴江周恭肃公有曾孙二人，曰永年字安期，宗建字季侯，与余俱壬午生，以书定交。余与季侯万历丙午相继中甲科，季侯入西台，怵奄，拷死，赐谥忠毅。而安期为老生自如。季侯没，安期视余兄弟之好益亲，故余知安期为详。余初交安期，才名惊爆，不自矜重，攒头摩腹，输写情愫。久与共居，而不能舍以去。其待后门下士亦然，诸公贵人声迹击戛，争罗致安期，安期披襟升座，轩豁谈笑，不为町厓，卒亦无所附丽。邦君大夫虚左延伫，笺表撰述必以请，材官小胥错迹道路间。值诸旗亭酒楼，捉败管拾寸幅，落笔声簌簌然，缘手付去，终不因是有所陈请。以是知其人乐易，通脱超然，俊人胜流也。为诗文多不起草，宾朋唱酬，离筵赠处，丝肉喧阗，骊驹促数，笔酣墨饱，倚待数千百言，旁人愕眙惊倒，安期亦都卢一笑，以是叹其敏捷而惜其不能深思，徒与时人相骋逐也。父季华府君笃老，安期扶侍如婴儿，与二弟践更侍寝，以终其身。其哭季侯也，过时而悲。二弟善小词工画，出以示余，喜见颜面，不啻身为之也。家世奉佛，王母薛夫人禅定坐脱，安期禀承父叔，刻藏饭僧，誓终紫柏，付嘱穷老，尽气若营其私。盖能以儒修梵行，称其家风者也。晚年撰《吴都法乘》百余卷，蠹简医翰，搜罗旁魄，其大意归宗紫柏一灯，标此土之眼目。又以其间排缋掌故，访求时务，庶几所谓用我以往者。弘光南渡，诒余书数，寓言条列，东南战守，中兴建置事，宜罄罄可施用，余将疏荐而未遑也。乱后移家西山，与余执手哦，酒半脱帽，垂项童然，顾影长叹，以谓老可贱而死可贵也。丁亥八月，发病，不汗，卒。无子，以季弟之子人收为后，生四女，皆适士人。与妻沈氏合葬吴县之藤箐山。既葬，弟永言、永肩泣而言曰：吾兄已矣，其生不获以功名显，有志于文章禅悦，皆有绪言而未竟也，夫子其何以表之，使其无憾于土中乎？余曰：安期，学道人也，功名之与文章其能立与否，皆有命焉，我知其无余憾也。安期植善根深矣。佛言：食少金刚，终当穿骨。安期之食金刚不为少，虽未临终正定，所有善根，不唐捐，不沦坠，佛有要言，可无疑也，而吾与子，何足以知之。姑略次其生平，以志于墓。

朱鹤龄《愚庵小集·过周安期山中故居》诗：霜叶重重合翠微，石苔行踪尚依稀。身逃谷口名仍在，赋就甘泉世已非。书带漫随寒烧尽，薜帷俄逐水烟飞。白莲者旧多凋谢，更与何人共钓矶。

《难忧集》：文祖尧《次韵酬周安期见赠》诗：颓然颠发浩然须，堪叹硁硁一老夫。毕竟誓将心作铁，等开不忍质为蒲。乾坤自觉非前阔，日月还能再见无。遥望南云频洒泪，漂零万里片氈孤。

蒹葭庵歌寄溯闻

又，卷二《蒹葭庵为寄所禅友》。

《平望志》：蒹葭庵在草荡西。

僧照影题《溯闻蒹葭庵》诗：螺庵半隐水云湄，风露萧萧雁下迟。独抱禅心照明月，白芦花底夜深时。

《百城烟水》：莺脰湖东北为大通桥，西堍有石像观音庵，西为殊胜寺，寺西有清真道院，院西有通济庵，西即荻塘，塘北南思港有莼香庵，庵西北草荡，荡西有蒹葭庵，再西曰姚田，有乾元、大士二庵。

按，照影名指月，与溯闻同一师门，已见诗集卷一《送溯闻游天台题》。

徐釚《南州草堂集·江枫庵指公八十寿》诗：挂隙条衣丈室中，贪煨芋火老江枫。不随时辈开堂去，常爱清流笑语同。莲座经声依佛日，石牀花雨散春风。劫逢龙汉分明在，应记开元鹤发翁。自注：指公于五十年前与周安期、翁仲谦、吴茂申、俞无殊、徐介白为方外交。

德风讲楞严于松陵接待寺，邻树放青光，顾茂伦诸君作诗颂之，踵而有作

又，卷二《德风掩关于尧峰》。

《贤首宗乘》：法师名书传，字德风，苏州陆氏子也。父继云，母张氏。自幼慕出世学，曾缔姻，未合卺而亡。崇祯戊辰，脱白于尧峰山省隔日禅师会下，勤服十载，进具于三昧光律师。当是时，南来苍法师大弘华严教观于中峰，师奋志往从，亲炙十有八年。宗乘教旨，靡不谙练。付嘱后，首应松陵接待寺楞严讲期，感庭树放光之瑞。嗣主法中峰一载，緇素向往。师念生母年老，两俗兄俱早世，乃买地于郡城西北隅，结庐养母，兼聚徒侣，不废讲演，南来题其庵曰“慈氏”。阅一纪，母亡，又念父死，遗榇露处廿有八年，遂竭力合葬于庵之北，岁时祭祀，克尽其诚。师之德誉既隆，因缘福凑，佛像殿堂皆不谋而成。康熙戊午八月初一日无疾而终，生于万历辛亥十一月廿六日，世寿六十七，夏腊四十九。嗣法五人，定光智印、明月学地、石壁寂澄、华藏德圆、宝林清鉴，遵遗命，奉全身葬于本庵之北。据此记载，德风掩关当在戊辰，即崇祯元年也。

《百城烟水》：慈氏庵在桃花坞北，顺治己丑，德风传法师建。师筑庵养母，戒其徒曰：吾没，当从父母于此，不必别营塔也。李侍御模撰《塔院碑记》，康熙癸丑，复改建大殿。

《松陵文献》：顾有孝，字茂伦。为人开美，长身玉立，善谈论，喜交游。家钓雪滩，陋巷蓬门，四方宾至无虚日，有孝倾身揽接，忧人之忧，急人之急，既尽其产，复濒于难，不悔也。明末吴中诗习多渐染钟、谭，有孝与徐白、潘陆、俞南史、周安、顾樵辈扬搉风雅，一以唐音为宗。有孝选《唐诗英华》，盛行于时，诗体为之一变。雅好汲引，人有寸长，必咨嗟激赏，寒素多依以扬声。故虽布衣穷居，而名闻海内。

《离忧集》：顾有孝，字茂伦，吴江人。少工诗，好为慷慨悲壮之音。日常诵兵家言万余，习骑射、击刺诸技。往来吴越间，酒酣辄歌。其所作声情激烈，坐客有泣下者。丁国变，忽忽若狂。母氏严太君，晓大义，戒毋干进，遂弃诸生，冥心天竺之学，属丹青家画《濯足图》数十帧以见志，一时贤者争

为诗歌赠之。性不妄交，与同郡金俊明、同里朱鹤龄相知最欢，时人比之浔阳三隐。赵大庾曰：予向者见茂伦，顾盼英绝，议论风生，有不可一世之意。今于稠人中常默坐终日，类木讷者，岂其学佛致然耶？然察其眉宇，读其篇章，犹有肮脏不平之气，岂老于学佛者哉。

徐釚《南州草堂集·雪滩头陀传》：东吴文学顾有孝茂伦，少游云间陈大樽之门。弘光乙酉，焚弃儒衣冠，与山陬海澨之客相往来，叹沧桑而歌离黍，几至破其生产。然意气甚豪，樗蒱博簺，穷日夜不休，用是业益困，而茂伦夷然不屑。晚而苍须长眉，幅巾布袍，俨如图画。经生执业者日益进，抉摘字句，搜讨典故之余，追话前辈风流轶事，令人听之忘倦。见有举止错忤者，出其征词，冷语中人要害，而胸中实温良易直，不为崖岸斩绝也。先自号雪滩钓叟。雪滩，故在垂虹亭畔，为少伯浮家、天随泛宅之乡，海内赋雪滩钓叟诗盈数十百首。临没，梦陈大樽招之，自为遗令，嘱门生勿拟私谥，亲友勿作祭文，并嘱诸子以头陀殓，因更号雪滩头陀云。

按，此传文长，就《松陵文献》所略者，节录其首尾。顾茂伦选刊《南来堂诗》，盖于苍雪有深契者。

《别裁集》：俞南史《过顾茂伦村居》诗：镜以居人重，情因愚故深。酌泉偏爱澹，看竹共分阴。草木山中历，桑麻世外心。开吟忘水夜，明月照披襟。

大汕《离六堂集·吴江访顾茂伦》诗：松陵寂寂草芊芊，云掩茅堂一径偏。隔岸桃花开野渡，到门春水绕鱼船。黄冠应避秦时客，白眼空怀晋代贤。久立还思问童子，笛声吹散五湖烟。

周篔《采山堂诗集·简顾茂伦》诗：东吴文学旧知名，坐拥良书傲百城。问字门前多载酒，谈经垄上释躬耕。林宗独具人伦鉴，许劭群推月旦评。久欲过从还滞迹，江枫落处不胜情。

《百名家诗选》：释大依《吴江访顾茂伦》诗：只愁风雨尽飞花，来访吴江处士家。千里布帆寻寂寞，廿年姓氏识英华。方停双桨垂春柳，欲叩衡门乱晓鸦。知己相逢今世外，应看髡鬓忽惊嗟。

《诗最》：释尧南《发葑溪不及访顾茂伦却寄》诗：片帆斜指吴江去，龙气山光绕筚门。一代英华归白社，五更精爽出黄昏。平分休戚边疆重，整顿安危故旧存。记得乱余频过我，拟同卜筑傍山村。

《百城烟水》：接待禅寺在东门外南津口。万历初，了空觉以清修见信，遂于方丈故址建禅堂三楹，左库右厨，斋堂净室，东西相向，前堂七间，东为且过寮，西为宾馆。憨山大师《十方常住记》云：了空后得河南无边海公继之，名行益著。至庚戌，海公没，延念云勤公主之。勤力行端确，建法华楼，设养老、延寿二堂，募长生田，接待经游，天下称宝所焉。又，尧峰在横山西南，相传尧时吴人避水于此，实南朝遥授山名，亦如无锡沿湖有舜峰，谓舜耕于此，并有历山之名。

送友之敬亭

《宣城县志》：城北十里敬亭山，由华阳高峰北来，有百余里，横亘于此，若屏障然。高数百丈，周广百倍之。东临宛句，南俯城阃，万壑千岩，近郊胜境也。谢朓诗："兹山亘百里，合沓与云齐。"李白诗："相看两不厌，只有敬亭山。"

画兰歌为孙铭常作

吕阳全《五二集·孙铭常六十，工画兰，乃尊海若亦以八十善饭》诗：雷溪画兰子，泼墨舞仙仙。一饮倾一斛，疾于虹饮川。翱游东鹤寺，金梯谁与先。合幕江山远，联舟意气翾。慷慨思前席，凄凉老故园。为承华发叟，衰阳看芰田。投壶天亦笑，洗耳尧无言。世界如枣叶，松乔空蜿蜒。八十不为耄，六十岂为颠。沧海无移极，古人皆大年。但有菖蒲节，无妨藤絮牵。云空长叫月，水落恣挥弦。天都有变老，山猿安得眠。

陈瑚《确庵集·孙铭常画兰》诗：画兰不画土，画棘不画兰。前哲抱微尚，寄托皆高寒。今之伤心人，仿佛同此观。逃禅学剑余，弄笔如僚丸。一花一香气，一叶一波澜。

《扶轮广集》：许士俊《孙铭常画兰》诗：先生之意不在兰，澹云流天竹色寒。自昔读书了大意，灵气苍茫十指间。先生之意恒在酒，每一濡发数十斗。洞庭木叶夜生波，捲帘握椽龙蛇走。先生为我言草书，霹雳战斗藏疾迟。身力在臂臂在指，偶落一笔十日思。昔人尝存断钗脚，墨势将下复缩隙。亦有惊砂与孤蓬，森然奇鬼相持搏。君不见高山峩峩水洋洋，琴心上下亦何常。精神寂寞二十载，笔底纵横不可当。石雷欲沉钟期归，海潮哑咽猿狖悲。道人面壁偶见之，屈曲离奇薤倒披。又不见昔人渔阳三挝鼓，旁若无人奋袂舞。俣俣思采西方榛，恨我生迟不见古。斗酒扬棰愤欲死，风雨入怀不可止。壮极悲来忽寂然，腕力截铁有如此。此法从来莫可传，猿公剑术留神仙。南宫娉婷三十六，中有一女称天全。帐中曾做空谷吟，按指著肉悟无声。技成已乘黄鹤去，年年香草愁人心。

《娄东诗派》：顾梦麟《孙铭常画兰》诗：江水眪，兰心死，王香逆风吹不起。藤角何人为写真，腕中旧有《离骚》鬼。数枝横斜数枝直，但见丰神无笔墨。一花仰面一花垂，露滴膏生如啜泣。题将名姓落人间，好事虽多赏鉴难。子昂仲穆拦街卖，不卖移民郑所南。

《感旧集》：金俊明《孙铭常画兰》诗：幽人岁宴松柏林，愁云黯澹凝寒阴。苍梧斑竹若在眼，元圃琼枝无复春。王香隐谷久寂寞，众芳芜秽伤人心。拨琴一鼓三叹息，湘水浩浩空沾襟。有美孙卿芳竟体，读骚望古稀良辰。遨游结客爱奇士，一往怀抱含高深。古来贤豪多道艺，悟余游戏皆绝伦。蒹波流霏接沅澧，笔区滋畹画缤纷。指端拂舞真貌出，鞭笞风雨何精神。怜君持赠满冰茧，珍踰竭绮双南金。言忘交澹识君旨，芳菲袭目遗愁辛。闻君剑术尤莫比，壮志俯屈同风尘。独留纡镠寓染翰，俗外赏激谁知音。我亦沉冥旧皋羽，三岁萎约桐江浔。何当抽怨向白日，交佩相羊情质申。徒然霜霰万丛薄，天地岂应移不仁。忆翁孤露旷相感，本穴空根悲至今。

陆世仪《桴亭诗集·孙铭常画兰》诗：闻道幽人笔，居然王者香。数花轻点染，一叶几回翔。欲共商山隐，宁同金谷芳。不须滋九畹，尺素是潇湘。

《太仓十子诗选》：王撰《孙铭常画兰》诗：谁怀级佩意，应动拨琴思。浓淡添芽密，纵横放叶奇。洁疑无地种，芳不待人知。想见挥毫者，孤情点数枝。

吴伟业《梅村诗集·孙铭常画兰》诗：集将尺幅写潇湘，穷谷无人吹气香。斜笔点芽衣苏石，双钩分叶傍筼筜。谢家树好临芳砌，郑女画堪照洞房。我欲拨琴歌九畹，江潭摇落起微霜。

《启祯诗选》：金声《孙铭常画兰》诗：正则篇中第一芳，幽人清与写行行。瓶间纸上盈盈处，知是花香是墨香。

按，孙铭常无考，靳荣藩《吴诗集览》、程穆衡《吴梅村编年诗注》均称引颇赅博者，而孙铭常画兰题已缺笺注，则其人之湮没不闻久矣。

继公以金铸汉月老人像供奉天山阁赋赠

《苏州府志》：法藏，字于密，号汉月，无锡苏氏子。十五薙度，神者来告，有四十悟道，六十归空之悬记。二十九受戒于云楼。又十年，受具于灵谷。又十一年，嗣法于金粟。又七年，开堂于邓尉。始居常熟三峰，甘半菽，披百结，备诸苦行。既于郡城北禅寺著梵纲，则佛像放光；开元礼石佛，则石佛显瑞。迨至邓尉兴复万峰道场，度徒百余，得法者十二人：梵伊、致一、默成、问石、乘在、可证、顶目、彻澹、予垣、剖石壁、于磬鸿、具德礼，继起储慧、刃銛潭、吉忍。

王士祯《带经堂集·汉月和尚塔院》诗：门外娑罗树，湖边修竹阴。讲堂宿云影，塔院寄空林。碑记中与迹，溪流常住心。名衣传法地，妙相此中寻。

清泉石上流，林若抚、申维清（清一作志）雨后过中峰，分赋

《苏州府志·选举类》：申诒芳，字维清，长洲籍，崇祯已卯科举人。

按，林若抚，已见诗集卷三《甲戌闰中秋林若抚、陈季采留宿山中》题。

壬午重阳，绳武、中怡招游大明寺、平山堂诸胜，已赋七言一律，又得一百字

《扬州府志》：县西北五里大明寺，古之栖灵寺也。明罗玘《重修大明寺碑记》：寺为宋孝武时所建。孝武纪年以大明，而寺适建于其时，故名。景泰间，有僧智沧溟者，北游五台，回抵于扬，偶适野，见摘星楼西，平山堂东，中有空隙地约广数十亩，放生池环于左，清平桥横于前，若遗址也。乃结小庵楼于上。不逾月，梦神指示：某有井，井有岁月。循其处而发之，果得古井残碑一方，上有“大明禅寺”数字，人自是始知为古刹，悉捐金资，为法堂五间，东西庑各数间，庖湢库庾，以次粗备。弘治癸丑，关陕诸鹾客始建大雄殿，设立全像，规模宏伟。而智沧溟寻示寂，徒镇大方嗣其绪。乙丑，复建天王殿五间，而镇大方亦故，令孙广胜主焚修焉。于正德丁卯建伽盖祖师一殿，自是始称备矣。

又，平山堂在郡城西北五里蜀冈上，大明寺侧。庆历八年二月，欧公来守扬州时，为堂于大明寺之坤隅，江南诸山拱揖槛前，若可攀跻，故名。

《启祯遗诗》：林云凤《大明寺览古》诗：寒泉酌罢上云根，落叶萧萧拥寺门。树里江流惟北注，阶前山势总南奔。隋宫艳色三千尽，宋代才名不一存。欲向斜阳重极目，忽闻清磬报黄昏。

赠袁重其霜哺篇

《采风类记》：袁孝子宅，一名卧雪斋，在葑门上塘，新造桥西。孝子讳骏，字重其。幼丧父，佣书奉母，必极甘旨。家贫，不能旌母节，乞诗文几遍海内，陈眉公题曰"霜哺篇"，多至数百轴。凡四方之士过吴门者，无不知有袁孝子也。母老不能行，庭前花开时，骏辄召其母赏玩，好事者为作召母看花图，亦数十轴，一时题咏最盛。

《松风余韵》：王光承《送袁重其还吴门》诗：积雨经旬长薜萝，袁安此日下平阿。新丰美酒山中少，故国浮云海上多。千里弟兄皆短褐，百年身世且高歌。知君永夜思将母，为向河梁送玉珂。

《别裁集》：陆元辅《送袁重其归吴门》诗：青眼沧桑阅逝波，百年世事足悲歌。尊前故旧凋零半，乱后文章感慨多。鲈脍正堪淹客棹，骊驹无奈向关河。凭君一寄昌亭泪，江左风流更几何。自注诗：闻叶圣野之讣。

《明诗综》：屠爌《赠别袁重其》诗：高飞鸿雁满关河，此日寒江起夕波。庾信哀时常作客，梁鸿去国独行歌。霜凄茂苑清砧急，月照荒台落叶多。为问吴中旧知己，空山丛桂近如何。

《娄水琴人集》：释行达《袁重其过访》诗：百花洲畔几回春，卧雪高风岂为贫。垂老苦心惟奉母，半生活计只投纶。曾经一宿同仙馆，忽漫相逢即故人。念我江城久留滞，又添鹤发几茎新。

陆世仪《桴亭诗集·赠袁重其》诗：举世纷纷说伪真，谁能养母更持身。家庭燕衎几三乐，笔墨经营尽五伦。四十慕亲同孺子，一生求友得高人。如君正可风俦类，来往舟车莫厌频。

补编卷二

送梵印出山

《乍浦志》：会济庵，在北门内，俗名齐观庙，明洪武二年建。梵印《赠朱白民》诗：山静犹空劫，惟将木石亲。肯居于此处，岂是等闲人。为竹卖供米，删松破作薪。只因寻异药，衣染别峰尘。按此诗当即在山时作。

《列朝诗集》：大遂，字梵印，平湖乍浦会济庵僧，觉承讲主之法子。潜踪林樾，景企前修，时或托寄长吟，不觉词意俱远，可与齐己并驾也。有《出林草》。

送沈炼师

《梅里诗辑》：沈存，字蘅在。吴孝章《集杜诗》有《沈炼师蘅在避迹鲁庵》之作，则吾里黄冠亦有能诗者。其《游李园》诗："石床寒未雪，竹径晚多风。"足称佳句。按此题"沈炼师"，当即沈存，时代固相同也。沈存能诗，或于苍雪有所投赠，故送以诗耳。《诗辑》选沈存《杂感》一首：枫叶翩翩下钓矶，园林萧瑟映斜晖。客游故国音书绝，风急长空鸿雁稀。静夜每看纤月坠，深秋还作断蓬飞。烟波极目家何在，独对青山忆采薇。

访陈征君东佘山居四首

《明史》《陈继儒传》：继儒字仲醇，筑室东佘山，杜门著述，有终焉之志。屡奉诏征用，皆以疾辞。

《松江府志》：佘山在庐山东北，由神山塘折而东。旧传有佘姓者，养道于此，故名。

尤侗《艮斋杂说》：麋道人大隐佘山，与董宗伯齐名，远而土司酋长，丐其词章，近而茶馆酒楼，悬其画像。然俯仰之间，已为陈迹。征君故宅，他人是保，而书床药灶，不可复问矣。语云："身将隐焉用文之。"唉名之不足恃如此。

吴伟业《梅村诗集·陈征君东佘山祠》诗：通隐居成市，风流白石仙。地高卿相上，身远乱离前。客记茶龛夜，僧追笔冢年。故人重下拜，酹酒向江天。又《佘山》诗：溪堂剪烛话征君，通隐升平半席分。茶笋香来朝命酒，竹梧阴满夜论文。知交倒屣倾黄阁，妻子诛茅住白云。处士盛名收不尽，至今山属佘将军。

王撰《揖山集·佘山访陈眉公故居》诗：穿林短屐恣幽探，来访征君旧隐龛。寂寞荒祠萦蔓草，摧颓老屋闭烟岚。溪桥尚忆停鸟榜，山馆曾过听麈谈。转眼不禁兴替感，孤孙愁见发鬖鬖。

曹溶《静惕堂集·佘山过陈眉公故居》诗：白石斑斑卧海滨，辞喧羡尔太平身。百年虫网山堂闭，四壁泉流土锉春。篱落尚闻悬笔札，鼓鼙无术护松筠。伤心肉食尘埋尽，史例新当进逸民。

《过日集》：倪暹《陈征君读书堂》诗：征君一去白云隈，三径萧条长绿苔。北海已无樽酒在，西川几见故人来。风吹细草琴书寂，日落空庭鸟雀哀。便欲扶筇趁野兴，晚香亭下看花开。

《漱芳斋诗话》：陈征君佘山故居，内有神清室，前为古香园，有桂树百本。又前则顽仙庐，其东北为含誉堂，池台绕匝，竹木参差，洵为山中胜境。自崇祯十三年征君故后，清初陈氏犹居之，故杨显有《古香园白芍药为陈箬庵赋》七古一首。至顺治癸巳，章绶臣赁居数年，迁去，自后不可考矣。

赋得白日掩荆扉

此题，顾刊《诗钞》下注"为邹满字赋"。

《金陵通传》：邹典，字舜五，一字满字，上元诸生。贫苦有志节，居东园，友人胡念约为构小阁，颜曰“节霞”，自署青溪一曲，尝赋《白日掩荆扉》诗以见志。喜读《禹贡》《考工》《离骚》《南华》。每夜坐烧烛，子女环侍，各习其业，不屑干人。除夕视瓶粟余升许，复觅榾柮数杯，为二亲一日供。凌晨出郭，登雨花山，高歌竟日而返。居平，客至脱冠自汲，以供茗碗，往还惟顾梦游、刘象先、周敏求、程希孔数人，皆逸士也。

邢昉《石臼集·白日掩荆扉为邹满字赋》：竹篱通野色，白日故闲闲。只是一尘地，似经千叠山。梵钟蜗舍侧，妻子鹿门间。隐迹已如此，何须更掩关。

谭元春《谭子诗归·白日掩荆扉为邹满字赋》：野客闲僧莫见存，堪容膝处若深村。径当题作幽人巷，多有邻家对掩门。

葛一龙《葛震甫诗集·白日掩荆扉为邹满字赋》：花衙过午蜂犹闹，花垒生香燕始归。而以性情能自简，不缘人我故相违。瓶穿破壁沽邻酒，竿揭中庭晒浣衣。客有新诗似君画，题将白日掩荆扉。

万寿祺《隰西草堂集·白日掩荆扉为邹满字赋》其一：秋水抱城曲，幽居事事宜。缚荆成虎落，折径学虫蛂。竹木流风见，诗书闭户知。端形天地内，吟啸有威仪。其二：贫贱驱高士，半椽栖木房。过桥人背绿，弄竹鸟须黄。暗坐睨穿壁，宵眠上大床。岁时无一事，风雨在高梁。

《金陵诗征》：傅汝舟《白日掩荆扉为邹满字赋》：潇然自扫竹窗烟，客到无门有鹿眠。树下绿云常作席，石边红藓得搜泉。衣冠畏俗还逃影，笔墨随机已入禅。山鸟一声人意懒，梦从书枕学游仙。

《启祯遗诗》：文从简《白日掩荆扉为邹满字赋》：秣陵有逸士，所志在林麓。买山无其资，幽栖数间屋。不离城市间，超然远尘俗。庭际桃花林，黄发是僮仆。砚石作良田，枯管代桑竹。城外满青山，登楼写云谷。床头万卷书，三冬雪代烛。白日不启户，终岁长相续。

杨文骢《洵美堂诗集·哭邹满字》诗其一：屋里青山在，秦淮水自漪。画中呼可出，剑上泪空垂。孝竟殉其父，贫仍授与儿。南中高士传，不独一人悲。其二：南雁声凄断，传闻邹子悲。百年名尔立，一世俗谁医。笔墨留强项，胭脂懒画眉。遥思草阁外，桐影自纷披。其三：狷洁一生志，穷随老布衣。儿收南国诔，妻煮北山薇。破研将难去，萧斋忍不归。荒荒留白日，犹似掩荆扉。

圆觉解制，送石生道公还庐山二首

《庐山志》：大林峰之西有卧龙庵，即水口庵。水口者，大林峰前诸水所由以趋于锦涧桥者也。水口，石生和尚所住。释圆悟《游记》云：石隐庵在水口，石生禅者山居，前佛手岩，后大林寺，庵之左右，竹树香密。路俯石岩而进，石台三四，高出层峦。其左峰叠石千丈余，其下奔流滚滚。石台上皆细草霜花，人坐石台茶话，谓之“茶话石”。

按《山志》引潘之恒《石隐庵记》：己未岁，遇若公石生，询所栖，有卧龙庵。树竹生石隙中，皆太古以上物。溯其初也，晋慧永法师同远公居庐山时，栖此谷中，逾十七年。从峰顶别立茅室，常闻异香，故称“香谷”。后从此出居西林，与东林远公分林主教，影不出山，并擅标誉。今若公二隐，意与此合云云。据此，则若公、石生当为二人。又引潘之恒《石林社记略》：石林旧在虎溪东，与黄龙潭相近。孤月禅师、彻空大师建为黄龙寺。时憨山主五乳，若昧主开先，石生复香谷，毕贯之开石门涧，并兹社而七，社有七，其人则同，余所知者，憨山清大师，若昧、石生师徒，汤宾尹、曹学佺、葛寅亮、黄汝亨、汪可受、吴用先、曾凤仪、邹元标、罗大紘、陈维春、李光元、邢懋学、邹匡明、毕成珪云云。据此则石生为若昧之徒，而居庐山者，若公即若昧也。按《山志》，若昧法师来庐山，先居黄岩。万历戊申，住开先。己酉，建华严阁。天启辛酉，造七佛楼。

《贤首宗乘》：若昧，名智明，海陵毛氏子。父故，投郡之东隐庵出家。至京口亲雪浪座下，后息影匡庐之古黄岩者十年。

按，《东林十八高贤传》：慧永，河内潘氏，初集禅于恒山，与远师同依安法师。太元初，至浔阳。刺史陶范留之。筑庐山，舍宅为西林以奉师，峰顶别立茅屋，时往禅思。至其室者，常闻异香，因号香谷。义熙十年坐化，异香七日方歇。葬寺之西南，春秋八十三。

又按，《山志》：香谷之南，有西林寺。据此，知石生所师与所居之渊源有自矣，惜无详迹可考。

又按，《庐山志》：芦林释修远，号石照，吉州人，苦志出家，博通三藏，嗣法于若昧。据此，当时若昧门人，或以石字为记，故道公号石生也。

葛一龙《葛震甫诗集·题画兰送石生师归香谷》诗：言师香谷去，赠以谷中香。墨露夜深滴，写经明月房。

过元叹染香居

黄传祖选《扶轮集》徐波诗下评注云：元叹《浪斋》壮浑，《艺香》洁削，各具一体。又云：《浪斋》极朴澹壮浑之致，光色甚异，《艺香》一变而为清历，求所谓甚异者，已不可得。据此知，浪斋、艺香，均为当时元叹之室名，而即以名其诗集者。

按，钱谦益《有学集·徐元叹诗序》：元叹少工为诗，隐长兴艺香山中，筑室奉母数年，而诗益进。《湖州府志》：艺香山在长兴县北十五里，高四五十丈，昔西施种香之所。据此，则元叹或因少年时曾居此山，故后以艺香名其居，并以名集也。

叶廷琯《浪斋新旧诗跋》云：过白马涧，访通济庵觉阿上人，案头见《浪斋新旧诗》一册，《落木庵诗》二册。而无艺香之名，则《艺香》一集之失传已久。

吴伟业《宿落木庵》诗注云：元叹弃家，住故鄣山中。乱后归天池丙舍。据此知，落木庵乃元叹鼎革后隐居之所。则或《艺香诗》为少作，《落木庵诗》为晚年所订，至是而艺香之名，遂不复存在矣。此题染香居，或当作艺香居。染艺或以音近而误。

按，《明诗平论》，元叹有《卜筑古鄣之艺香山，寄怀邓明府》七律一首，则知古鄣即艺香山所在之地名。古鄣亦作故鄣。

又按，府县志均载徐波有《谥箫堂集》，惟今此集亦无流传。

柬皋亭汰公屡负桃花之约

按，“皋亭”，已见诗集卷三《丙子秋以中峰玄谈讲期过皋亭月明庵礼请汰公》题。

《神州古史考》：皋亭山在府城东北二十五里，高百余丈，武林之北，临平之南，红尘十里，青崿百仞，临水夹岸悉是桃花。其中涧底重重，山根一片，杂以朱紫文黄，加以烟花露草，既似乎山腰系红绶，夹绿螯以齐青，又似乎水面酡朱颜，假燕支而欲染，岩崖相照，烟云烂色者也。

按，《皋亭唱和集》阮亨跋云：皋亭余屡游，看桃探梅，均有诗，时往来于心胸。一日云公来，出示《皋亭云隐图》，深得黄鹤山樵笔意，属余录家兄与同人先后倡和之作。随检旧稿，写付之，留作山中故事，为将来重寻鸿爪之券。乙亥三月，阮亨识。此《唱和集》刻《武林掌故丛书》中，阮元、陈文述等游皋亭所作。据此，知清嘉道间，皋亭桃花如故，而骚人游客观桃之韵事，犹未歇也。

陈之遴《浮云集·憩月明庵》诗：竟日梵宫坐，悠然何所怀。不曾参白法，偶尔伴清斋。云尽月当阁，叶飞霜被崖。老僧能送客，半下草堂阶。又《寄汰如上人》诗：致讯东林老，清言久未聆。几人窥大道，近日说何经。两地月同白，一窗山自青。每怀秋爽夜，茶话竹间亭。

送香雪律师尧峰解期礼吴中石像而归

《南山宗统》：晋陵天宁寺香雪律师，讳戒润，族姓陈氏，楚地夷陵人也。润家世珪璋，遂捐世荣，薙发披缁，次近圆于三昧律师。禀具后，游历讲肆，遍参名宿，精通经律，兼修净土。润尤善文笔，而落纸成韵，以悬河口而吐辞为经，为众说法，音声清彻，令听者莫不乐闻，犹若迦陵之声也。是以辅化千华昧和尚于南北两都，乃众所知识。次卓锡于毗陵之天宁律院，由是四众礼请润登华坛。正说戒时，空中有戒日舒华，祥云五色，覆其法座，缁素咸瞻，以为奇瑞。自清国鼎新以来，润之德风道播江南，其中受法毗尼弟子，不可称计。化缘既毕，全身建塔于本寺。世寿五十七，僧腊二十二。所著《楞严贯珠集》行于世焉。

按道盛《觉浪语录》，有华山三昧大师，偕香雪、见月二公，同轴赞一首。二公皆嗣法三昧，而见月、苍雪来自滇南，亦同师门，则渊源可想见也。

《苏州府志》：圣像教寺在县东南三十里沪渎，晋建兴二年有迦叶、维卫二石像，泛海逆水而来止此，光彩七昼夜，数百人不能举。众迎像，置郡城开元寺，里人赵罕舍所居，建寺奉之。事闻，敕赐圣像教寺额。宋宝庆中，寺焚，石佛仍徙开元寺。明洪武十七年，僧法询重建。

按，当时名香雪者，或尚不止一人。

《明诗平论》：张一鹄《香雪上人海虞寄怀次韵》诗：近城栽柳自成隅，一径花烟月影虚。敷座海天通自在，闭门几案即真如。禅心广应还归寂，我法萧疏不寄书。咫尺虞山魂梦绕，隐峰肯许到茅居。

阮大铖《咏怀堂集·和香雪竹影社》诗：江湖青一发，匡庐现重影。梦入白莲池，幽香触深省。不知寐觉间，何者是真境。百虫挂秋槐，而别柯与瘿。习心成习见，譬若蛙居井。清泉喧石濑，华月吐高岭。山精何睢于，弄此潇湘景。雪公石门秀，植戒如筝筲。身与霜松严，虑若秋兰静。藉此丰干舌，重剥香岩笋。寄社空烟中，提唱诸云冷。

潘耒《遂初堂集·赠香雪法师》诗：台宗不断仅如丝，海畔欣逢老论师。教义澜翻瓶泻水，定心清彻月临池。名蓝谢却蓬为屋，白拂抛来偈作诗。散诞闲身无一事，就谈每到竹阴移。

此三诗之“香雪”，是否即香雪律师戒润，殊难确定。惟传称其善文笔，而落纸成韵，或与当代名人掉鞅文坛也。

己卯秋，元叹、奉倩、子羽雨宿一滴斋，同汰公、道开、佩子分韵，因忆癸酉秋现闻姚太史同长公子文初亦宿此斋

《感旧集》：黄承圣，字奉倩；翼圣，字子羽，江南常熟人。翼圣有《莲蕊居士诗选》。

《明诗纪事》：黄翼圣《寿家奉倩初度》诗其一：看看竹马事嬉游，此日樽前共白头。兄健转嫌增弟老，国亡何忍为家谋。谱成节烈平生事，卖剩田园数亩秋。一任时人笑痴绝，五更频梦复神州。其二：吟耸双肩骨带仙，乱离赢得一身全。郊增新鬼多吾友，籍入遗民亦信天。萧散别裁方外服，团圆常说在家禅。不须更觅长生诀，学得饥餐与困眠。

按，子羽，已详诗集卷一《迟黄子羽看梅不至》题。又按，钱谦益《黄子羽六十序》《黄子羽墓志铭》《莲蕊楼记》《莲蕊居士传》，均载《有学集》中，兹不备录。

《娄东诗派》：黄与坚《挽黄摄六》诗其一：两朝踪迹半天涯，寂向溪园老鬓华。万里宦成堪报主，十年兵扰漫移家。贫疏乐里还酬画，病倚香龛尚供花。为数旧游增叹息，纸窗风冷薜萝斜。其二：栖迟莲蕊妙香身，鹤立萧闲忆几春。白社放斋常礼佛，青门怀旧数留宾。新抛吟咏消尘谛，预制铭旌见净因。白鹭岭西去后，虎溪长啸更何人。

庚辰春，高松讲大钞于华山，感群鹤绕空飞鸣欲下，一时播闻，诗以记之

又卷三《华山得绀泉友人携岕片就试同汰兄赋》。

《贤首宗乘》：明河，字汰如，号高松道者，扬之通州人，姓陈氏。师年十余岁，善病，父母送州之兴国寺，依天一师剃染。寺习瑜伽，师惟专心经教，兼工书史。有从足法师开讲法华，师始预其席。年十九，决志南游，如云栖、介山、绍觉、耶溪诸大师门，一一参叩。五台澄方和尚大阐华严，师箪瓢

负笈，直造其席。年二十五，复归故乡。初见巢师于海隅方塔，次见雨师于苏之慧庆，如子得母，不复舍离矣。随雨住铁山，继雨住中峰，既而说法于杭之皋亭，吴之华山，白门之长干，遮照圆融，道俗交摄，识者以为真雪浪之元孙也。崇祯十年春，与苍雪彻师约曰：白文经四方传演虽盛，然昧旨者多，得旨者少。我二人若不扶大钞之教，观宗旨日久日衰，必至邪说乱行矣。十三年春，师首倡一期，群鹤旋空，飞鸣围绕，又山后石吼，声震林木，咸以为大钞中兴之祥也。订来春为第二期，与苍践更，未几示疾。惟自念言：心不知法，法不知心，谁为作者，谁为受者。泊然而逝，世寿五十三，僧腊三十。遗言建塔于华山之麓。所著有《华严十门眼》《法华圆觉楞伽解》。闽中曹能始宦游所至，集有僧传数卷，师见之大喜，因采灯录统纪，通载诸文，而合成一部，名《补编高僧传》，不知者不无以附和宗语为疵。弟子道开扃公为之授梓，今行于世。门弟子七人，含光、道开、若镜、髻珠、希睿、戒冰、介石。

《百城烟水》：华山其顶，名莲华峰，山半有池，在绝巘，横浸山腹，逾数十丈，故又名天池山。山有石鼓，又石屋二间，四壁皆凿佛像。又有龟巢石、虎跑泉、秀屏、苍玉洞。后汉郎宗，刘宋张裕、张廷杰皆隐此山，廷杰以山宜就隐，乃营墓立宅于此，改就隐山。今山半为毛都宪理墓，右为古华山寺，今改寂鉴庵。山之东南，出莲华峰背，近建为华山寺，明僧鹿亭结茅于此，文肃公辈矢志兴复，一雨润公卓锡演经，法嗣汰如河、苍雪彻相继兴建殿宇。长松夹径，怪石沿崖，有华山初地坊、含光渠，时归于灵岩。康熙初，檗庵、志僧、鉴青相继住持。

《娄东诗派》：许旭《檗庵大师近住华山寄怀》其一：路近支硎堪养马，行逢竺坞试探梅。墓田丙舍多零落，万事伤心总劫灰。其二：伯赵孤坟对夕阳，断碑遗墨两茫茫。诗人近更徐波死，落木庵头恸一场。

刘城《峄桐集·同朱云子隗入华山道中杂咏》其一：青苍在望意成涎，颇怪篮舆滞不前。夹路交垂松任抚，一岩接引佛谁镌。身非济具情堪胜，学有同参义可宣。磴道应趺相勖起，梵声已落寺门泉。其二：山光远照影纷披，筇下迟回触我思。赵氏双坟人指点，范家万笏路参差。古碑渐蚀蜗为沫，大麦方枯蝗已窥。亦有短墙遮少妇，种茶迟日摘枪旗。第一首自注，山半高峰为接引佛像，是朱白民镌云。忆余丙子孟夏游华山，猝见山石镌像，矗立荆棘瓦砾中，仅存半椽之庇，余留恋不忍去，以为此像乃吴地之至宝，何竟无人修护，保存优美之古迹，又未知像之年代及造像者，今得此诗而恍然矣，是可补志乘之缺也。

朱白民，详诗集卷一《答朱白民隐君》题。

范凤翼《范玺卿诗集·汰如道兄访予吴门舟中却赠》诗：寻春载酒买花船，爱尔能来结静缘。横杖一肩挑海月，偏衣两袖曳山烟。敲残楸局灯前影，坐冷蒲团觉后禅。待我武林游览遍，重来话似虎溪边。又《过中峰访汰如师留赠》诗：中峰信宿此淹留，支许风流尚可求。悟后真身千界幻，静深灵籁万松幽。法门汝已标龙象，尘世吾方厌马牛。便欲随缘结莲社，分云同住最高头。

《明诗平论》：黄承圣《绀泉为汰公赋》：峰头扫乱烟，洗出一枝泉。清冷源流异，甘香供养偏。醒心忘早岁，抚掌类逢年。定力神呵护，机缘讵偶然。

怀扈公

又《扈芷五十而亡》。

《檇李诗系》：广育，字扈芷，四川人，住嘉善大胜寺，有《东塔诗》。

王沄《辋川诗钞·来友》诗之末一首《大胜扈芷上人广育》诗云：我从陶谢游，尝入远公室。种莲自有因，采菊亦所适。聚散等浮云，去来无遗迹。惟留不夜光，炯炯照虚寂。自注云，上人，蜀人，居武塘大胜寺，钱彦林者公诗画友。酉戌间，余从先师每寓寺中，上人移锡至松，未几而化。

按扈芷，已详诗集卷一《眉山归隐卷为扈公》题。

杨文骢《洵美堂诗集·过嘉善访扈芷》诗：贾山常说未能深，静抱孤怀学道林。半世苦嘶谁解足，前生有笑子知音。梅僧笔墨同参祖，邻女泉声不到心。五斗弃捐陶令癖，虎溪夜夜欲追寻。

《松江诗钞》：朱铮《青溪舟次同扈芷上人》诗：相逢惟刻烛，觅句欲捶琴。渔火分窗近，兰桡载月深。醉添红袖梦，诗入晚秋音。吾道风流在，挥杯赠寸心。

杜溓《湄湖吟·赠许天玉，兼忆扈芷禅师》诗：几载秋雯递梦勤，冥鸿无际怅离群。谁将予思传江上，每得君诗到鲁分。山水可裁归训诂，风香不动了声闻。悬知夜抱蟾蜍读，睒睒光飞已十觔。

汰公《大明高僧传》成，喜而有作

按，明河《补编高僧传》，今刊《续藏经》中。毛晋跋云：《补编高僧传》者，道开扃公成其师未成之书也。其师华山河公，号汰如，贯通内外之典，领袖龙象之林。念历代《高僧传》搜讨未该，事迹湮灭，担囊负笈，遍游山岳，剔荒碑于藓径，洗残碣于松岩，嘉言懿矩，会萃良多。因补前人之所未备，续前人之所未完。纸皮墨骨，未酬宿世之缘；狮吼潮音，骤示双林之疾。嘱付扃公补缀成篇。扃公以鹫子之多闻，兼范先之博物，既衔师命，遂毕前功。捧琼函以示余，翻贝叶而眩目。余也踊跃赞叹，得未曾有，亟鸠剞劂之工，遂付枣梨之刻。使涌幢现塔，不堕荒榛；宝炬华灯，长然慧命。石门文字之禅，净土虚玄之体，相需而著，用垂千古。庶莲花峰下，师徒之志昭然；教海藏中，今昔之踪宛在。

白扃《跋》云：嗟乎！吾先高松，弱冠未迨，蚤事参请；知命甫逾，旋示泥洹。屈指流光，仅浮生之三十耳。电光驹隙，寿量几何。乃讲论疏解，著述观心，繇因地至于果觉，孜孜矻矻，不知作几许事业，自非愿力宏高，载来示现，其孰能与于此。即斯《僧传》一书之成也，年未强仕，慨然以僧史有阙为心，遂南走闽越，北陟燕台，若雁宕、石梁、匡庐、衡岳，绝壑穷岩，荒林废刹，碑版所在，搜讨忘疲，摹勒抄写，汇集成编，而后竭思覃精，笔削成传。盖僧史者，左史记事，右史记言，如俗之史书也。凡所集者，不越言之与事。自宋文宣王记室王简栖所集百卷，又会稽嘉祥皎法师所集《梁高僧传》十三卷，唐南山律师所集《续高僧传》□卷，又赞宁国师所集有《宋高僧传》□卷，降斯已还，宋明相望，以六百余祀之辽敻，邈然罕闻，先师之作，其可缓哉？第是书也，无既不既，无成不成，适是而止，为全部矣。补摭捃拾，若有所遗，在先师则晓夜皇皇，尚以未备为憾焉。师门墙既广，桃李成蹊，翘楚僧英，不无其类。不肖以椎鲁无文，确怀固守，当纷纷转徙之时，予惟脚跟牢跕，故蒙先师嘉悯厥志，别贻青盼。山斋寂阒，手授净瓶，摩顶至三，记莂亦再，曰转相传授，流注不绝，俨如黄梅半夜信衣初付，非任力斗智所可力攘者也。其次不肖住山，则曰不独山门有幸，实喜法脉得人。诗篇志喜，启札相延，手迹犹存，墨痕未燥，此阖郡护法所共同心，不能偏废者也。至若拈华微笑，末后机缘，则简端六字，掷笔神游。曰"高僧传"，托道开是也。若不肖果有一念参商，其能蒙始终护念如此乎。孰谓示寂之后，异议纷然，变端遽起，所以退让名山，躬先剞劂，负书行耳，遑及戈矛。扃抱书之白门，饥荒两值，变乱相仍，海宇更张，人心鼎沸，遂不能卒业杀青，彷徨无措。归而谋诸隐湖居士，乐成先志，助襄厥功，始克告竣。其艰难困苦之状，未易以一言遍告也。幸有济上平章、临安司马为之弁序。此二公者，表表人杰，殉难捐躯，足征先师德业所致，黼黻典彝，并垂不朽。于戏！名山，师一时应迹之区也。使师而有年，今且敷玄竖妙于此，非师之千古也。即予膺先师之命，辛勤拮据，尚居此山，亦未为报先师也。惟此数编，乃师之千古，今幸不负所嘱，得寿诸梓，实所以报先师于千古也。先师以寸管，发扬六百年来之硕德耆英，其功于法门不浅。扃以寸心报师三十年来之苦辛，实不敢负遗命而已，敢谓有功于先师哉。至若山之住与不住，命之遵与不遵，予且付之一笑，常寂光中，尚肯攒眉蹙頞耶？所愿祖祖相传，灯灯相照，不冷风规，常存模范，师念无违，扃心曷已，他何计哉！因笔偶书，非敢扬飞尘以眯观者之目也。

据此二跋，则《续藏》当依汲古阁本刊入。

送一门之淮上

又卷三《寄灵谷一门映》。

《扶轮新集》：释遗谷一门，江宁人。选登《梅花诗》《和涉江居士韵》七律五章。

《摄山志·古迹类》，遗谷博山，无异老人侍者一门所建，后延僧玉浪居之。孙国敉《遗谷》诗：地与人如待，居随岫势缘。谽谺非隔世，灌莽欲藏天。庭满初秋月，江分未曙烟。诗成妨定境，蛰燕共幽偏。杜浚《遗谷》诗：山里寻山山更清，尚嫌遗谷未遗名。老僧不作闲功课，捶磬一声山鸟鸣。

阮大铖《咏怀堂集·坐天界循元上人录梦居送一门北参》诗其一：精庐闭花药，息景亦何深。偶至邻峰衲，来分秋树阴。清机闲省竹，良话静开琴。即此恋携手，宁堪判蕙襟。其二：思君锡所指，来雁正南翔。黄叶孤舟雨，青灯旅夜霜。石经云未绽，静琬树犹香。一施名场法，莲花社莫忘。又《送一门住摄山》诗：一公绝尘垢，其人即翠微。禅将春草深，句亦天花飞。摄山有茅屋，竹厚芋且肥。夜溜细鸣涧，秋云闲隐扉。君往住其间，能使青山辉。支远不敢俦，世人焉可希。霜满烟复平，予亦知所归。烦君行药时，为报山中薇。

按，此诗作于戊寅，为崇祯十一年。

《黔诗记略》：杨文骢《寄讯一门上人》诗：世态几尝我，愈思君味真。梦中听涧溜，画里忆嶙峋。宿鸟窥新月，邻僧识故人。好将邱壑扫，收拾此闲身。

函可《千山诗集·遥哭一门》诗：千群野鹿伴闲身，十里长松旧主人。松已为薪鹿为脯，争教破衲不成尘。

按，《扶轮集》有《刘道贞恭叩孝陵入灵谷寺，宿一门禅房》五古诗，可证一门曾住灵谷寺。

赠衍门止

《扶轮集》：释正止衍门，长洲人。选登《卖衣》《卖剑》五言各一章。

按，《扶轮集》顾凝远有《景陵谭远韵欲尝珍珠坞杨梅，同周安期、刘石君、僧衍门，陪往遍游》诗，又有《牛首秋峦，时与衍门同登》诗。徐波有《寒夜与衍上人还北禅宿》诗。《娄东诗派》黄翼圣有《元日同衍门、石林二僧诵经》诗，《明诗平论》徐波有《久寓天龙与衍门常过奉倩睫巢》诗。可知衍门当时与诸名人交，为方外之秀，惜事迹失传，志乘无考矣。

又《扶轮集》：徐波《岁暮存没》诗之一：数条弱骨仅能支，到处争看鹤阿师。瓢笠提携行市上，欲将清料入人诗。自注谓，周衍门年近五十，为僧，好游，族姓绝，不住山。据此则知衍门周姓，而隐于僧者，或有托而逃也。

《陈忠裕年谱》：顺治二年乙酉八月，先生在陶庄之水月庵，托为浮屠。庵僧衍门深研梵学，甚相敬礼。同避地者，娄东张受先先生也。

夏完淳《夏节愍集·赠衍门上人》诗：法云无际化城阴，锡杖凌空不住心。春满楼台通北郭，天高笙磬隐东林。雨中花影空阶静，风外钟声隔浦深。白社远公如见问，山中谢客倦登临。

叶绍袁《甲行日注》：五月初六日丙午晴，早至慧证庵，会衍门尊宿，吴人也，老成风雅，别八年矣。

维摩寺访洞闻禅师

钱谦益《初学集·洞闻禅师塔铭》：古之得道者，以死生为如幻三昧。故有谓坐脱立亡，尚未梦见先师意者。世衰圣伏，盲师瞽说，各自称尊，则非末后一着，不足以勘辨之，盖亦末法使然也。天启三年七月，洞闻禅师示寂于破山之禅院。是时天方溽暑，流金铄石。越三日，余趋视之，垂首趺坐，若入正定，蚊蚋却避，肤理莹洁，四众观者，莫不叹异。师行解未知其何如，以余所见，亦可谓甚难，希有者矣。师吴江李氏子，少出家，入华山为默庵和尚侍者。舍而归紫柏大师，大师改名法乘，号曰洞闻。冯祭酒开之《送似尘、洞闻游方序》云：二上人一脱逢掖，一逃外法，俱奇男子，体质文弱，不耐劳苦。一旦以紫柏师鼓策，遂迸裂牵缠，给侍瓶锡。方出门时，已无万里，此师行脚因缘也。初居虞山之三峰，徙天目之中云庵，卒老于破山。师慈和乐易。具大人相。所至住山，诛茅束薪，偕其徒雪庵，拮据庀治。师优游兀傲，饮石泉而荫松柏，不汲汲于荣名利养，其视世相轻也，斯其临终所得力者欤？师世寿七十二，僧腊五十，墓在破山寺之南，凡若干步。铭曰：师之参访，踵决履穿。小扣大击，如石出烟。归而住山，参粥饭禅。一坐廿夏，不震不骞。开堂说法，千偈澜翻。究亦何有，空谷窅然。破山嵯峨，龙涧蜿蜒。残灯初日，师或在焉。

《梅里诗辑》：通门，字牧云，号樗叟，吴郡张澄宇子。薙度于洞闻和尚，为天童玉林法嗣。崇祯末，开法梅里古南院，一时儒士咸亲法会，古南遂成名刹。通门凡七主丛林，实为临济龙象。工诗词，有《懒斋集》。

《百城烟水》：维摩禅寺，在县西八里虞山上。宋隆兴元年，僧法运建，旧名石屋维摩庵。寺后有石井，名涌泉。淳熙三年，丞相曾怀请为功德院，孝宗赐额“显亲资福禅院”。明洪武间，僧寿松建观音殿。宣德四年，僧昙敷建四天王殿，甃石改额今名。

道开将掩关生公台畔

《吴县志》：虎邱山前大盘石。《图经续记》云：生公讲经，下有千人列坐，亦名千人石，有篆书“生公讲台”四字。

《百城烟水》：千人石在生公讲台前，石平如砥，可坐千人。四围茶亭，隐现林间，中秋玩月最胜。生公讲台：异僧竺道生讲经，人无信者，乃聚石为徒，石为之点头，后人建此。

送杜受具还宣

按，此题“杜”下当脱一字，当属某僧之名，来吴受具，而还宣城也。

万时华《溉园诗集·赠杜门和尚》诗：万事杜门好，如师获我心。密房茶气满，小苑竹香深。习病知禅定，无求简客寻。惟余铃铎响，终日倚清吟。此诗以《溉园集》中前后诗观之，乃游宣城所作。今此题送杜，或即杜门，而脱“门”字耳。

又按，《舆地纪胜》：宝胜寺，旧名水西寺、崇庆寺，后改天宫水西寺。唐时黄檗所居在崇庆寺左之白云院，崇祯间改称水西首寺。送杜诗有“白云归寺”“黄檗山前”等句，杜当为水西寺僧，或水西寺为杜还宣所经之路也。水西寺在泾县，已见诗集卷一《赠别友苍》题。

闻月印师凶信

《吴都法乘》：邹迪光诗序云：孤松门人曰智照者，初号若愚，大非空门中，语不佞以月印易之。孤松请以言赠，又为之诗：诸天迢递夜钟传，绣佛前头宝月圆。印得禅心长寂寂，依然身在法云边。

又，杨士修《通济庵访月印禅兄》诗：吾师道门秀，宿昔标异行。刺血写梵书，如佛舍身命。募结香饭缘，胜事行且竟。机会小不契，翻飞绝诤竞。瓢笠任所之，去住不宿订。此有大因缘，慨然承众请。晨昏钟板齐，十方得所凭。缁素接迹过，不免费将迎。师乎洒落人，请勿以为病。

按，月印无考，以二诗证之，仅知为孤松门人，曾居通济庵耳。

《府志》：通济庵在白马涧。以时地论，当即此题月印师矣。

姚希孟《风吟集·月印上人血书五大部经跋》：丙寅初夏，宿龙树庵中，与西崖恒宗诸师谈一切法空，机锋甚畅。顷之坐斗室中持咒，为饥蚊所嘬，双腕作楚，如被利镞，不能自持，为之哑然失笑。此小小痛痒耳，便不能空，空何在乎？人谓刺血书经者，仅从指端出濡缕，与剔肉拆骨迥异。不知众生颠倒，惟认此革囊为我恋不能割。若能从此猛下针锋，便是《金刚经》扫除四相之第一针，亦如来为歌利王割截身体之真种子也。故从功勋位中言，则与然指然臂供诸佛菩萨者，同一庄严。若能刺血，不作血想，与滴水和墨，蘸笔舒纸同一等闲，便从指头微细孔中，开一人天法眼，染着侧理，有如天半朱霞、云端赤电，即珊瑚火齐闪烁宝色，不足为喻，而何有斑斑血痕乎？请以此似月印上人。

同彦可、元叹诸公访安期寓中，乱后寄方内友或怀赠，或次答，共得九人

又卷三《为端文大孝追忆尊人彦翁叠用入山原韵》。

《长洲县志》：文从简，字彦可。祖嘉，和州学正；父元善。从简为郡诸生，端方自守。母王稚登女，甘贫守约，能训其子，从简事之甚孝。年逾六十，始以岁贡入京，不就选而归。寻遭事变，隐于寒山之麓，居五年卒。子楠，字端文，狷介绝俗。女俶，嫁赵均，亦有才名。楠为诸生，操笔成文，岸然孤异，从父震孟最器重之，延至家塾为二子师。甲申后，奉亲隐居寒山，徜徉山水。父没，徙居陆墓，与韩孝廉沐、方文学夏结茅耕樵以终。当从简之葬，四方赙赠几数百金，楠尽函还之，负土成坟，其耿介如此。

《离忧集》：黄翼圣《挽文彦可》诗其一：别日无多遽讣闻，影堂瞻对泪纷纷。名家气数还随国，耆旧凋残遂到君。天上修文留鹤蜕，人间遗墨重鹅群。也知世味生前薄，家祭空山荐白云。其二：略齿论交爱我偏，追陪笑语廿余年。南村北郭携筇住，水榭山窗对榻眠。把酒石经云满户，征歌香草月同筵。哭君兼哭君兄弟，前辈风流总惘然。自注：相国石经堂，中翰香草垞。按，九人者，一文彦可，二徐元叹，三周安期，四张德仲，五文荪符，六毛子晋，七姚文初，八文初弟瑞初，九吴骏公。数诗联列，具见国变后之况味。文荪符、姚文初昆玉与苍雪皆两世交友。

张德仲躬耕东朱

徐枋《居易堂集·张征君德仲七十寿序》：吴中多君子，称人伦渊薮。吾于烈皇之季，而得达者一

人焉。迨更丧乱，天下同流，士气销萎，而吾于国破之后，得隐者一人焉。谈奖人伦，流连今昔，固不能不致慨于当多才之时，而仅以一人见；而于今日者，犹有一人能卓然以隐自存也。崇祯时，天下既多故矣，军输租调，独仰于东南，而吾吴复为东南最。箕敛既烦，民力卒殚，而凶荒疾疠又复继之，吴民亦几嚣然不靖矣。时先文靖公既已在朝，而吴中一时长吏，以及乡士大夫，鲜有能拯而弭之者。乃有身为诸生，无事权之任，无议论之责，奋不顾身，出而肩之，尽瘁竭诚，出奇运策，常平贮粟，以御凶年，设局煮糜，以疗饥者，收恤孤孩，掩埋胔骼，治桥梁，讲水利，兴坠起废，寓赈恤于工役之中，卒使嚣者以靖，饥者以饱，乱者以埋，废者以举，而民不知有凶岁矣。夫身为诸生，而抚军重臣，折节请事，监司郡邑，期会恐后。凡钱谷盈缩，利害废兴，一言出，则无论当事，荐绅僚友，乡曲闾巷，遵行敬信，速于置邮。行之上而上孚，施之下而下效，非圣人之所谓达者欤？于是抚臣重其才，荐之天子，拜职阙下，行有日矣，而南都遂破。夫以其人之才，负天下已任之志，而骤更世变，吾恐其将欲售未尽之奇，不难褰裳而濡足者。顾一旦慨然卷怀遁世，长往山林。嗟乎！今天下之乱，亦已二十年矣。当世之初乱也，时之所谓一切处士未尝不引身自闭，遁水逃山。然不数年，而处者尽出矣，而欲其固穷乐道，绝尘不返，历二十年而无变者，又岂可得哉？今者筑室于荒江野岸之旁，一与农民田畯为伍，抱瓮而汲，披裘而躬，钓耕自资，誓将终身。而农桑之余，则发故箧，陈遗经，教子课孙，声出金石。每岁时伏腊，置酒燕衎，家人父子，絮言先朝故事，先民典型，往往泣下唏嘘，而一室之外，罕接其迹。人或遇之，萧然布衣，不能必辨其非道人、衲子、老农、老圃也者，非圣人之所谓隐者欤？夫人而憔悴猷亩之中，终老岩穴，其人或无所可用，樗散不才，自甘废弃。然一当穷愁困厄，交迫于前，未有不侘傺无聊，壹郁而谁语者。今乃以有为之才，不难弃其所长，束身而处，此怡怡俞俞，二十年如一日，嗟乎难哉！吾于是而重有感也。昔人之以不能自弃其才而终于自累者，彼张宾、王猛无论矣。以姚枢、许衡之贤，讲洙泗之绝学，继濂洛之正传，道尊学立，为世儒宗，苟以道自重，友教天下，则其化行后学，又岂以一官重哉？顾不自爱，出而仕元，卒不能不为贤者千古之累，以视怀宝而遁世者，其明决又何如也。夫怀用世之心者，无避世之操，而负绝俗之志者，不能有经时之略者也，而顾兼有之，庶几无入不自得者乎？老子曰：得时则驾，不得时则蓬累而行。圣人之所谓达者隐者，至其人而始两无愧矣。其人者即吴中人士，五十年来所称道弗绝之张德仲先生也。先生与先文靖公为中表兄弟，而年齿固长于先文靖，今癸卯岁冬为七十寿。余故征辞以寿先生，而为言其能达能隐大节如此。至其少时克尽孝于先公，而长则周旋周忠介公于难，以气节显，则又吴中人士所人人能道者也。

按，张德仲，查无他书记载及之，仅此寿序，藉知其一生概况。且知此题，躬耕东朱，为国变后之隐居。又按，寿序末，称周旋周忠介公于难，兹查周忠介《烬余集》及年谱，未见张德仲名，南都征用事，亦无史乘可考。

怀文荪符时寓文山祠

乾隆《吴县志》：文秉字荪符，震孟长子，诸生。国变后居山中，矢志肥遁，自署曰竹坞遗民。著

《烈皇小识》《甲乙事案》《先拨志始》等书。黄梨洲至吴门上灵岩，秉与徐枋、周茂兰等，共集天山阁，纵谈七昼夜不休，皆故遗民也。

又，忠烈旧祠在永丰仓西北，祀宋丞相前平江知府文信国公天祥。正德十年，巡按御史谢琛题建。嘉靖二十年，迁至长洲县旧学内，岁修祀典，今旧祀仍存。王鏊《文丞相庙碑》云：公之起则知平江，常州受围，公遣兵援之。会诏趣入卫，公去而平江旋送款矣。使公不去平江，必能与常犄角。常犹战不屈，公其有不能乎？二州勠力，势或可支，即不能支，亦当背城死战，元兵不敢长驱临安，得徐为之备，不致仓卒衔璧，一旦猝而为俘也。其后公过吴门，感念凄凄，遗民闻公至，无不流涕者，于此见公之惓惓于吴，而吴人之不能忘公也。公既死，燕京、庐陵皆有祠，而吴独缺。太仆少卿文君森，其先自庐陵徙衡山，自衡来吴，盖公之裔胄也。子斗愿以其地作庙，世守其祀。巡按御史谢君琛以闻，诏可，赐其庙曰“忠烈”，有司春秋飨祀如礼。正德十年夏，庙成。按，原文甚长，节录。

彭定求《南畇诗稿·谒文山先生祠》诗：信国孤忠汗简寻，荒祠凭吊剧萧森。旌旗曾壮吴疆色，丝竹空埋鲁壁音。斜谷出师原比烈，睢阳仗节本同心。榱崩栋折劳兴复，瞻拜遗容一振襟。原注：祠为长洲旧学，方议重修。

寄文初昆玉，时闻仲公有弄璋之喜

《复社姓氏传略》：姚宗典，字文初，长洲人，文毅公希孟子。能传家学，为人敦孝友，重节概。中崇祯壬午顺天举人，国变后隐居山中。有《雯庵诗文集》。姚宗昌，字瑞初，希孟子，诸生，名与兄宗典齐。屡试不遇。有《皇明鉴始》《茎斋诗文稿》。

王崇简《青箱堂集·送姚文初侍孟长先生南归，并寄遂初》诗：舟车此际出长安，星野清霜猎猎寒。明主恩威原自大，老臣去就亦多宽。世繁兵气文章贱，官有危形职掌难。归去弟兄商秘策，治身计国即承欢。

马世奇《澹宁居诗集·送姚瑞初南归》诗其一：几度探奇入绛纱，每从人外见通家。觞缘话久频宽政，灯为情深数著花。交谱岁寒存棣萼，客程秋老望蒹葭。可怜燕市谁弹筑，日九回肠满眼沙。其二：无端离绪寄清商，惜别何堪更望乡。菭社曾分花底榻，文心犹袭坐间香。举帆千里江南远，握手三年蓟北长。最是满城风雨夜，忆君驿路正重阳。

梁清标《蕉林诗集·送姚瑞初归吴门》诗：庑下称真隐，如君伯仲稀。客星双阙近，秋水一帆归。岁月高戎垒，河山老布衣。五噫歌始罢，风雨问岩扉。

周茂源《鹤静堂集·同吴梅村虎邱闲步遇姚文初为头陀》诗：幅巾方杖步林丘，携我生公台下游。曩为写经曾再宿，近因行药且三休。晴春放眼繁花丽，丧乱惊心老泪流。皓首投空何处客，相逢还唱白浮鸠。

姜垓《敬亭集·过桃花庵访姚文初不值》诗其一：怜君不得意，白首卧招提。纷堞连青霭，松云转故畦。赐书天府重，对策雁池迷。饭罢僧犹待，斋头尚菜齑。其二：野兴江城远，珠林对落晖。出门芳草遍，访友暮年稀。白社人将老，沧洲意已违。何当风雨后，为尔启柴扉。

阎尔梅《白耷山人集·辛丑再至吴门访姚文初于绛趺堂，遂哭现闻老师、瑞初二兄》诗其一：万里风闻海上兵，江南消息未分明。行藏惟恐惭师友，离乱无因间死生。再返皋桥迷旧庑，重逢市倅失真名。潜踪直入趺堂拜，错愕相看忾一声。其二：长洲文庙骇芦笙，泰伯祠连蹋顿营。隔世重来先问禁，登堂暗泣不成声。佯狂海外人传死，啸傲江南鬼再生。认取当时谈剑处，双梧桐下白猿鸣。

次韵吴骏公见寄

又卷三《丙戌立春晓望，怀娄东吴梅村诸公》，又《过访骏公吴太史次西田韵》，又《次答吴太史骏公》。

《镇洋县志》：吴伟业，字骏公，号梅村。幼有异质，笃好史汉，文不趋俗，同里张溥见而奇之，因留受业。崇祯庚午领乡荐，辛未会试第一，庄烈帝批其卷曰：正大博雅，足式诡靡。殿试第二，授翰林院编修。乙亥，充纂修官。时有奸民首告复社事，当轴阴主之，欲尽倾东南名士，伟业疏论无少避。丙子，主湖广试。己卯，升南京国子监司业。会黄道周论杨嗣昌夺情事受廷杖，伟业具橐饘，遣太学生涂仲吉入都讼冤，旨严诘主使，几不免。庚辰，晋中允、谕德。癸未转庶子，未几拜少詹事，甫两月谢归。至清顺治癸巳，总督马国柱疏荐，授秘书院侍讲，奉敕纂修《孝经演义》，升国子监祭酒。丁嗣母忧归，旋以江南奏销议处，适遂初志。所居旧为王士骐贲园，花木翳然，有林泉之胜，与四方士友觞咏其间十有余年。康熙十年辛亥卒，年六十三。

王撰《自订年谱》：顺治十年上巳，吴中慎交、同声两社并兴，大会于虎邱，奉梅村先生为宗主。梅村赋稧饮社集四首，同人传诵。次日复有两社合盟之举，山塘画舫鳞集，冠盖如云，集半塘寺订盟。四月复会丁鸳湖。是秋九月，梅村应召入都，实非本愿，而士论多窃议之，未能谅其心也。

《广阳杂记》：顺治间吴梅村被召，三吴士大夫皆集虎邱会饯。忽有少年投一函，启之，得绝句云："千人石上坐千人，一半清朝一半明。寄语娄东吴学士，两朝天子一朝臣。"举座为之默然。

胡介《旅堂集·投吴梅村被征入都》诗其一：海外黄冠旧有期，难教遗老放清时。身随杞宋留文献，代阅商周重鼎彝。满地江湖伤白发，极天兵甲忆乌皮。重来簪笔承明殿，记得挥毫出每迟。其二：幕府徵书日夜催，宫开碣石待君来。归心更渡桑乾水，伏枥重登郭隗台。花萼春回新侍从，风云气隐旧蓬莱。暮年诗赋江关重，输却城南十里梅。其三：一樽雨雪坐冥濛，人在汪洋千顷中。老骥犹传空冀北，春鸿那得久江东。榛苓过眼成虚谷，禾黍关心拜故宫。我亦吹箫向燕市，从今敢自惜途穷。其四：碧澥黄尘事有无，此来风雪满燕都。遗京节度新推毂，盛世朝廷倍重儒。花暗凤池思剑珮，春深虎观梦江湖。悲歌吾道非全泯，坐有荆高旧酒徒。

钱澄之《田间诗集·寄吴梅村》诗其一：曾记陪京谒后尘，惊看天上谪仙人。清姿对雪遥相映，彩笔当筵捷有神。已向南厢悲旧吏，谁怜东阁有残宾。当时末坐今头白，争怪先生发早新。其二：秣陵烟树已全空，回首登临似梦中。只课时篇销晚岁，别填词曲哭秋风。同时被召情偏苦，往事伤怀句每工。却忆清江杨伯起，屡辞麻诏荐娄东。其三：娄水扁舟忆昔游，遥怜风物汉时秋。山涛启事真无故，庾信哀时岂自由。音乐解来翻引恨，玺书征后回添愁。淮王仙去遗鸡犬，佳句频吟涕泗流。其四：闻道林泉足啸歌，近来酬唱兴何如。江东词客才华盛，岭外辅臣忌讳多。自把诗篇忘岁月，欲趋坛坫阻风波。如今乱定人俱老，咫尺文园肯不过。按，《田间集》四诗，辛亥年作，即梅村辞世之年，不知尚及见否。

《吴梅村年谱》：先生属疾时，作令书乃自叙事，略曰：吾一生遭际，万事忧厄，无一刻不历艰难，无一境不尝辛苦，实为天下大苦人。吾死后敛以僧装，葬邓尉灵岩相近，墓前立一圆石曰："诗人吴梅村之墓。"

《池北偶谈》：吴梅村祭酒辛亥元旦梦上帝召为泰山府君，是岁病革。有绝命词云：忍死偷生廿载余，而今罪孽怎消除。受恩欠债须填补，纵比鸿毛也不如。时浙僧水月能前知，拏舟迎之至，曰：公元旦梦告之矣，何必更问老僧？遂卒。

《艮斋杂说》：吴梅村文采风流，照映一时。及入清，迫于征辟，复有北山之移。予读其诗词乐府，故国之思，流连言外。临终前一词云：万事催华发，论龚生天年竟夭，高名难没。吾病难将医药治，耿耿胸中，热血待洒，向西风残月。剖却心肝今置地，问华陀，解我肠千结。追往恨，倍凄咽。　故人慷慨多奇节，为当年，沉吟不断，草间偷活。艾灸眉头瓜喷鼻，今日须难决绝。早患苦重来，千叠脱屣，妻孥非易事，竟一钱不值。何须说，人世事，几完缺。其悔恨可知矣，论者略其迹，谅其心可也。

沈受宏《白溇集·哭梅村师》诗其一：天上空闻记玉楼，南朝宫阙井槐秋。是非百代从青史，哀乐千场送白头。山客累惟多辟召，诗人名自足风流。松阴碑碣他年墓，官爵伤心话故侯。其二：茫茫沧海劫余身，遗恨心肝抱苦辛。自迫三征蒙圣代，未轻一死为衰亲。南朝宫阙悲琼树，北极衣冠记紫宸。留得茂陵末命在，西山题墓作诗人。

《苏州府志》：祭酒吴伟业墓在蟠螭山，陈廷敬铭。前志在灵岩山麓，误。

《嘉定诗钞》：金慰祖《吴梅村墓》诗：古松离立荫佳城，祭酒荒阡落日晴。两代诗名元好问，毕生心事沈初明。留身岂为前朝史，绥寇弥伤胜国兵。蔓草寒烟余怅怏，玉京遗垄亦榛荆。

《乾隆御制乐善堂文集·题吴梅村集》诗：梅村一卷足风流，往复搜寻未肯休。秋水精神香雪句，西昆幽思杜陵愁。裁成蜀锦应惭丽，细比春蚕好更抽。寒夜短檠相对处，几多诗兴为君收。

赵翼《瓯北诗钞·题吴梅村集》诗其一：才高绮岁早登科，俄及沧桑劫运过。仕隐半生樗散迹，兴亡一代黍离歌。死迟空羡淮王犬，名盛难逃惠子骡。犹胜绛云楼下老，老羞变怒骂人多。其二：国亡时早养亲还，同是全生迹较闲。幸未名登降表内，已甘身老著书间。访才林下程文海，作赋江南庾子山。剩有沉吟偷活句，令人相见泪痕斑。

法华钟邓尉山昙旭三造成之，上刻法华经一部

《江西诗征》：真可《昙旭铸法华钟成赋赠》：沿门乞得万斤铜，次第灵文铸七钟。一撞一声经一

卷，天寒莫怯五更风。

《圣恩寺志》：法藏昙旭《法华钟成》诗：三铸黄金欲舍形，钟成新勒七函经。云生殿角补柴岭，月落鲸音过洞庭。山回不知何处发，梦劳真得几人醒。一声六万有余字，若箇翻身子夜听。

周永年和诗：会将经意象钟形，十二时闻千部经。眼耳寻常容互用，声光施设在门庭。范金事就身随老，破梦功多客愿醒。湖外有山山几折，一音长向八方听。

徐波《昙公铸钟，十年一铸，三铸而就》诗：物成人半世，愿力一何长。金火作之合，天人静其旁。龙蹲声自养，佛语扣时详。隐处青山下，微微近夜床。

按，寺志载法华钟疏、记、颂、偈、赞等文多首，惟铸钟之昙旭，无传略可考。仅《塔庙》类载昙旭老宿塔，在曹林法师塔右，崇祯己卯十二月，住持弘壁捐钵资施造。据此仅知，昙旭为圣恩寺僧，没于崇祯十二年前。

《百城烟水》：万历间僧素一修寺，如晓募铸铜钟。如晓，字昙旭，紫柏弟子。

真可《紫柏老人集·别如晓》诗：莫道来朝各一天，溪山虽异月无偏。若能心水常如镜，处处清光在眼前。

《吴都法乘》：陆弼诗序云：昙旭上人，十五年前贾游銮江，交予最昵。顷过广陵，白发老比丘矣。上人以募铸法华钟而来，余设伊蒲饭之兴教寺理公房，赋此以赠：十年抛幻习，一衲老空林。贝叶开诸品，交芦识此心。掌中香积饭，身外给孤金。频了莲华义，虚堂遍法音。

寄愿云禅师

《太仓州志》：王瀚，字原达，少补诸生。有至性，澹于嗜欲，执父丧哀毁过礼。甲申之变，毁衣冠，祝发于浮屠。卒徙居庐山，改名戒显，字愿云，又称黄梅破额、晦山樵者。能诗文，方以智撰《药地炮庄》，戒显序之。

《灵隐寺志》：晦山戒显禅师，临济宗，字愿云，入金陵华山，礼三昧老人，祝发受具。遍参天童雪峤诸大老，复参灵隐具和尚，于皋亭大悟云门拄杖话，遂嗣法焉。初隐庐山，次开法云居，一住十载。嗣住东湖荐福、黄梅四祖、临皋安国、武昌寒溪、荆州护国、抚州疏山，化行江楚，道望大著。康熙丁未，具老人迁双径，命师继席灵隐。著有语录、诗文若干卷，盛行于世。

《娄东耆旧传》：王瀚，字原达，受业于张采，为诸生，有名。国变哭学弃衣，焚书籍，作《恭谢圣庙入山》诗，遂为僧。从灵隐三昧老人，证菩提果，号晦山大师，名戒显，字愿云。住云居山楚黄梅之四祖道场。迨具德和尚欲往径山，乃招之于黄梅，取灵隐付之。庚寅夏入庐山，遂主席江右。瀚虽入空门，悲愤激烈。曾檄讨从贼诸臣云：春夜宴梨园，不思凝碧池头之泣；端阳观竞渡，谁吊汨罗江上之魂。读者俱为扼腕。

《焚余补笔》：王原达，性好佛，崇祯甲申之变，作诗谢文庙。其一：忝列诸生践极年，义应君父死生连。薄言草莽无官贵，敢卸衣冠哭圣前。读罢卷堂羞国士，身同左袒幸敷天。孤踪愿谢宫墙饩，甘作山农种石田。其二：素心多载想庐能，独系高堂久未曾。国事一朝论鼎沸，浮名何惜付层冰。聊将毁服存吾义，从此栖禅学老僧。拭取青山无累眼，好清世务理禅灯。遂入山为僧，名戒显。乙酉六月，州官陆逊之自淮归，云：淮阳有德宗上人，知未来事。陆以太仓问之，德宗以州有再来人王和尚庇过，再不犯兵革，盖指瀚也。竟不被惨祸云。

《启祯遗诗》：侯汸《宿灵隐赠愿云》诗：古亭鸣涧记来真，忽见澄潭映碧新。劫火再兴灵鹫寺，儒宗今现法王身。松台印月知何夕，禅榻移灯话昔尘。私愧支硎鸡足老，浪抛二十二年春。按，鸡足老，即指苍雪。侯汸乙酉国变时，曾避难支硎，依苍雪以居，事见《月蝉笔露》。

《娄东诗派》：钱椒《灵隐访愿云和尚》诗：乱云影里访祇林，三十年来一梦深。南渡江山留佛国，西湖花鸟定禅心。伊蒲何处余商蕨，梵呗于今是越吟。纵悟莲花无尽劫，可能回首不沾襟。

毛师柱《端峰诗选·呈灵隐愿云和尚》诗：碧晓龙步杳难求，重过香山话昔游。涧瀑落云庐岳寺，海潮翻日浙江楼。心空尘网三千界，名老词场六十秋。真是右军家学在，绿天书法擅风流。按，此诗亦见王崇简《青箱堂集》，未知孰是。

吴伟业《梅村诗集·赠愿云师》诗序云：愿云二十而与予游，甲申闻变，常相约入山，予牵师不果，而师已悟道，受法于云门具和尚。今夏从灵隐来，止城西之太平庵，云将远游庐岳，贻书别予，以两人年逾不惑，衰老渐至，世法梦幻，惟出世大事，乃为真实学道一着，不可不勉。予感其言，因作此诗赠之，并识予愧也：晓雨西山来，松风满溪阁。忽得吾师书，别予访庐岳。分携出苦语，殷勤谓同学。兄弟四十余，衰迟已非昨。寄身苍崖巅，危苦愁失脚。万化皆虚空，大事惟一着。再拜诵其言，心颜抑何怍。末运初屯邅，达人先大觉。劝吾非不早，执手生退却。流连白社期，惭负青山约。君亲既有愧，身世将安托。今观吾师行，四海一芒屩。大道本面前，即是真极乐。他年趺深岩，白云养寂寞。一偈出千山，下界钟磬作。故人叩松关，匡床坐酬酢。不负吾师言，十年践前诺。

陆世仪《桴亭诗集·愿云和尚归里》诗其一：一别廿年久，归逢非偶然。头顾悲各异，肝胆喜同怜。劫火未应熄，浮生宁苟全。何时上庐岳，携手白云巅。其二：谁谓分流异，探源彼此同。花拈窗外草，杯度舞雩风。大地任成坏，吾心无始终。相看各一笑，明月正当空。

陈瑚《确庵文集·愿云和尚归里》诗：当年哭庙解儒衣，踏尽名山一笑归。黄鹤楼中新句好，白牛坛上故人稀。蛙空色相宵长静，花断声闻晓乱飞。束发论交头共白，含凄不语对斜晖。

沈受宏《白溇集·愿云和尚东归》诗：早年名姓在词场，回首乾坤劫火荒。自脱衣冠还故国，便携瓶钵走诸方。瀑泉久住庐峰寺，海日新开鹫岭堂。成佛却寻生长地，胜他锦绣昼归乡。

周茂源《鹤静堂集·晦山和尚过松》诗：离垢能超万象先，著书犹记义熙年。身投法海存忠孝，手辟灵山作圣贤。是处幸逢金策驻，从今常见玉毫鲜。惭予穷子归无路，何日方乘大愿船。

钱澄之《田间诗集·安国寺即事怀晦山大师》诗：出郭偶寻安国寺，登楼遥忆晦山师。已成覆院千竿竹，悔失常门数亩梅。得法比丘行托钵，寄单居士卧吟诗。悬知灵隐秋光好，正是蒲团厌客时。又

《智证庵魏子存修供愿云大师茶话有作》其一：精舍临溪白舫通，魏公修供晦山翁。花兰早灌先秋露，竹院争承满坐风。因果诱人闲说鬼，诗篇入圣不谈空。多生慧业如何断，绮语从今且勿工。其二：雨峰最好是清秋，准拟相寻得再游。师已出山飞锡杖，我犹卧病滞扁舟。道尊灵隐三千众，坐断云居四百州。黄鹤楼中诗划灭，传来猜着老堂头。

阎尔梅《白耷山人集·答晦山和尚》诗：梨衣随处现金绳，先后云居两道膺。林下无边持钵士，山中几个读书僧。湖光颠倒天池塔，花气氤氲佛手灯。勿作语言文字看，四威仪外说三乘。

顾梦麟《织帘居稿·得愿云禅师云居书寄》诗：乾坤道边店，日月水上沫。刹那不自保，何况三年别。书来检书尾，名氏故旧列。各问少病恼，师关道情热。前书及数人，二人已云没。今书数人内，三人亡也忽。王吴周白首，唐郏尚元发。其余书不言，指复三四屈。鬼伯一催促，如灯自吹灭。因书发深省，师意至痛切。即此是云居，闻师已说法。

《建昌县志》：云居山，在县西三十里受安乡，山常出云，遂名云居。层峦叠巘，望若插霄，及蹑顶入山，复为平地，群峰怀抱，天然城郭，田园陂泽，鸡犬云中，真若桃源。蹊径上，有真如禅院，即今寺。场外有赵州关、碧溪桥、明月湖、瀑布水、五龙潭。潭旁巨石，刻“洪觉道场”四字，方圆丈余，遒劲可爱，颇为神笔。宋佛印尝驻锡此山，苏轼、黄庭坚俱有题咏，最为名胜。亦名欧山，相传欧岌飞升于此。

又，晦山戒显禅师，太仓王姓，为诸生时，固已慕出世之学，往来金粟、天童，契机于密云悟，密云名之曰通晓，字致知。岁余，父寻之，归逼为婚娶，非其愿也。父没，妻亦继亡，赋罢庵诗百首，决意出尘。甲申，礼三昧律师，祝发。遍参海内宗耆，终以未得透彻，不敢妄受记莂。闻具德礼钳锤特异，直造焉，猛参岁余，屡遭痛棒。一日问兴化打维那公案，顿彻网宗。具喜甚说，偈付法师，自此韬晦游方。辛卯，应请云居，继迁寒溪双峰，迁灵隐，终于佛日，塔于云居之钵盂山。师博学强记，三教书无所不览，尤精墨妙，兼通六家书。其笃嗜无生，盖天性也。晚作《禅门锻炼》十三篇，语录十二卷，文集二十卷。意义真切，寒暑疾厄，不废参请，故得人之盛，轶于诸方云。

寻文仲吉于法螺庵二首

又卷三《文仲吉预庆八十》。

《文氏族谱》：文从先，字用之，号岷阳，庠生。次子宠光，字仲吉，庠生，年八十七卒。

按谱，文仲吉为文震孟侄辈。

寄屏中印持诸友

又卷三《过印持首座金幢庵题赠》。又悼湛门。

按陆汾《金幢庵题赠》，原注云：庵在苏州王府基东，左邻双塔，南逼长洲县治，内有三层楼，茂林乱石，为许氏废园，鼎革后为庵。

《百城烟水》：金幢庵在南仓桥东北，顺治己丑印持闻法师购建。崇祯中为许方伯石虹园，内有三层楼，及池台花木。或言是七塔寺外院废址，印持与法弟湛门分购居之。印持，名溥闻，吴县人，出家西禅寺，传衣于中峰苍大师。

《贤首宗乘》：法师名溥闻，字印持，吴县钱里人也。族周氏，披剃于西禅寺，居未久，遂发志超方，历有年所。后参华山汰师及中峰苍师，往来两师门下，力学二十余年，所闻华严大钞，皆得耳提面命，以终其席，故苍师记之为入室弟子。罢参，手辟金幢庵于城东居之，自号百城头陀。所讲楞严、圆觉、起信、唯识等经论，学者如归。晚年欲集华严法统，未成而卒也。法嗣玄石等。

《娄东诗派》：顾梦麟《次印持师韵》诗：几人泛海得浮囊，自闭庵门罢热忙。看鼠窥灯缘佛座，听虫随叶堕禅床。字离波撇伊三点，愿绕虚空界十方。举似儒流应失笑，贝多文轴总旁行。

虚受载酒入山，送云子与法螺庵静主，预有送花入城之约，适值舟中

《扶轮集》：刘锡名，字虚受，长洲人。

吴伟业《梅村诗集·赠刘虚受》诗其一：中岁交朋尽，新知得此翁。道因山水合，诗向病愁工。悟物谈功尽，亡情耳识空。真长今第一，兄弟擅宗风。其二：识面已头白，论心惟草元。孝标三世史，摩诘一门禅。独宿高斋晚，微吟细雨天。把君诗在手，相慕十年前。第一首第六句自注“重听”二字。

《明诗平论》：刘锡名诗《甲戌夏家大和尚从大梁披剃归，六月十二值其六十有一诞辰，同宜兄介弟，率诸子侄，叩关团圆竟日，以诗记之》：行藏如此恐惊人，匿影松筠喜自珍。甲子一周僧腊始，君亲余力法王身。回头噩梦惟长啸，假手清资就远因。此日祝言难尽意，长教无著伴天亲。按诗知此大和尚为刘锡名兄弟行。

《居士传》：刘玉受，名锡元，长洲人，为诸生。与姚孟长为友，皈心大法，同持佛母准提咒。将赴省试，建坛持咒七日，及入场有蜂集其笔端，而思如泉涌，遂得隽。万历三十五年成进士，官庐陵教授。天启中，官贵州提学佥事。安邦彦反，贵阳被围。玉受与前巡抚李橒、巡按史永安等分城守且一载，粮不继，居民死亡殆尽。玉受等守益力，贼登陴，忽自退者，再堕梯死无算，会援兵至乃解。叙功，进宁夏参政，致仕归，以头陀终。自玉受以持准提唱于乡里，其后进之士，若杨子澄及其二弟维斗、公幹、李子木、徐九一、刘公旦、姚文初诸贤，皆结准提社，择桃花坞桃花庵故址，辟精舍修白业。

次答秋绍诸友见过善住讲席

又卷三《己丑秋梁溪善住庵大钞第四期，余以病未竟，赋得还山吟留别诸护法》。

《东林书院志》：秦松龄《张菰川先生传》：张先生夏，字秋绍，常之无锡人也。隐居菰川之上，孝友力学，文肃公见而器之，遂为入室弟子。郡守山左宋公会五邑士子于龙城书院，拔置第一。屡试白下，数奇不售。乃弃举业，潜心理学，以朱子为宗。自高忠宪、周蓼州诸公，并罹党祸，人人目东林为畏途，而先生信道愈笃，守之愈严。洎清定鼎，高汇旃先生修复东林学舍，四方之士云集响应，春秋释菜毕，入讲堂，与吴徵仲、汪默庵、施虹玉诸君子，次第讲学，每推先生倡首。先生每竖一议，原本六经，参以心得，往复回环，极尽理趣。汤潜庵抚吴，至东林会讲，与先生上下议论，辄首颔之，延至吴郡学宫，讲《孝经》《小学》，一时环桥观听者，无不感动。玉峰赵公继之，复设讲座，折节致敬。东林自汇旃高先生即世三十余年，讲席不尽废者，以先生为鲁灵光也。按先生平日束躬励行，笃守居敬穷理之学，不为他歧所淆乱。读书静坐，老而不衰。接引后学，先经后史，条理秩如。自汤中丞延讲《孝经》，旋有《孝经解义》，一遵先儒，而旁通曲畅，悠然有会。于训诂之外，小学则有《论》注，后生群诵习焉。十七史俱精熟，而诸家记载亦博览强记。凡先代典章沿革，前贤轶事，家世谱牒，历历道之，如贯珠，如指掌。尤究心先儒遗书，宋元明诸贤靡不考其师承，采其要旨，著《洛闽源流录》。残编蠹简，寤寐访求，手跋亲抄，率多秘本，邑中藏书家不逮也。为文渊博详赡，成一家言。为诗真率可喜，不假粉泽。四方请乞者踵至，倚待立应，未尝厌倦。尝书座右云：治此心须是刮垢磨光，洁洁净净；生斯世要如临深履薄，战战兢兢。又云：思狂思狷思中行，最怕落他乡愿一径；戒色戒阄戒苟得，常防过此物欲三关。此可以知先生梗概矣。卒年八十有六。

《梁溪诗钞》：张秀才夏，字秋绍，明诸生。康熙庚午邑令徐永言修邑志，严绳孙主其事，多所咨访，秋绍作《宦贤考》三卷附志行。又倡于邑中，以汉唐宋元吾邑名贤三十人，闻诸宪司，通祀乡贤祠。订《堵牧游年谱》。寿八十余，以遗民终。

《百城烟水》：汤公书院在府学西。公抚吴，辄举《孝经》《小学》二书会讲。张夏孝《经讲会告成》诗：求忠于孝得名臣，况位行台正放春。蔡氏八分先立学，苏威一卷足安民。地呈芝醴祥何觊，天应星云义欲陈。莫道吴风难变易，圜桥已有数千人。

按张玉书《文贞公集》，有张秋绍《孝经小学口义序》《与张秋绍论孝经书》，兹不具录。

《无锡金匮县志》：善住庵在后村，今名蓬莱阁，明崇祯间云澈建。

《锡山景物略》：善住庵在蓬莱阁右，阁废已久，庵僧云澈窃其绪余，缘涧诸茅，顿成小刹。庚寅秋，讲师读彻寓庵，率弟子数人，与顾景行诸少年，分题限韵，有诗成集，曰《过溪唱和》，亦近日山中一则佳话。

简蒋太守宾容

《苏州府志·选举类》：蒋一鹭，吴县籍，字宾容，更名一鸿，府学，贵州副使，万历三十七年己酉科。

《扶轮集》：刘锡名《送蒋宾容任南京国子先生》诗其一：出处不相代，离情安足陈。违心膺组绶，强仕答君亲。俭俸聊成隐，清衔喜淑人。诸生授经暇，仍似下帏晨。其二：几度牵离袂，频添新旧诗。微言关友谊，展对是追随。此别余知老，酬恩君及时。宦程初月似，智者察盈亏。又《送宾容入朝补官刺史》诗：绿到无加春自归，惊声为饯缓离悲。半生冰操几相困，五马铜符勉救饥。名子阳城君有子，干私定国语忘私。弟兄赠别安卑论，娱老难轻三径资。

过巢师云隐废院

《列朝诗集》：慧浸，字巢松，得度于吴门之云隐庵，善讲解，多著述。雪浪化后，于吴中次补说法，后示寂于华山。

《百城烟水》：云隐庵，在桐泾桥幻住南。元延祐甲寅，月潭清禅师建，额为中峰国师所题，清乃其弟子。永乐初，泽庵润重建，其弟子奉诏修撰西源涌，于十八年重立石本五房，并为中乐云、东栖云、西留云三房，历有知识。万历间，又为贤首巢松浸、雪山杲受业之地。至崇祯辛巳，留云废。顺治五年，吴公定同是真上人恢复。康熙二年，重建大殿。王稚登门联云："堤景驾虹桥，二里人家三里树；寺门临雁宕，一溪山翠半溪云。"洵实录也。

和韩芹臣冬青轩避暑四首

又卷三《访糁花庵主于仙掌峰下》。

《昌平州志》：韩四维，字张甫，别号芹臣，宋魏公琦之后也。明成祖时，远祖韩二公隶护卫亲军，用战功，秩于昌平，遂家焉。四维幼失怙，母司氏抚育训诲，里人称千里驹。既就塾，过目成诵，不五六年学大成。年十九，补博士弟子员，又明年贡于乡，文名噪甚。顾益自励，尝谓文章之道，贵能出有入无，变化不测，焕若日星之丽天，屹若山岳之竦峙，彼子云、孟坚何人也，而沾沾徒呫哔时艺为？于是博览经史，下逮诸子百家，靡不抽绎妙理，探索强记，文藻日盛，雄辨奥词，渊泓渤涌，海内知者，诧为昌黎再世。辛未成进士，主司姚希孟见其文，叹曰：娄江犀象，彭蠡珠玑，谓东南之宝空天下矣。何意夜光尺璧，乃在燕山？既廷对，授庶吉士。三载，擢检讨，升国子监司业，再晋左春坊左庶子。在翰林前后十四年，预侍经筵，卓然有公辅望。庚辰、癸未，两校士南宫，所得皆海内名宿，梁清标、王崇简皆门下士也。四维知交遍天下，权贵人欲引以为重，一切谢却，布衣有投一诗一文求见者，欢然汲引无倦色。抗直不阿，谦恭下士，其天性也。先是，使于吴，见姑苏山水明秀，乐之，买地数顷，屋一椽，徙家焉。戏谓客曰："自梁伯鸾没后，数百年来无问津者，吾他日挂冠，当耕获此地，勿使伯鸾寂寂无伴。"及甲申岁李自成僭号，叹曰："吾书生受国恩，惟一死报耳。"会城陷，恸哭将死，遇贼掠而执之，令降不可，桎梏之，愈不屈。匝月，贼战败西遁，乃得脱。时清师未入，城邑空虚，百姓若鸟兽散，昌平新毁于贼，又家已南迁，遂奔入吴，慨然曰：吾分死贼手久矣，幸而不死，岂宜复与人间事。乃筑室支硎之麓，晋支道林所隐山也，结茅庵，额曰“糁花”，易名曰“延祺”，字煦堂。曰：兹地吾素志也，天下扰扰，吾其游方外以待清乎？金陵士大夫援永嘉、建炎故事，悉谢绝，足迹不入吴市。初在秘阁时，党议方炽，四维既受知姚相国，又与文相国震孟交好，有劝以中立者，不答，作《辨正论》以见志。据此，此题“韩芹臣”，当作“芹城”。

《五灯全书》：支硎糁花庵主煦堂琪禅师，俗姓韩，以进士历官翰林学士。鼎革易僧服，参觉浪盛，日研万松评唱，碍膺未脱。后上灵岩，一日师问德云别峰相见话，储喝出，师不措一辞。后储举临济在黄檗吃棒公案，得悟入。储为历举古人公案，师了无碍滞，储书偈记之。顺治戊戌，以兵逝。临行偈曰：杨岐驴子三只脚，烈焰光中纵步看。踏着旧家田地稳，昂昂气宇莫遮拦。

王崇简《青箱堂集·灵谷寺谒韩芹城座师》诗：孤迹栖丘壑，寒风变鸟音。梅寻一径去，门闭万松深。悲感前朝事，凄凉远客心。山光云影下，几榻自萧森。

赵士冕《半塘草·和韩四维半塘书赠》诗：先生谢尘鞅，雅志在林泉。不屑王侯贵，唯耽经史编。别墅托名胜，陈榻日以悬。高文凌汉魏，书法门限穿。我来适吴会，落拓谁能怜。乃遇素心交，依依念昔年。呼童扫三径，倒瓮开方筵。授餐童仆饱，移榻仍相聊。永夜话生平，两心同皎然。他乡惜良晤，后会知何缘。燕吴与齐鲁，云树分江天。悬知别余梦，犹为半塘延。

《梅里诗辑》：李寅《韩芹城先生过访》诗：无端木叶下寒沙，肃肃飞鸿过影斜。痛饮悲歌欹仄注，抚今追昔感琵琶。岁寒止有松当户，云洗还看月照纱。离色渐催红烛灺，游情先绕幔亭花。

张隽《石船诗稿·送韩芹城之胥口》诗：水国蒹葭已漫秋，谁将九夏独迟留。平生心事如晴月，随手功名付故侯。草诏即今须陆贽，僦居偶尔似王猷。东山未可闲游屐，看着丝钩上殿头。

王昊《硕园诗稿·上韩芹城先生》诗：龙门百尺竞天高，海内苍生属望劳。彩笔独题鸡鹊观，玉鞭遥出凤皇曹。吴关气色千年壮，蓟国文章八代豪。惭愧骅骝曾一顾，登堂倘赠吕虔刀。

《娄东诗派》：黄翼圣《寿韩芹城六十》诗：却道支硎猿鸟少，又携巾拂上孤峰。佛分半座同龛宿，月到空山觌面逢。蒿满吴宫秋走鹿，云昏海峤夜眠龙。僧中半是前朝老，愁听斜阳古寺钟。

汪缙《汪子文录·冬青轩记》：冬青轩，中峰精舍旧名也，今冬青萎绝久矣。轩前有修竹千竿，烟梢上矗，黛色横空，雨声风声，萧萧瑟瑟，竹间岚光变灭，尤多远态。予从初夏来此坐啸，意甚得也。而寺僧古愚念亭复喜与予语，梵诵初辍，辄过从谈笑，至夜分人静，月斜入户，竹影时摇，此中意思忽忽造微。吾与友人书曰：入山来假馆冬青轩半夏，在岚光竹籁中度日，雒诵之余，时与一二闲道人澹话，啜清茗数杯，殊有佳趣也。兴到偶书此数行，以遗好事者。

友苍至

又卷三《寄浣溪友苍嵩》。

友苍，已详诗集卷一《赠别友苍》题。友苍尝住北京浣花庵，见《泾县志》《观寄友苍》诗首句“廿载都门忆胜游”及全诗之意，知友苍居京之久，寄诗时已国变后南来，而题称“浣溪友苍”，则系以昔所住持之地也。

曹溶《静惕堂集·过浣花庵赠友苍上人》诗：趁雨寻春舍，分林过鹤池。一囊山水在，双屐鸟虫知。白衲催朝隐，青钟满夜思。野情相忆好，贪忘拂衣迟。

王崇简《青箱堂集·憩金刚寺晤友苍上人》诗：三年重到法王堂，回首平生叹渺茫。不意此时犹晤对，翻思何地可翱翔。楼头云去留清影，松下风来闻妙香。惆怅不堪频借问，烟飞雨歇好湖光。

按此诗丙戌年作，时王崇简已北上，则“金刚寺晤友苍”，当在燕京。

《日下旧闻》引《燕都游览志》：金刚寺在积水潭之上兴德寺东，有石勒《金刚经》，前小阁后静室，纸窗棐几，殊有幽致。又引《帝京景物略》：金刚寺即般若庵，背湖水而面曲巷。旧有竹数丛，小屋一区，万历中蜀僧省南大之，前立大殿，后建高阁，西庑石刻《金刚经》全部，士大夫看莲北湖，每憩寺中。

李雯《寥斋集·春夜同友苍上人集令昭袁大斋》诗：正月繁霜帘外深，故人樽酒重相寻。青灯共照天涯影，玉律难忘孤客心。风景沉沉迟汉苑，江山落落费吴吟。春来只觉安禅好，识得人间支道林。

此诗亦乙丙在燕京作，均可藉知友苍丙戌顺治三年犹未南来也。按寄友苍诗第二句“结庵闲傍御河流”，则庵当在北京宫禁近地。而查《顺天府志》无浣花庵名。

按《日下旧闻》引《燕都游览志》：积水潭在都城西北隅，东西亘二里余，南北半之。内多植莲，名莲华池。水阳有净业寺，因名净业湖。水从德胜桥下稍折而南，直环宫墙左右，流入禁城为太液池，汪洋如海，俗乎“海子套”云云。友苍之浣花庵，或即在积水潭而邻金刚寺，故王崇简得晤友苍于金刚寺也。《顺天府志·寺观》乃依据他书之记载，而非实地考察。若寺为书所未及，或书为修志者所未见，则志遂无之矣。

《过日集》：于颖《丁酉秋客长干访友苍师次壁间韵》：洛下知名久，欣逢在此冬。庭虚来落叶，户静入疏峰。慧业分灵鹫，真乘化毒龙。寥寥尘界外，永夜坐闻钟。

《娄东诗派》：王瀚《访栖霞友苍不遇》诗：栖霞古寺翠微封，留得齐梁旧日踪。青骨石镵千佛髻，苍皮龙老六朝松。连床竟失同人语，拥衲空闻静夜钟。莫道深山无客到，孤筇曾扣最高峰。

周亮工《赖古堂集·张瑶星寄札并得友苍开士近诗》诗：锦囊缘字伴青萍，弃去柴门但自扃。世上空传《高士传》，案头久失《净名经》。良书独许邻僧附，好句闲招野鹤听。莫话当年尘土梦，松风阁下雨溟溟。

《箧衍集》：周体观《大报恩寺逢友苍言别》诗：正尔未能别，相逢暮景斜。久疏因在客，多病欲辞家。夜雨洗山月，残春落涧花。祖衣休早付，待我过栖霞。

顾梦游《顾与治诗集·赠友苍上人》诗：心期近得远公知，许我同醒醉亦宜。交友自多情足累，新诗即事语犹奇。百年日月空悲壮，万里风烟总乱离。记得踌躇分手处，婆心一倍切临歧。

按，于颖、王瀚、周亮工、张瑶星、周体观、顾梦游，与友苍相识酬唱，当在金陵。观顾诗结句，似别后所寄，或友苍已离金陵，而往泾县之水西寺矣。

《扶轮集》：弘忍《送友苍法师应蓟门讲席》诗：饮啄愧吾道，因君告此诫。白门风土喧，寒志颇易更。近欲投深谷，保我初尚盟。闻君振羽翮，卫法翔燕京。大士乐人间，昭览承休明。嗟余器有局，麦饼难作铛。新主虑边疆，以罪讨不臣。造次及我法，恐非今世应。寸念实劳寐，谁云声异情。

按，弘忍诗，或友苍南来后，又有北上应讲之举，作诗以尼其行也。

甲午五月休夏宝月庵就医二首

《苏州府志》：宝月庵在西北隅梵门桥西，相传古法会庵基也。创自宋高宗，时名宝志。明万历初，仅存大士殿三楹。十四年殿毁而像独存，人咸异之。延僧性斋重建，以庵旁要离墓有池清浅，夜月印渠，因改名宝月。崇祯十年，僧普洁、普经重建。康熙、雍正间屡经修葺，今废。

盛子久五十

钱谦益《有学集·赠盛子久》诗：镜里颠毛笑汗青，浮云心事鹤身形。金光共室常清净，玉斧寻真自杳冥。白毡惊僧分竹杖，绛纱鹿女问莲经。家山只在柴门外，梵罢香销看翠屏。按，盛子久无考，仅于此诗知为学佛之居士。

补编卷三上

胡白叔一字清壑，竖就石幢于中峰，因入山作礼而去

按，胡白叔，已详诗集卷一《解嘲病发》题。

钱谦益《初学集·乙亥中秋吴门林若抚、胡白叔二诗人引祥琴之礼，劝破诗戒。次若抚来韵四首》之四末二句云：“绮语未成先欲忏，炷香遥礼二幢僧。”自注：“白叔树二经幢于花山，刻《二幢诗集》。”

《明诗平论》：姚宗昌《二幢诗》：嵯峨法像两峰中，不是人工应鬼工。说法炽然非藉口，现身招尔若为弓。眼前标指同双镜，顶礼慈尊咏十空。腻滑不留苔藓径，何须去翳本无蒙。

泰庵同季采来山中，兼与道开预定越游

此题《扶轮集》作《喜云子入山》，观诗意似近之。云子，详正编卷二《朱云子》，《明诗平论》选及拙作题。

按，此诗下列之一首，题为《秋夜喜友入山》，疑与此泰庵题当互易。喜友入山之友即属云子。诗中“霜气一湖飞远梦，月明今夜宿孤松”句，正合“秋夜”二字。下列之一首，有“裁书空负寄来频”句，或指预定越游事。第三句中联“床”字则以来者有二人也，似二题互易方合。

又据《梅村诗话》引“霜气”一联，为赠陈百史作，究不知其孰是。

《嘉善县志》：张逸，字泰庵，号溪叟，善琴，工诗画，精岐黄术。康熙甲午，与人醵金买舟，会其地订交，盖玉山草堂流也。著有《日休堂诗》。

按，此题泰庵是否张逸，以时代论，似乎不合，然集中顾茂伦、钱肃润、张夏等，均入康熙时代，则不能谓张逸之不及遇苍雪、道开等而游其山中也。

有蜂穿竹孔，名曰笛师，此郭景纯语也。二字颇觉新异，子久、玉凫两词宗各有见示，属和二首

按，子久，见卷二《盛子久五十题》。

《吴门补乘》引《明诗综》：周之玙，字玉凫，吴县人，崇祯七年进士。有《读史感怀》六十首，援古验今，不失风人小雅之旨。

次昧公韵赠端和

《宝华山志》:《寂光诗序》云：北禅，端和法孙，吴缁之领袖也。慨季世之流逸，留心扶律。甲申春招老人说戒一会，来集者数万指，其利人也普矣，赋此以赠。诗云：灵根积劫戒香薰，智行双彰迥出群。心血一茎楼阁草，衣珠三藏贯花文。军持汲水分春井，塔影当庭咒钵云。古道天台挥毫后，神驹蹴踏此声闻。

据此，知此题“昧公”为三昧律师。

按《宝华山志》载，王心一请三昧和尚开戒姑苏北禅寺，公启中有句云：吾苏北禅古寺最为严净之场，爰有端和律师，素称中兴之士。据此，则端和当为北禅寺之住持。

陈瑚《确庵文集·比丘尼潮音塔记》，戊戌之五月，邓尉上人端和持其母比丘尼潮音之行状，北面稽颡再拜，而乞言於予。予儒者也，请言儒。《易》之言曰“无攸”，遂在中馈。女子之职，幂酒缝裳，善事舅姑，此中庸之行也。其不幸而贫寡无告，则王者有养老之政，乡党有遗秉滞穗之利，故得优游夷愉，以终天年。后世无之，遂有弃家而为尼者，亦所以通其穷而全其生也。潮音，故常熟大河里人，姓

金氏，归龚某，力田自给，敬夫如宾，治家俭约，虽大布菅蒯之服，不敢轻御。夫没后，孀居自矢，家法井井。长子定晖，为僧于郡之北禅寺，以疾先卒。氏痛其生之不辰也，有弃家为尼之志。端和长跪涕泣曰："儿不孝，愿弃妇以从。"氏曰："能如是乎？与子偕往。"则端和果弃其妻，奉母入郡，削发于连家园而其身亦仍为北禅寺僧。既而母子迁故里，僦民居，结精舍。端和奉事周旋，无间朝夕。氏乃以七十三岁，于乙未二月卒于其所居之佛堂。卒之日，远近男女聚观膜拜，填咽道路，盖相传为预知死期，沐浴更衣坐化者也。呜呼！当其为妇也，修浣衣之行，齐眉之礼，无负于女子之职。及不幸而夫亡子幼，则洁身自持，励诗人《柏舟》之操。迨其为尼也，僦居城外，杜门诵佛，不炫弄以惑人，不诞谩以贾礼，不游大僧之门，不干豪华之宅，而其临没，则又心志专凝，洒然于生死之际，无孙恋之私，无散乱之苦。世有不幸而为尼者，亦可以观矣。若端和之弃妻从母，竭力奉养，又皇皇表扬其母之善，颇有合于儒者之道，予故不辞而书之，庶毋使其无传焉。

甲戌四月八日，文起美招集缁素香草垞礼佛

按，文起美，当作文启美。

《留溪外传》：文中翰震亨，字启美，长洲人，前崇祯朝相国文肃公震孟之异母弟也。年十一，生母史卒，号痛几不欲生。十七，补诸生。父元发，河南卫辉府同知，以疾卒，震亨哀恸如母丧。既博通经史百家言，以及篆籀、图绘、诗词之学靡不工。游南雍，再试不第。家中落，僦居秦淮，卖文自食，诸前辈皆乐与之交。会震孟登第，上书劝上勤学，有"耳目薰染，不越中涓"之语，忤珰，左官还吴，震亨依之。漳霞黄石斋道周识震亨于座，恨相见晚，遂订交。烈帝立，震孟继登揆席，震亨亦以修掖垣志功授秩。谒选至都，与兄蹙额言国事，愀然继之以泣。既而相国薨，震亨哭之哀，寻以驸马巩永固荐，召赋地舆，中旨赐食而出，改授中书。未几漳霞狱起，株震亨，下诏狱。徐少司寇特疏申救，遂得赐环，奉差饷大同军。例有羡金三千，震亨不受，尽给诸军，军皆踊跃报命。乞休南还。甲申，京师陷，江左建国，以冢宰荐起用，为当国忌，嗾御史劾之，乃引疾归。金陵失，即豫买一棺，投震泽中，为渔人救免，遂不食，死年六十。

顾苓《塔影园集·武英殿中书舍人致仕文公行状》：弘光元年五月，南都既陷。六月，略地至苏州。武英殿中书舍人致仕文公辟地阳澄湖滨，呕血数日卒。幼子果既长，谋葬公于东郊之新阡，属公之弥甥顾苓具状，以请铭于当世大人先生。公讳震亨，字启美，七世祖定聪于武昌侍高皇帝为散骑舍人。赘浙江，生惠。惠自浙江来，占籍长洲，生成化乙酉举人涞水教谕洪，洪生成化壬辰进士温州知府林，林生翰林院待诏徵明，徵明生国子监博士彭，彭生卫辉府同知元发，元发生礼部尚书东阁大学士文肃公震孟及公。公生于万历乙酉，少而颖异，生长名门，翰墨风流，奔走天下。辛酉，以诸生卒业南雍，流寓白下。明年文肃公廷对第一，遂慨然称王无功语云：人间名教有兄尸之矣。天启甲子试秋闱不利，即弃科举，日游佳山水间。寻值逆阉擅政，捕天下贤士大夫投之狱。文肃公旦夕虑不免，公乃归故国侍文

肃公。烈皇帝登极，召文肃公还朝，或劝公仕，不应。丙子，文肃公薨。逾年，脂车而北就选人，得陇州半刺。先是以琴书名达禁中，蒙上特改中书舍人，协理校正书籍事务。历三年值，黄道周以词臣建言触上怒，穷治朋党，词连及公，下刑部狱，久之复职。壬午，奉命劳军苏州，给假归里。将以甲申还朝，而有三月十九日之变。事出非常，人情旁午，郡中士大夫皆就公问掌故，谋进止焉。皇帝即位南京，原官召公。时柄国者为公诗酒旧游，不堪负荷，公亦不为之下，渐不能容，上疏引疾，奉旨致仕。散员致仕，前此未有也。公长身玉立，善自标置，所至必窗明几净，扫地焚香。所居香草垞，水木清华，房栊窈窕，阛阓中称名胜地。致仕归，就东郊水边林下经营竹篱茅舍，未就而卒，今即其地为新阡矣。元配王氏，故征君王百穀先生女孙。生子东，郡诸生。侧室生子果，能诗画，世其家学云。

《列朝诗集》：启美，待诏之曾孙，阁学文起之弟也。风姿韵秀，诗画咸有家风。为中书舍人，给事武英殿。先帝制颂琴二千张，命启美为之名。又令监造御屏，图九边厄塞，皆有赏赍。

钱谦益《初学集·文中书启美入直武英》诗其一：才子承恩供奉时，抽毫长对万年枝。千门万户张衡赋，庐橘蒲陶李白词。应制大官分酒膳，赐金宫女捐胭脂。君王省识銮坡事，三叹家声在凤池。其二：禁殿深严翰墨香，地图琴史即封章。屏开禹迹围诸夏，谱叶虞弦动四方。聚米山川筹朔漠，采风歌曲按伊凉。金门尚有台阶奏，敢倚谈谐侍汉王。

《静志居诗话》：启美，相君介弟，名挂党人之籍。王尚书觉斯有言，湛持忧谗畏讥，而启美浮沉金马，吟咏徜徉，世无嫉者，由其处世固有道焉。

《居易录》：输庵和尚，名同揆，明相国文文肃弟震亨之子，少为诸生，名果，字园公。

《吴诗集览》引输庵《鼎湖篇序》云：丁丑、戊寅间，先公受知于烈皇帝，遵旨改撰琴谱，宣定五音正声，被诸郊祀，上自制《五建皇极》《百僚师师》诸曲，命先公付尹紫芝内翰翻谱钩剔。时内监琴张司其事，奉命出宫，嫔褚贞娥等礼内翰为师，指授琴学，颁赐紫花御书，酒果缣葛之属，极一时宠遇。迨闯贼肆逆，烈皇帝殉社稷，诸善琴者偕投内池。内翰恐御制新谱失传，忍死抱琴而逃。南归，谒先公于香草垞，言亡国事甚悉，从此二十九年不复闻音耗矣。癸亥秋，余在寒溪，内翰忽来，相见如梦寐，意欲薙染，事余学佛。余伤之，为赋《鼎湖篇》以赠。

《苏州府志》：香草垞在高师巷，中书文震亨即冯氏废圃以构，中有四婵娟堂、绣铗堂、笼鹅阁、斜月廊、众香廊、啸台、玉局斋，乔柯奇石，方池曲沼，鹤栖鹿柴，鱼床燕幕，以至纤筠弱草，盎峰盆卉，无不被以嘉名。今归陆氏。

钟惺《钟伯敬全集·过文启美香草垞》诗：入户幽芳小径藏，身疑归去见沅湘。一厅以后能留水，四壁之中别有香。木石渐看成旧集，图书久亦结奇光。君家本自衡山出，楚泽风烟不可忘。

阮大铖《咏怀堂集·酬文启美见赠》诗其一：销忧未敢效群公，白石狂歌意亦雄。慵寄眼光牛背上，全休生计蟹螯中。闲吟江畔枫初落，澹思篱间菊幸同。赖有青山酬赋客，萧晨莫放酒杯空。其二：高秋极目雁宾时，江外风烟不可知。犊鼻自怜聊复尔，鸱夷不醉亦奚为。餐将青药心徒苦，枕到黄粱梦已危。遥忆洞庭今宛在，垞边香草系予思。

《小腆纪传》：文震亨，字启美。南都妖僧大悲之狱，阮大铖罗织朝野异己者，其党张孙振已具疏，将以震亨为汪文言矣。马士英与震亨有文字交，力出之，即休致归。乙酉六月，清师取苏州，避之扬城，薙发令下，自投于河，家人救之，绝粒六日死。

赠西持乐公六袠

又《赠西持尊老七袠》。

按，陆汾原注云：西持少年参学天童，后自结茅归隐，一足微跛，两耳重听，一生必五鼓早起，鸣钟修忏。晚年有随侍弟子舍之归宗去，而西持精修，垂老不倦。

赠石林源公七袠，时笺义山诗集，呈钱虞山作序付梓，且捐钵募檀重修智林寺，盖不忘受业处

石林，已见诗集卷二《寄石林老宿，别号寄巢，时在汲古阁》题。

冯舒《默庵遗稿·寄巢诗赠石林》序云：石林禅师宏览博识，君子也。始祝发于智林寺，已而寓东塔，又避地于郡之北禅，目所止曰"寄巢"。余广其意为诗以念之：闻君有寄巢，巢今寄何地。去来本无常，行住安可计。试观吾有身，何者不为寄。寄色在我目，寄香在我鼻。寄耳知有声，寄舌知有味。三毒寄我心，婉转不能避。及至因缘灭，安得一大事。人以寄为真，开目惊梦寐。譬彼盲眼灶，腐木以为庇。子以真为寄，白肉生疮痣。譬彼大海水，分别以为智。愿子入无余，断此前后际。在空即为鸟，戾天乃忘翅。在渊即为鱼，随波不惊饵。寄在理难一，寄灭成不二。祖师从西来，此中有真意。嗟余苦流浪，万事悲匏系。功名久意息，妻儿尚为累。奋飞了不能，空言衹增愧。稽首礼觉王，终当从子逝。

《百城烟水》：智林教寺，在常熟县李墓村，唐乾元元年建。初名永安寺，宋大观四年以犯宣祖陵名，改赐今额。旧在地名冈身后，以寺钟不闻于近，而多应于李墓，遂徙置于此。

杨昭怀《古堂诗选·赠石林禅师七十》诗：野鹤闲云不可呼，一瓢常挂古浮屠。自饶风尚倾玄度，无意神奇似佛图。万卷等身忘老至，百年抱膝为吟癯。知师劫外春多少，记得阶松岁月无。

钱谦益《有学集·石林长老小传》：石林长老，名道源，娄江许氏。九岁礼智林明公为师，十八薙染，二十二受具古心律师，二十三听楞严、法华、惟识、起信于巢松法师。四十丧母，始出居吴之北禅，虞之东塔破山，今年六十八矣。师仪范清古，风骨棱棱，禅诵之际，喜涉外典。焚膏宿火，食跖祭獭，笺注缮写，盈囊溢箧，刳心拂迹，栖神教观，以文字三昧，回向般若。其地莹如，其神明湛如也。度身量腹，典衣减食，用以庋经籍，庀丹铅。居无常住，游每信宿，不慕贵游，不招徒众，视一切荣名利养如窗尘阳焰，一瞬而已。常笺解李义山诗及《类纂》，所读书如古人荟蕞之例。垂成，辄置之曰：此非衲衣下事也。盲禅魔民，招摇塞路，攒眉书腹，都无酬对。人有问之，指南堂一炉香，忻然解颐而已。昔法安禅师常诃秀铁面，吾始见秀有英气，谓可语今而知其痴也。比丘法当一钵行四方，秀不能

尔，于八达衢头大屋，从人乞饭，养数百闲汉，岂非痴人，尚可与语乎？余每与师漫语及之，辄相视而笑。悠悠末法，古德迢然，迨亦惟师可与一笑也矣。师居北禅，慈月夫人降乩为师画像，点染才数笔，落落然，望而知为师也。喜而为之赞，赞曰：水观寂寂，山骨层层。天女点笔，素练风棱。云床雪被，切玉琢冰。蒙叟作赞，真清净僧。

按石林《寄巢》诗及注《义山诗集》，又朱长孺《笺注李义山集》，钱谦益均有序文。朱长孺采用石林注，本序文中亦已叙述及之，载《有学集》中，并有《石林七十寿序》，兹不备录。

中峰玄谈解制，实汰公主席，拟石屋体

《百城烟水》：法华庵在寒山寺隔岸，听钟桥西。顺治初，善士徐瑞宇舍宅，僧性能号法华建。

徐崧诗《先筹老宿中峰，苍老人从学弟子也，乙卯冬日晤于法华堂中，因赠》：垂老重逢得几时，当年曾共见名师。空堂独坐今何事，犹录中峰解制诗。

《扶轮集》：周永年《中峰礼教授和尚画像，讫听汰如法师讲华严玄谈，晚宿扃公楼上》诗：清凉住世越期颐，遗貌犹同制疏时。都讲谁人能送难，散斋有意复留诗。携衾半与僧分榻，穿屋微闻雪到池。枣柏伣教充妙馔，凭何论主对经师。

题匡云淳公无心出岫卷

《庐山志》：明天启中有释性淳，号匡云，于天池北障悬岩结宇，凿石为门，罗室之峰而有九，故易名焉，时人皆呼天池北障为九奇峰。又，天池山东瞻佛手岩，西望白云峰，其阳为九奇峰，其阴为石门涧。又，将军山之南有九奇峰。桑疏：九奇峰者，东起自含鄱岭，而西放乎上霄峰，连山嵯峨，角立争雄长，其奇者九，故云"九奇"，俗谓之火焰山也。黎元宽《九奇峰寄释匡云》诗：飘风应不到匡庐，卧起匡公走讯予。为问九峰峰顶上，可容劳苦试骑驴。陈弘绪《怀释匡云》诗：谁稳青山卧，家家云水踪。独余峰顶上，长倚石边松。煮茗春还几，餐薇客屡逢。纵空诸所有，闲画叹声重。陈允衡《泊舟匡山之麓，寄九奇峰匡云长老》诗：片艭指烟树，湖波拂空渺。残月明孤城，斜风下飞鸟。客心方靡靡，岳色自皎皎。幽期坐荏苒，微躯涉纷扰。为问九奇峰，松门一何窅。阎尔梅《九奇峰》诗其一：峰余山外压空烟，上视曾无北半天。绝顶石头风欲坠，老僧庵在树梢悬。其二：峭壁倾崖杖履艰，石纹花似豹皮斑。老僧移得林泉动，一览南山到北山。

邓云霄《邓玄度诗选·枯庵歌送匡云上人还庐山》：问枯庵，杳何许，曷名枯，有何意。云在匡庐之巅，乱峰深处，千重云，万重树，三级泉，向庵注，九叠屏，背庵竖。主人习静而坐枯，心似寒炉灰，身如槁木株。方丈大于斗，趺跏十载余。庵中无长物，一瓶一钵兼木鱼。不点玉莲灯，山月遥相照。不爇旃檀香，山烟常袅袅。不钟不磬不梵呗，泉声鸟声自叫啸。颇类巢父巢，又似壶公壶。有石任

名悟，有谷堪名愚，坐来枯寂一念无。忽然粘壁蜗，化为云出岫。芒鞋踏遍粤闽天，此心元属无何有。数枝松偃旧房前，猿愁鹤怨私自怜。虽然去住本随缘，老去却忆庵中眠。别我西归将有日，细语灯前宵促膝。自言此别戒云游，坐烂绳床终不出。赠吾诗，索吾律，离情黯黯上河梁，只履孤筇忞萧瑟。我笑匡公何太憨，妄认汝为汝，妄认庵为庵。四大是幻形，可北亦可南。天地一蘧庐，何处可恋耽。汝去无所去，我别无所别。两心冷似水，不为临歧热。公看庵外月明时，罗浮与庐岳，两点在玻璃。同居佛界中，芥子藏须弥，汝我相聚何曾离。我闻竹林寺，空相但现影。譬彼阿闳国，谁能涉其境。请公置庵空相中，金绳有路西方通，我也行坐常同公。

《感旧集》：林古度《送匡云上人还庐山》诗：十载参方罢，一朝思故山。应知尘世苦，未若片云闲。白鹿古精舍，青松时闭关。空思旧游处，不得逐君还。

曾灿《六松堂集・九奇峰访老僧匡云》诗：一折复一折，乃知山路长。崖随藤作杖，门以石为梁。远壑故多色，野花迎乱香。老僧知睡足，莫问客何方。

《过日集》：闵麟嗣《望九奇峰匡云上人故居》诗：连嶂若波涛，巀嵲临深壑。万古无人居，山光长寂寞。匡公禅家秀，骑危恣疏盘。结茅乱松巅，坐看巨石落。刳木引寒泉，终年煮藜藿。只影不出山，白云欣有托。岂知随化归，草堂复萧索。独怜石上松，秋声宛如昨。

万时华《溉园诗集・道恒等可匡云上人赴斋》诗：闭户高僧偶见寻，共披尘榻慰孤吟。花余檀度庵中两，藤出天池寺里阴。阅世阶前忙万蚁，忘机饭后施诸禽。草堂欲问无生偈，松竹深深古佛心。

按，匡云尝与苍雪休夏陈继儒之佘山，见诗集卷一《眉山归隐卷为扈公》题。

次答刘司理

此题，“刘司理”或属刘同升，已见诗集卷三《刘太史晋卿闽游咏荔枝》题。刘同升谪福建按察司知事时，先至东林讲学，崇祯戊寅后事。观诗句及诗之编列，时代近之。

为高松悼则明

此诗末句云“升座何人更白椎”。按《百城烟水》，白椎庵，在鸭脚浜，明万历间湛明法师建。据此，此题“则明”或为“湛明”之误。

吴中昭庆寺重复自养素耆宿

康熙《苏州府志》：昭庆寺在城东北隅，元天历间宣政院阿咱剌建，僧怀寿开山。至正九年，又建栴檀阁，后废为民居。崇祯末年，僧养素募赎，复兴梵宇。

《百城烟水》：昭庆寺在大儒里，元建，其详载虞集、黄溍手书碑记，后废为民居。崇祯丁丑，僧守素暨娄东黄翼圣购复。黄承圣《复昭庆寺词，调寄天仙子》：慨自名蓝当日废，算来百载沧桑异。庵居尚有石台存，芟乱竹，经营始。爱憩十围银杏树。　　三四衲僧携供具，佛火经声斜照里。茶烟翠映竹间房，乘愿力，分明是。试看虞黄两碑记。

按《府志》，养素复寺，与此题同。《百城烟水》作“守素”，当误。

《扶轮集》：周永年《过昭庆寺，喜其新复》诗：谁曾作记有黄虞，苔绣碑文土没趺。旧日僧移双塔老，上方佛守一灯孤。云堂乍住惟悬榜，莲社初成自绘图。笑杀闻名人不识，却疑寺额止西湖。

送僧还鸡足

《云南通志》引《古今图书集成》：鸡足山在宾州州东一百里。《名山记》：又名九曲岩，上有石门，曰“华首”。相传周孝王五年，丙辰岁，迦叶波既付法阿难，乃持僧迦黎衣入鸡足山，以待慈氏下生。今禅栖梵刹，不可胜纪。

中峰法会诗，和林若抚韵，答汪孺石檀护见寄，并惠斋粮二首

《明诗平论》：明河《中峰法会》诗：幻出珠林水石香，杂花小品动词场。非关文字安心竟，别作醍醐沁骨凉。古迹流连今日乐，高篇层叠后期长。许公来往随风月，都讲何人问裹粮。

按，明河此题亦二首，惜《明诗平论》仅录其一。

卢世漼《尊水园集略·答汪孺石水部次韵》诗：丽句传来吹素光，徐行把玩屡翔徉。深藏美玉浑忘价，久佩幽兰懒说旁。人到真时今亦古，语关妙处略犹详。鲤鱼风起通书问，一水盈盈是两乡。

《苏州府志·选举类》：汪邦柱，字如石，万历四十七年进士，长洲人。按汪孺石，当即汪邦柱，《志》或误“孺”为“如”，又或汪邦柱初字如石，后改“孺”也。姚希孟是科同榜，姚与文震孟均中峰檀护，汪亦在籍士绅之一，其护法惠粮也固宜。

冬夜喜若弱入山

又《若公结茅中峰病故伤之以诗》。通复《冬关诗钞》有《检得经行一若弱诗，凄然怀旧》七言一首：昔有经生今贵客，偕来楚衲过我游。一时江海纵同调，三旬烟雨连孤舟。浊醪既具不惜醉，奇篇欲秘嫌争求。高楼百尺托登望，雁度白云湖上秋。首句自注：经为嘉邑张侯招至。第二句“偕来楚衲”云云，则若弱当为楚僧，“嘉邑”亦即嘉兴县。盖若弱当时自楚来吴，与经行一同游至嘉兴，因遇通复也。通复作此怀旧诗，时若弱当病故中峰已久。

秋夜，周云治、姚北有、吴注口诸友雨宿中峰

乾隆《吴县志》：周治，字云治。幼孤废学，及长乃自刻励读书。工为诗歌，清新幽回，间绘事，高秀绝尘。与弟力贫自给，终身不娶。每寄迹禅寮，与二三衲子及素心高蹈之士唱酬往还。志节耿介，未尝投刺朱门，谄屈豪富。及卒，诗友徐波、刘锡名辈葬之湖滨，归安茅映刻其诗以传。徐波《悼周云治》诗：纷纷贫士死，天似不经心。闻见人皆惜，饥寒业未深。报虚怀一饭，葬不费多金。知尔留遗恨，无人继苦吟。

《扶轮集》：周治字云治，长洲人。

《明诗平论》：俞南史《周云治寓渊公精舍同社中诸子携酒夜集》诗：周子澹泊人，远避井邑喧。日吟太湖上，晏卧梅花村。所居爱精舍，斋心静讨论。吾侪神交久，中夜聆清言。饮酒不能醉，聊此慰寒暄。雨来逢落叶，风急开山门。超然两归客，遥语傍清源。鬼火四野出，何以安其魂。不如僧榻前，且复理芳樽。

王人鉴《知希斋集·周云治同君慧上人见过》诗：积雨转虚寂，今朝方启门。喜俱消世念，苦未去名根。新句澹无迹，微言妙不烦。野花堪作供，瀹茗当开樽。

《怀旧集》：何大成《忆周云治》诗：□树傍檐隙，古墙生昼阴。半衾栖别泪，一雁搅离心。秋冷不禁梦，世衰空费吟。加餐应努力，此外任浮沉。

按，此题“姚北有”当作“北若”。

《嘉兴府志》：姚浣字公涤，一字北若。质直有至行，好施急友难，千金无吝色。崇祯丙子，就试南都，大会东南名士，束其文以归，有《国门广业》之选。三试不第，遂隐著述，积书四十椟，部分类聚。广荆川《左编》集汉至隋文，为《八代文统》。按，《国门广业》，吴应箕序之，文载《楼山堂集》中。

刘城《峄桐集·过姚北若》诗：鸳湖本北海，文士忽瞿昙。书以广为业，居将切作庵。避人当小隐，把卷得长酣。佳句僻成性，名山志尽探。占经鲁壁古，养气谷神甘。旧梦通梁月，新怀破定龛。嗟余有底事，共看羽陵函。

朱彝尊《曝书亭集·寿姚太学北若集杜诗》：五十白头翁，经书满腹中。畏人成小筑，把钓待秋风。黄卷真如律，清樽幸不空。看君多道气，耻与万人同。

次答张尔球、鸿一昆弟见寄，序千华戒师忏法

《淞南志》：张立平字尔球，号旅庵，方伯鲁唯长子。性好洁，弱不胜衣。读书数行俱下，诗文操笔立成。未冠，补诸生，松陵叶公绍袁奇其才，字以季女小鸾。小鸾者，才女也，于归有日，溘焉坐化。平感念浮生若梦，超然有出世之想。家所珍藏，金玉宝玩，视同土苴，悉以赈施贫乏，无几微吝

色。甲申，遭大变，闭户绝交，长斋奉佛，悉心禅学。所著《楞严》《法华》诸内典，绎微析奥，传奉于时。卒年四十有四。张立廉，字鸿一，号冰庵，方伯鲁唯仲子。幼补邑诸生，博通经史，以文章著于时，操守端介，不逐时趋。崇祯丙子举人，三上公车不第。甲申之变，绝意进取，削发为僧，以自晦匿。复有强之仕者，因称瘫疾，终日坐卧一木榻，凭一小几，著《笔昙集》盈尺，足不履地者三十余年。据此，此题“张尔秋”当作“张尔求”。

《复社姓氏传略》：张立廉，字鸿一，崇祯丙子举人，与兄立平敦善不怠。明亡削发僧装，博综教乘，尝集乙酉后殉难诸纪录，为《玉峰完节录》八卷。

叶绍袁《年谱别记》：丙寅春，崐山张泰符方伯求盟琼章，既允伊家，即梦伊子娶仙女为妇，冉冉自云中下，姿色绝代，非人间人。方入室，顷之随复乘云去。

又《甲行日注》：张尔求致札寄秋芥豆豉。亡女琼章未嫁陨玉，尔求执子婿礼甚殷如此。乱离日犹复相念，古君子也。

叶弈苞《经锄堂集·寄张冰庵丈》诗：十年偃卧类袁安，只对萧萧竹万竿。物态似云尝任薄，君门如水益加寒。五噫志苦拈新句，半偈缘空得静观。吾亦墙东遗世士，愿乘篱菊雅盘桓。

《珠林风雅》：戒显《喜张冰庵师兄惠访，雨窗夜语》诗：晏坐昆耶忆旧游，出关竟泛武林舟。心疑聚首黄花后，忽讶敲门红叶头。话断寺钟风雨夜，床连丈室雁鸿秋。只愁别作冷泉水，还向飞来岭外流。

辛巳春，华山讲期中，滇南丽江木太守生白公遣使，以唐一行禅师所集华严忏法，见委校雠，刻行江南。识者咸谓于两年间，初得教义章，再得贤首传，三得华严忏，次第出世，得非吾贤首宗之几断而复续，晦而复显之明验欤？恭赋一诗纪之

《云南通志》：阿得，元时丽江宣抚司副使，洪武十五年率众归附，赐姓木，授丽江知府，世袭。后有八世孙木增，万历间袭丽江土知府。值北胜州构乱，增以兵擒其首逆高兰。三殿鼎建，输金助工，兼陈十事，下部议可。朝廷喜其忠诚，特加参政秩。增又好读书，博极群籍。家有万卷楼，与杨慎、张含唱和甚多。

《滇诗拾遗》：木增字辰卿，号华岳，又号生白，丽江人，土知府青子。万历二十六年袭。以助饷征蛮功，晋秩左布政。著有《云薖淡墨》六卷，国朝收入《四库》子部杂家类。又有《云薖初集》《次集》《啸月函诗集》《芝山集》《光碧楼选草》，均经董思白、陈眉公序之。盖性耽风雅，博极群书，又能就正有道，在土职中，可谓铮铮佼佼者。

《憨山大师梦游集·丽江木六公奉佛记》：金马碧鸡之西有异人，木六公焉。公守丽江，奄有疆土，六传而至公，称六公云。其先在国初，以忠顺发家，武功最著，文德日修。至雪山公其名遂显，以其独尚清操，雅歌声诗，翩翩有凌雪气，抗衡中原，然于方外意未深。自是以文才武略，相传至玉龙君大振。及松鹤君，则辞翰逸格，而莲社清修，发轫觉路。至六公则迥超前哲，特出风尘之表矣。公天性澹薄，于世无所嗜好，无论忠孝慈爱，惟以济人利物为怀。喜接方外法侣，相与礼诵精修，颓然如粪扫头

陀。传言公刻《华严大疏》于鸡足云云。按此文甚长，节录。辛巳，为崇祯十四年。

邵僧弥、张行秘、谷语诸友见访山居

吴伟业《梅村文集·邵山人墓志》：讳弥，僧弥其字。清羸颀秀，好学多才艺。于诗宗陶韦，于画仿元宋，于草书出入大小米，而楷法逼虞褚，称绝工。平生挥洒小帧尺幅，人皆藏弆以为重。或购之累数十金，而君用以搜金石，访蜼彝及图章玩好诸物，此外萧然无办。题所居曰“颐堂”，置一榻其中，以药炉茗具自娱。性舒缓，有洁癖，整拂巾屐，经营几砚，皆人世所不急，而君为之烦数纤悉。僮仆患苦，妻子窃骂，终身不为改。宾客到门，謦欬雅步，移时始出。与人饮不半升，颓然就睡，虽坐有重客，弗顾。中年得下消疾，览方书，多拘忌，和柔燥湿，饮啖多寡，不能适其中，以此益困，殆其迂僻如此。君受业于牧斋钱先生，同里若文文肃、姚文毅雅所推许。居恒于人才消长之故，慷慨极论。及与余遇，既惫且衰矣。尝共登鸡笼山，东望皖楚，忧生伤乱，泣下沾襟。余乃知君非迂僻者也。於戏！道开死，无有识君之遗事者矣。

钱谦益《初学集·赠陆墓邵叟僧弥之父》诗：蓬蒿三径少追攀，中有高人善闭关。忙为市南行药去，闲从城北讨春还。斋时妇料供僧米，画里儿皴过雨山。寄语道旁名利客，青门原只在人间。

康熙《苏州府志》：邵弥，字僧弥，长洲人。画山水，极古秀之致，书法欧柳，没后人争购之。所著诗名《颐堂集》。吴伟业《画中九友歌》末云：风流已矣吾瓜畴，一生迂癖为人尤。童仆窃骂妻孥愁，瘦如黄鹄闲如鸥。烟驱墨染何曾休。指邵弥也。

周在浚《尺牍新钞·结邻集》：张光世，字行秘，福建莆田人，有《不履园集》。按张行秘事迹无考，惟《致岳石帆大司马尺牍》中，有“归白门时”句。或莆田人，寓居白门者。岳石帆，天启时晋南京兵部侍郎，见《莆田县志》。

哭一水法友

通门《懒斋别集》《书一水上人书〈楞严经〉第五卷后》：贝叶斋一水上人书《首楞严经》一部，取墨于其友六上座之舌端，字画清劲，见者赞叹。癸未秋日，余归吴门，晤其师培公，话夙昔，灯下出以示余，而一水已逝世，余深为叹惜云云。据此知一水为培公徒，而于苍雪为后辈，故以法友称之。培公详后《贝叶莲社诗为培公》题。

赠王奉常烟客五袠

王烟客，已详诗集卷二《寄王奉常烟客》题。辛卯季秋，烟客六十，苍雪寿以七律十章，具载集中。辛卯为顺治八年，烟客没年八十九，则已康熙十九年。苍雪顺治十三年逝世，烟客七十寿已不逢之。烟客自五十至八十均有寿诗，见之各家文集者颇多。兹酌录八十诗数章，可见其晚年之盛况。

王士祯《带经堂集·王烟客八十》诗其一：相业娄江大，孙谋奕叶贤。君传通德里，史纪定陵年。耆旧人还在，苍茫岁屡迁。西田高卧处，指点说平泉。其二：夙世谬词客，前身应画师。居然辋川隐，高咏右丞诗。缣素千金直，云烟万象随。清斋还绣佛，此意少人知。其三：问讯东园菊，吴山日夕佳。只耽彭泽饮，莫问太常斋。邱壑自孤往，春秋多好怀。平生吴祭酒，晚岁共荆柴。其四：家世青箱学，先生绛县身。五君光禄咏，九老洛阳人。铜狄看朝暮，态经有屈伸。扁舟未更下，吟望只逡巡。

《嘉定诗钞》：俞谔《王烟客八十》诗：香山之老商山皓，何似娄东王太常。五柳已成高士宅，三槐无改相公堂。耳闻惠爱沾蝼蚁，眼见飞腾遍凤凰。昨日麻姑亲降祝，尊前重与说沧桑。

吴绮《林蕙堂集·王烟客八十》诗：门前画戟欲成丛，客望东山比华崧。秦隶独传王次仲，汉官犹记叔孙通。彩衣捧杖多才子，宝阁藏书自上公。但是人间俱第一，不知蓬岛更谁同。

董文骥《微泉阁集·王烟客八十》诗：诗画高人两擅场，青箱名向此中藏。韦平门第经盈箧，龙凤家风笏满床。绵蕞西京当献果，蓬莱东海又栽桑。至今八十如三十，却老何曾问禁方。

沈受宏《白溇集·王烟客八十》诗其一：百年门第压娄城，丞相元勋太史名。身自早孤推贵胄，官从遗荫重清卿。归来泉石耽三径，乱后山河痛两京。龙凤子孙才不尽，白头今复见簪缨。其二：耆英洛社画图空，独数灵光老辈风。法立家庭尊石传，化行乡里畏陈公。衣冠见客威仪整，简牍投人吐属工。何处却逢开口笑，梨园一部管弦中。其三：北阡东陌一巾车，亭馆名园水竹居。斑驳尊彝三代上，丹铅图史百家余。锦屏客购倪黄画，金榜人求钟蔡书。老去久参稷拂义，风流结习未消除。其四：过江才俊出高门，白尘青毡世业存。榜下一家连进士，堂中四代得曾孙。丝纶丹诰新朝宠，祠庙丰碑故国恩。美景年年逢上寿，桂香月色满金尊。

按，钱谦益《有学集》，陈瑚《确庵集》，均有《王烟客七十寿序》。陈序以烟客一生系乡党重者立言，不及家庭鼎盛及身际两朝事，视沈受宏诗为得旨矣，文不备录。

寄高座介立旦，时应讲崇川，以新刻见寄寒泉

又《次答介立喜还山居》。

《金陵诗征》：达旦，字介立，江宁人。

函可《千山诗集·寄一门介立二法主》诗：几年白拂各横纵，垂死相看道味浓。人在石头江月冷，诗从天半岫云封。座前花雨三春梦，谷里松风午夜钟。二老有心原不系，医巫闾下想飞筇。

范凤翼《范玺卿诗集·木末亭同介立禅兄赋》：野夫病起爱郊行，木末亭前今古横。万象微茫疑宿雨，四时萧槭作秋声。望中宝气华鬘坠，树隙江光匹练明。静对忘言深领略，忽闻烟际响鸽鹧。

杜浚《变雅堂集·介立上人房同子谅》诗：曲折层层上，跻幽不觉难。松篁檐际合，缁素碧相看。参罢三衣整，斋余一钵寒。汤休何款洽，客至适吟安。

《诗观》：丁日乾《访介立、友苍两上人旧居》诗：悠然二妙在禅林，曾共清秋夜听琴。香径鹤随花雨散，笋园蝉抱竹枝吟。客来犹觉寺常静，僧去才知山不深。无限低回秋思远，白云空寄鹿门心。

邢昉《石臼集·夏杪过介立上人院，时将渡江，应狼山讲经之请》诗其一：精庐一岁过，当午更婆娑。竹比去年好，凉增旧路多。院禽贪净食，杉鼠上高窠。日日闲来此，无人可奈何。其二：如师兴未惬，受请去狼山。一石冷堪凭，三衣缝未闲。织笼行远峤，著屐背深关。残岁千竿竹，青青待尔还。按此二诗，即崇川讲经事。邢诗在讲经前，而苍雪诗在讲经后也。

又《石臼后集·赠介立上人》五古诗，自注：介立以诬被系，子京观察脱之。

《吴县志》：中峰前院在支硎山寒泉上，本支公故刹也，不知废于何年。地归王文恪公鏊。天启中，文恪玄孙永思舍为法师一雨静室。

寄天界谷语应

《龙眠风雅》：杨臣诤《读谷语大师黄山歌作》，序云：刘觉岸先生归自黄山，以其赋投谷公，谷公喜而作歌。

按，谷语无考，据此诗序，仅知谷语为能诗者。

阮大铖《咏怀堂集·秋晨过访谷语不值》诗：静者复奚适，云光闲荫门。自嫌筇竹步，为乱藓花痕。翻叶鸟长戏，啼蔬虫不繁。君归山月出，寂对亦何喧。

又《送谷语东行》诗其一：秋清山月白，岩桂复丛生。正可开贤社，君胡事远行。岳云迎锡响，海月待经声。试洗劳山钵，重参古德情。其二：青枫江上路，芦影去悠悠。纵非鹿麋聚，能忘鸿雁愁。律香吹夜月，花雨散孤舟。行遍赵州脚，君还未白头。

《扶轮广集》：王铎《与谷语僧》诗：北都未易暇，时念在山源。所见将何指，独居不用言。群峰同起止，一衲老寒暄。敢告岩云处，斯心微尚存。

施闰章《学余堂集·天游观赠谷语》诗：已穷九曲复同游，一杖凭陵万壑流。冒雨远穿帘洞窟，梯崖独俯幔峰头。梦回天界时飞锡，兴入匡庐更买舟。三笑不须寻白社，共扪仙掌坐高秋。题下原注：天界寺僧，又将往庐山。

按，《扶轮集》邵弥有《能仁寺寻张元震，时何仙郎谷语师先集》诗，《百名家诗选》魏宪有《同房大生李子玉、释谷语、智林登清凉台》诗。阮、邵诗启祯时，王、施、魏诗顺康时，综此以观，谷语自明历清，与当代诗人友，而久居金陵天界寺。

题塔影园为顾云美

按，陆汾原注云：园在虎邱便山桥南村，池有虎邱塔影，故名。

文肇祉《录事诗集·筑园于虎邱南村池中，忽移塔影志喜》诗：几年浪迹寄江湖，归葺田园半已芜。环沼倒悬新殿宇，浮丘翻映小蓬壶。分明马远晴峦景，绝似南宫烟寺图。真觉世心消欲尽，闭门羞复看阴符。附政府申公和诗：欲从野寺开新社，故向郊园剪旧芜。地近青山来白鸟，人同秋月在冰壶。莲花七级涵空影，祇树双林入画图。今日潜夫能雅咏，不须著论学王符。

顾苓《塔影园集·塔影园记》：虎邱塔影园者，故上林录事文基圣先生之别墅也。先生为待诏公孙国博公子，词翰弈世，宏长风流。自停云玉磬，境与人杳，虽茅舍竹篱，而播诸咏歌，传为盛事。初于虎邱南岸诛茅结庐，名“海涌山庄”，凿池及泉。池成，而塔影见。张伯起先生为赋诗云：雁塔朝流舍利光，半空飞影入空塘。应知不是池中物，会有题名在上方。因以“塔影”名园。伯起先生复同王元静、吴恭先、徐懋新赋诗落之。诗入《虎邱邻园志》。上林先生有《塔影园次皇甫子循》诗云：凿池成塔影，结屋依山阿。疑自浮员峤，翻同泻翠娥。昔闻挂清汉，今倒映渟波。惠我惊人句，赓酬奈拙何。于是和州公为之图，国博公八分书题其上云：篱豆花开香满园，赤阑桥畔塔斜悬。偶思小饮沽村釀，门外鱼虾正泊船。园之萧条疏豁，大概可见矣。既而待诏公门下士居士贞僦居园中。王百穀征君《虎邱访居士贞》诗：偶过处士宅，宛是野僧家。古井春无水，衡门晚带霞。即其地也。士贞去后，败瓦颓垣中，风沼霜林，依然是昔，寻山客至，不复停车。天启间，属松陵赵氏，往来读书，复临池构屋，稍贮歌舞。崇祯中，出门仕宦，闽乱乃归，遂为园择主人。适余避兵出郭侨，寓白公堤上，顾而乐之，与割券而考室焉。虽秦人避世，不为桃花；葛氏移家，但携鸡犬。忆《梁史》，顾正礼少随外从祖游虎邱，以欲“枕流漱石”之语，为外祖所器，卒以志操见称。予为文氏弥甥，葺虎邱旧隐，似关宅相，亦有门风。彭城万若来过之，作行脚书事，实住塔影园也。虞山钱宗伯先生为予制《塔影园云阳草堂记》，四方过从，时有题咏，诗文多于水树，水树多于斋馆，乌足被园林之目哉，夫有所受之矣。

《苏州府志》：顾苓，字云美，少笃学，尤潜心篆隶。凡金石碑版，及鼎彝刀尺款识，虫鱼蝌蚪之书，皆能诵之。居虎邱山塘，萧然敝庐，中悬思陵御书。时肃衣冠再拜，唏嘘太息。女一，妻桂林留守瞿式耜子，易其名姓，俾脱于祸，人尤高之。

屈大均《道援堂集·顾云美六十》诗其一：寂寞松风寝，先皇御翰留。心飞天寿月，泪尽海棠秋。故国谁高卧，斯人更远游。乱离过六十，知己在沧州。其二：汝婿忠臣子，初生端水时。两宫犀带锡，三岁羽林儿。丧乱孤谁托，艰贞尔独知。遗民今日少，珍重鬓如丝。

徐波《浪斋新旧诗·同州来游塔影园，时新属顾云美》诗：坦步须乘兴，名园今有人。地幽山隔岸，池静塔分身。树石惟求旧，禽鱼亦易亲。缘阴行满眼，就此送残春。

贝叶斋莲社诗为培公赋二首

又《贝叶斋驯鹊，和姚文初韵，柬培公》。

《乾隆吴县志》：贝叶庵亦名云泉庵，在白莲泾慧庆寺后，内有古井，名云泉。元至正间僧弘道创，明隆庆间，僧巢林重建。明万历间，僧巢松开讲于此。葺垣得碣，有陆龟蒙“时翻贝叶添新藏，闲插松枝护小泉”之句，更名贝叶禅院。天启间，僧培风净修于此。崇祯间，僧照原葺。康熙间，僧普谙又葺。

按此题，陆汾原注：斋在阊门外白莲泾内，与县志贝叶庵所在地同。知“斋”为“庵”之误，或庵中有斋，即名贝叶也。

文祖尧《明阳山房遗集·赠培风上人出关》诗：禅关闭已久，今日又重开。门自有开闭，心元无去来。现时彰万法，寂处绝纤埃。得此开头紧，从人门外猜。

通门《懒斋别集·过贝叶斋晤培风师，兼随喜西方忏仪，且志久别》诗：不记多年别故知，重来旧路恍如疑。依垣树色高秋响，入户云阴向客垂。如昔大田开野望，自西莲土结玄思。夜分一榻余灯火，未忍风帆又远吹。又《寿贝叶斋培风师，是岁腊同五旬也》：天涯踪迹久如云，搔首中林每忆君。贝叶灯传堂构美，莲花心净梵钟闻。六时望古曾何远，百岁今秋喜共分。无著天亲兄与弟，名香一瓣夜深焚。

晓青《高云堂集·赠培风禅宿》诗：白发垂垂老，红尘迹渐疏。翻经常就月，洗钵不惊鱼。齿德推前辈，身心喜晏如。蕉分窗外绿，花悟镜中虚。随世能调物，从缘漫结庐。与君重订约，莲社把名书。

按《吴县志》，则知此题“培公”即“培风”。惟《县志》载贝叶禅院，删“天启间僧培风净修于此”句。若无《吴县志》，虽晓青诗末句“莲社把名书”，亦可证明培风为莲社倡导者，此题培公为即培风，而未得为确证矣。甚矣！修志之不宜轻删也。

又按，《莲社》诗第一首，顾选《诗钞》题为“十一月十七弥陀诞日”，首联作“难将寿量数河沙，颇怪娘生此日耶”，末联作“托□标名登上品，好音仙鸟报频伽”，与此钞本不同。第二首则题为“贝叶斋莲社诗”。

宇均、文照入山辞岁，道开以足疾未至

此题，“宇均”，顾选《南来堂诗》，及钱谦益《苍雪塔铭》，皆作“字均”，《贤首宗乘》作“自均”，以音同，或“字”“自”互用；以形近，而又误“字”为“宇”也。

《贤首宗乘》：法师名本怀，号自均，姑苏陆氏，家世业儒。师年十三，投蒲庵慎独律师剃度。十九礼闻谷大师，受十戒。二十二从汉月禅师，圆具足。自后遍参十有余年，而于华严大钞尤勤覃思。三十六得法于中峰苍师，一应靖江楞严之请，归而息影林泉，栖心净土。康熙十年六月二十三日坐化，世寿六十一，僧腊三十九。嗣法弟子雪门。

又，文照法师，名寂觉，字文照，长洲人，俗性朱，出新安紫阳文公后。文公四世孙讳志大者，为长洲学官，因家焉。师生数龄，而父卒，母伍氏以师幼孤，乃命就学于师之叔肇基公。公，长者也，见师颖敏，甚喜之，尝曰：能兴吾祖者，其在此子乎？不几年而母又卒。师心伤两尊人先后见背，风木之

悲，无以自解，劬劳之报，无以自尽，自日抚心，终宵陨涕，觉非人世功名富贵可报万一者。于是决志学佛，以了生死，为报亲之本。会己巳春，广慧湛公讲《圆觉经》于郡城，师往听之，顿悟幻境非真，一心非妄，遂求湛公薙染。湛辞之，师志益坚。湛曰：尔有叔在，未可遂行己志。师即归述志于叔。叔不许，曰：吾望尔读书明道，显亲扬名，奈何为此？师泣诉曰：人生泡影耳，功名电光耳，死死生生，轮回地狱，其何能免。己不能免，又安能免亲？虽贵为卿相，富如猗顿，只自荣耳，乌得为孝？此侄所以决志学佛，以出生死为报亲第一义也。叔知志不可夺，许之。师于是就广慧礼湛公为师，发志参方。是冬结制蒋山。明春归吴，受具足戒于三峰藏禅师。壬申，参密云悟禅师于育王。后过武林，受唯识于古德法师。至若心师之楞伽，灵师之楞严，肇公之法华，无不探其衣珠，得其玄解。复还吴门，谒汰如河师，师授以华严悬谈。汰如去世，竟入南来之室。癸未秋，法叔信贤公以白椎院相招，师应之。乙酉之变，戎马冲斥，兵多横行，到处焚毁像宇。至白椎，师委曲解说，兵遂革心投诚，施资为建大殿。此师化魔成佛之一事也。顺治丁酉七月初三日，索水澡身，合掌念佛，趺坐而化。世寿四十九，僧腊二十八。法嗣照霁建塔白椎之右。

喝狮窝望狮山

《吴县志》：窄崿山在府西南十五里，俗称狮山，以形得名。山南顶二巨石，云是狮子两耳。《吴地记》：王僚葬此。

《江苏诗征》：顾有孝《狮山》诗：孤嶂平畴绕，琳宫古木藏。乍添新梵宇，不改旧松篁。谷暖迎朝日，峰高背夕阳。远公开法席，溪水暗流香。

毛子晋礼请贯休所绘《十六应真像》悬供山中水明楼，别张水陆坛仪于冬青轩，观者甚众，诗以纪之

《湖海诗传》：过春山《中峰水明楼》诗：积雨岩壑静，古木吹幽香。山楼坐翠微，云气生衣裳。佛火耿幽龛，经声杂风篁。萧然万籁寂，水石空青苍。夙怀方外游，何为疲津梁。暂将持半偈，掩关卧绳床。

按《水明楼》诗，他书未之见。过春山，乾隆时人，据此知楼之历久未毁也。冬青轩，见卷二《和韩芹臣冬青轩避暑》题。

楞严庵洪公故居，公楚人

《靖江县志》：楞严庵在北门外，址十三亩，梵宇门庑皆备。万历丙辰，邑民沈其旋倡捐，为戒衲海门建。今改仓圣庙，庙旁海门墓塔在焉。海门，字洪注，楚之钟祥人。精湛内典，严于戒律，交游皆

寒素士。其言道明白洞达，不坠影响，闻者皆豁然有悟。或劝之说法，答曰：说法者大都为名耳，吾正欲扫断名心，何以说为。

次答元长静主见过

《吴江诗略》：潘柽章《赠元长禅师居妙高峰梅花深处》诗：远公振锡最高峰，座下寒梅一万重。林静不生凉月梦，山深惟见晓云封。行随花坞尝招鹤，手植松枝久化龙。记取年年香雪绕，苔阶留得野人踪。

按，《次答元长》诗七八句“不识雪深封去路，梅花落尽几层峦”，则当指妙高峰之元长禅师。

叶绍袁《甲行日注》：登妙高峰，崎岖崭绝，不胜攀跻之困。峰顶坦平，松荫数亩，元长筑静室松间，名“古德”云。诗屏画壁，花床茶榻，精洁素雅。庭中老梅丛桂，疏篁细筱，参差有致。具区泓然，浮环槛外。

《苏州府志》：尧峰山有十景，其一为妙高峰。

乙酉春，演钞期于吴门昭庆寺，偶过双塔寺山亭，于蟲蠹朽烂堆中，得睹贤首祖像，顶礼持归，且所演钞板，乃藏之湖上昭庆寺，与今讲席名同，三缘偶合，亦一奇事，恭赋一首，以纪其盛

《百城烟水》：双塔禅寺在城东南隅。唐咸通中，州民盛楚建，名般若院。吴越钱氏改罗汉院。宋雍熙中，王文罕建两砖塔对峙，遂名“双塔”，重建殿宇。至道初，赐御书四十八卷，改寿宁万岁禅院。绍熙中，常平茶盐使者建祝圣道场。明永乐八年，僧本清重建。康熙十五年，里人唐尧仁重修天王殿山门，恢复法堂。

《杭州府志》：昭庆律寺在钱塘门外溜水桥西。

次答懒先兼寄云间诸君子

《扶轮集》：陈丹衷《懒先禅兄有云间之游赋送》诗：三泖九峰路，落花微雨时。远情窗树似，薄梦水村宜。耐世留孤偈，寻参挂一枝。看师霜衲润，如我石帆迟。有字疏，禅影无人落画痴。橹声随定起，钟语逐云移。西梵提苏米，东山较朗支。去烟疑断草，行里著残碑，楮墨悬泉迸，风期过鸟知。江同圆笠阔，春共短墙离。岁日容年少，波涛告客危。寒沙河历历，湿月自弥弥。絮静声前观，尘轻句里思。华亭千古在，谁荐渡船师。

按，懒先，已见诗集卷一《画歌为懒先作》题。

次答刘使君公旦见赠

又《花朝前二日过访刘公旦庐墓》。

《小腆纪传》：刘曙，字公旦，长洲人。崇祯癸未进士。弘光时，授南昌知县，未赴，而南都陷，归隐蠡口。监国鲁王之驻舟山也，上海诸生钦浩疏吴中义士二十余人，于册首列曙名，将进之。曙不知也，渡海为松江提督吴胜兆逻卒所获，胜兆藏之。既而胜兆事败，巡抚土国宝搜得此册，按名捕曙，曙衣冠就系，赋绝命词曰：孤臣孤子泪如泉，死傍君亲即洒然。吾道直如弦上矢，此心清似水中莲。枕戈未雪河山恨，濡笔空劳史册传。欲恋春晖报慈母，登堂愁赋《白华》篇。见国宝曰：吾世受国恩，南都之变，已办一死，特以父丧未葬，母老在堂，延喘至今，愿速死。国宝令具通海状，曙曰：起义吾素志，恨不手刃汝辈。白梃交下，血洒地有声，犹骂不绝口。械至南京，洪承畴霁颜相劳，答如前。承畴曰：汝不念老母耶？曰：君亲原非两人，臣子岂有二理。发按察使卢某鞫之，溽暑中匍匐十余里，狂呼欲绝。卢闻惊甚，进以水，问何故两年不谒地方官？对曰：幼承祖宗清白之训，为秀才时便已如此，若以不见官长为罪，岂所以教天下之廉耻乎？婉谕之不屈，乃与昆山顾咸正、松江夏完淳同下狱，丁亥九月十九日赴市。

《复社姓氏传略》：刘曙以父病笃，割左股，痕三寸许。死后其仆觅尸，视股痕为验云。

《启祯遗诗》：刘永锡《吊刘公旦》诗：平生志节许谁攀，慷慨孤忠誓不还。张许冢前惟碧血，夷齐身后有青山。魂依故岭啼玄鹤，死望南州舞白雁。忠孝诚为千古事，惭予鬓发泪斑斑。

又叶襄《梦刘公旦》诗：寒云漠漠浪花翻，潜逐鸱夷过海门。自有白虹依日月，独余碧血长兰荪。春阴乍听山阳曲，夜黑空归柴市魂。顷刻素车乘雾去，枫林一夕满啼痕。

《别裁集》：陈学洙《哭外舅刘西翰先生》其一：西台恸哭血沾巾，百结麻衣剩一身。地北天南抛骨肉，魂来梦往傍君亲。孔融收系无完卵，张俭流亡少故人。支遁峰前聊寄迹，此生长作宋遗民。其二：独行巍然老布衣，耄期不特古来稀。立锥无地能安道，抱瓮何心但息机。爱女早归泉壤去，遗孤尚作断蓬飞。山颓木坏人嗟叹，星象于今暗少微。据《别裁集》注，西翰先生为刘公旦子，读书砥行，卒年九十余。

春日许人华、箕屋昆玉邃谷入山，雨夜同作

《吴县志·杂记艺文》之可以补正者一则，中载许潍《辛苦吟》一卷。潍字箕屋，更名复，字不远，别号烂石，又称六休道人。按题，人华当为箕屋之兄。

《今诗粹》：许潍，吴县人，字箕屋。选《感事》一首：从军远道极边头，将士霜寒赐锦裘。率土尽知辽塞急，画关犹是旧经谋。太平天子劳东顾，左掖言官制庙筹。不是书生频远虑，中原弃地实堪忧。按，许潍诗极少见，姑录于此。

山居赠邓桐庵二首

《苏州府志》：邓敷教，字士敬，湛深经术。天启中吴中倡为文社，敷教与焉。崇祯庚午，与同社杨廷枢、张浦、陈子龙、夏允彝同举应天乡试。是时东南文士统会于吴，号为复社。敷教生徒之盛，亚于廷枢，两人俱为乡里所宗，时人语曰：前有朱张，后有邓杨。丁丑，举贤良方正，以母老辞，晚岁隐居教授。著述甚富，尤深于《易》。诗宗杜陵，书法在苏米间。年七十卒，门人私谥贞献先生。

按陆世仪《桴亭文集》、通门《懒斋别集》均有《邓桐庵六十寿序》。徐枋《居易堂集》、钱谦益《有学集》均有《邓桐庵七十寿序》，徐枋且称受业，兹不备录。

顾苓《塔影园集·邓桐庵先生乔梓双寿》诗：南极星躔出少微，天河络角近支机。青松秀色枝都好，白鹤声高和不违。入世功名分绛帐，传经心事舞斑衣。邓公乡里他年过，应有行人比钓矶。

《嘉定诗钞》：张庆孙《挽邓桐庵先生》诗：数闲柿叶学书勤，手写千篇锦绮文。静慕瞿昙看水月，老耽邱壑卧松云。雅怀十载甘方外，高尚一朝辞世氛。此去夜台逢旧侣，怀忠不为死生分。

寄灌溪居士构精舍于家园，榜曰“碧幢”，盖书经处云

又《和李太翁送灌溪居士避夏余中峰喝狮窝》。

《嘉定县志》：李模，字子木，天启乙丑进士。知东莞县，以卓异擢云南道御史。疏陈国计民生，如立政贵图久大，及慎狱祥刑，旱灾水利，俵马驿累，派征包课等，疏凡十余上。巡按真定诸府，劾镇守太监陈镇夷，反为所噬，谪南国子监典籍。甲申，福王立，起河南道御史。时封黄得功等为侯伯，号四镇。模疏言：诸臣能认罪，方能建功，上不以得位为利，诸臣何敢以定策为名，一概勋爵并应辞免。权奸忌之，引疾归，卒年八十二。

《娄东诗派》：李模，字子木，吴滋子，有《碧幢集》。

徐枋《居易堂集·李侍御灌溪先生哀辞序》：昔宋室既亡，故相家铉翁隐居教授，不涉世事，十有九年而逝，史称为“宋遗臣”。前侍御李灌溪先生，遭世变，潜节固守，确乎不拔。自鼎革时，年未五十，乃自五十而六十、七十、八十，守益固，节益高，三十余年如一日，皭然不滓，聿称完人，史册所希有也。

《丹五笔记》：顺治十六年，海寇作乱，苏郡有驻防之师，领兵将军祖大寿，圈封民房以居兵，自娄门直至桃花坞宝城桥止，听出后厂一隅。缘后厂李灌溪模曾任前明兵备道，时祖尚微员，有罪当刑，幕友劝李救之，得免，祖故以是报之。

《竹窗解颐杂录》：吴门李灌溪，闭门绝客，案头盆鱼数尾，庭养一鹤，绝无侵鱼之意。灌溪读书，鹤辄侍立不去，若有所知者。鹤病，医药无施，灌溪终日经夜与鹤相对。鹤愈，乃解衣就寝。

胡介《旅堂集·赠李灌溪侍御》诗：尚有先朝侍从臣，沧桑变后隐风尘。豸冠谔谔留霜简，鹤发萧

萧奉老亲。彭泽琴尊堪寄傲，义熙诗句又怜春。谁知寂寞翻经者，犹是当年谏猎人。

澹归《遍行堂集·赠李灌溪侍御》诗其一：且从末俗见先民，一坐真风万古醇。进退有生观自正，忧疑与世合方亲。斯文未丧推先觉，此事须知待后人。谁向吴分占紫气，岱宗眼底绝纤尘。其二：取义何心更取名，脚跟点地得空行。触邪早泯神羊角，养志全归乌鸟情。已过三灾看独立，不消一句证无生。女娲莫费炉中石，依旧乾坤掌上擎。

晓青《高云堂集·赠李灌溪侍御》诗：近瞻紫气满吴关，牛迹何知鹤迹闲。吏隐不妨归柱下，道标依旧重人间。披寻梵策聊遮限，阅罢残棋忽解颜。处世居然同出世，数椽仰止即深山。

顾炎武《亭林诗集·哭李侍御灌溪先生》诗：故国悲遗老，南邦忆羽仪。巡方先帝日，射策德陵时。落照辞乌府，秋风散赤墀。行年逾八十，当世历兴衰。廉里居龚胜，绵山隐介推。清操侔白璧，直道叶朱丝。函丈天涯远，杓衡岁序移。无繇承问讯，祗益叹差池。水没延州宅，山颓伍相祠。传家唯疏草，累德有铭碑。洒涕瞻乡社，论心切旧知。空余岁寒谊，不敢负交期。

祖观《梵隐堂诗存·李灌溪僧服像》诗其一：老去逃禅两鬓斑，遗民方外有殷顽。衲衣归隐沧桑后，谏疏常留天地间。除累防兵移帐远，报恩裨将整师还。凄凉家国无穷感，经案绳床泪点殷。其二：燕子新笺奏未终，南都拥立太匆匆。孤臣涕泪偏安业，四镇张皇定策功。故国残山归净土，暮年坏衲阐宗风。至今香火留遗爱，小像重摹守梵宫。

寄送王孝廉端士北上

《太仓州志》：王撰，字端士，时敏次子，顺治十二年进士。应以推官用，因养亲不出。能诗。康熙十七年，诏举博学鸿词，巡抚慕天颜疏荐，力辞。通藉四十年，虽未入仕，而志切民生，如芦洲税课蠹弊，力请当事厘之。刘家河久淤，上书巡抚为之浚凿。以长子原祁贵，累赠资政大夫，卒年七十一。

和宜休居赠梁溪高民傍

吕阳全《五二集·和高民傍宜休居》诗：秋月秋蝉何处吟，蓬蒿满户昔犹今。燕王下客皆骖乘，汉祖遗宾但入林。花外暗占灵鸟信，云间长对圣人心。南山未必留种放，且听渔溪醉叟音。

恽格《南田诗集·和高民傍宜休居》诗：摇落秋风作楚吟，梁溪高卧到如今。渊明门径思杨柳，中散琴樽问竹林。夜月悲凉湖海梦，空山窈窕薜萝心。十年流水无同调，莫向人间觅赏音。

按，高民傍无考，仅此二诗，略知其概。

早春寄答庄使君宜稚两度惠问

又《次庄使君宜稚见寄》。

《成都县志》：庄祖谊，万历三十二年甲辰科进士，仕至凤泗道。

《明诗综》：庄祖谊，字宜稚，成都人。全蜀入复社者八人，宜稚诗名特著，惜流传无几。《初春吴门送友还蜀》诗：解手东风思惘然，君还巴蜀我之燕。声飞白下留新草，酒载丹阳欲满船。四百八滩三月上，九千余路一尊前。文心各藉江山助，探得奚囊字字传。

《纱笼诗集》：庄祖谊《九日雨花台怀古》诗：雨花台畔蹋秋行，怀古登高杂感生。六代尚余衰草色，三山犹枕大江声。祖龙黯黮藏金气，泥马虚无化石城。摇落不堪频怅望，夕阳残笛总关情。

按庄祖谊诗少见，因录二章于此，知其常往来吴门及金陵，而苍雪与有因缘也。

《扶轮广集》庄祖谊《客中移居》题下自注："乱后谁归得，他乡胜故乡。"少陵刺痛语。自吾蜀凋残，僦居金阊十年。癸巳冬，偶过瓜洲旧游地，见其土风简厚，遂为假寓，客次无聊，援杜句自解，得诗六首云云。据此知，庄祖谊寓苏颇久。癸巳，顺治十年也。

《四川通志》引《剑阁芳华集》：庄祖谊，字宜稚，号棤庵，举明经。崇祯时，补怀远县，以平贼功，迁扬州府江防同知、安庆府知府。弘光时，为凤泗道。后遁迹苏州，又移瓜洲。是年海艘乱，破瓜洲，一家不知所终。

次答洞庭许茂勋以诗兰箑见赠

《七十二峰足征集》：许元功，字茂勋。所居茭田老岸，有乌臼数株，干云蔽日，秋时紫绿烂漫如锦帐，茂勋构高阁于其间，啸歌偃息，蕴义感物，每发于诗。中年遭丧乱，家计窘枯，埋照于酒，酒酣落笔，歌哭淋漓，忠君爱国，受伤哀怨之情，一并流露。或写兰数笔，署名"更生"，人亦以更生称之。往往离家，栖于兰若，屡空晏如，而友谊真挚，解衣推食，不以贫病改其素。四方名流来游洞庭者，赋诗赠答，以当缟纻。尝同钱牧斋九日登高莫釐峰顶，牧斋赋诗二首，茂勋次和至再，有"禾黍欲歌浑是泪，茱萸方健未成翁"之句，牧斋诵之，色沮。少时师事李副宪如毅，与侍御灌溪交最厚。病将死，以生平诗稿一束封识，授二子，曰：必嘱灌溪作序。灌溪哭而受之，时与徐东墙及门生辈议，私谥曰静曜，隐君遂名其集。朱云子、余澹心、叶圣野、归玄恭、李睲庵皆有评论于简末，比之陶元亮、郑所南云。子汕濠，女冰素，皆能诗。

龚鼎孳《定山堂集·许茂勋诗小引》：识茂勋于灌溪先生园中，幅巾萧然，烟霞竟体。已读其诗，高云素月，遗世独立，澹永之味，遂逼陶韦，而孤往遐寄，恒不屑俯仰一切。与之陟灵岩，眺太湖，遥山青苍，水天环碧中，有幽人之庐，采莼钓鲈，居然桃花源遗意。昔孙绰、许询并有高尚之志，为名流所爱慕。支公问绰君何如，许答曰：高情远致，弟子早已服膺，然一咏一吟，许君北面。今茂勋含林壑之秀，复擅吟诗之美，揆诸昔人，固有兼长也。灌溪先生抱道深栖，门无杂宾履舄，而独与茂勋清谈名理，婆娑忘倦。中林二老，来往风流，诗固以人重哉。

《扶轮集》：葛一龙《许茂勋乌桕阁》诗：地幽霜肃气珊珊，小阁高临树树斑。东顾不遥寒水渡，西来俱是夕阳山。连云送客当秋杪，片叶争题落酒间。撤去四窗留半榻，尽教栖鹘看人闲。

邢昉《石臼集·许茂勋快雪楼》诗：倚栏高梧映远汀，山前一阁此亭亭。浮家苍翠同西塞，落木参差下洞庭。独共渔人追涧绿，不教天子赐樵青。寒涛九月白如雪，夜夜从君枕上听。又《寄洞庭许茂勋》诗：忆昔相逢木落初，莫釐山下到君庐。全家已入吴都赋，此地空传禹穴书。九月菱湖丰蟹稻，千林橘树映门闾。丹枫飘尽仍回首，笠泽茫茫音信疏。

杨文骢《洵美堂诗集·饮许茂勋快雪楼》诗其一：快游正恰晚秋时，夕翠朝烟画阁私。霜老半黄乌柏树，云归全宿碧梧枝。山空绝胜袁生榻，月满常迎杜女笄。玄度近来饶慧业，窗中读《易》枕中诗。其二：落霞檐际见寒汀，半拟山亭半水亭。客到开尊逢石髓，月明卷幔入金庭。鲛人窗里窥波白，仙使云中堕鸟青。每忆洞庭吹郢雪，梦来百尺倚君听。

赠玄墓剖公五衰

《苏州府志》：弘璧，字剖石，无锡邓氏子。年十二出家，乐诵《华严》，宛然宿习。参三峰藏和尚，顿悟元要。结茅翠岩峰，藏疾，招回。门头安行者梦神人舆拥一沙门，曰：圣恩主人到也。明日璧至，遂令嗣席。晚年益栖心华严，构华严坛，精择梵众，六时修礼。

按，剖石行业，详王时敏撰《剖石璧禅师塔铭》，及李模撰《道行碑》，俱载《圣恩寺志》，文长不录。

吴伟业《梅村诗集·庚戌梅信日雨过邓尉哭剖石和尚》诗其一：笋舆冲雨哭参寥，宿鸟啾鸣万象凋。北寺九成新妙塔，南湖千顷旧长桥。云堂过饭言犹在，雪夜挑灯梦未消。最是晓钟敲不寐，半天松柏影萧萧。其二：投老相期共闭关，影堂重到泪潺潺。身居十地庄严上，道出三峰元要间。坏衲风光青桂冷，残经灯火白云闲。吾师末句分明在，雪里梅花雨后山。

宋琬《安雅堂集·剖石禅师示寂》诗其一：尚想支公白氎巾，东林曾此剪荆榛。湖边说法龙尝听，树下经行鹿已驯。吴会衣冠思古德，沃州瓶钵有门人。自怜华发蹉跎甚，问道无缘愧许询。其二：一滴曹溪百派分，微言端不落声闻。天花散后何曾著，柏子新来遂不焚。锡杖遥分千岭月，松龛深贮五湖云。白毫光里西归去，空使人间怨夕曛。

按，剖石，康熙八年卒，年五十七。

再赴胡给谏其章看菊之约，次西田韵

《太仓州志》：胡周鼒，字其章。崇祯十三年进士，授刑科给事中。立朝数月，封章十余上，婴权忌，罢职。明年复起，以亲老辞。鼎革后，会海警，知州李作楹用其策城守，邑中安堵。有诏直省大吏起在籍搢绅，周鼒丁内外艰，卒辞不赴。

陈其年《湖海楼集·胡黄门葵锦堂集序》：古者青琐尚格人之训，箕范哲谋；黄扉宏国老之规，皋谟温塞。纳约自牖，义本坤乾；辰告远犹，风传比兴。谊关密勿，旨必系于君王；虑切风愆，言必归于忠爱。并扬华于紫极，胥腾誉于黄中。娄东胡其章先生，姿制清刚，风裁英整。早年挟策，名动公卿；壮岁弹冠，任膺民社。温侍读淹长都雅，物望所归；薛司隶博洽娴艺，华林所服。属有明之末叶，乃思庙之当阳。东朝之水火方平，北寺之玄黄未息。中常张让大有责言，外戚何苗绝无成算。况复三台柱石，悉夷甫之风流；列镇旌麾，尽深源之方略。南风不竞，楚幕多乌。雪压贺兰，傅介子之功名萧瑟；天低汧陇，吕婆楼之才调纵横。既海水之群飞，亦昆冈之失火。时则先生晋秩中朝，冠班左掖。潘安仁晋家骑省，珥插华貂；沈初明梁殿侍中，衣薰宝麝。硁硁以对，棣棣而谈。于是署有梨花，望觚棱而封驳；垣多薇树，对卤簿以敷飏。绝多沈约之弹文，讵乏鲍宣之封事。森森白笔，无不批根；赫赫青蒲，因而折角。洎乎离乱，已赋遂初；沿及沧桑，弥耽招隐。王右军晚年肥遁，誓墓尤坚；谢康乐暮岁栖迟，游山甚剧。于是渔畋艺苑，鼓吹词坛。效终军奇木之篇，仿充国金城之奏。莫不书成杂组，经号归藏。纚纚千言，洋洋百卷。然而庾开府之集，五存五亡；杜征西之碑，一山一谷。间多流轶，或有遗亡。今兹所存，如斯而已。崧以春中获游珂里，三吴草长，访张嵊之名园；二月花飞，过王珣之别业。猥荷先生命，为兹序。彦升撰王公之集，珍为国华；伯喈爱《论衡》之书，私为帐秘。深惭糠秕，何当琼瑶。

王周臣中翰丧偶，次尊人韵慰之

《太仓州志》：王挺，字周臣，时敏长子。明季州庠生，与陆世仪、陈瑚诸人相师友。以门荫补中书科舍人。在官七月，上疏请破格用人，奉使两浙，却馈遗，不宿官舍，不赴公宴，复命即请归养。鼎革后，闭门却轨，专事著述。顺治十一年，诏举贤才，辞不就。晚年废目，日使家童诵书以听，为文口占使书之，名其稿为《不盲集》。卒年五十九，祀乡贤祠。

云窝诗为叶素旃次原韵

《苏州府志》：叶剡，字素旃，吴江县贡生。

《启祯遗诗》：叶襄《家素旃新筑云窝，赋诗索和次韵》诗：汾河漠漠阻烟庐，聊向郊西近筑居。红药种来还傍石，黑灰烧后尚留书。不随朝槿看荣落，故与闲云任卷舒。芳草薜门尝独掩，天涯何处曳长裾。第三句自注：红药满畦，吾家故事。

据此，则云窝似叶素旃所筑园名，或室名。惟按《武夷志》，上云窝在接笋峰腰，铁象岩上，宋羽客陈丹枢创，白玉蟾为记其事，今废。下云窝在接笋峰下麓，即幼溪草庐，万历间长乐少司马陈省建。叶向高《过陈司马云窝有感》诗：司马何年此卜居，今来门径已萧疏。数椽台榭从兴废，万壑烟霞自卷舒。曲水几移溪上棹，荒苔半掩壁间书。浮沉万事浑无定，谁说名山好结庐。

《松风余韵》：叶有声《云窝题陈司马旧居》诗：夹道松阴隐故庐，双扉昼烟驻游车。人归何处鸟空度，栖枕山前云自舒。半壁青苔迷旧字，满床黄叶衬残书。晓猿夜月时相傍，寂寞秋声问子虚。

按，叶向高、叶夏声《云窝诗》，均六鱼韵，叶剡诗仍之，则叶剡所筑之云窝，或踵武夷之迹为之，其详不可考矣。

吕阳全《五二集·和叶素旃云窝》诗：贾岛还山索旧庐，孟郊归去复何居。钟声到梦延残月，鸿影横窗送好书。堕果当头猿拾得，韝鹰在臂我能舒。行云莫惯闲房住，此地风流可曳裾。

王崇简《青箱堂集·叶素旃至都晤赠》诗：飘零泽国昔停舟，燕市逢君忆旧游。萍水相依非旧识，干戈别后使人愁。鸿飞何处青溟晚，月照当年红蓼秋。莫怪沾襟频问讯，烟波湖上梦悠悠。

按《王崇简年谱》，乙酉避乱至苏州，主汾湖叶工部绍袁舍。

《今诗粹》：叶剡，吴江人，字素旃。选诗一首。《吴江诗略》选诗六首。叶剡诗所见殆仅此。

补编卷三下

赠双峨寺穹玄七十

《采风类记》：承天能仁禅寺在皋桥东，梁卫尉卿陆僧瓒舍宅建。初名广德隆玄寺，宋初改承天，宣和中禁称“天”“圣”“皇”“王”等字，遂改能仁。元兼称承天能仁。又名双峨寺，以寺前有二土阜也，或云旧有二异石，故名。寺内有狼山房。崇祯戊寅十一月八日，即其地浚井，得郑所南铁函《心史》。函内石灰，灰内锡匣，匣内生漆书，折成卷。德祐九年佛生日封，计三百五十有六年矣。康熙戊辰，寺僧有败行者，巡抚洪公念庵疏请斥逐，寺屋入官，寺废。又，郑所南宅，在乐桥东条坊巷。所南，本连江人，随父宦寓吴，初名某，宋亡，乃改名思肖，字忆翁，号所南，皆寓意也。

己丑春闻香渡讣音悼之

《百城烟水》：湖浦，介于梅里筒村，地多古梅。宋有寿宁寺，明初废。寺址西南有宝华阁，俗称西庵。又有东庵，诗僧名德渊，字止水，别字香渡，居此。

《启祯遗诗》：徐汧诗《乙酉五月避乱至东庵，香渡上人出小像索题，信笔拈三绝句，语虽不工，以其时考之，情见乎词矣》其一：身在森然万象中，瘦形如鹤本来空。还须笔墨留些子，贝叶翻开认渡公。其二：未许全身尽入诗，禅心浩浩苦吟时。凭将老手描天骨，意匠幽微只一丝。其三：乾坤何处置须眉，羡杀缁衣子独宜。留得宋家干净土，他年随侍老禅师。

景行昆玉招同秋绍诸居士社集忍草庵，是夜雨宿中峰，分得鱼字

《梁溪诗钞》：顾秀才景文，字景行，号匏园，诸生，端文公曾孙。才华赡逸，早岁以诗文名一时，而浮云富贵，睨视一切。至晚年，杜门养疴，惟手少陵、放翁二集。著有《匏园诗稿》《楚游草》行世。《泾皋汇览》云：忍草庵僧读彻喜歌诗，尝集邑中诗人拈题限韵，有“中原七子非无后，顾氏三龙正始余”之句。三龙者，谓顾秀才野与景行、廷飑也。顾野，字曰质，泾凡孙；廷飑，字廷文，匏园之弟。

《无锡金匮县志》：忍草庵在章家坞上。明万历间，夔州知府顾与沐拓建。

按，忍草庵在无锡，中峰在吴县，社集忍草庵，不当夜宿中峰，此题当衍“峰字”，因前诗题中有“中峰”字，而误录也。

《忍草庵志》：庵本元至正时僧月川结茅处，未几湮废。至明嘉靖中，蜀僧道林构楹宇，初名草庵。万历末，住持德洪鼎新之。天启间，洪恩主讲于惠川寺左之不二门，过而乐焉，遂拈唐宋之问《游法华寺》“晨行踏忍草，夜诵得灵花”句，为益一字，曰“忍草庵”。

《锡金景物略》：忍草庵，在章家坞之山腰。行石径里许，古冢累累。得平坦地数十丈，初止茅屋数椽，顾与沐捐资拓之。山门阒寂，静室清凉，虬松谡谡，不得风自涛。读彻忍草庵社集时，顾爆得十三元：竟日山风过断垣，细蔬新茗话朝元。林间梵静天音下，谷里钟鸣地势尊。向座展衣呈雪色，绕廊吟屐印苔痕。悬知此集乾坤少，握手临歧敢一言。顾野得一东：一岭寒云乱木中，梵声时出古溪东。石盘厚地宜眠豹，松入苍天欲化龙。莲社招携追靖节，草堂酬对愧周颙。最思往岁清谈夜，又见霜颜映翠重。顾娗得八齐：诗卷传心衹自携，时招法侣共幽栖。当前古塔千年立，偶放疏钟一径齐。客逐雨风来郭北，地偏山水积城西。潺湲入夜寒泉急，不尽残流下隔溪。华长发得十四寒：穿云远待礼蒲团，支许清言各觅端。放梵松堂千涧寂，吟诗山寺一灯寒。空床共息残更梦，虚枕能闻静夜湍。法侣淹留谈彻晓，轻霞树杪雨余看。按苍雪诗中，有“中原七子”句，则社集时当有居士七人，《景物略》所记，盖只得其四耳。

《娄东诗派》：许旭《忍草庵》诗：向山何处问招提，漠漠寒苔路转迷。一径宛登松顶上，半楼斜出竹林西。禅宫烂漫花争笑，人世销沉鸟乱啼。记得凭栏僧共语，九龙如画暮云低。

宗渭《芋香诗钞·过忍草庵次许九日韵》诗：白云深处问招提，一径通樵路欲迷。半岭松花开上下，二林忍草现东西。潭惊粥鼓龙初听，山冷香幡鸟自啼。莫更登高望吴苑，洞庭烟雨压城低。

惠山汲泉

《锡山景物略》：天下第二泉，在惠山第一峰白石坞下，本名惠山泉，唐竟陵陆羽尽品天下泉，位置第二，元赵孟頫书额，又名陆子泉。

己丑重九后，诚之、心甫、鸿叟、路然招游惠山，咏泉叠韵

《梁溪诗钞》：吕自咸，字诚之，明诸生，工诗。邑志谓其晚律益细。彭年《送诚之楚游》诗云：江洲香杜蘸波翻，晴日危樯鸟道骞。衣剪湘烟群玉乱，囊随郢雪蕊珠繁。欲频远问常窥雁，但理愁心莫听猿。见说纷纷驰羽檄，敢依渔棹滞花源。黄传祖，字心甫，明诸生，刻苦为歌诗，好竟陵钟、谭之学，甄综有明一代之诗，名之曰《扶轮》，凡正续四五集。性率易，好饮。晚益贫，日借诸家文集于知交间，行坐手抄，欲有所选刻，竟不能也。彭年将入闽，闻心甫客维扬，寄诗云：别带梅花是早春，邗江东下柳丝匀。更搜佳句闲中校，想有奇情客里亲。好饮肯同庸士醉，癖游应有懒僮嗔。如予越峤三年住，尚忆榕城荔子新。彭年，字鸿叟，顺治五年恩贡生，累官至西安府同知。著有《拂莲堂集》十四卷，镂版行世。孟津陈爌谓其诗，或冲以约，或藻以扬，或深以入，或浅以婉，又有兼众妙而莫之名言者。蒋景祁《题鸿叟枫林觅句画册》云：园丁种树不种枫，量材诘屈樗栎同。秋高沆瀣气凛冽，千树万树霜华红。东园桃李好颜色，谁过枫林一相识。娇花媚叶卷地空，临水登山杳无极。先生秋思常满怀，入世出世多巉崖。功成拜爵竟辞去，还向枫林觅佳句。蒋遵路，字路然，诸生。家故饶于赀，路然性落拓，重交游，耽吟咏，渐以大困，而路然洒如也。初为诗，与吴人张泽、同邑黄传祖辈从事竟陵派，已悉焚之，求诸汉魏盛唐，与黄传祖论诗不合，下笔遂无近语。事父母至孝，难起骨肉，无几微见于颜色。年四十一卒。秦松龄《哭路然》诗云：十年风雨共盘桓，子脱青衫我罢官。苦爱诗书增疾病，真缘孝友得艰难。支撑败屋诸孤在，收拾遗文老辈看。舍北黄生今亦死，可于泉下语更端。

顾梦游《顾与治诗集·骥渚僧舍赠黄心甫》诗其一：处处逢词客，家家出杀青。波流谁砥柱，河岳有英灵。一字防人乞，千秋慎独醒。夜深深讨论，杯酒阁荧荧。其二：君才宜早达，江海久凄凉。小棹破寒浪，高名依末光。向人先气短，知己转心伤。晚岁同归葬，相怜各问囊。

吴应箕《楼山堂集·答黄心甫》诗：清风尽日被阶苔，暑日霜飞到酒杯。雅澹湛思谁并胜，沉雄绝丽我非才。共惊元有陈遵坐，自失应从叔度来。十五国风删可遍，悬知闭户独精裁。

陈瑚《确庵文集·赠吕诚之》诗：梁鸿溪上隐沦家，回首当年逸兴赊。衡岳破云求禹碣，沧州浮月弄骞槎。知人有道同黄石，得句无心似白沙。惭愧巍村垂钓客，载书千卷作生涯。又《赠蒋路然》诗：共道能诗蒋路然，雨中新句万人传。秋来宋玉多愁日，赋就相如病渴年。范蠡湖头花似雪，隐鸿溪上水连天。思君不得逢君话，山树苍苍起暮烟。

庚寅春仲，赴灵岩约，偕妙湛宜公、张静涵、李灌溪、吴寅仲诸昆季雨中看梅玄墓华严阁，分得知字二首

按，徐枋《居易堂集》有《答张大司农有誉书》，又有《故张大司农遗像赞》，首句云：呜呼！此故太子太保户部尚书张公静涵之遗像也。据此方知，张静涵为张有誉。徐枋答书云：枋生也晚，然窃论

当代人物，及古今得失之林，以为阁下固国朝三百年来名计相也。以阁下德望之崇，规摹之远，何难使国有文景之富，俗臻成康之隆。顾乃崩天遘祸，宗社为墟，致窜身于香林白社以老，俯仰今昔，能无泫然。昔张苍为汉计相，佐高祖定天下，功名克终，封侯累世，何其盛也。以苍之贤，讵能望阁下哉！而人生遭逢不同，有如此者，又可慨矣。然伏念古人，正复有如阁下之所处者。李伯纪无救于中原之陷，家铉翁不能挽临安之亡，意者天笃生若人，以振两间正气，维万古纲常，为大且重，而非所论于一国一朝之存亡乎。国破以后，名臣遗老，其立节之严，处身之当远者，吾不能知，若大江以南，固未有如阁下者也。阁下自托以和光，以曲全其峻节，自逃于无所可用，以并泯其苦心，所谓二十年如一日者，惟阁下一人耳。今世亦需才矣，亦尝搜罗于我朝之名臣遗老矣，如某公某公者亦尝改故吾而从之矣。枋窃论之，以为今世之需才，正如新造之家，须健妇以立门户，则其所求者，将刺绣之工乎，咏雪之才乎，抑有待于操管钥之能，擅筹算之长者乎？其所求在此，而不在彼，亦明矣。乃所谓刺绣之工乎，咏雪之才，无不致其招徕，褰裳就之。而素负管钥筹算之能，有克家贤助之称者，独能自托于清净蔬素，若一无所可用，使求才者独不我及，以终其身于老寡妇，不亦难乎？阁下固国朝三百年来之名计相也，顾独能泊然自老于香林白社二十年，其苦心峻节，又何以异此。

《南疆绎史》：张有誉，字难誉，江阴人。天启壬戌进士，以户部主事榷税芜湖，力持清操。崇祯中出为饶州知府，累迁江西督粮副使、四川按察司，俱有惠政。吏部尚书郑三俊举天下廉能方面官五人，以有誉为首，帝书其名于屏，擢南京户部右侍郎，兼右佥都御史，总督粮储。还，中道闻都城之变，抵任，则福王立矣。内官张执中兼收白粮，勒铺垫费，逾旧例数倍，杖毙解户，有誉连疏论之，收其胥役送狱，执中稍敛。常因召对，言统计一年经费，须千余万，今所入仅八百万，不敷所出，惟有裁冗兵，节冗食，汰冗费，自宫中始，愿圣明躬行节俭，为天下先。时士英锐意起阮大铖，而廷臣持之急，思以中旨用之，而难以发端。以有誉之为人望也，八月即传旨，用为户部尚书。高弘图以有誉才望堪用，而内传之恶例不可开，封还诏旨，群臣亦交章论奏，不许，自是传陞纷然矣。寻加太子太保。时四镇各需饷二十万，有誉计无所出，至呕血，连疏乞归，不允。明年五月，南京失守，有誉奔武康，久之旋里。仕宦二十年，仅守先世遗产，其治家居乡，俱堪为后人法。八十一而终。

《明诗综》：张有誉，字谁誉，江阴人。中万历已未会试，天启壬戌赐进士出身，除南京户部主事，累官户部尚书，加太子太保。晚为僧，居苏州之灵岩。

按，钱谦益《有学集》有《灵岩方丈迟静涵司农》诗，又《己亥夏五，灵岩夫山和尚偕鱼山相国、静涵司农枉访》诗，已亥为顺治十六年。

又按，张有誉，《南疆绎史》字难誉，《明诗综》字谁誉，常州府志同，“难”“谁”二字，未知孰是。

《居士传》：张大圆，名有誉，江阴人。天启二年进士，历官至户部尚书。南京破，遁入武康山。依继起及硕机禅师，晨夕参究，夙慧顿发。已而继起主灵岩，大圆从之，刳心受锻，泮然冰释。年七十，广演《金刚般若经》，八十重疏《孝经》。居灵岩几二十年，其子弟逆之归。康熙某年九月，迎继起作别，至则合掌曰：弟子时至，明旦行矣。明日复告曰：今佛法、世间法，一齐放下，但愿生生不离左右。言讫而逝。

《五灯全书》：澄江张有誉大圆居士，号静涵，万历己未进士，官户部尚书。初见玉林琇，后鼎革往参灵岩储，言下有省，遂曰：生且妄，何死之足云。辄绝粒。储曰：吾道有大于此者，子既于中有会，正当拈己所知，嘉惠来学，徒不忘沟渎，效匹夫匹妇之谅，岂相期之意哉。遂执侍山中二十余年。康熙己酉九月晦士示疾，上灵岩作别，归即病笃。储亲往视，士曰：年活八十一，更复何云。只愧二十年来，不曾上报法乳。储曰：放下著。士点首曰：真大慈父。次日侄女尼曰：伯伯一生参学，向上持提，正在此时。士喝曰：看脚下。少顷谓左右曰：佛法世法一齐放下了也。便脱去。

《槜李诗系》：吴亮中，字寅仲，号易庵。尝与钱继振、郁之章、魏学濂、学洙、学渠、曹尔堪、蒋玉立为文字交，称柳洲八子。顺治六年登第，九年殿试成进士，授户部主事，督理汉中粮储，转员外郎，卒。

曹尔堪《槐憇集·送同年吴寅仲农部理饷汉中》诗：西国军储未易调，仙郎特遣促征轺。秋毫计悉官无染，云角踪孤路更遥。雪积巴山迷晓雁，烟笼秦栈冷重貂。七盘岭外挑吟烛，对酒怀人独此宵。

按，陈龙正《几亭全集》有《致吴倩寅仲札》，称“我婿”云云，则知吴寅仲为陈龙正婿。

按，妙湛，或即宜修，见后《赠宜修老宿七袠》题。

甪直许氏舍园为寺，张鸿一众居士送愿云师进院开堂，各有诗送，勉和二首

《苏州府志》：海藏禅院在甪直镇十九都，里人许自昌梅花别墅。顺治三年，子元溥舍建。康熙戊午，裔孙竹素重建大殿，内有秀野堂、击竹轩、樗斋、莲池诸胜，高衲、诗僧先后驻锡。咸丰十年毁，惟秀野堂及大殿犹存。同治十三年，里人沈国琛等重建，并建文昌殿，置钟惺梅花墅碑记于壁。

《甫里志》：尤侗《海藏庵碑记》：甫里之有海藏庵，自高阳许氏昉也。先是，中书君玄祐筑室于兹，以隙地为梅花墅，供维摩诘其中。迨孟宏孝廉舍宅为寺，犹短簿之虎邱别墅也。厥后，子弟群起，如孝酌、祈年、香谷、竹隐辈，并著文名，兼参佛法，香火至今不绝，则高阳许氏草创之功也。若其开山，肇自愿云和尚，卓锡三年，旋归庐岳，灵隐具公亦尝说戒过焉，灵岩继公、元墓剖公递代主之。康熙己未，乃请拈花佛日和尚大启宗门，倡举莲社，仿佛东林之风云。

据此，则愿云师进院开堂，当在顺治三年，舍宅时也。

吴伟业《梅村诗集·过甫里谒愿公，因遇云门具和尚》诗：晴湖百顷寺门桥，梵唱鱼龙影动摇。三要宗风标汉月，四明春雪送江潮。高原落木天边断，独夜寒钟句里销。布袜青鞋故山去，扁舟芦荻冷萧萧。

和友苍禅人为笑崖禅师塔事

按此题，“笑崖”当作“笑岩”，弘储《树泉集·复友苍禅师小札》中有云：今夏岑寂中，一编忽从云外飞来，知为笑岩老人塔样，惭感填怀，难以言喻。丁此风雨晦暝之候，于洪波浩渺、白浪滔天

中，乃有问灵骨者，斯其人亦足怪已。苟非胸胆出情，心眼异世，安肯为此不急之务？彼分河饮水之徒，果不足与语，即脚下儿孙，亦深负愧矣。据此知，塔事之为笑岩也。

《禅源略集》：北京月心笑岩德宝禅师，金台之世族也。父吴门，母丁氏。早失恃怙，弱冠，偶之讲席，听华严大疏，至十地品，云世尊因中曾作转输王时，有乞者来求国城妻子头目手足，内外布施，王作念言：我今若不施与，向后百年，一旦空废，全无少益，反招悭吝过失，不若施与，空我所有，益我功德。师闻之，不觉身心廓然，叹曰：古今同一幻梦中。遂铭志出家。岁余，就于本境广惠寺，礼大寂能和尚，披缁祝发。明年受具，朝参夕叩，遍谒大川、月舟、古春、古拙诸老宿。后至关子岭，参无闻聪和尚。晚年退居京城柳巷，万历辛巳正月十六日示寂，奉全身塔于小西门外。顺治、雍正间，两赐帑重修。

道忞《百城集·世祖章皇帝哀词》第七章，自注：忞四世祖笑岩和尚塔，距京西郊五里，隧道即昌平大路。上知忞修葺，因询其地，且曰：朕得便当一瞻谒。后游西山，亲诣窣堵，围绕作礼。又《重修笑岩祖塔记》：万历辛巳，葬燕城小西门外，汝芳罗大参实铭其塔。李闯犯阙国变，塔几毁，赖汉萍杰公保持之。厥后，笻溪森慧枢地增土垣，而塔免刍牧之虞。今顺治十七年，玄水杲与憨朴聪共捐赀，重廓地若干亩，砻石为墙，中辟三门，内修房舍，规则遂备。

通门懒斋《复汉萍大师札》：兹承三千里外，以祖塔见商，足征不弃，感何如之。遂私心揣摩，使邻义冢，岁月不免侵蚀，或为迁举锄掘，又恐伤元。盖塔锥，其表也；元气，其本也。祖生平不徇时缘，痛自韬晦，及三世，而天童先师法化，弥布寰宇，未必非祖塔之应。以是推之，其名虽义冢，其脉固吉穴也。宁修而勿迁，于策为上。且闻智化寺先德皆瘗于左右，祖盖示寂智化，则此基穴，必寺中之先德，重祖尊法，有以择之不苟苟也。今愿此寺僧徒，绳绳相继，有隆而无衰，何莫非塔之维护，或不至泯没，等于牧场也。管见若此，更乞裁酌。

《日下旧闻》引徐善《泠然志》：笑岩德宝禅师，生长都下，受法于玉泉明聪。万历初，居西城之柳巷，人罕知者。一日有梵僧来参，亚身翘袖，作种种相。师以拄杖画字，随方答之。僧作礼，腾空而去。弟子问适来僧问何法。师曰：此阿罗汉西天秘密语也。云栖株宏曰：予常游京师，参笑岩于柳巷，败屋数椽，残僧数辈而已。其高致可想见。

顾汧《凤池园集·送牧堂入都，扫笑岩祖塔》诗：禅观曾闻不二参，愤提杖锡别精蓝。一身踏叶元无相，满路梯云若有贪。岂畏旁门思向上，只随祖席自图南。看公会得岩前笑，去住燕吴那更谈。

元璟《完玉堂集·笑岩祖塔在西直门外，系临济嫡传第二十八世》诗：我祖绾真印，韬光在北燕。瓣香万年统，九鼎一丝悬。宿草阜成角，秋风落日前。孙枝多不济，瞻拜欲潸然。

赠巨冶禅师法邓尉复兴支公白马寺

吴伟业《梅村文集·香山白马寺巨冶禅师教公塔铭》：师讳济教，巨冶其字，毛姓也，扬之泰州人。父古庄公，有壹行。母沈氏。生师，气骨不凡。早岁父母见背，舍家入道，学于其族之为浮屠道者，西山寺深林茂，叔父行也。先朝神庙之世，诏集有道高僧证戒于五台，江南观法师与焉，膺紫衣之赐，而茂公出其门。师年十八，薙染为大僧，从观法师开讲于天竺、于双径，广通大藏尊经。已而蝉蜕文句，思证觉海。闻三峰汉和尚唱临济宗旨于邓尉，杖策往游。汉和尚者，剖公之师也。一见契合，迎谓之曰：汝拼得五年住，即留单。师应曰：古人拼这一生，何论五年。遂留侍左右，服劳执苦。众上堂晚参，和尚举“鹁鸠树头啼”语，言下有省，和尚诫以古德行解相应，方堪入道。汉公入灭，剖公开堂之日，举为监寺。当是时邓尉缁素坌集，日有千人，而经寮斋室，规制未备。师内营资粮，外接宾客，十年之间，信施填委，涌阁飞楼，宏敞严饬，凡使三峰之道扬于天下者，剖公之力，师为之也。空有一彻，照用兼收，猛求向上一著，朝咨夕叩。既接源流，受信拂，观法师亦取所赐紫衣为赠。出主香山，草翳木荒，敝屋三楹，不蔽风雨，乃度地鸠工，简材陶甓，未几而宝坊矗起，四方不祈而荐货，不命而献力，以溃于成。师轨行方雅，质性温醇，与人言煦煦然，诱接初机，惟恐弗及，拈锥竖拂，四众趋风。住香山之十有□年，为辛丑八月二十八日。报缘已尽，沐浴更衣，作偈示众曰：生年五十七，大事今已毕。推倒须弥山，打破无生国。泊然而逝，得度弟子首戒雪即正道也。《语录》二卷行世。正道既以师命，继白马席，爰于甲辰八月二十五日，瘗灵骨于香山西麓，遵遗意也。夫白马始于支公，以余所见，若中峰苍师者，深究竺坟，旁通孔籍，亦近代之支公也。道林偕王许为山泽之游，百世而下，风流可想。苍公没逾十载，而中峰鞠为茂草，识者过之太息。当今海内尊宿，如邓尉、灵岩、灵隐，三四大老，皆性相圆通，了无窒碍，后生浅闻薄植，掠知见而护门庭，世俗靡然，不复知有天台贤首之旨，经台讲席抑没而弗振，斯非末法之可忧者乎？巨师之从剖公游也，建杰阁以奉尊经，实转华严藏海，而与苍公有异常之契。此其真实妙义，有不堕于空寂者矣。

《苏州府志》：白马禅寺在香山之麓。相传萧梁时，因伐树祀白马之神，故名。晋支道林开山，宋景德四年重建。元季毁，明永乐初，僧德瑊良玠再建。成化间，僧约庵修。弘治间，其徒宝峰建藏殿钟楼。万历间，殿堂尽圮，地属民居。崇祯十七年，圣恩寺剖石璧，恢复基址。顺治三年，法嗣巨治教鸠工鼎建，正殿经阁，焕然一新。山有泉，名梅泉，淹塞已久。师至，泉即迸出。中峰苍雪有“细流引到泉盈壑，空钵持归雪满舟”之句。

寄讯虎岩山翁自东鲁初归维扬

又《寄虎岩山翁和尚》。

按山翁为道忞木陈禅师，已见诗集卷三《祝虎邱山翁六袠》题。

刻本“虎邱”，抄本“邱”皆作“岩”，因虎岩而号山翁，刻本误“岩”为“邱”，录诗者必苏人，或在苏久居者，致有此误耳。道忞未尝主虎邱，不当称虎邱山翁也。此寄讯虎岩山翁诗：“四海密云弥布地，一江雪浪远滔天。”密云为道忞之传法师，雪浪即题焦山枯木堂额者。当时道忞宏法焦山，归维扬，即住焦山枯木堂也。道忞有《山翁禅师青州录》三卷。东鲁即指青州。

按，道忞有集，名《布水台》，台当为其所居之地。《庐山志》引王世懋《五老三叠开元瀑布记》：文殊塔据一峰，拔地削立，数千百尺，下临不测，即所谓布水台云云。或布水台旁有岩，名虎岩者，道忞因以为号。又《山志》载，惠远法师送客，常以虎溪为限，最厚陶潜，偶送客，不觉过溪云云。据此虎溪之名，或因虎岩而得。《滇诗拾遗》王元翰《宿天池寺》诗：笑渡虎溪高纵目，虎溪却在万山麓。凭阑下界有飞鸟，绕径松阴忽逢鹿。匡续庐边佛火明，文殊台上慈云宿。天池夜半龙归来，风雨呼声震瓦屋。据此，则虎溪当在布水台下，而布水台近旁，或有名虎岩者，为《山志》所遗也。此诗末联"更忆虎溪人去久，独悬明月虎岩前"，亦证知虎岩、虎溪，实为一地。

《太仓十子诗选》：王撰《读山翁大师新蒲录，依韵柬寄》诗：江头父老话兴亡，蒲柳春光又十霜。徒有子规愁望帝，更无鹦鹉忆明皇。唐陵麦饭悲寒食，汉腊桑门祝上方。指示旁人尽流涕，讲堂钟鼓暮云黄。按，钱谦益《有学集·山翁禅师文集序》中有句云：荐严之疏，龙髯马角之深悲也；新蒲之录，玉衣石马之遐思也；春葵玉树之什，空坑崖海之余恨也。据此知，王撰依韵柬寄之山翁大师即道忞。

按，《天童寺志》，张立廉作《道忞寿塔铭序》，称有《语录》三十卷、《布水台集》《云侨集》二十五卷。今所见道忞集刻本，《布水台》二十卷，《百城》三十卷，《百城》后刻半为布水台所已有，似从《布水台》《云侨》等集，选录汇成者。"荐严之疏""春葵玉树之什"，具载集中，而独无"新蒲录"之作，则刻集时，或删之，或不在此二集中也。观钱序全文，从方外人忠君爱国，与忠义士大夫等立论。而今集中诗文，似鲜鼎革后惓怀君国之作。则钱所序，殆非今之刻本也。惟《云侨集》无传本可见，不知如何。

次诚之诸君九日后登石浪轩

《锡金景物略》：石浪庵在锡山之半，数巨石嵌空溢涌，不风自浪。庵适结其上面，西南启窗，眺五湖清广二溪，烟波骀荡，晴雨皆宜。按《景物略》引此诗，作"石浪庵"，不作"轩"，"轩"当为"庵"之误。

转物庵为灵曦忏主作

康熙《苏州府志》：胜莲庵在支硎山，顺治间，僧灵曦建。

原云领众礼地藏忏于玉峰安禅庵，过访因赠

《昆山县志》：县以山名，然昆山在今华亭县境，而县中之山名马鞍山，产玲珑石，如玉，故又名玉峰。

《百城烟水》：安禅庵在小西关外驷马桥北，张冰庵孝廉立廉助僧安然建，自崇祯丁丑至康熙辛酉，中经兵梗，接众不辍。冰庵孝廉、远庵和尚同于顺治癸巳受木老人记莂于此。

含光五十

《贤首宗乘》：法师名炤渠，字含光，号镜寸，苏之长洲人也。俗姓滕，父永年，母张氏。年十三以父遗命，礼化城庵悟宗师出家。二十二，听法于水田巢松师，二十六于二楞一雨师。既勤参访，遂至武林，礼宗镜塔，访云栖道场，渡钱塘，上会稽，禀戒于显圣湛然禅师，回龙树与戒雷辈习唯识、止观、中论、肇论等法，巢、雨门庭称后劲白眉者推公为巨擘。当是时，吴门华山虚席，同人辈各执瓣香，迎高松主之，而公从焉。品地学术，遂莫之敢颉颃矣。崇祯庚辰，高松主金陵报恩讲肆，人集万指，公与戒雷并列东西序首座，由此道香流播，望重一时。还山未几，而高松圆寂，临终手授袈裟一顶，为嗣法之冠。次呼戒雷，而戒雷已先一日逝矣。先是，高松与南来彻公有分演大钞之约，以九会为次第。次年辛巳春，南来自中峰移锡，临讲堂，而首司监寺者为道开扃。一日以辑众不协，忽遁去，群喙大哗，始一心推毂于公。时值荐饥，旱蝗为虐，公孑身腰包入山任其事，捋茶仔肩，自此伊始，而一众贴席，公之行解相应，允诸方领袖矣。吴中宰官姚文毅公、文文肃公之后，其能究心佛学，力行檀度者，独虞山大宗伯钱公谦益，以文章宗匠，兼综教乘，与公析微阐奥，有针芥之合，津津讨论，每移日而不倦，尝拈华严玄谈四韵歌诗以赠之，契同支许，闻于四方。公既为贤首砥柱，开法山中，自癸未始，日讽杂华，号召学徒，先演玄谈为发端，而继指《楞严》《法华》《楞伽》《圆觉》《维摩》等经，洎《唯识起信论》《观所缘缘论》《因明论》《肇论》《法界观》《远源观》《八识规矩颂》，种种释义，无岁不讲，无讲不周，盖历十年所矣。于中丁亥应郡城北庵之请，甲午应娄上长寿之请。迄乙未春，学众启请阐华严大钞，于二月初五日庚申，公从方丈中，手书全经要义，地忽震动，楼阁皆摇。自此演说，初会以为春期，至秋则演第二会，竟迄申戌三年，九会皆竟。是秋八月，续演行愿品疏钞，至二十三日，地又震动，午时山顶石鼓峰鸣吼者三。及冬十月解制日，莲华峰上空中，有鹤三十余飞来，盘旋作舞于大殿讲堂左右，绕十余匝，久之渐向东南角而隐。昔高松演大钞初期，有鹤来、鼓鸣二瑞，虞山钱宗伯已勒石讥堂记中。及公显异，若合符节，岂非师资道同之征哉。公自作二颂纪瑞，其颂《鹤来》云：清晨初日照峰莲，群鹤何从立卓然。侍者报闻如得宝，合山惊喜但称天。矜奇物性含灵具，现瑞宗通说法圆。最是翱翔成百匝，冲霄云表自翩翩。其颂《石鼓鸣》云：云起腾空共入林，地摇六震俨于今。动兼涌起掀楼阁，吼似轰雷奏石金。白昼三时天击鼓，大声六字众闻音。人言再见高松铎，证得全经剖妙心。公与高松谈经，相去几二十年，而瑞应先后同之，人益信为大钞中兴之祥也。乙亥之春，公甫跻六十，计住持此十有九年，法堂鼎新，美轮美奂，而成功者退矣。出山后，杖笠往来，或乡或郭或水滨，其扫室而迎者，则相城、石壁、包山、郁社、白椎、慧庆寺等处，皆空中鸟迹也。最后洞庭武山讲报恩经，一期既毕，应席君五云等请，住法海寺一载余，即于寺中示寂。是为丙午孟冬初七日，计去华山，已阅八载。世寿六十有八，僧腊五十二。其著述有《大钞续记》四十卷、《宗镜略释》二十三卷、《报恩经品节》七卷、《环中疏》三卷，门人子千、石筠、佛居、观日、髻中传其道。

《采风类记》：杨补《同毛子晋登华山访含光法师》诗：莲华莲子夙心期，自笑闻钟失往时。玉面阿难今已老，白头玄度到何迟。讲堂风绪传松籁，梵阁花香旧雨思。云里青峰回首处，一灯悬法更谁持。

文祖尧《明阳山房集·过华山访含光法师》诗：随春乘兴访支公，一径斜穿数岭通。竺坞氤氲云拥树，天池窈窕水涵空。身腾鸟道疑生翼，足踏莲花欲御风。况是乡山南可望，敢辞绝顶路巃嵷。

徐枋《居易堂集·晤含光法师》诗：支公挥麈地，法席据高岑。世界悲陵谷，精蓝无古今。论诗一夜月，听讲十年心。嗣响真无愧，松枝竖义深。

钱谦益《有学集·题含光法师像》其一：莲子峰头说法僧，青松骨格鹤仪形。何当兀坐看云汉，应与虚空共讲经。其二：讲罢清凉疏一回，西堂趺坐陷炉灰。谁拈咬蚤家常话，忽漫天花下讲台。

《诗最》：释行滐《随本师浮老人游华山，次含光法师韵》：随师扶杖华山顶，鸟道穿云次第看。石壁崎岖行处险，溪流窅渺坐中寒。一声清磬禅房寂，十种玄谈法界宽。芳草春深如罨画，引人游思数盘桓。

为智光法友奉祝乃师云台禅翁六十

又《题智光法友小像》。

《贤首宗乘》：法师名德本，字智光，新安休宁许氏子也。于白门六合县千佛庵披剃，为沙弥受具。后遍参禅讲名师。崇祯丙子，中峰苍师与皋亭汰师有互演华严疏钞之举，师皆始终习听。顺治丙申，苍师以衣付之，应讲新安，还住中峰三载，遂谢院事，归隐于澄江白云庵。至丙午九月，示寂。师为人朴质，自视甚高，广目重眉，宛有梵僧之相。一生勤修苦学，尤严于戒，卧不离衣钵，口不绝持诵，澹然自处。世寿六十五，僧腊四十五。嗣法弟子慈盖荫建塔于中峰之麓。

芥阁次韵二首

《五亩园小志》：密庵旧筑在阊门后板厂，为李侍御模宅，后圃内有桃坞、草堂、芥阁诸胜。侍御见马、阮用事，引疾去，留都不守，遂改缁流装，遁迹吴阊。没后，吴人即其故居建祠，奉香火，颜曰“老和尚堂”。

《百城烟水》：密庵旧筑，本苏家园，御史苏怀愚所筑。仅存树石，为李侍御模灌溪公宅，旁有庵曰能仁，元建。灌溪公《初扫密庵旧筑》诗：昔日深深意，今依幻住身。蓬蒿迷若醒，竹柏故犹新。卜得蜘蛛隐，居惟钟磬邻。扫苔迎古佛，竺国备遗民。

《启祯遗诗》：姜垓《题李氏芥阁》诗：芳树斜阳起陌头，悬崖茅屋北城幽。帘前官柳千丝雨，木末春帆一叶舟。高卧自知遗世乐，栖真不用买山谋。伯通桥下新居近，应得闲来半日留。

尤侗《艮斋倦稿·寄怀李文中处士》诗：斜塘吾故里，有客在龙墩。种秫田园宅，观鱼水到门。云山入诗画，伏腊聚儿孙。思旧同衰老，何时共酒樽。又《闻文中辟谷再寄》诗：修道在何许，遂传辟谷方。定当吞沆瀣，岂必厌糟糠。灭灶除家累，存粮补岁荒。故人倘问讯，索食恐相妨。

和浪杖人《合梦诗》，与灵岩继公同得"深林坐石生秋隐"句，可共发一笑，真是梦中又占其梦也

文祖尧《明阳山房集·木、继两师遭越谤还吴，意不能平，继师遂梦"深林坐石生秋隐"之句，觉后，续以成章，中峰苍师亦从而和之，未免中多感慨，余因感咏一绝》云：深林坐石生秋隐，梦里天然绝妙词。觉后漫劳重续句，一言原自蔽全诗。又意犹未足，复赋：一枕黄粱既熟时，昨非今是总休思。深林坐石生秋隐，静夜闻诗显化机。得失从来塞上马，输赢尽属橘中棋。梦回何事重添梦，半偈由人自在窥。

弘储《树泉集·合梦诗》小引云：六月下浣，栖霞和尚梦余寄诗，觉而犹记，其一即"深林坐石生秋隐"也。续成见贻，殊切同心之感。吾两人初未识面，而千里神交，通于梦寐，抑今古之所未有，聊抒鄙意，用识岁寒。诗云：月到床头觉影迟，寂寥犹忆寄君诗。深林坐石生秋隐，远水牵舟入夜思。老去恨无新面目，闲中愧有旧须眉。家山何地增惆怅，出处于今事更疑。

《江宁府志》：道盛，闽人，通百家言，多发前人所未发，金陵士大夫请主栖霞之中峰。

《明诗综》：道盛，字觉浪，闽人，住金陵天界寺。

《龙眠风雅》：释道盛，字觉浪，别号杖人，闽浦城张氏子。戒秉博山法弘东苑，曹洞一宗赖以振起。顺治戊子春，从白门来会圣岩，礼远祖塔。时方观察蛟峰欲请主浮山法席。会白云岩有揭竿起者，寇且至，四众骇散，公晏然端坐，笑而遣之，不独名山祖庭，幡幢无恙，环山村舍亦安耕荟，公之赐也。小龙山中方寺迎请，应浴佛之期，犹有再来重兴之约。后十年，其门人药地智公自青原诺浮渡之请，非再来之征耶？公行业，详刘黄门良弼所撰《塔铭》中。其徒竺庵成公状之曰：师虽嗣法洞宗，五宗并举，主盟佛教，三教并弘。刘黄门以为定论。又，释弘智，字无可，别称药地，即翰林方公以智也。甲申后，弃家为僧，得法于天界觉浪盛，住江右青原山。

《摄山志》：纪映钟《觉浪盛禅师传》：师讳道盛，号觉浪，杖人其别号也。闽浦城张氏子，父存三居士，诞明万历壬辰。幼业儒，年十五入泮。十九因祖父卒，谈笑而化，辄疑此段灵明向何处去，遂走庆源，礼孤舟和尚出家。为父兄执归，心疑愈切。偶书林瑞岩，识源律师，过浦密投剃落。一日闻猫子堕地作声，豁然有省，因入梦笔山，誓死关期决大事。出关造董岩，从博山和尚受具。又往参寿昌，道经书林，见东苑和尚。时丙辰，年二十五。丁巳，随苑礼寿昌。次年戊午，祖示寂，师至金陵，作《寿昌中兴曹洞记》。曹能始等延请罗山结制，时师年二十八。后闻博山、东苑次第迁化，奔归武夷，视东苑后事。乃之中原，至汝宁，值寇乱，因之楚黄，为卓吾李公讲学地，师至，一音普振，一时朝廷旧德日随起止，于是敦请者惟恐后至，蕲州荆王请师内庭说法。时辛巳，师年五十。癸未，寇破武昌，师下金陵。丁亥，金陵诸当事请结制天界。戊子，结制浮山无相寺。以原道七论不应称“明太祖”三字，坐狱。师居狱一载，著《金刚大易衍义》，操江李公礼而释之。江南诸护法请主摄山栖霞。己亥春，归天界，休夏毘庐阁。九月初四日，忽命移几杖入禅室，兴居如常。初七旦起，礼佛粥后，各寮一一开示自题小像讫，掷笔而逝。供堂上七日，颜色如生，观者倾城，莫不稽首痛哭。侍御旻昭陈公、太史元昭邓公、观察莲西蔡公、参政觉岸刘公同周凝图司空，与门人弟子，奉全身建塔于栖霞千佛岭下。发引之日，阖京士庶，张帷设案，香烟花烛，自长干以至台城二十余里，缤纷空界，此数百年来未曾有也。先是灵谷祖堂、报恩、天界，皆师说法之处，诸刹监院，各请立塔，永奉宗灯。末后定穴栖霞，实三筮龛前而得也。寿六十八，僧腊四十九。按，传文甚长，节录。

钱澄之《田间诗集·天界记事》第三首：导师辞世日，悲泣动天龙。南国尊三宝，诸方正五宗。偈于临去说，龛欲待谁封。曲盝端然坐，倾都礼梵容。第三句下自注：江南以藏经、长干塔及杖人为三宝，城南赖以不毁。第四句下自注：杖人有《五灯正宗》，一清诸方之讹。又《挽天界和尚》诗其一：佛法从来未问师，经时亲炙睹威仪。起居自在无心处，生死从容不动时。万世独知庄子解，十年三点所南诗。托孤已信存吾道，此日真孤更托谁。其二：东南棒喝正纷然，洞上孤危一线悬。老去示人惟读《易》，年来下座不谈禅。天心已信常冬至，祖意休矜有别传。今日偶然窥见得，教侬何处哭苍天。其三：三百年来一老髡，灰心独念本朝恩。井中史记死犹读，狱里经声今尚存。佛寺雕残悲国土，御碑漫灭恸山门。兵兴坚卧毘卢阁，字字新诗有泪痕。其四：寸丝不挂赤条身，天下禅僧无此贫。撒手才为流俗信，违时屡被及门嗔。诸方嗣法称多士，半夜传心定几人。制作一生盈数尺，谁为删出见师真。

钱谦益《有学集·觉浪和上挽词八首》序云：予与浪杖人，武林邂逅，契在忘言；吴苑睽违，迹同交臂。俄闻顺世，早已隔生。叹夜壑之负趋，感晨钟而深省。刹竿却倒，智镜云亡。斯世如长夜之熄灯，伊余如跛人之夺杖。未能免俗，敬制挽词，以哭吾私，非惟为恸云尔。诗不具录。

函可《千山诗集·闻浪大师主法伞岭》诗：马耳峰头食蜜甜，长干花瓣又重拈。共经劫火三禅乐，分取曹源两地沾。伞岭杖头风日朗，天山衲底雪霜严。不禁钟尽怀方切，寒雁无声月一帘。按《摄山志》，重岩如伞，又名伞山。

次韵寒山鼓吹呈文彦可

又《次韵寒山鼓吹呈文端文》。

乾隆《吴县志》：寒山即支硎右一支。此山先未有名，万历中，赵宧光为父卜葬，遂隐居于此，凿石为涧，饮泉为池，疏松深竹，此山遂为胜地。杨廷枢《送文彦可移居寒山赵氏山房》诗：狐赤惊催雨雪装，林宗此日济仙航。长贫未筑文山宅，怀旧先归小宛堂。国惜老成遗硕果，家传名德护薰香。相逢烟水经年事，何必重陪涧谷傍。杨补《送文彦可移居寒山赵氏山房》诗：百帙图书手自装，西来苍翠满溪航。云中葛令新鸡犬，画里卢鸿旧草堂。愁听严城喧急鼓，自甘空谷爇名香。千秋许共寒山语，就拜频过石丈傍。

《启祯遗诗》：冯梦熊《文彦可移居寒山》诗其一：卜筑寒山束晓装，笔床书麓泛春航。晦翁筮遁归精舍，杜老移居赁草堂。瀑布亭空山鸟悦，流觞泉涸野花香。追临名迹浑如昨，驯鹤迎人出涧傍。其二：逃秦久假鲁连装，目断鼍潮少一航。天隐客星渔钓处，山留君子读书堂。愁从箪室听松雨，饥就溪僧煮蕨香。绍述烟霞我谁嗣，巾帷幸近紫云傍。

据此三诗，知文彦可当时移居寒山，征诗成册，“寒山鼓吹”或为诗册之题名。

赠广文文介石乡友

文介石，已详诗集卷四《寄娄东文广文》题。

按文介石，甲乙间避兵，与苍雪同住中峰，后娄人迎之，居昙阳观。

《太仓州志》：昙阳观在城西南隅，里人为王锡爵女焘贞建。焘贞于此清修仙去，壁间有尤求白日升天图。后观废，惟太仆寺卿徐爌、翰林修撰沈懋学二联犹存。此诗首句暂借“昙阳”作“首阳”，则寄诗时，文介石正居昙阳观也。

文祖尧《明阳山房集·寓昙阳观》诗：避地移来到上方，洒然脱却是非场。竹篱曲曲喧俱寂，庭树深深暑亦凉。门外风尘虽扰攘，山中日月自舒长。逢人莫道沧桑事，底事从来未易量。

按，文介石归滇时，投赠诗文甚多，今云南刊其遗集，附有《万里赠行》一卷，封面四字归庄题，并有遗像，娄东朱昱写。历二百余年，文氏保存未失，终得刊行，亦幸事矣。惟诸家投赠诗，有见之集部，而未入《万里赠行册》者，偶就所见，录之如下。

吴伟业《梅村诗集·文学博以苍公招同住中峰》诗：西风驱雁暮云哀，头白冲寒到讲台。莫问乡关应路断，偶传消息又东来。一峰对月茅庵在，二老论心石壁开。拣取梅花枝上信，明朝移向故园栽。

陆世仪《桴亭诗集·送文介石先生入中峰》诗：底事伤心万念隳，漫从兰若寄栖迟。乾坤有限无穷恨，身世须臾不尽悲。千里音书孤枕梦，六时功课一编诗。放舟日暮山风急，松柏滩头读楚词。

陈瑚《确庵文集·文介石先生为吾党师十年于兹矣，近黄孝子寻亲归，述滇南有路可达，先生遂有归志。此邦之人，将丁宁而问道乎，乃赋诗以尼其行》其一：圜桥抱籥入蒿莱，祭酒家从六诏来。青火夜迎刘向入，绛纱晨侍马融开。诸生忠孝扶天地，都讲诗书起俊才。忽报降幡飐牛渚，西风一夕卷堂哀。其二：长江铁锁竟何为，中夜旁皇泣素丝。画日笔随降表进，草玄人恐献文迟。武陵洞口桃花笑，朱雀桥边燕子知。独有孤忠老博士，焚冠和泪写新诗。其三：荒城斜日数归鸦，南望愁云不见家。五夜杜陵惊鼓角，十年庾信老风沙。瓜官粟吏看人事，鹿苑鸡园度岁华。传道故山春色好，烽烟无恙有梅花。其四：十载春风绪论多，忘年何幸共婆娑。时从野寺烹葵话，曾向湖村踏月过。皂帽辽东陈俎豆，黄巾高密化兵戈。可怜回首辞官日，落木萧萧两鬓皤。其五：楚水吴山草色微，轻帆欲共塞鸿飞。黄冠未遂成仁志，皓首还思杖节归。城郭已移啼鸟换，妻孥犹在故人非。王原至后传消息，惹得新愁泪满衣。其六：尚有将军出汉关，小朝廷是旧江山。文犀输贡哀牢国，狂象前驱板楯蛮。钜鹿马嘶秦楚际，王官人在乱离间。归心且付东流水，待到蒲轮始放还。

《采风类记》：归庄《教谕文介石乱后思归，作诗留之》其一：谁言荒徼少人材，教授文翁六诏来。二载师模争景仰，十年臣节有悲哀。远方髦士尊高座，故国顽民会讲台。万里不劳乡思切，皋桥吴市好徘徊。其二：高士何为恋旧丘，向平五岳尽遨游。且知胤子都无恙，从此王孙可久留。日月无私光自到，山川不语食何忧。荒阡未是牛眠处，尚待先生细访求。

《娄东诗派》：黄翼圣《文介石广文隐居城南僧舍，十载于兹，近谋还滇，口占赠行》其一：自古恩深责亦深，更谁清夜细追寻。官阶最是青毡冷，十载犹悬故主恩。其二：城南风物独凄迷，老杏空枝落日低。恐下残年孤客泪，寒鸦不向寺门啼。

王摅《芦中集·送文介石归滇》诗：烽烟初息碧鸡关，行色匆匆惨别颜。故国已无三户在，残年犹得一身还。石头亡后衣冠尽，金齿归来道路艰。知与儿孙相见日，几回长恸哭崖山。

《从游集》：钱嘏《送文介石还滇》诗：十年书剑客天涯，入梦家国万里赊。道在他乡如故国，身还绝域是中华。湘江喜渡南流水，庾岭愁看北地花。清泪岂因离别堕，关山到处有悲笳。

《太仓十子诗选》：许旭《赠学博文介石先生》诗：春风寒雨拥青毡，犹是横经问道年。亲见马融谈礼乐，忽传梅福隐神仙。故乡风物金陵近，绝徼山川石鼓悬。万里一身愁望处，衡阳又隔夜郎天。

《吴诗集览》：陆元辅《送文介石归滇》诗：滇客频年赋式微，今朝才见理征衣。三江日月孤臣老，六诏风烟万里归。山过碧鸡多戍鼓，星穷朱鸟近亲闱。好音为寄东来驿，莫道南天少雁飞。

道开自秀水归，止足凫溪之新香阜，自谓浪走多年，今将为终老计，亡何疾作，以二诗悼之

凫溪，无考。《吴县志》：凫溪渔舍在虎邱斟酌桥，朔州知州蒋深别墅。从孙恭棐记云：出金阊门山之可日涉者，莫如云岩。方塘涵波，万瓦鳞次，花晨月夕，画舸填塞，广场胜会，亦时有喧嚣之嫌。近山村落，小渚萦回，野田疏豁，与云岩之平远秀丽，足相映发，而游迹罕逮。半塘迤北，清浏数折，土名鸭脚浜。鸭脚，银杏树名，吴中处处有之，独被是水，何耶？余从祖父绣谷先生，过而乐之，购地筑室，题曰凫溪渔舍。据此，凫溪似为当时鸭脚浜之别名。鸭脚浜近俗，凫溪则雅言之耳。

《贤首宗乘》：道开自槜李归虎邱东小庵，属疾，即逝于此。凫溪新香阜，盖即小庵所在地也。

《明诗平论》：徐波《挽道开上人》诗：师友全终不倦颜，早知何事远跻攀。未尝桑下成三宿，今托莲胎可暂闲。检箧竟云无长物，盖棺遗恨失名山。相怜正坐多才累，犹在高流忆念间。

《过日集》：曹尔堪《庚寅七月廿八日，小艇由山后至鸭脚浜，访道公精舍》诗：暑涨犹未平，横潦正弥漫。凫溪一水间，卑洼没汀岸。舣桨林乍翳，舍舟路复断。曲径蟠细螺，蚁封蹑老鹳。兰若宛中央，静栖钟磬畔。辨屈剡溪开，神依土室赞。疏花绕户庭，明瑟佐词翰。秋晴弹指间，去年今已半。

按，庚寅，顺治七年，道开于顺治九年卒。

次答毛子晋雨夜见过，同周仲荣、林若抚、周子佩昆玉赋

《居易录》:《梧溪集》七卷，细书工致，似钟太傅，终卷如一，云是周研农荣起手录。周，江阴老儒，常熟毛子晋刻校古书，多其刊正。其长子长源，字郲侯，予在淮南时，从游门下甚久。研农年八十七乃卒，今殁才五六年耳。

《东湖丛记》：余所藏明周研农手钞朱性父《铁网珊瑚》，其珍惜之意甚至。卷前有《纪缘》一篇，题癸卯十一月三日，六十四老人周荣起述。

按，周当生万历二十八年，卒康熙二十五年。

《诗观》二集：周荣起，字仲荣，江南江阴人。选《早春江郊探梅》一首：不谋同趣趁闲云，到处随心寄遇欣。日暖乍烘寒玉放，风柔催发缟衣薰。竹围江港潮初涨，人到山楼磬自闻。一片氤氲香世界，大堪投老谢嚣氛。按，周仲荣诗少见，故录于此。

钱澄之《田间诗集·八月十八日，同周翁仲荣登君山，回至永定坝，观潮和韵》诗：扶筇为有观潮约，绝巘偏惊二老来。平地涌将银作屋，晴空喷出雪成堆。那知盛怒尤争闸，怪得游人不上台。足力小疲聊茗饮，隔窗已报转头回。

按，《江阴县志》，君山在澄江门外二里。

杜濬《变雅堂集》有《卧病江阴周仲荣宅，仲荣出其二令女画册相赏》五古一首。

《松江诗钞》有瞿然畏《余家南楼与西园，周鹰垂江上，周仲荣同赋》诗。

周茂源《鹤静堂集》有《留澄江周仲荣》诗。据此仅知，周仲荣曾游云间。

《娄东诗派》：顾梦麟《次韵周仲荣同字云林画记事》诗序云：周子仲荣从江上过隐湖，示余此画，款识凡十七字曰："云林写荣木筠石图，甲寅二月赠仲荣高士。"按《留青日札》：沈万三秀亦字仲荣，拥厚赀，与云林同时，画当为沈作。甲寅即洪武七年。云林以是岁十一月辟地江上，画藏一青楼处。青楼，相城人，又沈旧地，其流传皆可凭。仲荣三十五年前偶见此画，至庚辰、辛巳之间，始购得之，陈寒山先生有诗纪其事。城民难作，仲荣逸而出，孑身无所携。其兄伯高于围城孔棘中，独检此画，遣致仲荣。明日，伯高遇害。寒山先生止以同字为异，谓今仲荣即昔仲荣之后身，而不知有沈万三秀。若及闻围城，遣致伯兄遇害之详，其惋叹又何如，恨不能起九原之灵告之也。

《启祯遗诗》：姜垓《山中逢毛晋、周荣起，兼忆高起之亡》诗：散发相逢一钓舟，沧浪万里使人愁。翠屏袅袅春晖净，黄鸟关关晓阁幽。亡国子山仍寂寞，渡江公瑾最风流。应刘侪辈今如此，花下何妨秉烛游。

按，此诗可证，知周仲荣兄名高起，而字伯高。

彭定求《南畇文藁·端孝周先生传》：先生讳茂兰，字子佩，号芸斋，明吏部周忠介公长子也。忠介典铨曹时，先生年十六。承庭训，志名节，有以书币至家者，悉却去。忠介被逮，吴民击杀缇骑，当路飞章告变，祸且不测。先生尾忠介舟，徒行至京口。忠介恐俱死于仇党也，麾之归，属以先世窀穸。先生哭绝江浒，良久乃苏。归而讹传家将籍没，母吴淑人及诸妹日谋死，所赖先生调护以免。忠介掠死

诏狱，丧还里门，先生泣血三年，惨动行路。思宗登极，逆珰伏诛，旋下优恤死忠之诏，忠介赠太常卿，与祭葬，给荫谥，建祠赐额。先生以父仇未报，伏阙鸣冤，刺指血上疏。时姚文毅公见先生疏血缕淋漓，避席盥手阅之，而愀然曰：有未谙事，非所宜言。先生曰：易贴黄何如？公曰：墨书易尔。汝今十指枯矣，奈何？先生破舌取血，更书以进。得俞旨，倪文焕即究拟正罪，并准给三代诰命。于是同难诸公之赠恤者，咸得比例全给云。先生既归，遂竣两世之葬，为忠介相择赐茔，历久卜吉，会葬者数万人，敕建祠工亦成。旧庐湫隘，子姓聚居，以固穷守约为常。既省试屡落，或劝以荫入仕，先生曰：父死之谓何，又因以为利也。鼎革时，避兵他徙，三代诰命失其二。越岁，有武人慕先生义者至，捧璧而归之，一时多作《宝纶篇》以赠。晚岁常喜静坐，读先儒语录，尤邃于《易》，间及道书禅乘，为《参同契》注。与乡里耆逸，方外老宿，挥麈清游，洒然自得，见者以为羲皇上人。洊登大耋，精力矍铄。每月朔望，走谒忠介祠，风雨寒暑弗辍。潜庵汤公抚吴，式庐就见，固请应宾筵讲乡约，为国人矜式，先生亦力辞，其始终一节如此。没年八十二，距忠介之变，岁纪同丙寅也。没前数日，谓其子曰：生平无不可对人言者，差可见先人于地下。将属纩，惟语：今日方闲。既瞑，夜半有气如云，冉冉而上，似得仙去者。同人私谥曰"端孝先生"。按原文甚长，节录。

张履祥《见闻录》：周子佩父忠介公所处书室，凡椅桌几榻之类，子佩终身无所移易。读书则侍于书桌之端，未尝敢正坐。客尝过之，率意卧榻上。子佩拱立曰："此先人所卧也。"客瞿然起避。

乾隆《吴县志》：周茂兰，字子佩，顺昌子，为县诸生。鼎革后，杜门不出。睢阳汤尚书斌为翰林时过吴，叩门请见，拜忠介祠，订交而去。后来抚吴，间行至其家，访地方利弊。既莅任，遂绝迹不相通。再访之，亦不见也。弟子茂藻，字子洁，诸生，亦有文行。

按黄宗羲《周子佩墓志铭》，载《南雷文定后集》，兹不具录。

《别裁集》：文点《呈芸斋先生》诗：天宝开元事已陈，风尘宇内老遗民。偶谈先世频挥涕，为破家国只负薪。训子八行文不灭，讼冤一疏血犹新。衣冠古朴人谁识，认是林宗垫角巾。

陆嘉淑《辛斋遗稿·过周子佩子洁》诗：苍苍乔木俯衡茅，不改当时旧覆巢。兵革共惊完琬琰，阶除不得网蟏蛸。莫教乐府翻新曲，仍有遗民论旧交。日暮山塘归棹急，淡烟斜日隐西郊。

王沄《辋川诗钞·甲子秋赠吴门周子佩》诗其一：大隐在吴市，萧然旧草堂。清裁传孟博，礼法敬元方。坐久常穿榻，客来独拜床。典型今有几，又得见灵光。其二：时序春秋异，重书甲子年。尚存《党锢传》，几废《蓼莪》篇。风月谈遗事，云雷问后天。欲从皋庑下，避世愧高贤。

《百城烟水》：霜英堂，董宗伯玄宰为周子佩茂兰书，在桐泾林家巷内大街。忠介公清忠风世坊。孙枝蔚《饮周子佩霜英堂》：当时节义满吴门，耆旧而今几个存。对尔一身如鲁殿，怜予终日绣平原。书惟老子经难置，妇与庞公齿并尊。侍立苍头都可敬，衣冠亦不异桃源。又《访周子洁值往金陵》诗：桐泾桥颇胜皋桥，此有双松并后凋。一代忠臣存敝宅，多年节士守空瓢。春游怕见五人墓，夜话愁闻天启朝。忽去钟山山色里，哀吟慎勿骇渔樵。

晓青《高云堂集·赠周子洁》诗：吴中先辈几人存，齿德今推长者尊。白发飞扬新砺志，丹诚磊落旧怀恩。品高犹挟冰霜气，句好宁留斧凿痕。善饮吾知胜辟谷，五华灌顶植云根。

杨锡震《露香阁集·寄周子洁先辈》诗：冉里高楼稳，松门久闭关。无心闲抱瓮，有兴远登山。注老颜常少，伤心鬓早斑。别来春几度，何日解追攀。

黄宗羲《南雷诗历·寄周子佩》诗：不到姑苏十九年，鲁灵光殿喜巍然。难销字脚模糊血，打破支那笼统禅。千里未成虎阜约，几番垂问浙江船。剪灯听雨西窗话，虽老犹须一勉旃。又《寄周子洁》诗：与君当日上灵岩，钟鼓声中夜话傀。过去年华方转瞬，同游伴侣已多芟。三杯酒量应如旧，两鬓吴霜亦大凡。落月屋梁长入梦，未知何日遂征帆。

癸巳春期解制，同社中诸子分赋，得七言近体九首，并谢前办供诸檀护王言玉居士乔梓自施劝施，且得席太仆忏礼五十三部，圆满法筵，见闻随喜，莫不赞叹，希有诗以记之

《长洲县志》：席本祯，字宁侯，世居洞庭东山，家素饶。崇祯末，连岁大祲，本祯出白金八千两，市襄樊粟赈贫民，全活无算。复上书，愿输家财以助军。巡抚黄希宪奏闻，授文华殿中书，寻加太仆寺少卿。鼎革时，湖中多不靖，本祯率乡人捍御一方安堵。殁后，人感其德，建祠祀之。

寄询钱虞山，绛云楼火后专意入典

钱谦益《有学集·赖古堂文选序》：已丑之春，余释怀南囚归里，尽发本朝藏书，裒辑史乘，得数百帙，选次古文，得六十余帙。州次部居，遗搜阙補，忘食废寝，岁月而告成。庚寅孟冬不戒于火，为新宫三日之哭，知天下之不假我以斯文也。息心栖神，皈依内典，世间文字眇然如尘沙积劫矣。

《绛云楼书目》曹溶题词：虞山宗伯生神庙盛时，早岁科名，交游满天下，尽得刘子威、钱功父、杨五川、赵汝师四家书，更不惜重赀购古本，书贾奔赴捆载无虚日，用是所积充牣，几埒内府，视叶文庄、吴文定及西亭王孙或过之。中年构拂水山房，凿壁为架庋其中，凡四方从游之士，不远千里，行縢修贽，乞其文刻牲之石，为先世光荣者，络绎门外。自王弇州、李大泌以还，此事殆希见也。宗伯文价既高，多与清流往来，好延引后进，大为工人所嫉， 踬不复起。晚岁浮沉南国，操委蛇术容其身，所荐某某，大异平居所持论，物望为之顿减。入北未久，称疾告归。居红豆山庄，出所藏书，重加倍缮治，区分类聚，栖绛云楼上，大椟七十又三。顾之自喜曰：“我晚而贫，书则可云富矣。”甫十余日，其幼女中夜与乳媪嬉楼上，剪烛灺，落纸堆中，遂燧，宗伯楼下惊起，焰已涨天，不及救，仓皇出走。俄顷，楼与书俱尽。余闻骇甚，特过唁之。谓予曰：古书不存矣，尚有割成明臣志传数百本，俱厚四寸余在楼外。我昔年志在国史，聚此，今以灰冷，子便可取去。予心艳之，长者前，未敢议值，则应曰：诺。别宗伯，急访叶圣野，托其转请，圣野以稍迟，越旬日，已为松陵潘氏购去，叹息而已。今年从友人得其书目，手钞一过，见不列明人集，而偏于琐碎杂说，收录无遗，方知云厚四寸者即割文集成之，

非虚语也。

叶名沣《桥西杂记》引《耳提录》，顾黄公先生景星言，《列朝诗》诸传为虞山生平纯粹以精之作，阐幽提隐，功更不细。当绛云楼火时，亲见有绯衣者麾烈焰上，乃大叫曰："天能烧我屋内书，不能烧我腹内书，吾当再为笔之。"指其所撰《国史》也。后乃作《列朝诗》诸传。至选诗，时多出程孟阳之手。

查慎行《人海记》：钱蒙叟撰《明史》二百五十卷，辛卯九月晦甫毕。越后日，绛云楼火作，见朱人无数，出入烟焰中，只字不存。

宋征舆《林屋文稿》：娄东王士骐，弇州先生长子也。家有一书，乃编辑先朝名公卿碑志表传，如焦氏《献征录》之类，而益以野史，搜讨精备，卷帙颇富。士骐甚秘惜，钱牧斋知其有是书，不得见也。士骐没，后人不肖，家渐落，先世所藏图籍次第流散。钱乃令人以微资购得其书，欲攘为己有，乃更益新稗及闻见所记，傅会其中。尤喜述名贤隐过，每得一事，必为旁引曲记证，如酷吏锻炼，使成狱而后已。其意以为彼名贤宝，然于己行乃便。以是捃摭十余年，书未就，漫题卷上曰"讳史"，俟成，择今名名之，如秦阿房宫云。庚寅，钱寿七十，欲于悬弧日成书，因置酒高会，竟以篇目繁多，不能如期。后数日乃告成，成书之夕，其所居绛云楼灾，即编纂之地也。是夕，大雨如注，而火势更猛，亦不旁延他所，惟楼书烬，于是所谓讳史者，遂不可复见之，而王氏旧本亦亡矣。钱意犹未已，乃取嘉定笔佣程孟阳所撰《列朝诗集》一书，于人名爵里下各立小传，就其烬余所有，及其记忆所得，差次成之。小传中将复及人隐过，会有以鬼神事戒之者，乃不敢，然笔端稍滥，则不能自禁，盖天性然也。丙申予在京师，吴梅村祭酒言如是。今观此诗序曰：庚寅阳月，融风为灾，插架盈箱，荡为煨烬。此集先付杀青，幸免于秦火汉灰之余云云。所言皆与祭酒合。且祭酒，娄人，与士骐同里，购书之说必非诬也，并为记之。

晓青《高云堂诗集·挽钱牧斋先生四首》之第三首：记得随师访道玄，村庄红豆试花天。葡萄味美留清供，丝竹音沉启净缘。烈焰未能抛旧疏，残灯如待续新编。法门盛事殊难没，鼎足文和与大年。第五句下自注云：绛云楼火，典籍俱毁，唯诸经录点画无损。第四句下自注云：翁有增集传灯藏本。

王沄《辋川诗钞·虞山柳枝词》十四首之第五首：玉堂金屋好藏春，新筑朱楼拟上真。举止曾无羞□态，何妨婢子作夫人。自注云：钱纳姬，构绛云楼居之。《真诰》：安妃降杨君家，紫微夫人赠诗有云："乘飚俦衾寝，齐牢携绛云。"取以名楼。第十二首：远山初展理金徽，秘府图书满绣帏。巫雨忽来雷伯怒，一朝忽作绛云飞。自注云：钱平生所蓄古玩、珍宝、秘书甚富，及自著野史，皆藏绛云楼。一日大雨，雷火焚楼，仅以身免。

《牧斋遗事》：自绛云楼灾后，其宋元精刻皆成劫灰。世传《绛云楼书目》乃牧斋平日想念其书，追录记之，尚遗十之三。

葛万里《牧斋先生年谱》：崇祯十六年癸未，绛云楼上梁，以诗代文。顺治十七年庚寅十月，绛云楼火。先生云：甲申之乱，古今书史图籍一大劫也；庚寅之火，江左书史图籍一小劫也。

癸巳秋，赠一指窝恒宗老禅伯九秩初度

《吴都法乘》：通润《恒宗僦居北寺》诗：霜白城草枯，天清塔云冷。佛子住世间，步步入幻境。木叶触杖飞，空花乱入影。莫赴径山招，且啜云门饼。据此仅知恒宗与通润同时，则于苍雪当为前辈矣。

严熊《白云诗集·宿竹坞一指窝》：万籁空山寂，秋宵不寐长。鼠狂能啮足，蛩冷欲依牀。瑟瑟松传响，霏霏桂送香。踌躇思往事，事事已沧桑。

据此，知一指窝在竹坞，亦作竺坞。

晓青《高云堂集·过一指窝》诗：客至僧方起，婆娑睡未醒。衲衣重抖擞，茅屋已伶仃。石绣苔花绿，泉萦带草青。徘徊思往事，落落叹晨星。

据此诗观之，一指窝，据顺治十年癸巳恒宗时，仅数十年，已不免今昔之感。然汪缙《汪子文录·支硎中峰古愚上人塔记》：上人名圆根，古愚其字，吴中夏氏子。九岁丧母，父携入竺屋一指窝，谒性原师，求剃度云云。汪缙乾隆中叶作此记，则一指窝，乾隆时犹香证未替也。

李果《咏归亭诗集·一指窝》诗：天地犹一马，万物犹一指。蒙庄多寓言，瞿昙亦类此。精庐何人构，隐在西山趾。山光落门庭，闲云忽飞起。孤岛如索群，松风清两耳。不知种松者，倏忽二百祀。留连感晋贤，高踪罕伦比。遗墨今尚存，吟啸空廷企。按此诗题下自注：周忠介、文文肃两公吟啸处，榜联皆周、文手书。

年来山中静摄，绝不闻山外事，偶摄六黄居士自娄东入山，极颂白太守政声，感赋一律

《太仓州志》：白登明，字林九，奉天人，由柘城知县升授知州。甫下车立四禁，一衙蠹，一地棍，一赌博，一奸淫。浃旬试诸生，令于卷尾陈利弊，以次摘发无遗。时大蠹五六人，盘踞州境，构陷良善，人不自保，要结抚按衙门，操官吏短长，莫敢诘。登明先后记擒之，杖毙通衢。奸人专构造命盗案，或捃摭人阴事，兴大狱，鞫讯得实，立毙之。邻境有冤，咸请上官，付州质审。尤以德教民，立讲院，举同善会，赈孤贫、旌孝义无虚日。催科自正供外，毫无羡余。州民以条丁银自封投柜，自登明始。州地东高西下，白刘河壅塞，旱潦无备。登明用销圩法，凡浚朱泾，继浚刘河，于是震泽诸水得以入海，实为东南七郡利。会逋赋劾去，士民祖道阗咽，乡城皆立生祠。

《高邮州志》：白登明，字林九，辽东贡生。康熙十八年知州事。性廉肃，甫抵任，大旱蝗，次年复大水，堤决城内，水深数尺，民多殍散。登明请赈招徕，多所全活。正赋外不多取，狱词片言立剖，不假胥吏手，吏多舍薄书贸易去。时吴逆初平，羽书旁午，登明应供夫驿，与民约以四城头吹笳为号，居期无后至者。上司有所檄调，不轻发一人，曰：吾赤子也，忍令其离父母乎。时亦谅其清正，竟不问。以疾卒于官，宦橐萧然。州人助资以殓，远近悼之。今祀名宦祠。

彭绍升《测海集》：白登明林九，镶白旗汉军籍，顺治中官太仓知州，开朱泾五十里，大刘河六十

里，复故迹，导震泽入海，旱潦足备。又请蠲崇明芦课银一万三千余两。居数年，善政具举，州人德之，为立生祠，寻以事罢归。晚知高邮州以卒，州民哭声震野，太仓人亦巷哭，设祭于生祠，乡镇各为立祠凡四处。

陈瑚《确庵文集·白林九以左迁去任寄》诗其一：阳城虽下考，抚字有谁先。薙拔全千户，渠成利百年。乡遵周礼约，农力汉人田。处处讴吟遍，薰风到管弦。其二：正忆莼鲈候，江干动鼓鼙。登城驰匹马，仗剑舞荒鸡。静气疲氓息，严威悍卒齐。试看百里外，木叶下凄凄。其三：自惭非孺子，不敢见诸侯。何意停青雀，频教起白鸥。骚坛寄余榭，酒政揖山楼。忽漫登离别，河梁无限愁。

王撰《芝廛集·同人讲院会哭白林九使君》诗：娄江尸祝遍歌声，又见高陲报政成。身后敝笥惟卷籍，病中遗草为民生。三吴胼胝劳臣迹，廿载冰霜廉吏名。童叟只今齐下泪，讲堂载拜不胜情。第四句自注：病中草條议数则，欲密上之抚军，为民疏困。

柬张无倾尧峰草堂

《明诗平论·姓氏》：张封，字无倾。惟有名而诗缺。

严熊《白云诗集·尧峰》诗序云：始祖赠刑部员外郎仕仪府君，墓在尧峰。幼时随祖父拜扫，岁至其地。母姨夫张无倾讳封先生卜隐于此。

按，严熊又有《重经外王父文文肃公乐圃》诗，则严为文震孟之孙婿。

赠玄若六十

按，陆汾原注云：玄若主天宫寺善财房。相传善财相乃化身来塑，玄若所居有听秋轩，养母于此，时已去世。

《百城烟水》：天宫寺在城东北隅，初名武平，创自晋末，后废为民居。唐景福五年，光禄大夫许台舍宅，僧了然建，改今名。明永乐丙戌，僧嗣顺重建。正统间，弘演禅师发地得铁像二，因创说法堂。景泰辛未，建大殿。弘治间，天王殿圮，僧宗润修建。万历十四年，僧通泉从万寿移居，修殿装像。康熙七年，天王殿又圮，九年僧宗如重建。寺僧以戒律诗文著名者，为听源、月江、印宗、水知、慧川、万峰、玄若七人。归继登有《七高僧传玄若溪行即事》诗：自得孤云意，遂为溪上行。闲看飞瀑影，忽送过滩声。渔网夕阳静，人家秋树清。沙鸥相愿起，应笑独游情。

《明诗平论》：徐波《瞻礼天宫寺善财，云是唐塑，长尺二寸》诗：东城留古像，西口访仁祠。事迹征残衲，因缘扪断碑。楼开弹指顷，相好化人为。本色童真妙，严身璎珞随。尽形惟合掌，迎笑在披帷。面面看生动，人人欲抱持。性灵龛室满，国土草鞋知。善应将来梦，传闻过所期。已胜名手书，敢讶法身卑。今日焚香礼，他年把臂时。

王昊《硕园诗稿·过天宫寺永安山房赠玄若上人》诗：偶泛藤溪棹，因成莲社游。香台双树迥，佛火以龛幽。法侣逢支遁，诗才得惠休。安禅长羡尔，晚磬若相留。

通门《懒斋别集·寄吴门玄若机公》诗其一：惘惘穷途客，年年畏卜居。自将同鹤迹，时以负鱼书。最可知心久，能忘晤面初。燕乳花将尽，莺命席未移。闲将临水意，报与故人知。

赠三宜和尚重兴珠明寺

《明诗综》：明盂，字三宜，云门显圣寺僧。

《扶轮新集》：释明盂，三宜，杭州人。

《正源略集》：青原下宗镜，五世湛然澄禅师，法嗣越州显圣三宜盂禅师，武林丁氏，依真寂脱白，参云门证。康熙乙巳十月初八日，语侍者曰：三日后吾行矣。侍者曰：和尚尊候甚安，何云便去。师曰：看老僧登场。一笑而逝。建塔显圣冈。

《百城烟水》：朱明寺在郡城隍庙西。朱明，晋人，最孝友，同居弟有室，求析爨，明悉以管钥付之，出就别舍。忽一日骤风雨，悉卷弟财归兄舍。弟惭，自经死。明不忍，遂尽舍其宅产为寺。明江右张鳌山提学来吴，寺遂废。崇祯间归洞庭许氏。顺治乙酉为土抚军国宝署。土没，周抚军伯连继之，周又没。甲午岁修署于土中，得《穗积碑》，因倡复为寺。乙未，延三宜禅师开法。

按，《云门显圣寺志》载三宜法语及诗文数首。法语第一首则记云：崇祯癸未仲春，护法檀越等同众耆旧请住显圣寺。师于二十一日入院。而《志》又载：百愚斯复朱明三老和尚请往显圣启。盖三宜，崇祯时已住显圣。至顺治时住朱明、百愚斯请其复往显圣，启称“朱明三老和尚”也。乙未，顺治十二年。

《珠明寺重修记略》引钱大昕《重修朱明寺记》：吴郡朱明寺，昉于东晋永和初，郡人捨宅为招提，因姓名名焉。后人取唐文皇圣教寺“仙露明珠”之语，易以今名。元初，毁于兵焚。明季为巡抚都御史公廨。顺治十年，奉天周公开府三吴，暇日偶游后圃，忽见头陀数百辈联臂嬉游，即之辄不见，掘土得五百罗汉像，石刻“朱明”字迹在焉。因移署他所，复寺旧额，迄今盖三十年矣。殿屋久未葺治，上雨旁风，日就颓落。乾隆二十有七年，谛修禅师来主法席，慨然以兴复为己任云云。据此，则移署复寺当井始于顺治十年，至朱明易名“明珠”，未详何时，然苍雪时必尚未易，故徐崧《百城烟水》犹称“朱明”，百愚斯启亦称“朱明”，则此题“珠”当为“朱”之误。

《百城烟水》：陈三岛《同徐松之、陈皇士过访三宜和尚》诗：茂苑欣瞻振锡来，瑞灯移处讲堂开。入门自觉嚣尘洗，接席应忘暮夜回。万里津梁流半偈，一时龙象拥高台。可怜宝界遗基在，更得重逢度世才。

钱澄之《田间诗集·三宜大师来为浪杖人封龛》诗：一衲萧然自在身，诸方独有此翁真。寒江破浪违慈母，古寺临龛哭故人。不断情根存世谛，可知佛法在天伦。我无一物堪为供，赤手将来未是贫。

《丹五笔记》：土国宝抚吴，顺治六年去任。八年重来，簠簋不饬，民不堪命。巡按秦世祯劾之，惧其标下将卒之变，为栅于城，五家一栅，使马不得行，遂收其标下十将。土公闻而叹曰：吾不忠于明，死已晚矣。以弓弦自缢于珠明寺楼上。时抚署为湖寇所焚，未修，暂寓寺中，有九间楼在焉。

薛起凤《香闻遗集·珠明寺斋堂》诗：法味堂开十笏宽，舌根空故了咸酸。人间惟有修行好，天下无如吃饭难。乌下香台分净食，钟传花漏劝加餐。赵州公案金牛话，留与山僧仔细看。

和徐松之养春堂同集用南字

《吴江县志》引《诗粹》：徐崧，字松之，少从史元游。善诗，好山水，著有《百城烟水》九卷。

按，《百城烟水》寒山别业下自注云：崇祯末，余偕弱翁、文将、掌文访灵均，留止数日，遂与灵均遍游，始晤苍、汰二公于华严讲期中。时子晋同麟七、退山诸公亦至。据此，徐崧之遇苍雪在崇祯末。惟《贤首宗乘》记汰如讲华严在崇祯十三年，未竟，示疾即逝，。崧遇苍、汰于华严讲期当为崇祯十三年事，而尚未至末年也。又陆墓下自注云：顺治戊子秋，余与金俊明孝章、杨補无補、方夏南明倡南字韵诗于陆塘寓斋，远近和者几及二百人。据此，则此题“养春堂”，当即陆塘寓斋之室名。

《五灯全书》：吴江徐崧松之居士，从幼过精舍，闻梵声，辄悲感不能去。年稍长，绝意进取，力参宗乘，心如木石者有年。后历见诸老，自题像曰：觌面阿谁，似乃未似。家私荡尽，胸无一字。竖起如意，通天徹地。倘遇识者，唤作居士。

乙未过深栖庵赠寒松

按陆汾原注云：庵去齐女门一箭道，渺若旷海，创于胜国，复兴于渭滨上人，四传而至寒江法友，参宗教，兼善丹青，真有志士也。

《康熙苏州府志》：深楼庵在齐字二图，元大德间僧巨彻建，明僧渭滨重建，文文肃震孟题额“欢喜世界”。

《长州县志》：深楼庵，元大德问僧巨微建，在十六都。按“微”当作“彻”，字义自胜。

赠宜修老宿七衮

按，陆汾原注云：宜修应教中真诚翘楚，善谈孔雀，精于音乐，所居北城大弘寺，有宋祖师泽天泉于此入定，恶蛙喧，以一点其额，遂不鸣。又会说法，天雨花。至今有点额蛙、雨花堂二遗迹焉。

三宜和尚招同灌溪、寅仲还元阁看梅分赋

王士祯《带经堂集·雨夜宿圣恩寺还元阁》诗：梅树初花是涧流，满山香雪送行舟。三更萧瑟湖旁

雨，百尺高寒水上楼。师子窟中岚翠合，法华山外暝烟收。霜天欲晓鲸音起，万壑声从何处求。又《寄邓尉剖石道人》诗：最难忘处还元阁，坐卧曾峦叠嶂围。修竹万竿阴讲席，梅花千片点僧衣。洞庭烟雨春如梦，笠泽渔蓑晚竟违。终作都维那子弟，一瓢一钵远峰归。

《邓尉圣恩寺志》：还元阁，顺治五年戊子三月建。

再过青松庵访雪松，次恒公扇头韵

《苏州府志》：青松庵在盘门外堰桥南，旧名清隐庵。宋端平间，僧法立建。明初归并泗州寺，万历九年重建。十五年，申文定公时行题今额，申用懋记。十九年，建药师殿。三十二年，建大鉴堂。顺治中重修。

《吴都法乘》：申用懋《青松庵记》：昔苏子美云：盘阊间多高僧隐君子。盘居城之西南，太湖波光，澄碧万顷，群峰环列屏障，山水之所聚也。郭外吴门有巨桥，虹卧逶迤而西，不二里，地名何家塔。蒹葭苍茫，中望见高松亭亭，郁然深秀，钟磬铿鍧，出松际者，青松庵也。庵之始，故飒寂荒墟耳。万历丁亥，有头陀无住者住锡，依此诛茅结绳，虔修苦行，诚感檀波，开创兹庵。先文定颜以“青松”。继无住者，曰松屏，曰鉴池，曰雪松，相与僇力，先后缔创。自山门而大殿而廊庑，翼然有序，焕然有章。殿后峙杰阁，左顾新郭，炊烟遥出树杪，右顾秦余、茶磨诸岭，翠黛横波。斋堂、禅室、香积、庖湢，罗列鳞次，幽邃精洁完矣。若夫流水绕前，嘉木周翳，生烟流飔，可荫可憩。朝霞暮霭，色与佛灯交映；农唱渔歌，声与梵呗相和，此又庵之风景所以甲于胥盘者也。庵虽肇于无住，实庀于松屏，成于鉴池、雪松。当时松屏锐意兴构，阻以无年，鉴池现罗汉身，说药王法，以三指禅拔人苦海，远近争信之，钱刀不募而群集，皆浮屠氏之功臣也。顷雪松虑后之忘所始，俾余为记。无住名源静，松屏名觉沧，鉴池名海珠，珠孙本瑞，是为雪松上人。崇祯戊寅端阳日。

吴之振《黄叶村庄集·重游青松庵，庵易名，甚俗》诗：泊舟芦苇小徘徊，棋簟追凉两度来。竹院秋容齐鼓静，书幡风影讲堂开。一瓯不得赵州供，牛榻全凝处士灰。最爱青松名古澹，却将瓦砾换琼瑰。

按，青松易名，无考。惟同治《府志》青松庵下注：前志有清隐禅院，地址与兴建年代皆合，当即此庵云云。青松，康熙时曾一度易名清隐，故吴之振诗及之。又按，《百城烟水》，青松庵在葑门内天赐庄，一名慈航庵，顺治十六年建。此在长洲县界，非此题之青松庵，吴之振易名云云，或属慈航庵。

访姚翁君佐千虎斋

钟惺《钟伯敬全集·入舟同姚君佐》诗：昔来冰未泮，今去露初残。往反非前路，舟车共此寒。图书闲处得，伴侣众中难。一水秋冬色，同君累月看。

又《泊潞河示君佐》诗：水行亦云逸，野泊乃生愁。北土寒无树，南人孤似舟。一身犹供子，九月已非秋。安得移兹日，前途佳处留。

葛一龙《葛震甫诗集·铁佛山房夜会姚百雉君佐赋别》诗：山气入寒初，披烟摘短蔬。雨逢一姓客，同惜双林居。水滴莲花断，星摇竹树疏。若非看竟夕，阴发更何如。又《圣仆、伯传看梅还虎丘，因寄姚百雉君佐》诗：邓尉山中五十里，蔡仙洲畔一千家。春风作意横吹雨，湖水蹴浪高于花。二客乘春发春渡，梅花落尽空舟卧。香魂招得寄情人，白云窅窅真娘墓。

按，姚君佐，名无考，以葛诗证之，似属苏人。姚君佐与钟惺、葛一龙同时，则入清后当以耆年，故题称姚翁耳。钟《入舟诗》与《泊潞河》联接，当时北上发潞河，赴都也。

《明诗综》：范汭《荆南送姚百雉还莆中》诗：自蜀经三楚，由吴下七闽。到家君有日，泥杀滞留人。据此，则姚百雉，闽之莆田人，姚君佐当同，盖闽人而寓苏者。

补编卷四

和灵岩慈受和尚《披云颂》

《百城烟水》：灵岩山，去城西三十里。僧寺始建于东晋，唐名灵岩寺。宋圆照本晚终是山，塔全身焉。慈受深主席三年，刻“披云台”字于石，作颂。

《灵岩志略》：披云台在琴台南佛日岩下，石上镌“披云台”三大字。

《中吴纪闻》：慈受禅师怀深，靖康间住灵岩，学徒甚尊之。平生所做劝诫偈颂甚多，皆有文法，镂板行于世。尝自为真赞云：自愿个形骸，举止凡而陋。只因放得下，触事皆成就。醍醐与毒药，万味同一口。美恶尽销融，是故名慈受。孙仲益作守时，因上元，命之升坐，慈受举似云：灵岩上元节，且诸与方别。只点一碗灯，大千俱照彻。也不用添油，光明[1]长皎洁。雨又打不湿，风又吹不灭。大众毕竟是甚么灯，教我如何说。时高峰瑰老虽相去不远，绝不会面。慈受因中秋赏月，书一绝寄之：灵岫高峰咫尺间，青松长伴白云间。今宵共赏中秋月，莫道山家不往还。

弘储《灵岩记略·慈受禅师传》：禅师怀深，寿春夏氏，自号慈受叟，人因称为慈受大士。宣和三年三月，诏慈受禅师住汴京大相国寺慧林禅院。靖康元年，力请还山，优诏不许，命大丞相喻旨，所以留师者，靡不尽也。师确不可夺，拂袖出都，遍走江浙，所至山川城邑，僧俗拥众欢迎，瞻顶焚香，夹道如佛行化。灵岩、蒋山虚二禅席以待，而两山之人，遮道不能行。师姑慰其意，住灵岩者三年，最后得包山废院，欣然驻锡卷裓，为终焉之计矣。居包山不数月，而檀施辐辏，殿堂鼎新，如化成。兵烬之

1 “光明”原缺，据《中吴纪闻》补。

后不欲烦人，而施者自远而至，惟恐弗受。今所传《洞庭华山观音院圆通殿记》乃其所撰。绍兴二年入寂。师嗣长芦信，信嗣圆照。

又宋慈《受深禅师颂》十首其一：林底当怀老药山，皮肤脱尽万机闲。披云月下时长啸，千古风流满世间。其二：戏镌崖石号披云，且欲朝昏见古人。折脚铛中聊自足，世间忧喜不关身。其三：拄笻台畔自腾腾，野草闲花照眼明。绿水青山皆旧物，鸟啼猿啸别无声。其四：春暖岩花处处红，住山境界乐无穷。劳生奔竞何时已，说与还如耳畔风。其五：当年吴越日相攻，蚁斗蜗争不少容。范蠡西施伎俩尽，青山依旧白云中。其六：兀坐云根懒举头，更无言句示禅流。森罗万象分明说，有口何妨挂壁休。其七：老来羞懒出人前，只欲隈岩傍水边。多谢洞庭峰顶月，夜来向我十分圆。其八：禅门难得好儿孙，逐句寻言总失真。山是山兮水是水，莫将情解斗尖新。其九：透过无心种种休，松间石上自悠悠。田园不用争疆界，大地都来一指头。其十：莫笑山僧语句粗，真情何处着功夫。世人用尽精神讨，缘木何曾觅得鱼。宣和元年五月下瀚，嗣法比丘廓庵冲正上石。

按《志略》于此一则下注云：灵岩山，洪武中赐额报国永祚禅寺。启祯以来，僧徒寥落。岁已丑，储和尚葬亲通州，返天台，兵阻吴中，吴人士延住灵岩。甲午，和尚五十诞辰，以檀资建二阁于法堂之左右，左曰天山，右曰慈受。已而浚池得石，磨洗读之，乃此《披云颂》也。慈受阁名先为之兆，众皆惊异。和尚曰了庵，欲公前往此山，集中有《跋深禅师偈语》，云：深公既退此席，逸老包山，闻灵岩禅堂落成，有“我亦老来思旧隐，异时还借板头眠”之句。今禅堂上梁方四日，而此碣出，深师所以庆禅堂之成也，遂用韵，成十颂，适中峰彻大师至，各自再三和，于是诸方知识及门弟子，咸有和章。据此，则《披云颂》，宋时刻石，而久已沉埋土中，诸和尚于甲午浚池得之，时适建慈受阁成，而石乃出土，亦异事矣。甲午，顺治十一年也。诸和尚初和再和各十章，具载《志略》。又通门亦有和《披云颂》十章，载《懒斋别集》，兹不备录。

题顾樵水画

《松陵文献》：顾樵，字樵水，志尚冲素，于世无营，诗隽永，有钱、刘风味，书入能品。每橐笔游山水间，图而咏之，流连忘返。

《今世说》：樵水为尝作《秋林图》，赠吴娄东。吴叹曰：对此尺幅，令人幽思顿生。

《启祯遗诗》：吴枀《赠顾樵水画山水歌》：某也烟霞有真癖，空囊欲买山无策。思移洲岛置坐旁，翠微白云澹朝夕。耳闻顾生书有灵，安得致之图岳形。一朝葵林识其面，果然五指如五丁。秦山楚江须臾出，能使云雷走白日。高堂谡谡凉飔生，四坐玲珑岚翠湿。尔祖虎头不可得，冥冥助尔有神力。西笺东绢恣所挥，一丘一壑何巍巍。愿君立扫万幅慰众饥，莫与权门屏帐生光辉。

《吴江诗略》：潘柽章《顾樵水丹青》诗：长康三绝到东吴，用意宁同俗手拘。远浪欲生夔峡障，苍烟不了岱宗图。仙源有路犹堪访，钓叟何人或可呼。写我此中闲亦得，神明丘壑未应殊。

《诗观》二集：朱虹《赠顾樵水》诗：羡君卜筑傍汉滨，古树修篁自结邻。侠骨愿交天下士，高怀不计釜中尘。身随豹隐逃名早，自笑虫雕斗技新。寒食已过梅雨近，子规啼遍落花晨。

德元《来鹤庵诗草·寻顾樵水江隐居》诗：颓岸危桥涧有声，夕阳山路雨初晴。鹤来松径知迎客，人立花田看耦耕。满坞乱云千片白，数峰残磬一声鸣。仙源何必非人境，羡尔幽居远世情。

题马退山小像

按，陆汾原注云：退山一生馆于汲古阁。

陈瑚《确庵文集·马退山传》：吾郡阳湖之西，荻溪之畔，有隐士焉，曰马退山，讳宏道，字人伯。其先为常熟县人家，故食贫。年十五即以章句之学教其乡里子弟。适当万历戊申岁，大水，无麦苗，生徒各散去，乃垢面跣足，学稼圃以自给，操舟戽水之事，无不躬亲为之。然身虽困而志气甚壮，遇胜友往还，辄从而商榷古今，钻研讲贯，穷日累夜，凡《史记》《通鉴》诸书略皆上口，兼通卜筮书算之术，间或游戏六博，即知其无益，掷去不复为也。其读书喜详而恶简，以谓圣贤传注，昭然如日月，岂可剪截芟夷，故《四书》圈外注如范氏、胡氏诸说，《毛诗》某篇几章章几句，皆一字不遗。其教子弟亦如之。江陵直解，观者不能卒业，而退山则能成诵若流。即或以腐儒嘲之，微笑而已。二十余年始学五字诗，已而日进，晚年而益工，有集若干卷。其为诗长于和韵，友人投赠，倚字裁答，叉手立就，集中如《采菊》《秋水》诸作，叠韵至数十首，见者莫不惊其学殖之渊博也。予从己丑岁移家隐湖，始得交退山。时退山与长洲殷介平同为毛氏经师，其学问人品亦相似。介平归，退山赋诗送别，有“结社十年都是客，归家半月恰如僧”之句，一时争传诵之。湖上故有诗社，如宋末月泉吟社故事，以“天寒有鹤守梅花”为题，邀数名家共作，得数百首。顾中庵与予尝私自评论，以退山作为第一。曰：诸家之作，非不尽态极妍，然而蕴藉妥帖则无如退山矣。性爱钞书，灯下作蝇头小楷，虽隆冬砚冻，两手皲瘃，不以为苦。录唐宋元明诸大家秘本共百卷，藏于家。又好佛，晨起辄诵梵经无间。尝见人杀鸡，鸡入汤镬中，忽起走，大骇，遂终身不食鸡。衣服必浣濯，书籍几案必修整。虽居馆舍，庭中必莳名花香草，饮食稍不精，便掩鼻去，盖好洁其天性云。生平诗友如林若抚、王德操、翁善吉、宋为溪、华小宋、陈季采、孙子长、王与公诸君，方外如苍雪、牧云、豁堂、道开、石林辈，皆有唱和。而下榻最久，称最相知者，则陆兆登、毛子晋、王凯度也。今年夏，退山忽载酒过蔚村曰：予老矣，子其为我作一小传。因出示《研北纪略》，备书其一生艰难琐尾之状。予读之而叹，退山真豪杰也。当其少时，家无甔石之储，环堵之宅，而崛起陇亩之间，笔耕舌耨，强记博物，有闻当世。君家少游所谓衣食裁足，下泽车，款段马，称乡里善人者，退山其殆过之，可不谓贤哉。因不辞而为之传。

又《马退山八十》诗：生传当年写照真，相逢恰喜又湖滨。熊车合入周家梦，龙尾终非魏国臣。老愈撝谦应不老，贫能乐道未全贫。他时青史书名姓，耆旧如君更几人。

文祖尧《明阳山房集·赠马退山隐居》诗：针芥相投意味亲，为君恬退识天真。白云有约堪为侣，浊世无心更买邻。骨染昙花香已透，名题莲蕊字长新。等闲尘网轻抛脱，直向今生度此身。

《离忧集》：林佳玑《隐湖喜遇马退山》诗：全生还避地，湖上即为家。古国犹芳草，空山有落花。校书千卷细，叉手十行奢。褦襶逢知己，相携话日斜。

《娄东诗派》：顾梦麟《为马退山题隐湖泛舟图》诗：南湖秋水古时烟，荡漾方知别有天。把钓自邀鱼入馔，携樽仍许鹤同船。鸱夷掉臂人间世，杯度传心我辈禅。身在书图诗在卷，三三两两记当年。

《江苏诗征》：陈帆《马退山隐湖新居留宿》诗：玉山经劫月泉荒，江左词人鬓早霜。砚陇断云迷鹭渚，尘甕霏屑洒鱼庄。孤村有客谈开宝，此日惟君抵范张。洞口桃花飘已尽，舣舟仍似旧渔郎。

《常熟县志》：昆承湖在常熟县东南五里，南北长十四五里，东西广七八里，亦曰东湖，一名隐湖。

癸巳重逢楚玺于定水

《南山宗统》：愍忠第一世，京都悯忠寺大会海律师，法嗣龙潭洞然耀师。愍忠寺第二世，中州龙潭寺洞然耀律师，法嗣龙潭荆璞玺律师。按此题，楚玺当即荆璞。

读体《一梦漫言》：正月初九日，和尚登舟回扬州石塔，龙潭阻风三日，有定水庵僧楚玺，乃妙峰大师孙。大师奉神宗皇帝旨，建铜殿于华山者。来请和尚随喜，到山，见路径草覆，阶陛参差，殿堂香灯寥落，廊庑空寂人稀。和尚叹云：此丛林未及五十载，云何冷落如是。楚玺言：因乏道德人主持耳，请和尚慈悲，中兴先祖觉灵，亦感不浅。和尚慨然许可，遂下山，次日渡江还石塔。二月，江阴十方庵请开戒，楚玺持南京诸护法书到庵，请和尚住锡华山。

按，登舟回石塔之和尚为若昧，时约崇祯十二年。据此记载，宝华山之创兴，由若昧和尚以付见月律师，迄今几三百年，尚为有名戒之坛，而若昧和尚之住山，乃因缘于楚玺也。

《句容县志》：定水庵在龙潭西蟠龙山，为宝华山下院，光绪中修复。

《宝华山志》：薛正平《华山定水庵记》：定水庵者，妙老人华山之下院也。妙老人者，台上妙峰禅师，神庙呼为"真正佛子"者也。老人开山，以铜殿供普门大士，遂与白华相望。一日老人经行江上，见民居数椽，背山临龙潭，有古杏，扶苏拂云，花时缤纷，如百鸟衔来，天女散掷。怪石峙其旁，扳缘而上，可趺坐眺望。老人乐之，曰：衲子之南北往来者必经于此。或疾风甚雨之夕奂，无所置足，购得之，拟设且过。老人北归，遂复不果。楚玺禅师友，老人之孙，解院务，退居焉。玺公年少时，英敏出众群，自下山键户，焚弃笔研，如愚若讷，似不识一字者。然名公高士，过之必缱绻不忍去者，抑又何耶？昧大师礼老人像，发愿竭力鼎新，焕然改观。四方衲子依提木而往者，不远数千里，重趼而至，为四天下戒壇第一。玺公喜曰：某甲无他长，以一念精诚，感动大师入山，瓦砾化为宝宫，差不负老人瞩累耳。曩者，老人植杖怪石，谓某甲异日有肉身菩萨住山，为余完此未了公案。今某甲老矣，公为识之石，余兄书之。楚公名某，生缘某地，某氏子，年几，依老人剃度，少余十岁，为余慧命昆季。戒月妙老人庵。时顺治时三年丙申仲春，年八十有二。

附录卷二

南来事迹记述

《滇释纪·苍雪传》

按，《鸡足山志》：儒全号水月，昆明人。万历初年礼古林为师，后与朗目同参，遍历大方，海内宗匠无不印可。一日至峨眉山四会亭，得琉璃三昧。后归主寂光寺。朗目寄诗云：鸡山古寺初逢处，楚国长途复遇时。三十六年成久别，而今题作一联诗。又：华首峰头大寂禅，烟霞养得慧身坚。有时坐到忘言处，迦叶重来展笑颜。天台兵宪王公问师日用事如何，师答曰："凿池不待月，池成月自来。"

按，《滇释纪》：妙德比丘尼，呈贡人，姓赵氏，乃苍雪法师胞姊也。童年祝发于昆明城南清净寺，履止敦朴，惟戒确守，衣盋之余，分寸不蓄，笃志精修，一无虚日。常领众数十，时谓滇南尼众之善知德也。每为大族所重。世寿七十余，终于本寺。

（清）虞阳避难叟辑《鳅闻日记》，王培孙序

圣一潘子嗜书，尤好网罗吴中掌故，此《鳅闻日记》稿本一册，即其所得，以余同嗜，邮以见示。作者虞山汤姓，隐其名，书叙太平军陷常熟，避难时之所见所闻。余详览一过，而信其为当时之实迹。孟子曰尽信书不如无书，故书而可尽信者，殆非易遇。是书无辞藻，无章法，文句拙朴，而叙次复沓，知非庠序中人所写。既隐其名，自无求知于人之意，故能据事直书而未尝参以褒贬之说，盖无所为而为之者。设以文人为之，则志在修辞，往往饰以浮词而遗其事实。以含有政治意味者为之，则或口诛笔伐，以自成其一家之言；或碍于公私而加以讳饰，譬诸曾胡奏议，未必当时信史。又如李秀成之供状，虽刊行于世，然经笔削而非原本，皆其例也。且红羊史事，撰述者多。然所记皆一时代之大事，非一地方之琐闻，事既尽人能知者，即无足轻重。

是书所记，虽限于常熟一隅，然以此例，彼苏浙附近，当亦大致相类。综其所述概况，则地方沦陷后，正人君子遁逃他方，恶党小人出而组织维持机关，谄事贼匪，为所利用，赌局、鸦片之窟，一时蜂屯蚁聚，倚引贼匪，拆人屋宇，斩伐树木，宣传贼匪所主张之道理。同入农村，按户搜取米谷，捐税繁重，物价腾贵，欺压良民，而愚弄其富贵。若遭他处匪徒之攻击，则焚烧村庄，杀其人以泄忿，又籍之夺其所有。商旅运载货物阻遏，或没收之。恶党小人，或图索诈，或挟睚眦，则进片言于贼匪，无辜被捕者，累累于道路，滥施刑僇致死，则焚灭其尸。商人之获利者，贼匪则借端设计，指挥恶党小人谄之于罪，必使罄其所有，而恶党小人因贼匪得财者，又每为所杀害，宠以爵禄者，旋加以缧绁。贼匪自称基督教徒，见寺院必毁之，而污其偶像以为快。是书所述种种，大率如是。

回溯太平军之消灭为逊清同治四年，距今适八十年休养生息，犹未复乾嘉时之富庶。欲闻其事实于目击者，而遗老尽矣。得是书观之，不啻身历其境，其足备参考之价值，为何如哉？夫一治一乱，历史之常轨也。自丁丑战争起迄已八易寒暑。试就苏浙各地方一一询其人民之遭遇，与是书所记何同何异？苟有本所见闻而笔之者，则后之视今，又何殊今之视昔？或曰太平军时所损失者，生命与财物耳；今之损失者，人心之陷溺，道德之堕落也。前者恢复易，而后者恢复难。斯言也，则未能判其为然否矣。余以战争烬其旧庐，孑然一身，蛰居寡欢，作者一避难人，读书又一避难人，先后相去来百年也。治乱今昔之感，夫何能已。爰就文字复且晦者为删润其一二，分上、下两卷，而为序于简端。时岁在甲申仲夏之月，上海。

（清）翁方纲撰《复初斋时文》一卷，稿本，王培孙跋

小友沈亦吾君，避兵金华，由金华而玉山，以余好书，偶购以寄赠。沈君非知书者，所购乃无用物，独此八股文一册，翁方纲作，名人之遗墨也。重装存之，为沈君友好之纪念，亦彼此避兵之纪念矣。时民国二十八年居大同坊寓庐。

（明）陈建撰《皇明通纪集要》六十卷，崇祯刻本，王培孙跋

《皇明通纪》有数刻本，详略各异，此本最为详略，间得其宜而扼其要，且未经前清禁令删削，尤为可贵，江浦陈珠泉先生洙所购藏者。乙丑冬月以赠图书馆，缺宣德朝末数页，取李卓吾批《皇明通纪统宗》补全之，恐与原本或稍不同矣。

（培孙印）

（明）朱一是、吴琪评《杜樊川集》十七卷，崇祯丹山吴氏西爽堂刻本，王培孙跋

景苏园刻北宋本二十卷《杜樊川集》，杨守敬摹写自日本枫山官库者。此本无诗，乃抽去第一卷之半至第四卷也，自第五卷始至第二十卷，目录均同，除诗三卷，故只得十七卷，可知当时所据之本非无来历。惟自撰墓志铭一篇，原在第十卷，《淮南监军使院厅壁记》后者移于前卷墓志铭末，致目录阙文一行，而集本为二十卷者，又十七卷止，读者骤观之，未免疑书之未全也。癸未腊月寓大同坊偶读记之。

（培孙信印）

（清）吴骐撰《颬颔集》八卷，刻本，王培孙跋

此册有宋际私印楷庵两图记，查宋际系日千先生同学，曾撰日千行状，见姚石子兄所刊日千集后，则此册流传有自，至可宝也。

民国十一年秋得于李爱椿处

（培孙印）

（清）吴伟业撰《太仓十子诗选》十卷，王培孙跋

吴梅村《十子诗选》汇刻书目载之民国纪元前，余好读明清之际遗民诗，求此十子诗终不可得。太

仓钱先生履擦、李先生颂韩搜罗其乡先辈著述，亦求之久而未得也。去秋，俞先生凤宾为假，得下册录存之。冬间，南京开全国图书馆协会，陈先生乃乾以赴会之便，购得全书于书肆，即以假余，复录之上册，以成完璧。以二十余年未得者，而在短时间得之，具喜慰为何如。而钱、李两先生已先后归道山，不能共欣赏矣，人琴之感又何如也！是书为汲古阁绣梓本，而考汲古阁所刻书目，则未及之，序文、末页、年月及撰序人名已割去，谅以清初文字狱兴，禁网滋密也，此书流传之少，可以概见。惟以诗论，则皆少年时作，未足概其所长，惟梅村时代娄东坛坫之盛可想见耳。

民国十八年己巳仲春之月

（清）吴猷绘《申江胜景图》二卷，光绪十年石印本，王培孙跋

同学龚君启昌在宁市代购此二册，沪埠四十年前之状况，展卷如在目前也。

民国十八年五月重装

（培孙印）

（明）陆敬身《霜镜集》口卷、《悟香集》三十卷，崇祯十三年、顺治十八年刻本，王培孙题跋

据《续甬上耆旧集》，陆敬身先生所著诗有《霜镜》《辟尘》《悟香》三集，《悟香》为国变后作。乙酉丙戌之间，先去输饷助军，而不受官，蕉口行吟以口国事君仇，放笔不讳，集虽开雕，不轻示人也。兹残本五册，虽残而幸各体皆备，读者尝鼎一脔，未为不知味，而知人论世者，窥豹一斑，非不可见其全也。

民二十二之三月重装记

（培孙印）

（明）王扬德辑《狼五山志》四卷，万历四十四年刻本，王培孙跋

万历本《狼山志》四册，蔡先生蔚挺见书贩彭姓者此，知为余之所好，即为代购。又虑购之太急，则嗜利者将高抬其价，而余又非能出高价者，于是议购而未遽购定者。经月余之时间，而彭姓已携书来沪，蔚挺乃发航空函，托其友人中国银行秘书宋君就沪向彭姓交涉，幸未脱售，然间不容发矣。若无

航空，事殆无及。宋君得书，以交王君梅笙，转交李君靖澜，而送余处。余骤睹此不易见之本，喜而不寐，翌日蔚挺函到，方知此书经过之曲折，则蔚挺为人谋之忠，至可感也。为述原委，以不忘时。

民国二十三年一月之末日

（培孙印）

阮忠枢编，严复译《居仁日览》，1915年石印本，王培孙跋

居仁《日览》四册，为洪宪纪念品，足供历史参考，亦严几道先生晚年之译文矣。但先生植之得自杭州书肆，以赠南洋中学图书馆，原六册，重装成四册。时民国二十五年三月。

（培孙印）

（明）杨慎撰《太史升庵文集》八十一卷、《目录》四卷、《年谱》一卷，明刻本，王培孙题跋

此集假中国书店万历旧本抄补成帙，版式或稍有不同。时在大同坊寓庐，民国二十八年冬也。旧抄《年谱》仍附于末。

（培孙印）

诸宗元撰《诸贞壮先生遗诗》二卷，1934年铅印本，王培孙跋

就汇古斋购书得贞长《大至阁诗》《病起褰诗》各一册。忆在光绪辛丑壬寅间，贞长佐上海道瑞公莘儒幕，余则任育材校事，又卜居道署旁，相去不数步，二人各年壮气盛，以此相识订交，过从密且乐也。瑞公升职离沪，贞长随去，以宦为家，遂二十余年不复如前之聚首。迨岁庚午，贞长倦游居沪，余校已移龙华路，余已一目失明，不到租界，贞长问讯来访，各叙别后状况，相见欢甚，作竟日谈。未几而贞长病，病久而愈，乃有《病起褰诗》之刻，寥寥数小页，不能成册，录以附订于后留纪念焉。贞长病起，越数年又病，时余以一二八之战离沪漫游，事定归则贞长永别矣。其在上海道署时，为余校募瑞公捐款一千两，校得捐款，此为嚆矢，是则尤足铭诸不忘者。

时民国二十八年己卯仲冬寓姚主教路大同坊。

（培孙印）

（元）释原妙撰《高峰大师语录》一卷，万历二十七年释袾宏刻本，王培孙跋

庚辰孟冬，蔚挺以《高峰语录》一册并诗两绝为余祝年，所以期望余者意味深厚，令人如饮醍醐，余当铭记之不忘。是册云楼莲池大师，流通距今几三百年矣。时蔚挺避兵赣州乡间某山之麓，南昌陷后，交通阻塞，是册托友付邮，历时久而卒达到，尤足珍重，为记颠末，不特雪泥鸿爪之感已也。

（培孙印）

（宋）佚名撰《圣宋文选全集》三十二卷，清刻本，王培孙跋

是选各家文有为专集所未载者，足资参考，乃乾云王秉恩官蜀时，覆刻此宋木，未及加入序文等而罢官，当时仅印数十部赠友，则书之流传又甚少也，纸劣乃一憾事。

癸未夏月寓大同坊展观记。

（培孙信印）

（清）斡难·瑞洵撰《散木居奏稿》二十五卷，餐菊轩1939年铅印本，王培孙跋

我国自前清乾隆以后，北被俄国侵略，南被英法割据，每读当时出使曾、薛二公文集及驻边大吏奏稿，辄起同仇敌忾之心。兹阅瑞洵《散木居稿》，为维持外蒙旗水草放牧起见，又为应付俄人侵略交涉问题煞费苦心，其亦清末边吏中之翘楚欤？稿中叙述与俄国每遇三年会勘界碑一次，辄为俄人促地若干里，额尔泰山以外，致划归俄有。此诚各国划界以来所未有之奇闻也。然而，俄人南下之心无时或已，言念及此，不寒而慄。国人□放大眼光，而研究如何恢复康熙时代之版图乎？

□虹识于大同坊

三五年一月二零

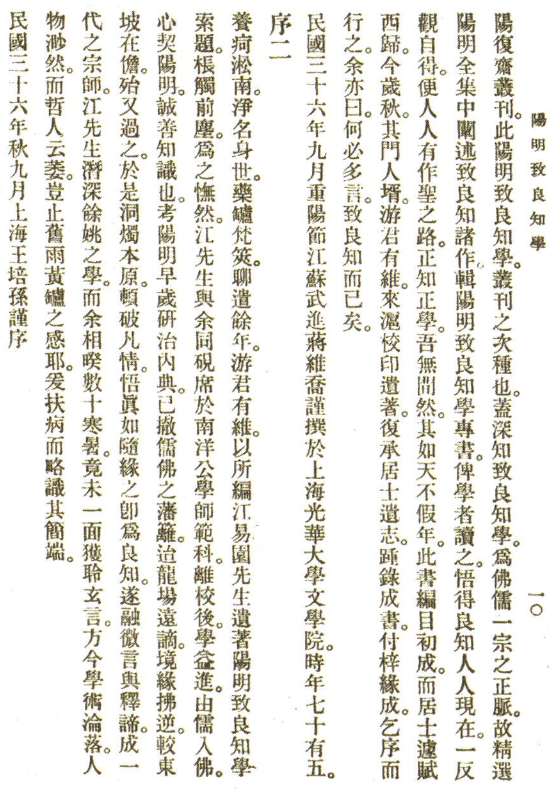

陽明致良知學　一〇

陽復齋叢刊。此陽明致良知學。叢刊之次種也。蓋深知致良知學。爲佛儒一宗之正脈。故精選陽明全集中闡述致良知諸作。輯陽明致良知學專書。俾學者讀之。悟得良知人人現在。一反觀自得。便人人有作聖之路。正知正學。吾無間然。其如天不假年。此書編目初成。而居士遽賦西歸。今歲秋。其門人壻。游君有維。來滬校印遺著。復承居士遺志。踵錄成書。付梓緣成。乞序而行之。余亦曰。何必多言。致良知而已矣。

民國三十六年九月重陽節江蘇武進蔣維喬謹撰於上海光華大學文學院。時年七十有五。

序二

養痾淞南。淨名身世。藥爐梵筴。聊遺餘年。游君有維。以所編江易園先生遺著陽明致良知學索題。悵觸前塵。爲之憮然。江先生與余同硯席於南洋公學師範科。離校後。學益進。由儒入佛。心契陽明。誠善知識也。考陽明早歲研治內典。已撤儒佛之藩籬。迨龍場遠謫。境緣拂逆。較東坡在儋。殆又過之。於是洞燭本原。頓破凡情。悟眞如隨緣之卽爲良知。遂融微言與釋諦。成一代之宗師。江先生潛深餘姚之學。而余相睽數十寒暑。竟未一面獲聆玄言。方今學術淪落。人物渺然。而哲人云萎。豈止舊雨黃爐之感耶。爰扶病而略識其簡端。

民國三十六年秋九月上海王培孫謹序

图3-10　王培孙为《阳明致良知学》作序，百宋铸字印刷局1948年刊印

王培孙序《阳明致良知学》，百宋铸字印刷局1948年刊印

序二

养疴淞南，净名身世，药鲈梵筴，聊遣余年。游君有维以所编江易园先生遗著《阳明致良知学》索题，枨触前尘，为之怃然。江先生与余同砚席于南洋公学师范科，离校后，学益进，由儒入佛，心契阳明，诚善知识也。考阳明早岁研治内典，已撤儒佛之藩篱，迨龙场远谪，境缘拂逆，较东坡在儋，殆又过之，于是洞烛本原，顿破凡情，悟真如随缘之即为良知，遂融微言与释谛，成一代之宗师。江先生潜深余姚之学，而余相睽数十寒暑，竟未一面获聆玄言。方今学术沦落，人物渺然，而哲人云萎，岂止旧雨黄鲈之感耶！爰扶病而略识其简端。

民国三十六年秋九月

上海王培孙谨序

（清）徐波撰《天池落木菴存诗》二卷，康熙刻本，王培孙题跋

三十六年双十前，在大同坊突患祕尿症，命学专家袁君数年前为余推算，给命书一纸，至七十六岁为止，后皆空格，盖无命可推算也。余默念是年当离世，病一星期，迁居瞿直甫医院，经陈邦典医师疗治，至明年立夏前离院，卜居俞家宅三号休养，无所事。秋间，北京通学斋邮来《落木菴诗》一册，知余之无是书也。病中得此，喜出望外，想余搜购明清间遗集之最后一次矣，重装二册。

（培孙印）

上海王培孙谨序

含澈辑《费氏诗钞》四卷，咸丰四年刻本，王培孙题识

费古度诗，流传者无几，费锡璜选《蜀明诗》刻之，《怡兰堂丛书》亦刻之，多数首。今得《费氏诗钞》，就所缺者抄附卷末，有得之怡兰堂本者，亦有得之其他选本。诗者，费锡璜诗则《掣鲸堂集》增多乐府古诗不少，而律诗亦与此本所搜辑者同。乙丑冬月重装。培孙

王秉元撰《贸易须知》一卷，光绪五年刻本，王培孙题识

此本《贸易须知》，为学徒而设，虽不大合于新思潮，而使青年人从下层工作，耐劳忍辱做起，亦自有一种意味。在《孟子》大任章，或亦暗合也。社会变迁之处，犹可考见旧时风俗。故姑存之，时民国十七年腊月。培孙

见心撰《蒲庵集》六卷，抄本，王培孙题识

在中国书店得抄本《蒲庵集》一册，据言缪艺风所抄者，惜诗全而文缺，因托姚孟埙表弟介吕子钦

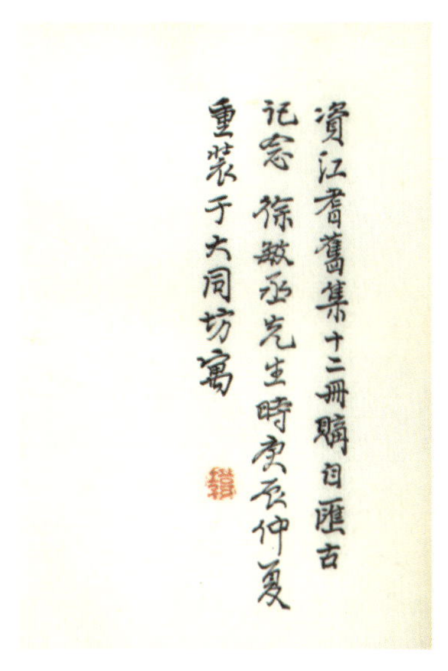

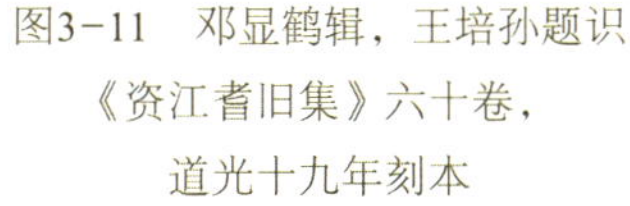
图3-11　邓显鹤辑，王培孙题识《资江耆旧集》六十卷，道光十九年刻本

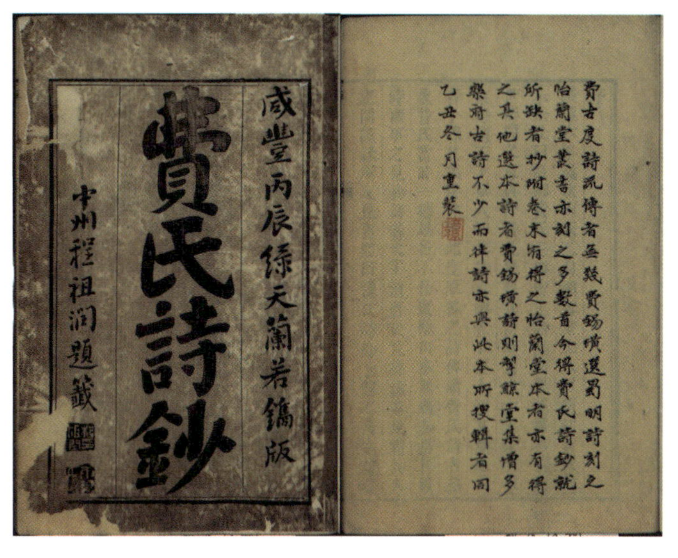

图3-12　含澈辑，王培孙题识《费氏诗钞》四卷，咸丰四年刻本

先生，代就南京图书馆影录文三卷，成此全帙。吕先生寓龙蟠里大江大学，即在图书馆对面，故得就近为之，因录《善本书室藏书志》如右，并誌原委。时民国十四年季秋之月也。培孙

道忞撰《百城集》三十卷，抄本，王培孙题识

购得道忞禅师《百城集》，适范师来见之，以是集之罕见也，嘱为录副，乃以《觉浪语录》八册见贻。正拟缮写，而中日战起，移书租界，避兵难沪，及归，又乏人工作，搁置者殆二年而方得报命。按《天童寺志》，张立廉为道忞寿塔序称，有《语录》三十卷、《布水台集》、《云侨集》二十五卷。道忞《百城集》自序，言编集首曰《禅余》，次曰《布水台》，三曰《云侨》，次为《西嵒隐》，又次为《北游》，又次为《停梅》，最后并前六集，删繁就简，命名“百城”云云。今《布水台集》、《北游集》颇流传，藏书家每有之，范师亦早得此。兹录《百城集》，凡《布水台》所已有者，存其目而文不再录，遵范师意也。时二十九年一月在大同坊寓庐。培孙

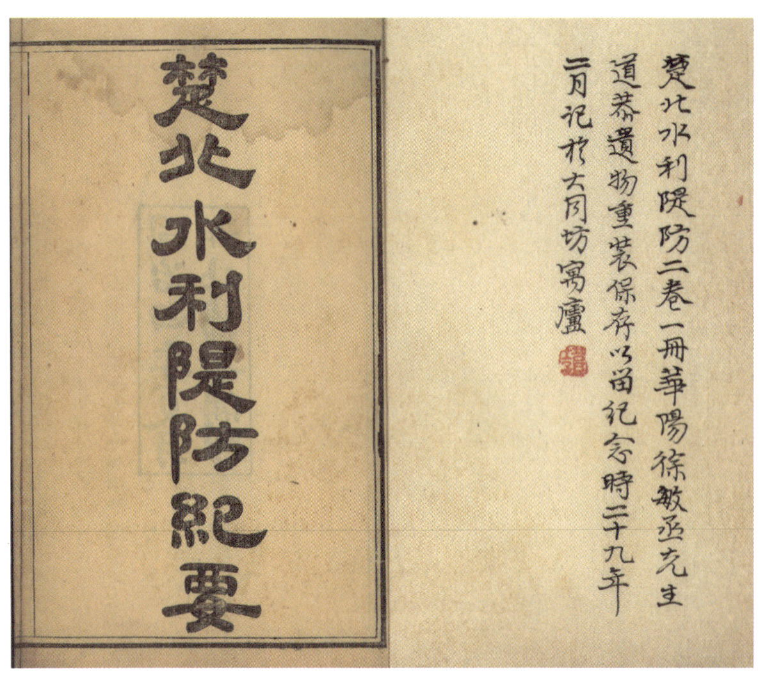
楚北水利隄防紀要

楚北水利隄防二卷一冊華陽徐敏丞先生
道恭遺物重裝保存以留紀念時二十九年
二月記於大同坊寓廬

图3-13　俞昌烈撰，王培孙题识《楚北水利堤防纪要》
二卷，同治四年刻本

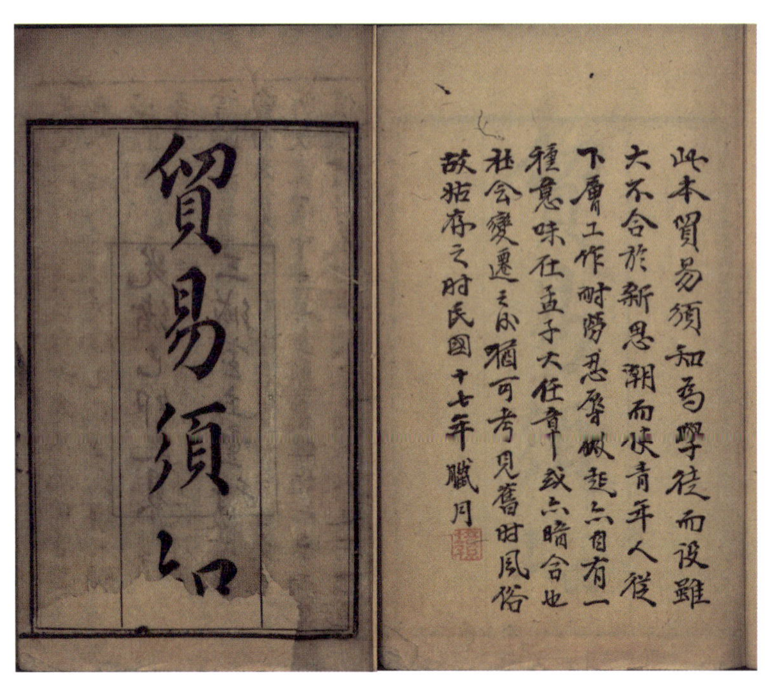
貿易須知

此本貿易須知為學徒而設雖
大不合於新思潮而使青年人從
下層工作耐勞忍辱做起亦自有一
種意味在孟子大任章一段亦暗合也
社会變遷之際猶可考見舊時風俗
故姑存之时民國十七年臘月

图3-14　王秉元撰，王培孙题识《贸易须知》
一卷，光绪五年刻本

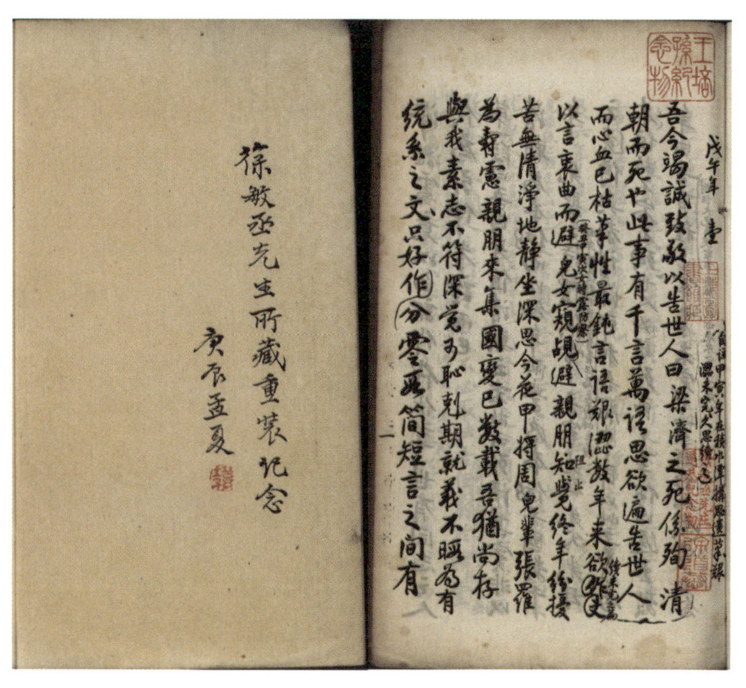

图3-15　梁齐撰，王培孙题识《梁巨川先生遗笔》一卷，民国影印本

图3-16　杨兆鏊撰，王培孙题识《三十三日脱难记》一卷，1923年铅印本

附录

整理说明

王培孙先生是一位杰出的教育家，也是著名的藏书家、版本校勘学家，其经历丰富，交友广泛。社会各界关于他的文章、传略有不少，撰写者有他的师友，也有他的学生。在1940年刊印的《南洋中学庚辰级毕业纪念册》（“王校长七十寿辰特辑”）中，即发表了多篇涉及王培孙先生事迹的文章。南洋中学教师兼图书馆主任陈子彝追随王先生多年，早些时候就撰写了《王培孙先生传略》。1962年，南洋中学老校友曹仲渊编写《王培孙先生年谱稿》（未刊行）。1995年，为了迎接南洋中学校庆100周年，南洋中学32届学生陆象贤编辑《王培孙年谱》，该年谱由上海市南洋中学校友会于2001年刊印。2005年，南洋中学教师孙元又编写《王培孙先生年表》。

此次，为了纪念王培孙先生诞辰150周年，《王培孙文集》编委会在听取多方建议后，商定以陆象贤编写的《王培孙年谱》为基础，综合参考曹仲渊《王培孙年谱》、孙元《王培孙先生年表》等，并依据家谱、方志、文集笔记、报纸杂志、档案资料等的记载重新编写《王培孙年谱》，作为《王培孙文集》的附录，让读者了解更多关于王培孙先生的事迹与经历。

附录一

王培孙年谱

1871年 清同治十年 1岁

11月22日（农历十月初十日），先生生于江苏省嘉定县南翔镇（今上海市嘉定区南翔）东市走马塘的西王信义日新堂，名植善，字培孙（亦作“培荪”），乳名大宝。

关于先生家世，上海王氏家族留有多部家谱，如《上海王氏家谱》，王寿康辑，咸丰十一年（1861年）刻本;《续修王氏家谱》，1924年铅印本。经查，王培孙先生的先祖为王季甫，传至先生已是第九世。[1] 清道光年间以沙船业起家的王文源、王文瑞兄弟，系王氏第五世。据地方志记载：“王文瑞，字辑庭。生一岁而孤。兄文源，字春泉，长于文瑞三岁。”[2] 王文瑞从小艰辛，靠经营沙船用的绳索业发家，开设过绞索等店铺。王文瑞后参与漕运，以自置海船若干艘参与其中，因此“钦加七品职衔”。咸丰三年（1853年），文瑞之子寿康（字二如），在南翔镇东市走马塘建住宅两所。寿康有六子，其中庆勋（字叔彝）居东宅诒安堂（人称东王信义）；庆昌（字雨湘）居西宅日新堂（人称西王信义）。[3] 先生即为王雨湘的长孙，祖母黄淑仪。王培孙父王维杰（字梓生），母周园贞。“大父雨湘识为大器，深加钟爱，因字之曰培孙。”[4]

1872年 清同治十一年 2岁

先生居南翔。

1873年 清同治十二年 3岁

先生居南翔。

祖父王雨湘赴南京乡试，未录取。

1874年 清同治十三年 4岁

先生居南翔。

11月，祖母黄淑仪，别号拈花女史，作《焚香煮药图记》，图已佚。

1875年 清光绪元年 5岁

先生居南翔。

1876年 清光绪二年 6岁

先生居南翔。

1877年 清光绪三年 7岁

祖父王雨湘聘请黄渡金仲占来南翔家中为先生授课。

1878年 清光绪四年 8岁

先生居南翔。

祖母黄淑仪每逢浴佛节，购鱼放生，先生受她影响甚大，曾与邻孩潜至竹园捕得青蛇数条，饲养缸内，喂以饭团，引以为乐。一日刚揭开盖砖，一蛇冲出攫食，咬伤手指，从此不再弄蛇。

1879年 清光绪五年 9岁

先生居南翔。

---

1 《续修王氏家谱》卷首“世系”。

2 （清）同治《上海县志》卷二十一“人物四”。

3 所称“王信义者”，是王氏家族“绳索店亦即沙船号之名也”。参见乐天居士:《王先生奋斗史的片段》，选自1940年《南洋中学庚辰级毕业纪念册》(“王校长七十寿辰特辑”)。乐天居士，为原南洋中学代理校长顾因明之别号。

4 陈子彝:《王培孙先生传略》。陈子彝，南洋中学教师兼图书馆主任。

父王梓生赴北京，为王文韶家西席。[1]王文韶的父亲为嘉定人，为酱园司账，王文韶幼年随父在酱园当学徒，每夜伴店主的儿子读书，学习努力。到了应试的时候，苦无为他认保的人。当时南翔东王信义的王叔彝承办江浙两省漕运，任浙江海运局长。王文韶到仁和（今杭州）求助于王叔彝，王叔彝使王文韶以仁和盐商子弟赴试。在应秋闱考试时，搭乘王信义沙船进北京，随身被服都是王叔彝的夫人亲手缝制。所以，在清光绪年间，王叔彝的侄儿王梓生曾两次到北京任王文韶家的西席，并于清光绪十二年（1886年）出资捐了一个候补通判的官衔。

1880年　清光绪六年　10岁

先生居南翔。

1881年　清光绪七年　11岁

先生居南翔。

由祖母黄淑仪作主，先生与沈竹书订婚。

沈竹书为沈二梅之女，是年12岁。沈家亦为上海沙船业巨商之一。沈竹书之母系王叔彝长女。两姓约为世代联姻。

1882年　清光绪八年　12岁

先生居南翔。

父王梓生到北京应秋闱试，落第。

沈二梅改业，游幕关中，一去不返，沈氏家业日渐衰落。

1883年　清光绪九年　13岁

先生居南翔。

1884年　清光绪十年　14岁

伯父王谷生聘嘉定钱门塘童翊臣到南翔授课，先生和堂兄王引才、王立才一起就学。

1885年　清光绪十一年　15岁

先生在南翔从李金声（字子宣，或作子仙）学习，时李金声与许苏民为南翔八股两大家。[2]

父王梓生再度进北京，应秋闱试，仍不第。再为王文韶家西席。

1886年　清光绪十二年　16岁

先生居南翔。

1887年　清光绪十三年　17岁

11月21日，祖母黄淑仪病故，终年59岁。

父王梓生从北京冒雪南归奔丧，自此倦游，卜居上海董家渡路经营王利川丸药铺。

先生去嘉定舅祖父黄翰卿家，间学八股，但不感兴趣，自修读书以广博为主，有费解处常请教于黄翰卿。[3]

1888年　清光绪十四年　18岁

先生随叔父王柳生经营祖母黄淑仪墓葬于嘉定县马陆镇沙泾祖茔，事毕仍返嘉定黄家。

1889年　清光绪十五年　19岁

叔父王柳生在松江为钱氏经营产业，迎养其父王雨湘于上海。先生此时也离开嘉定黄家，随祖父王雨湘居于上海大东门王氏宗祠。

1890年　清光绪十六年　20岁

先生随祖父王雨湘住南翔西王信义日新堂，读《周礼注疏》，甚勤。

1891年　清光绪十七年　21岁

2月26日（农历正月十八），先生与沈竹书结婚。

1892年　清光绪十八年　22岁

先生读书甚勤，眉批《诗经》。

1893年　清光绪十九年　23岁

是年，先生考取上海县秀才，名列第二。

叔父王柳生至北京，目睹清廷朝纲紊乱，萌生兴办教育之愿。

1　王文韶，咸丰进士，清同治十年（1871年）任湖南巡抚。清光绪十五年（1889年）任云贵总督。1895年调任直隶总督、北洋大臣。1898年，以户部尚书、协办大学士入军机处。戊戌变法时，受命办理矿务铁路总局。1900年八国联军攻陷北京，随慈禧太后西逃，力主对外妥协，升体仁阁大学士，后任政务处大臣、督办路矿大臣，转文渊阁大学士、武英殿大学士。

2　陈子彝《王培孙先生传略》：先生“少就外傅，从李子仙先生读”。

3　陈子彝《王培孙先生传略》：“大母故，（先生）往依舅祖嘉定黄翰卿先生，并礼之为师，习八股之业，时年十七岁。”

1894年 清光绪二十年 24岁

先生经浙江巡抚廖寿丰写信介绍入上海江南制造局支应处工作。[1]

祖父王雨湘病故，岁贡生，候选训导，终年63岁。著有《昔梦词》行世。“先生形单影只，益博览群籍，以解孤寂。”[2]

1895年 清光绪二十一年 25岁

叔父王柳生在松江秀野桥畔开办书塾，名称中西学塾，不学八股，提倡新学。首创私人办新学。时风气未开，学生人数寥寥，有王荃士、王稚虹、王晋斋、周荃荪、王潜甫、顾维钧、赵月潭、林佩侃、林斐成等十余人。

冬，先生辞去江南制造局工作，回到南翔，参加姨丈姚士梁等发起的经学会，该会以“今海外之国，其教养诸善政，往往能暗合于经，拟合海内群儒，使大明于世”为宗旨。

1896年 清光绪二十二年 26岁

是年，先生在南翔除参加经学会活动外，每日上午至耶稣堂向美国教士兰小姐学习英文，兰不收学费。下午，先生教兰小姐中文，约定半年，每月工资8元。

11月初，先生闻湖北张之洞办的武备学堂招考，遂与雷继兴、陈景韩、王季贞一同前往投考，托表弟姚明晖教兰小姐中文，完成约期。

是年，叔父王柳生将松江中西学塾迁到上海大东门王氏宗祠内省园（今中华路257弄3号），“建楼屋七楹而迁焉”[3]。改称育材书塾，成立校董会，由李平书、曾少卿、林景周、王柳生4人组成。王柳生任监院，林景周任驻校董事。书塾设正馆、备馆两馆，注重国文、英文、算学。备馆相当于小学校，教员有胡可庄、薛仙舟、马君武、沈颱民等，学生有顾维钧、朱少屏、林行规、林佩侃、赵月潭，薛锦琴等50多人。书塾原为培育王氏族中子弟，而亲友子弟来学者多于王氏子弟。

二妹王梅龄与曹汝霖结婚。先生的父亲王梓生与曹汝霖的父亲曹豫材曾在江南制造局同事，甚为相得，所以联姻。曹汝霖为上海县秀才。

1897年 清光绪二十三年 27岁

“张之洞督两湖，创武备学堂于武昌，钮惕生先生邀集同志，赴鄂应考。”先生在武昌等候武备学堂招考，“逗留武汉，而守候三月，考期杳然”[4]。武备学堂因故推迟招考，先生阅报纸悉上海南洋公学招生，遂乘船返上海应考。到达上海奔赴格致书院的南洋公学考场，已点名封场。经说明来意，主考感先生的真诚，特予通融入场应考，被录取为师范生。同学有陈景韩、沈叔逵、吴稚晖、刘厚生、章宗祥、张一鹏、雷继兴、林康侯、朱耕石、董茂堂、金邦平、孟纯荪，孟庸荪、徐师竹、杨景苏、张相文等。

南洋公学定于4月8日开学，先生因生活困难要求提前入学，经监院福开森同意，先生以第一人进入南洋公学为师范生兼任外院生（相等于高等小学）教员。外院生有童世亨、叶上之、毛西璧、任连城、陈叔达、金骐等。

《知新报》刊登《上海王氏育材书塾章程》。

是年，康有为到上海，叔父王柳生携先生到静安寺寓庐拜访康有为。

1898年 清光绪二十四年 28岁

南洋公学发生学潮。先生离开南洋公学，与狄楚青合办开明书店。龚子英出资，先生管账并负责对外联络，夏颂来为经理，书店地址在上海福州路。出版物以翻译日文政治、哲学为主，鼓吹民权立宪。先生开始与维新派人士交游。

1899年 清光绪二十五年 29岁

9月，育材书塾学生王荃士、王稚虹等5人赴日本留学。

是年，唐才常与狄楚青等组织正气社，对外称东文译社。开明书店为东文译社出版物的印刷发行所，先生参与其事。唐才常得康有为的指示，改正气社为中国自立会，组织自立军，联络长江一带哥老会，创立富有山堂，发行富有票。以狄楚青、龙积之为上海支部首领。先生与他们来往密切。

1900年 清光绪二十六年 30岁

先生参加“富有山堂”。

7月26日，唐才常在上海张园召开国会，推举容闳为议长，严复为副议长，唐才常为总干事。先生参加会议。

---

1 廖寿丰，字谷似，晚号止斋，嘉定人。清咸丰戊午科举人，同治辛未科进士，庶吉士散馆授编修，历任浙江粮储道、按察使，调河南布政使，终任浙江巡抚。为先生的亲戚。

2 陈子彝:《王培孙先生传略》。

3 陈子彝:《王培孙先生传略》。

4 陈子彝:《王培孙先生传略》。

8月，唐才常组织自立军，准备在湖南、湖北、安徽、江西等省同时起义，失败，22日，唐才常在汉口被杀害。蔡锷、范源濂逃到上海，转往日本，先生为他们准备行装。

先生接办育材书塾。叔父王柳生以南翔公益事繁，不能兼顾育材书塾。义和团事变后，将育材书塾校务正式托付先生。夏颂来、陈景韩襄助学务。乃调查日本学制，参考教会学校，订立中学课程为4年毕业。实行校长制，全校事务统归校长室指挥办理。教员兼负训育责任，不另设训育处。书塾因学生少经费艰窘，夫人沈竹书兑去首饰勉强维持。教员多半尽义务。

先生一面办学，一面仍在开明书店任职，以维持生计。每日下午至福州路奇芳茶楼品茶，会见维新派流亡人士。

12月20日（农历十月二十九日），先生胞弟王熙善去世，终年26岁，子裕骥为先生嗣子。

1901年 清光绪二十七年 31岁

与夫人沈竹书住大东门内敦和里。

育材书塾改名为育材学堂。

先生在上海旧学官原敬业书院院址开办公众普通学堂，实行学生穿制服，遭上海县知县和地方士绅反对，于是停办。先生遂一意扩展育材学堂。

1902年 清光绪二十八年 32岁

先生聘梁巨屏为育材学堂教务主任。

夫人沈竹书受聘为务本女校舍监。

1903年 清光绪二十九年 33岁

先生与族人开始续修王氏家谱，至1921年修成。

由南洋公学同学、袁世凯幕府金邦平介绍，先生与钮惕生到天津，请袁世凯出兵拒俄。先生归与人说："袁世凯是革命党人一劲敌也。"

育材学堂注意体育，借小南门城边空地辟为操场。曾与爱国学社在泥城桥畔举行联合运动会。

育材学堂课程除国文、英文、数学、历史、地理、体操外，设有卫生、国语、日文。教材由教师自编。教师有王引才、夏颂来、陈景韩、徐砚农、梁巨屏、马君武、杜亚泉、王季贞、王立才等。

第一届毕业生9人，王弼、朱葆芬等5人赴美国留学。

育材学堂经费连年亏空，得校董曾少卿帮助弥补。

冬，王培孙为育材学堂定名为南洋中学。

1904年 清光绪三十年 34岁

南洋中学经两江总督魏光焘批准立案。先生将原设在大东门内旧道署前的道前小学迁到小东门内仁和里，改名南洋中学预科。

先生到北京，目睹清政府愚暗腐败，归而专心办学。王引才介绍江桥顾天放到南洋中学进谒先生，编入二班学习。

1905年 清光绪三十一年 35岁

是年，清政府设立学部，发布上谕，自丙午科（1906年）为始停科举。

夏，先生与务本女校校长吴怀疚同赴日本考察教育。

先生在东京加入同盟会。

是年，南洋中学改订课程为5年毕业，以春季为始业。南洋中学第三届毕业生10人。

先生聘南翔许苏民为南洋中学教员兼总务。

先生同意顾天放转学邮传部高等实业学堂。

上海《时报》馆开办。夏颂来、林康侯发起在《时报》馆楼上组织俱乐部名息楼，参加的有先生及袁观澜、吴怀疚、雷继兴、狄楚青、史量才、龚子英、沈恩孚、姚明晖、刘厚生、陈景韩等。每周末相叙，互通消息。

先生任寰球中国学生会庶务部董事。

先生因南洋中学计划扩展，无暇兼顾开明书店事务，将开明书店以银1000两盘与点石斋石印局。

南洋中学计划迁龙华路日晖桥。先生与夫人沈竹书从大东门内敦和里迁居西门外白云观源寿里。将南洋中学预科的教务托李靖澜兼任。

南洋中学校友、先生堂弟王荃士和王稚虹从日本毕业回国，清政府授为举人。

1906年 清光绪三十二年 36岁

9月，清政府颁诏预备立宪。

12月13日（农历十月二十八日），父王梓生，附贡生、候补通判，病故，终年55岁。

是年，叔父王柳生应聘上海兵工学堂（广方言馆改称）为庶务长。

南洋中学等上海五所民办学堂创始人，由清政府办理商约事务大臣吕海寰汇奏传旨嘉奖，王维泰、王植善（培孙）名列其中。

先生任寰球中国学生会演说部董事。

先生介绍顾天放转学复旦公学。

1907年 清光绪三十三年 37岁

8月，先生与朱葆康等于《时报》上发表"合启"，声明健行公学与南洋中学合并。

是年，两江总督端方派人到南洋中学调查，认为成绩优良，堪为楷模。先生至南京见端方晤谈，得每年拨款5000元（一说4600元）。

夫人沈竹书辞去务本女校职务，应史量才聘请任女子蚕桑学校舍监。

1908年 清光绪三十四年 38岁

王氏宗祠在日晖桥地4亩捐赠南洋中学，约定王氏宗族子弟入学免费。学校又在日晖桥购地18亩，建筑校舍，计课堂6、化学试验室1、教员办公室4、饭厅1、厨房3、门房2、操场1，化银11400多两。新校舍建筑的绘图、监工为徐义洞，建筑费用由沈缦云向信诚银行贷款。

12月2日（农历十一月九日），母周园贞病故，终年56岁。其子女状况：子植善（培孙）、熙善（俊叔）、长女桂龄（17岁卒，未字）、二女梅龄嫁上海曹汝霖、三女馥龄嫁广西黄云、四女俊龄嫁青浦卫国垣。

1909年 清宣统元年 39岁

正月，先生葬父王梓生、母周园贞、弟王熙善、妹王桂龄于沙泾。

购地龙华路之日晖桥，“秋，校舍落成，乃自省园而迁新址”[1]。学校迁入新校舍，学额为260人。

是年，夫人沈竹书辞去女子蚕桑学校舍监，专心佐理先生办学。南洋中学的客籍学生，病者移住先生家中，由沈竹书主持医药护理。

1910年 清宣统二年 40岁

南洋中学学额增加100名，原有宿舍不敷容纳，于校外租得日晖桥织呢厂红砖房3幢为学生宿舍。

秋，先生患霍乱，经请唐乃安医生针治，旋愈。

1911年 清宣统三年 41岁

7月3日，南洋中学校友会成立，公举叶典臣为会长，订定会章，设评议、干事、编辑、介绍、司选等委员会，每年夏季举行年会。

11月，先生剪去发辫。南洋中学以12月份经常费移助上海革命军饷需。

1912年 民国元年 42岁

先生加入南社，编号为43号。

7月16日，先生陪同受业师童翊臣游上海豫园，畅谈时局。

是年，梁巨屏辞职回广州，南洋中学新聘教员有邵力子、丁文江、叶上之、秦汾、胡敦复。

校董曾少卿逝世。曾少卿从1910年起任校董达11年之久，热心襄助先生办校。

陈英士捐南洋中10000元。

先生与教员汤济沧在林荫路汤寓开设利川书店，款项不足，由童世亨筹款。书店购入大批古籍，时人多不重视地方志，先生则尽量收购，后成为南洋中学图书馆的一大特色。

夫人沈竹书至浒墅关女子蚕业学校任职。

1913年 民国二年 43岁

先生嗣子王裕骥在二次革命中于上海中流弹去世，年仅16岁。

秋，南洋中学添建化学试验室9间、平房5间。

1914年 民国三年 44岁

秋，南洋中学预科改为育材高等小学，3年毕业，可进南洋中学初中二年级。

1915年 民国四年 45岁

7月3日，校友会召开年会，会长李松泉发起建筑校友厅，公推钱新之、秦汾为筹备委员。

是年，为提高投考南洋中学的高小毕业生的国文、英文、数学程度与南洋中学一年级相衔接，在西门外白云观源寿里开办西区高等小学，聘顾天放为校长。在日晖桥开办补习科。

袁观澜任教育部次长兼代总长，电邀先生出任次长。先生电谢不就。

1916年 民国五年 46岁

南洋中学因江浙军队调动，学生不安，暂借白尔路（今自忠路）打铁浜商业学校上课，7月，迁回龙华路。

是年，教育部以先生办学卓有成绩，呈请大总统颁嘉禾勋章。先生笑曰：“连我这样平凡也得了勋章。”随便放置，后遗失，先生竟不在意。

1917年 民国六年 47岁

2月，先生受业师童翊臣80寿辰，先生赠序祝贺。

2月22日（农历二月一日）夫人沈竹书病故，年48岁。上海务本女校举行追悼会。上海城东女学社、神州女界协济社、

1 陈子彝:《王培孙先生传略》。

江苏省立女子蚕业学校、上海贫儿院、上海孤儿院、南洋中学校友会等暨夫人的亲友假江苏省教育会会场举行追悼会。[1]

7月30日，先生与王维祺共同编成《奉思堂议案》初续合一册，并题识。

秋，先生偕沈瓞民赴日本。购得朝鲜版及日本版佛经多种。

1918年 民国七年 48岁

9月2日，伯父王谷生逝世，终年78岁，南洋中学初办时，维持甚力。

是年，先生辞去育材高等小学校长职务。

西区高等小学迁至西林路凝培里，改补习科为西区初等小学，沈铎之为主任。

先生请陈乃乾为藏书编目。

1919年 民国八年 49岁

5月6日，南洋中学参加上海各学校通电北京政府，声援五四运动。

5月11日，南洋中学参加上海学生联合会。该会通电各国各学校声援五四运动。

5月26日，南洋中学参加上海学生联合会在西门公共体育场召集的上海公私立中学以上学校学生二万余人，举行声援五四运动宣誓典礼并游行。

5月31日，南洋中学参加上海学联在西门公共体育场为在五四运动中牺牲的郭钦光举行追悼大会并游行。

是年，先生患眼视网膜脱落，医治无效，遂失明，从此戴黄棕色眼镜，社交活动骤减，并将利川书店收歇。

1920年 民国九年 50岁

2月1日，校友会召开临时大会，议决《南洋杂志》为季刊，由校友曹仲渊负责。

是年，聘校友郑初年为西区高等小学校长。

南洋中学西区同学会成立。

1921年 民国十年 51岁

5月，先生为本届辛酉级毕业纪念册作序。

12月14日（农历十一月十六日），叔父邑廪生王柳生逝世，终年68岁，先生作《柳生公行状》。

冬，先生得汪康年撰《汪穰卿遗著》8本，先生题跋。

是年，南洋中学所租织呢厂学生宿舍，房主将出售，校董会决定筑新校舍。校友王颂孚主持工程。

1922年 民国十一年 52岁

春，织呢厂街学生宿舍迁入校内新校舍。

是年，为第十八届同学毕业赠言。

1923年 民国十二年 53岁

2月，校友会开会公推金丹怡为校友厅建筑设计绘图主任。

先生主张实行中学五年一贯制。

10月，先生为日本版《维摩诘经直疏书》三卷题跋。

是年，因校舍不敷，于所属南洋第一小学及西区高等小学内分别设立初中一年级各一班。

1924年 民国十三年 54岁

6月，刊印清光绪三十年《续修王氏家谱》，共六卷分装4册。

6月，先生在《南洋杂志》第三期发表向校友会的书面报告《本校近况与我之意见》。

暑假，许苏民病，回南翔，旋病故。先生悲悼不已。

秋季开学后一星期，江浙军阀混战，为安全计，学生迁南洋大学外舍借住。不久，返校照常上课。

1925年 民国十四年 55岁

春，在日晖桥寻源学塾旧址设立南洋中学分校，设初中一年级并为程度不足的学生设补习班。先生亲自教国文，自编课文《南洋中学国文选本》。

秋，育材学校初中学生首届毕业。南洋中学校友会北京分会成立。

9月11日，先生与南洋中学校友会建筑委员会代表商定建筑图书馆及校友厅。建筑费用预计25000元，由先生募1500元，校友会担任10000元。校友会推举金丹怡为工程委员，冬季开工。

是年，陈乃乾、陈珠泉为明末几社六君子之一松江徐孚远纂修年谱，先生为之考订。

先生请嘉定黄世祚，撰《王氏沙泾墓域记》。

1926年 民国十五年 56岁

6月，南洋中学图书馆及校友厅落成。

7月，南洋中学校友会天津分会成立。

1　陈子彝《王培孙先生传略》记载：“民国五年正月，竹书夫人以肝癌逝世，先生恸之……先生乃始恍然，居恒以此悒悒，引为终身之疚。”竹书夫人去世时间，有所出入，待考。

11月20日，先生为《南洋中学30周年纪念册》作《弁言》。
是年，先生的堂弟王立才编著《致富锦囊》一书，转载《王氏家传》及《诒安堂诗钞》等，先生作序。

1927年 民国十六年 57岁

3月，先生为北伐局势问题至环龙路晤蔡元培，决意开学上课。

4月，对学校管理制度有校长制和委员会制两种意见，先生认为委员会制可减轻一人负责的负担。南京成立国民政府后，仍实行校长制。南洋中学委员会解散，先生仍执行校长职务。

10月，先生主持补开南洋中学成立30周年纪念会和图书馆、校友厅落成典礼。纪念会送先生纪念像，并在校友厅展览校友成绩陈列品。马君武、陈景韩、史量才、姚明晖、吴稚晖等送来祝词贺电。

12月，先生向上海市教育局递交南洋中学及南洋中学校董会立案呈文。

南洋中学校友会交通大学支会成立。

先生退还织呢厂一号住宅，迁入龙华路882弄（今改为860弄）新宅平房。其中一部分为南洋中学分校宿舍。

校董李平书逝世，曾为南洋中学校董20年，帮助先生办校，出力甚多。

1928年 民国十七年 58岁

3月19日，先生召集全体同学讲话，题目为《时间与学业》。

夏，先生重印王雨湘著《昔梦词》，作后记。

夏，先生偕沈润身等多人至庐山。

是年新生投考的有70余人，录取20人，先生主张招生宁缺毋滥。

1929年 民国十八年 59岁

5月，先生得吴友如作《申江胜景图》2册，先生题跋。

秋季开学高中实行分科制，分教育、商业、数理、德文4科。

校董会议决定募款建筑科学馆。

是年，南洋中学学生增至509人，饭厅分3次开饭。先生对学生在厅外等候开饭，甚为心疼。叹曰，如有4000元，则问题即可解决。

1930年 民国十九年 60岁

6月，先生得尤雪行居士寄赠庞契诚撰《宅运新案》二卷，先生题跋。

7月6日，南洋中学校友会召开年会。通讯书记郑初年报告本年校友会往来信件共3457件，发出《南洋杂志》共6384册。

11月22日，先生60诞辰，校友任连城、周子建等在法藏寺设素餐为先生祝寿。先生避而他往，致短柬辞谢，并将收到的各方礼金1699.94元，嘱交校友吴蕴斋拨付各省水灾急赈1299.94元，拨给扬州高旻寺水灾急赈400元。

12月7日，南洋中学科学馆建成。由校董钱新之建议募建，校董王伯元赞助尤多，是年8月兴工，计费25400余元，科学馆落成后，继续筹募馆内物理仪器设备经费。

是年，先生应明末抗清的侯峒曾后人侯叔达邀请，与陈乃乾合作，发起校勘重印侯峒曾遗著，题为《侯忠节公集》。

为庚午级毕业纪念刊作《赠言》。

1931年 民国二十年 61岁

3月，先生作第27届毕业纪念刊赠言。

秋季开学，邀请中央研究院杨杏佛来校演讲，事后先生称杨先生的学问很好。

10月，举行南洋中学建校35周年纪念，并刊印纪念册，先生作《发刊词》。

寒假，先生应汤济沧、叶玉甫的邀请游览苏州，校友钱福渠随行。

1932年 民国二十一年 62岁

1月，先生接受南洋中学审核帐目会计师王思方为私淑弟子。

1月27日，先生得金融界消息，虹口日本海军陆战队有异动，即出通告停课。所有本市及江浙学生凡有住处可通车船者一律于下午2时以前离校，其他远道不可回家的学生移住贝勒路（今黄陂南路）培华女校。28日，日军发动“一·二八”事变。先生将留校学生38人全部迁居白尔路（今自忠路）崇实小学，先生寓居培华女校。29日，将图书馆藏书移到茄勒路（今吉安路）法藏寺保存。

2月17日，先生到松江休养。

3月17日，先生回上海。后到校视察。

同月，南洋中学补习科师生用卡车满载食品和生活用品，赴前线慰问十九路军将士。

2月26日，南洋中学以长凳200条借给南京路大陆商场附设的伤兵医院。

5月24日，南洋中学复课。6月，将寄存法藏寺的图书迁回图书馆。

7月，校友会开会决议筹建六公堂，纪念创校人王柳生和已故校董林景周、沈缦云、黄公续、李平书、曾少卿，作为南洋中学40周年纪念。

9月1日，上海市教育局传令嘉奖南洋中学，嘉奖令称:“该校王校长治学极具热忱，深得社会人士信仰，故四方来学者甚多，成材殊众”，“图书馆、科学馆建筑未久，设备周全，为沪上各中学所仅见”。

1933年 民国二十二年 63岁

春假，先生偕钱西园游览常熟虞山，向常熟县立图书馆借得苍雪大师诗稿残卷2册，钞本中峰苍雪大师集四卷。开始校辑注解。

5月8日，南洋中学及附属小学师生捐航空建设费380元，送交上海市教育局及中等教育协进会。

6月，先生得华亭陈子龙撰《陈卧子先生诗文全集》，题跋。

6月12日，先生从兄王引才在南翔病故。先生作《述从兄引才事》一文纪念。

夏，先生患半身不遂症，服中药后旋愈。

7月19日，先生至天目山、杭州游览，校友钱福渠随行。

冬，先生患癃闭症，服中药后旋愈。

1934年 民国二十三年 64岁

先生继续校注苍雪大师《南来堂诗集》。

1月，先生得明版王杨德编《狼山志》4册，喜而不寐。先生题识。

4月春假，先生至乍浦、杭州游览，校友钱福渠随行。

4月，先生得《风吟集》钞本2册，先生题识。

7月1日，校友会于校友厅开会追悼已故教师王引才、汤济沧、任连城、李默非。校友会夏季大会决议为已故教师王引才、汤济沧、许苏民、任连城立石纪念。

9月，先生为校友郭步陶著《不受侵略论文集》作序。

11月13日，南洋中学校董、申报馆总经理史量才被国民党特务刺死，22日先生得讣哭之，题辞哀悼。

是年，校友姚尔昌捐1000元，校友周子建50寿诞纪念捐500元，清寒奖学基金累计达6000元。科学馆添置物理仪器1000余元，其中1000元系校友会所存南洋中学35周年建筑纪念捐款。张杏村捐资将本校木桥改建钢筋水泥桥，由主席校董钱新之致谢函。大东门育材高等小学改为育材中学，开始招收初中学生，附属6年制小学。

南洋中学丙子级学生为爱护动物，组织南洋护生会，聘先生为名誉会长。

1935年 民国二十四年 65岁

先生继续注苍雪大师的《南来堂诗集》。

先生仍亲自任分校初中一年级国文课。

4月春假，先生到宁波、奉化游览。

遵照教育部规定，高中学生参加军事训练，先生自任南洋中学军事训练团团长。

4月19日，高中一年级学生84人赴苏州军事训练，为期3个月。

5月15日，上海市军训学生在苏州举行入团典礼及恳亲会，先生派顾因明、周钧如代表出席。

7月19日，先生派历柏超率领军训学生回校。

7月，暑假，先生应妹夫卫国垣之邀请，并收到校友邢契莘、赵师震汇来旅费200元，到青岛游览。

8月12日，先生回校。先生应本届乙亥级毕业同学之情，为纪念刊赠言，劝俭朴戒奢靡，殷殷以国是相鼓舞。

秋，先生为陈去病赠《吴江陈氏褒扬后录》题识。

12月，“一二·九”运动影响上海，各校奉命提前放假。先生未遵行，照常上课，于翌年1月11日起放寒假3星期。

是年，先生向校董会报告校务近况。校董会修改章程，校董由9人增至15人，主席校董钱新之，经济校董吴蕴斋，校董王培孙、王伯元、王尔绚、沈信卿、朱少屏、林康侯、徐申如、秦景阳、叶楚伧、蔡久生、郑韶觉、赵仲英、龚子范，名誉校董金伯屏、邵力子、丁文江。校董会决议为充实科学馆仪器设备及改建饭厅等需用，组织南洋中学建筑设备募捐团，团长和团员由校董及校友会分别担任。募捐指标为40000元，至年底结束。

1936年 民国二十五年 66岁

先生继续校注苍雪大师《南来堂诗集》。

2月，先生参加南社纪念会，柳亚子为会长，蔡元培为名誉会长。

3月，先生得《居仁日览》6册，题跋。

4月1日，南洋中学高中一年级学生到苏州受军事训练，为期3个月。25日，先生派教官历伯超专程慰问。

5月9日，先生前往苏州一带游览。

1937年 民国二十六年 67岁

4月，校友郭步陶为他的夫人徐荣先逝世发讣，声请将赙金为南洋中学奖学金，共得600元，存金城银行。先生作谢启。

6月，先生随法藏寺住持兴慈法师游浙江天台山，在华顶寺皈依。校友钱福渠随行。

8月13日，上海抗战开始，南洋中学本校补习科及育材中学等联属学校均停课，图书仪器运往租界保存。先生同校工张树昌往常州避难，继续校注苍雪大师《南来堂诗集》。校友曹仲渊著有《王校长泛舟避难记》。
9月，先生为邻居单宝元作《单宝元先生事略》。
是年，先生为校友蒋廷黼著《纸币概论》作介绍词。为丁丑级毕业纪念刊作序。

1938年　民国二十七年　68岁

先生继续校注《南来堂诗集》。
1月，先生从常州回上海，住校友曹仲渊寓3个月，移居姚主教路大同坊9号（今天平路91弄24号）刘士木旧居。"萧然一室，寂如枯衲，而无日不以国事为怀。"[1]
先生因右眼已眇，委校友顾天放代理校长。
2月1日，南洋中学租得北京路盐业大楼五楼。21日正式复课，实到学生506人。
7月14日，租得福煦路（今延安路837号延安中学）房屋一所，将南洋中学分存各处的图书、仪器集中储藏，由校友吴祝云住该处照管。
7月28日，由于上学期受战事影响缺课，本年度不放暑假，开始为初中一、二年级学生补课5星期，不收学费，教职员都尽义务。至8月30日结束。
9月1日，租得汶林路（今宛平路）52号岐庐，设南洋中学附属初中第二部，安排初中一、二年级学生就近上学。
是年，先生为戊寅级毕业纪念刊作序。

1939年　民国二十八年　69岁

先生仍住刘士木旧居，继续校注苍雪大师《南来堂诗集》。
冬，先生左臂麻痛不仁，请中医杨伯藩治疗。
是年，汶林路初中第二部添设初中三年级，成为完全的初中部。另将南洋中学初中一年级乙组分出在汉口路西区小学内，由南洋中学统一领导。
是年，先生对考试评分严格的教师写信劝告说："南洋中学不是交通大学的预备学校，不宜对数理考试偏严，应该因才施教，使每个学生皆成为社会有用之材。应平时评分严格，至毕业考试宜尽量成全。在学校里功课好的、品行好的将来未必就是有用之才，他们学成之后，不是体弱多病，就是自高自大。在学校里循规蹈矩的学生往往是表面的，走上社会做事，不少自私自利，专为自己打算的，就是当年的好学生；而很多公而忘私舍己为群的人，却往往是品学并不突出的学生，甚至于不很安分的学生。"

冬，先生得松江张美曼辑《梅花诗》11卷，附录1卷，先生题识。
是年，先生得嘉定陈墨荪著《槎浦棹歌》1册，为之题曰："南翔余之长地，童年游钓，常在梦寐间，避兵寓大同坊，得此册于杭州，为书友陈丈墨荪所作。陈里人，余大父行也，宦游外省，归已垂老，其衣冠风度，犹可想象得之。忆余幼时，南翔经太平军事未久，旧日繁荣，每闻诸父老，而兵火遗迹，随处可见。八一三之战事，南翔又适当其冲，所毁尤甚，恢复太平军后之原状，殆非余所及见，而况百年前之繁华。读此棹歌，徒兴吊古之悲已。时己卯冬月。"
先生得《诸贞壮先生遗诗》2卷，先生题跋。

1940年　民国二十九年　70岁

春夏间，先生接受华阳徐敏丞所藏医书等43种，魏源著《地学杂钞》1册，先生题识。又购得徐敏丞遗物《魏文节公事略》等16种，其中有徐光启撰《增订徐文定公集》6卷，先生题识。
5月，先生为育材中学初中班庚辰、癸未两级联合毕业纪念刊物赠文。
7月，先生为第36届毕业生纪念刊作序。
夏，先生作《南来堂诗集校辑缘起》。
冬，先生得蔡蔚挺赠元《高峰大师语录》1册，先生题跋。
11月9日，先生70华诞，及门诸子弟在功德林举觞庆祝。并将各方赠送寿序、诗文、函电、祝词等汇钞成册，题名《王培孙先生70寿辰纪念诗文稿》，现存上海市历史文献图书馆。又集资刊印先生校注的《南来堂诗集》4卷、补编4卷、附录4卷、共订3册。
是年，南洋中学高中二年级，亦因学生人数多，分为甲乙两组，又因教室无法扩充，乃将初中一年级甲乙两组移入西区小学上课。
先生拒绝汪精卫请先生领衔发表一个教育界的拥汪宣言的要求。

1941年　民国三十年　71岁

先生仍住大同坊。
2月，先生钞配《昭觉丈雪醉禅师语录》第11、12卷并题识。
3月，教育部颁给先生一等奖状，褒奖先生在南洋中学办学40余年的功绩。先生一笑置之。
5月，先生为汶林路初二部第二届辛巳级毕业纪念刊作序。
9月，中共上海南洋中学学生支部秘密建立。

1　陈子彝：《王培孙先生传略》。

12月，日军侵入上海租界，南洋中学将高中三年级课程提前结束，停课2月余，方复课。

先生不食日伪配给米，全校均如此。先生派人向青浦观音堂收购食米。有时接不上，先生就以玉蜀黍或芋艿充饥。

嘉定马陆镇沙泾王氏墓地的树木为日军砍伐殆尽。先生叹息不已。

是年，先生得苍雪大师《南来堂诗集续补遗》旧钞本2种，加以校辑订为2卷，并题跋。此2卷钞本现存上海图书馆（原上海市历史文献图书馆）。

1942年 民国三十一年 72岁

5月，先生为汶林路初中第二部第三届毕业纪念刊作序。

是年，先生为《温飞卿诗集》题跋，为《施注苏诗》题识。

是年，顾天放向先生请辞代理校长职务。

1943年 民国三十二年 73岁

先生仍住大同坊。

春，先生委徐镜青接替代理校长职务。

4月16日，先生的二妹梅龄逝世，终年67岁。生前资助先生的生活，暗地将钱交给女佣，先生不知，以后先生的生活日益困难。

冬，先生为《杜樊川集》题跋。为乌程杨兆鏊著《三十三日脱难记》题识。

是年，先生同意改组育材中学校董会。校董9人，为胡养吾（主席校董）、王培孙、王臻善、王孟年、王裕光、吕锡麟、戴契莘、贾冰如、吴耕莘。推举吴耕莘为校长。先生为癸未级毕业纪念刊作序。

南洋中学主席校董钱新之60诞辰，先生作寿辞。

1944年 民国三十三年 74岁

先生仍住大同坊。

夏，先生为汶林路初中第二部第五届甲申级毕业纪念刊作序。

11月，先生作《木道人二百岁纪念祝辞》。

是年，先生对代理校长徐镜青说："学生考试成绩差因而留级或退学者，应给予补考，多多成全，使人人皆成为有用之材。学生仿佛子弟，为教师者应有父兄的心腹，曲加爱护。"

1945年 民国三十四年 75岁

先生仍住大同坊。

3月，先生致函校友顾天放办理购南洋中学附近桑姓地。后将此地辟为运动场。

4月，南洋中学各级同学旅行团到龙华，并参观龙华路校本部。8年以来，校本部被敌伪占用，校舍损坏严重。

6月12日，先生函顾天放商讨复校问题。

6月23日，先生续函顾天放，主张复校采取渐进，不采取急进。

12月13日，先生函顾天放说："冬间必有数日风雪，我要钢炭即防此最冷之数日，故需亦无多。"15日又函顾天放说："我为钢炭踌躇，君必笑我，然我实在应付不易，咸菜二担并一点雪菜三十万元，木柴二担七十万元，二三天内百万去了，手头又空空如也，我向不计算，对人随便布施，今一无办法。钢炭赠送似不安。君送来恐车费等于买价，故我想邻近购用，仍烦斟酌。"

12月20日，先生函顾天放，对抗战胜利后，日晖桥南洋中学校舍为国民党宪兵第33团占用，"总望早日璧还"。

1946年 民国三十五年 76岁

先生仍住大同坊。

春，先生请主席校董钱新之向南京宪兵总团交涉收回被占用的龙华路、日晖桥南洋中学校舍。直到9月12日才全部收回。

8月，先生接上海市政府函并附表，请任上海市参议员。先生谢绝。4日，先生函顾天放说："参议员，我当然不能做。"6日，先生又函顾天放说："此表我极不愿填，因我不任此事，当然不填此表。但市府民政处非填不可，我客气的写信给他，他而不客气的原信原人退回。我想若决不填，亦无违法犯罪之理，他亦不能拘束，我也烦考虑，然否，如不怕他，则此表付邮送还，或置不理，均可。"

8月底，先生肠胃突然发炎，体温增高，整日昏睡，经请校友郑葆元医生诊治，旋愈，但气力衰弱，胃纳减退。

秋，南洋中学正式复校，在复校之前，校董会和校友会发起募捐复校经费1亿元，不数月已得半数，用于修理宿舍、课室、科学馆、图书馆并添置桌椅床等。运回图书仪器。

9月5日，先生函顾天放曰："我8年小楼闷极，我今急需备村居而设法建屋，已觅得一有树木之地，租地约一亩，我将与丹怡商量进行，兄有无意见。我为日无多，故谋税驾之所颇迫耳。"复校后，先生不愿开校长住校的先例，故在校旁大木桥路西俞家宅三号建平屋3间，工程草草，结构简陋，竹篱荆扉。建筑费1000多元，由各校董和校友捐助。

10月13日上午，先生到校观察，下午突患老人闭尿症。18日到华山路瞿直甫医院住院手术治疗。

11月，先生迁俞家宅新居休养。

是年，蒋介石到上海设宴慰问父老，先生见请柬后托辞年老行走不便，未去。

是年，高初中学生有1500多人，教室和宿舍均不敷容纳。先生决定先将高中学生500多人迁入，盐业大楼设初中部第一部，委吴祝云为主任；汶林路岐庐设初中第二部，委朱倬汉为主任，分在三处上课。

1947年　民国三十六年　77岁

4月，上海市场上英文、日文书籍价贱，先生托人购入一批。11日，先生函顾天放说："英日书大约每斤500元，即纸价。日文书中颇有妙品十数册：兄见之亦定以为需要者，有兴来一赏鉴乎。"

7月1日，上海市文献委员会成立，成员有胡朴安、徐蔚南、顾毓琇、叶恭绰、张元济等，先生亦为委员。

8月26日，中央研究院举行第一届院士选举筹备委员会议，提出院士候选人150名，其中有南洋中学校友钱崇澍、饶毓泰、钱端升、罗宗洛等。胡适之提王培孙、张伯苓，称为教育界实事求是的人物，值得崇敬。

9月22日，先生函顾天放说："今冬我改用木炭，不用炭团。现未冬寒，炭价尚未涨，请速代买预备两个月用之木炭，何如。"

1948年　民国三十七年　78岁

先生时常便秘，终日躺卧，夜间失眠。1月10日、11日、18日叠函顾天放说因大便牵涉小便，甚为痛苦，疲乏非常。并忧虑各物涨价，影响日常生活。

3月，先生自知不起，口述遗嘱，请证明律师洪士豪代笔，遗嘱为：

一、我死后不可动用学校分文，贻我身后之诟。以我日常所用之衣服鞋袜等入殓，万不可制造新衣服及向店铺购买衣物装饰，尸体更不可借殡仪馆有所举动，西宾送我僧衣一件，即为入殓之用，如有主张立后开丧等事，请吾弟尽力拒绝。

二、住屋交俞宅接收，因我与俞宅已有契约，器物借用者一一送还，另纸记载。除送还借物外，余物给侍病人作纪念品，请天放兄主持分配。

三、棺柩若干日后即葬于祖父之瘗穴，勿多延时日，棺柩绝对不可购买贵价佳木制者，一切丧事仪式删除净尽，愈简愈好。

四、南翔宅第，我意我弟兄五人各得一份，我名下五分之一归绍良名下，因我用他款多，至三奶奶名下，亦应得一份，亦请绍良设法给她若干地价，使她晚年可用，或者她身后之用。此意请孟年通知绍良，以免纠纷。

五、学校仍天放主持，请一吾速召集董事会正式任徐镜青君为继任校长，尚可主持十年。至图书馆请天放兄主持添购中西书册，恢复战前旧观。

上开遗嘱意旨，经余口述后，指定见证人杨将如笔记，除经余亲自细阅外，并经见证人宣读讲解，确为余所口述之遗嘱意旨，另有见证人2人：王雨槎、赵师震，交付顾天放、王一吾、王孟年3人。王培孙签字。

1949年　79岁

先生病况如前。

5月24日，先生函校友曹仲渊说，我或须移居于兄处，姑待天晴，此间此时尚安。

5月27日，先生对人民解放军行经大木桥俞家宅村前，竟毫不惊扰，对身边的人说："古人有闾阎宴然，匕鬯不惊之语，不图复见于今日，而我且能及身亲见之，我无须迁居市内矣。"连声称道："妙哉、妙哉！"

上海解放后，上海市长陈毅来俞家宅问候先生。

先生为江易园遗著《阳明致良知学》作序，先生授意，陈子彝执笔。

1950年　80岁

先生病体更见衰弱。劝服参汤，先生断然拒绝。清明节突患咳嗽气急，服药后见好。

11月18日，先生80寿诞，是年为南洋中学建校55周年。南洋中学校友会、教职人员和王氏族人在校友厅举行庆祝会。会后，先生嘱校工将各方面所赠寿辞、寿诗、屏幛、联轴一概收藏，不许张挂。

1951年　81岁

先生久病困顿。

8月，又患气逆症，有时日间昏睡，全夜不眠。

冬，先生闻堂弟绍良（即王征善）患胃癌逝世，先生哭之甚哀。

1952年　82岁

春，先生体气大衰，不能阅读书报。又患痢疾，虽旋愈，从此日益不支。先生向校董会请辞校长之职。

9月21日，致函代理校长徐镜青，表示愿意将珍藏数十年的图书捐献给国家。

11月12日，先生将收藏的书籍捐献上海市人民政府文化局。本日由上海市历史文献图书馆启运，13日接收完毕，共计

76700多册。

11月17日下午，1时30分，先生安详瞑目，与世长辞。先生病危时，将夫人沈竹书遗物金镯1只重4两捐赠学校，并指定为清寒学生补助费。

11月18日，王培孙先生治丧委员会组成。由童季通、王思方、王孟年、王总善、朱英超、吴祝云、吴耕莘、姚梓良、徐镜青、凌济时、张春申、曹与平、邹雅言、刘寿征、顾天放等15人为委员。

11月19日，在万国殡仪馆举行大殓，吊者600多人。

先生灵榇安葬于苏州五龙公墓。

附录二

《申报》中有关王培孙资料（节选）

《晖桥听讲记》（南海沙鸥）

沪上私立中学校以十数，其中教学认真，取费低廉，饶有奖掖清寒子弟之旨趣者，日晖桥南洋中学居其一。该校校长王培孙氏一手办理三十余年，澹泊自守，坚苦相励，每日晨兴夜寐，综理校务，犹兼任教课。记者以游龙华之便，参观该校，且一倾听此老讲书焉。是日为废历除夕前一日，所授者为中学一年级国文。培老架褐色晶镜，顶半旧黑绒绳帽，据坐讲席。文课为《韩愈送李愿归盘谷序》。讲解时近譬浅喻，庄谐杂出。如解“大丈夫”便是“好男儿”，“利泽施于人”便是“民生主义”的起点，“坐于庙朝，进退百官”之“庙朝”，谓古代迷信神权，凡国之大事必告于祖先之庙，藉卜筮以占吉凶进退；非僧道之寺院也。“树旗旄，罗弓矢”，犹现在军官出门必有“手枪盒子炮”的卫队也。“喜有赏，怒有刑”，谓官吏擅作威福，常以一己之喜怒为赏罚，而不以实际之功罪为衡，此官方之所以敝也。及讲至“曲眉丰颊，清声而便体……飘轻裾，翳长袖……”时，扬手摇身，模拟摩登女子之声音笑貌，娉婷舞姿，尽态极妍，诸生莫不解颐。清词翩翩，始终不倦，大有一室春风概焉。

资料来源:《申报》1934年2月17日，第五版。

《记王培孙先生》（黄康屯）

上海有个不声不响、实事求是的老教育家，那便是办了四十年南洋中学的王培孙先生。

他平生办学最不爱表面文章，表格簿册之类，在他的办公室里是看不到的。爱实际而不爱形式，期实效而小规规于功令；行我心之所安而不喜随人脚跟。谈风甚健而不爱演说；公众集会虽得参加，他从没有长篇的布告。他对学生的条告，都极简单而明白。写过的信封，红红绿丝的请柬、贺年片之类的反面，都是他出条告、写便札的绝好笺料。他不大喜欢会议，处理校务，一向用的是“纳粹式”，教务、训育人员不过是他的高等顾问；他似乎偏尚人治，而不大注意法治。战后学校迁在租界，他已不常到校，也就采用了“内阁制”了。

他壮岁时，右目失明，成了“独眼龙”。鼻上架个眼镜，看起书报来，居然一目十行。他是个连边胡髭，却不爱蓄须，瘦得和甘地一样，却常年康强少病。笃好佛法，却并不完全茹素。心肠极柔，似乎富于中庸的妥洽性，容易给妇人小子的眼泪所软化；答允了人家的请求，便帮忙到底，甚至不惜从井救人。但对事却胸有成竹，不轻转移，你以为他执拗，他却毋固毋我，有时令人不可捉摸。

他已经独居了一十多年，没有亲生的儿女；他把学生看作自己的儿女。他最怜贫苦失学的青年。南洋中学的免费生，一面要占到全校学生数额的十分之三以上，别个私立学校多能赚钱，南洋中学却尚有校债。

他爱学生，也爱各种动物。在日晖桥时，他在校里及所住的寓里养鸭，养鸡，养鹅，养羊，养猫，养白老虫……他养的猫，不许它捕鼠；猫也居然跟他有了佛性。老虫有时会攒到他的被窝里来，却并不加以驱除。战前他养着一只猴子，每天抱着，乘了包车，由他的寓所带到学校，晚上又带回寓所，成了异类的良伴。曾经合照过一张相片，非常发噱。直至八一三战时，避难常州，不及携带，这只猢狲竟死于国难，后来还时常追念不置。他虽厌恶杀生，不过在无可奈何时，他也并不戒杀。他最爱羊，曾经得到一头黄羊，把它养殖了数代，视为珍畜。

他不喜书画，虽是名家送给他的书画，他都随手送与别人，甚至弃之纸篓，连梁任公亲笔写了赠他的对联，也不在例外。只有搜集志乘，成了他生平唯一的雅兴。南洋中学图书馆彷佛成了全国各省府厅州县志书的收藏所。其中不乏海内孤本，虽在屡次的颠沛流离中，那大批的志书也还安然无恙。在文化上也许将来便是他毕生最大的遗产。

他爱听经，爱与僧侣结缘，尚友明清之际的高僧。苍雪诗僧所留下的残缺不完的《南来堂集》，经他长期的搜集校订，竟成了完璧，集赀付梓，做了他七十生日的纪念作品。

今年农历的十月十日，是他老人家的七十生辰。他是一向不喜欢人家替他做寿的，他自己看自己，还是当着孩子。的确，他是个不失其赤子之心的“老孩子”。他的思想也还是个迎头赶上去的青年思想。他爱看线装书，但也极爱看新书。不久之前，我偶然看他，他正在看《西行漫记》，看得十分起劲。你以为他是七十岁的老头儿吗？

资料来源:《申报》1940年11月6日，第十三版。

《教部褒奖王培孙连续服务四十年以上，已颁给一等服务奖状》

沪南洋中学校长王培孙，连续在一校服务达四十年以上，教部据沪当局呈请褒奖，核与教员服务奖励规程第五条第三款相符，特给一等奖状，以昭激劝。

资料来源:《申报》1941年3月11日，第九版。

《南洋校长嘉惠清寒》

昨日本市南洋中学校长王培孙先生语本报记者云:“本学期敝校学生，贵核准发给助学金者，为数不少，敝校念该生等均系清寒子弟，为示优恤起见，本届全部学费，概予免缴，该项助学生支票，即用以补助各该生之生活费”云云。王校长仁厚慈祥，此种热忱助学之精神，使同人深为感动，深盼本市各级私立学校，量经济能力之厚薄，对于学费一项，酌量予清寒学生以减免之机会，不让南洋中学王校长专美于前，则学子幸甚矣。

资料来源:《申报》1944年2月11日，第三版。

附录三

南洋中学校友会整理"王培孙先生言行录"

王先生谓李先生曰:"教育不在多言，而在以身作则，潜移默化。"

王先生曰:"在此三年之间，国家之命运，存乎？亡乎？数万万同胞，主乎？奴乎？生乎？死乎？此皆吾人日夜煎刺于脑海中者，脑海中而无此，虽谓之冷血动物，可也。"

培师平素起居俭朴，澹泊明志，性尤仁慈肫挚。视学生若家人子弟，蔼然可亲，疾病者慰问之。贫寒者周济之，尝自叹曰:"教书糊口，误人子弟，所为实不克尽其责任。"噫！其谦谦君子，虚怀若谷有如此者！

（以上三则辑自《南洋中学庚辰癸未级联合毕业纪念刊》）

王先生谓姚石子先生曰:"笺注之际，凡忠孝节义之所在，盖尤兢兢焉。夫礼义廉耻固为国之四维，而忠孝节义尤为人之骨格，此吾炎黄遗胄之国脉，虽游于方外者亦心焉存之也。今人只倡礼义廉耻，而不言忠孝节义，吾恐世局之震荡，正靡有极耳。"（辑自姚石子先生为王先生辑校之《南来堂诗集》所作之序。）

王先生曰:"吾人作事，要一本良心，所谓仰不愧于天，俯不愧于人；才对得起自己，对得起人群。一个人做了一件昧良心的事，便是终生污点。故吾人每作一事，都应细问良心。如有一毫昧良心之念，应立即铲除干净，不使生长。"

王先生曰:"朋友居五伦之末，而实首重于五伦；以人父母兄弟之数有限，而朋友之数无限也；人可以有十百千之朋友，而不可以有十百千之父母兄弟；故为人处世，当以朋友为事业之基础。事业无论大小，未有一人之力可以为之者，必赖众举而成也。如总理（指孙中山先生）创导革命，工作至艰至大，然赖同志友朋之力，卒底于成。即以南中而论，每遇困厄之境，常赖朋友力渡过之。余个人亦何独不然。故吾人当竭诚交友，尽力助人；反之亦即勉人之尽力助我也。且国家社会亦无非一大朋友集团，互助互荣，以博共生而已。"

王先生曰:"交友之道，首以诚。语云：一诚足以消百伪；我云：诚可以得百友。盖精神所至，金石且可得开，我以至诚待人，人岂有不被我感动哉！我一生以诚交友，卒无友欺我者也。"

先生又言曰:"吾人待人接物均需霭然和气，端庄慎重。不可轻谑妄言，稠人广座之间，尤不可议论人长短。青年虽应有勇往之气，但当用之于赶前程，求学问，不当用之于刺人也。"

王先生曰:"吾人为人，最忌骄傲，应易之以谦恭逊让。盖骄则人不肯服，易惹灾殃，逊则人皆乐与，易亲近也。"

先生又言:"吾人处事，不当以聪明为先，而当以尽心为先。盖事固有不可必成者，但总须尽我心力为之。所谓君子不言天，尽人自可以回天也。"

王先生曰:"在校求学能考第一名当然好，但后来出去做事，做得来事的倒不一定是当年考第一名的人。"

王先生曰:"青年人不一定人人读大学，凡有才能的青年，中学虽未毕业，也照样能做事，而且还做得不差。"

王先生曰:"青年人入社会谋独立生活，上馆子，上茶楼，结交朋友需要，是可以的。千万不可以嫖赌，会丧身败德破家荡产，千万不可犯。"

王先生曰:"读书一事，聪明人最忌好高骛远，钝人亦忌自甘怠弃，无论资质优劣，只要潜心苦学，立志钻研，不耻下问，虚衷受教，学无不成。"

王先生曰:"为人最忌骄傲，应该谦恭逊让。骄傲不能服人，易惹灾殃，谦逊则人皆乐与，易亲近也。"

王先生曰："处事不以聪明为先，当以尽心为先。凡事不可必成，总须尽心力而为之。人力有时可以回天。"

王先生曰："最好一生做一件事到底，而且要做一件事里的一件事，例如研究昆虫，单研究一只蚊子，久而久之，必有真绩。"

王先生曰："吾人作事要一本良心，所谓仰不愧俯不怍，才对得起自己，对得起别人。故每做一事，应先求心之安。如有丝毫昧良心之念，应即铲除干净，不让生长。"

王先生曰："参观一个学校，不是单看房屋课堂和规模设备外表的一面，更重要的是它出来的学生在社会上的事业活动情况和工作积极的意义，学生的这些成绩也即是学校的成绩。"

王先生曰："章太炎自定年谱描写孙中山活象一个豪迈好汉。"又曰："孙中山今天如健在，亦治不好中国。"又曰："汪精卫为人无可取，但所写诗却可传。我人不须因人而并毁其诗。"又曰："韩昌黎的文章虽好，但思想很差。韩思想不及柳柳州，柳文章富有思想性。"

王先生曰："大丈夫贵能应变，我非有特异于人，惟每当大变当前能善应之而已。"

资料来源：摘自上海市南洋中学校友会编：《校友通讯》第三期（1987年7月刊印）、第五期（1988年6月刊印）、第六期（1988年12月刊印）。

附录四

图片目录索引

正文前

第二编

第三编

附录五

主要参考文献

一、家谱、方志

《上海王氏家谱》，王寿康辑，咸丰十一年（1861年）刻本。

《续修王氏家谱》，1924年铅印本。

《王氏育材书塾章程》，1896年木刻本。

同治《上海县志》，（清）应宝时等修，俞樾等纂，清同治十年（1871年）刊本。

民国《上海县续志》，吴馨等修，姚文枬等纂，民国七年（1918年）南园刻本。

民国《上海县志》，姚文枬、秦锡田等纂，民国二十五年（1936年）排印本。

光绪《嘉定县志》，（清）程其珏修，杨震福等纂，光绪七年（1881年）尊经阁本。

民国《嘉定县续志》，范钟湘、陈传德修，金念祖、黄世祚纂，民国十九年（1930年）铅印本。

二、报纸、刊物

《申报》（详见不同时期的记载）

《教育杂志》1911年第6期。

《南洋》1924年第3期。

《南洋》1928年7月。

《生活周刊》1932年第8卷第412期。

《新闻报本埠附刊》1932年5月4日，第一版。

《慈航画报》1933年第11期。

《鉴赏周刊》1925年第23期。

《钟灵中学校刊》1926年创刊号。

《南洋中学校友会会刊》1934年第4卷第3期。

《南洋中学校友会会刊》1935年第5卷第2期。

《南洋：南洋中学校友会会刊》，南洋中学校友会编辑出版，上海图书馆藏，1920年末至1930年代初合订本。

三、馆藏档案

《王植善致盛宣怀函》（1909年），上海图书馆盛宣怀档案，档案号：044146。

《王氏育材学堂广告》（发表于1902年左右），原件藏上海市历史博物馆，上海市南洋中学提供。

“南洋公学（交通大学）校友王植善（王培孙）”等档案，上海交通大学档案馆藏，档案号：LS2-00、8LS2-035、LS2-398、LS3-365、LS5-217等。

《教育今昔之经过》，王植善（王培孙）撰，《南洋大学三十周年纪念征文集》（1926年），上海交通大学档案馆藏，档案号：LS3-486。

《王培孙函复吴淞商船学校教务长夏孙鹏》，上海交通大学档案馆藏，档案号：LS2-016。

《南洋中学留日同学会有关校务问题与交通银行钱新之来往函件》（1944—1947），上海市档案馆藏，档案号：Q55-2-157。

上海市教育局档案有关南洋中学（包括《私立南洋中学校董会、南洋中学立案呈文》，附校董会用表、上海各学校实况调查表等）内容，上海市档案馆藏，档案号：B105。

《南洋中学二十级毕业纪念册》（1931年），上海市徐汇区档案馆藏，档案号：0069-1-001。

《南洋中学卅五周纪念特刊》（1931年），上海市徐汇区档案馆藏，档案号：0069-1-002。

《南洋中学乙亥级毕业纪念册》（1935年），上海市徐汇区档案馆藏，档案号：0069-1-003。

《南洋中学己卯初级毕业纪念册》（1936年），上海市徐汇区档案馆藏，档案号：0069-1-004。

《南洋中学丁丑级（毕业纪念刊）》（1937年），上海市徐汇区档案馆藏，档案号：0069-1-005。

《南洋癸未级年刊》（1943），上海市徐汇区档案馆藏，档案号：0069-1-011-001。

《上海市教育局指令》（1932年），上海市教育局档案，档案号：Q235-1-1012。

《上海市政府指令教育局》（1933年），上海市教育局档案，档案号：Q235-1-992。

四、南洋中学藏各类档案、刊物等

《南洋中学第十四届纪念刊》（1918年），上海市南洋中学档案室。

《南洋中学辛酉级纪念册》（1921年），上海市南洋中学档案室。

《辛酉级毕业纪念册》（1921年），上海市南洋中学档案室。

《南洋中学第十八届毕业同学录》（1922年），上海市南洋中学档案室。

《南洋中学三十周年纪念刊》（1926年），上海市南洋中学档案室。

《南洋中学庚午级纪念刊》（1930年），上海市南洋中学档案室。

《南洋中学卅五周纪念册》（1931年），上海市南洋中学档案室。

《南洋中学乙亥级毕业纪念册》（1935年），上海市南洋中学档案室。

《南洋中学戊寅级初中毕业纪念册》（1938年），上海市南洋中学档案室。

《南洋中学庚辰级毕业纪念册》（1940年），上海市南洋中学档案室。

《南洋中学癸未级年刊》（1943年），上海市南洋中学档案室。

《南洋中学甲申级毕业刊》（1944年），上海市南洋中学档案室。

《南洋中学复校特刊》（1948年），上海市南洋中学档案室。

《南洋中学1951届毕业纪念册》（1951年），上海市南洋中学档案室。

《民国二十三年（1934年）上海市教育局嘉奖令》，上海市南洋中学提供。

《南洋中学校董会记录》（1934年），上海市南洋中学档案室。

《王培孙致信中央大学周子建，嘱其援助贫困学生邹冠军》（1939年11月2日）。

王培孙校长手迹（散页）（1945年、1946年），上海市南洋中学档案室。

《南洋中学王培孙校长为复校筹款等呈上海市教育局函》（1946年），上海市南洋中学档案室。

《南洋中学呈文公函稿簿》（1946年9月至1947年1月），上海市南洋中学档案室。

《上海市南洋中学校长室文件》（1949年），上海市南洋中学档案室。

王培孙校长亲笔字条，上海市南洋中学档案室。

五、相关著作

《上海重要人名录》（简称《上海人名录》），许晚成编，上海龙文书店1941年版。

《上海百业人才小史》，许晚成编，上海龙文书店1945年版。

《交通大学校史资料选编》（第一卷、第二卷），《交通大学校史》撰写组编，西安交通大学出版社1986年版。

《郑逸梅选集》（第二卷），郑逸梅著，黑龙江人民出版社1991年版。

《上海轶事大观》，陈伯熙编著，“民国史料笔记丛刊”，上海书店出版社2000年版。

《上海文史资料存稿汇编》5（经济金融），上海市政协文史资料委员会编，上海古籍出版社2001年版。
《文史资料存稿选编》24（教育），马玉田，舒乙主编，中国文史出版社2002年版。
《上海银行家书信集（1918—1949）》，上海市档案馆编，上海辞书出版社2009年版。
《上海市南洋中学建校100周年纪念册》，张家治、吴克勤主编，上海市南洋中学1996年刊印。
《王培孙年谱》，陆象贤编，上海市南洋中学校友会2001年刊印。
《南洋中学文史资料选辑》（一），上海市南洋中学编，2002年刊印。
《南洋中学文史资料选辑》（二），上海市南洋中学编，2003年刊印。
《王培孙纪念文集：纪念王培孙先生诞辰一百卅五周年》，上海市南洋中学编，2005年刊印。
《南洋春秋》（110周年校庆纪念册），上海市南洋中学编，2006年刊印。
《上海市南洋中学校友回忆录（1986—2006）》，上海市南洋中学编，2006年刊印。
《胡朴安友朋尺牍一》，收入上海图书馆历史文献研究所编：《历史文献（第3辑）》，上海科学技术文献出版社2000年版。
《张元济全集》第1卷《书信》，商务印书馆2007年版。
《辛亥以来藏书纪事诗（外二种）》，伦明等著，北京燕山出版社2009年版。
《近代史所藏清代名人稿本抄本（第一辑）》143册，中国社会科学院近代史研究所编，虞和平主编，大象出版社2011年版。
《顾廷龙全集》，顾廷龙著，上海辞书出版社2015年版。
《为国桢干：上海南洋中学120年（1896—2016）》，马学强、于东航主编，商务印书馆2016年版。
王培孙典籍辑注、序、跋、题识等，详见各版本。

后　记

王培孙（1871—1952），我国知名的教育家、学者。早年就读于南洋公学，后长期担任上海南洋中学校长。王先生不仅是一位享誉海内外的教育名家，同时也是著名的藏书家、版本校勘学家，其经历丰富，交友广泛，留下了大量文章、言论、信札、手稿，以及相关典籍的辑注、序跋。为了纪念王培孙先生诞辰150周年，上海市南洋中学与上海社会科学院校史研究团队合作，于2020年成立《王培孙文集》编委会。

历时一年，《王培孙文集》编纂完成。本文集的出版可以帮助读者进一步了解王培孙先生对中国教育和文化传播所做出的贡献。

此前，社会各界关于王培孙先生的文章、传略已有不少，还有年谱的编纂，编写者都为他的师友和他的学生。1940年曾刊印《南洋中学庚辰级毕业纪念册》，这也是“王校长七十寿辰特辑”，其中发表了多篇涉及王培孙先生事迹的文章，如顾因明（别号乐天居士）的《王先生奋斗史的片段》等。另如南洋中学教师兼图书馆主任陈子彝追随王先生多年，早些时候就撰写了《王培孙先生传略》。1962年，南洋中学第八届（1912年）学生曹仲渊编写《王培孙先生年谱稿》（未刊行）。1995年，为了迎接南洋中学校庆100周年，南洋中学第三十二届（1936年）学生陆象贤编辑《王培孙年谱》，该年谱由上海市南洋中学校友会于2001年刊印。2005年，为纪念王培孙先生诞辰一百三十五周年，上海市南洋中学专门编辑《王培孙纪念文集》。相关的文章、年谱、纪念文集，为我们此次编纂《王培孙文集》提供了重要的线索与内容。上海社会科学院校史研究团队与上海市南洋中学已有多次合作，曾于2016年出版《为国桢干：上海南洋中学120年》（列入商务印书馆“百年名校与江南文脉”系列丛书）。在该书的撰写中，研究人员搜集到大量有关王培孙先生所著的言论、文章，撰写的序跋，还有信札手稿等。《王培孙纪念文集》编纂已有了一定的基础。

《王培孙文集》编委会成立一年来，通过各种途径，与海内外一些图书馆、档案馆、学校取得联系，广泛查阅文献档案。本文集为目前搜罗王培孙先生较为完备的著作。

文集分为三编，分别为“言论文章”“信札手稿”“典籍辑注序跋”，另有卷首图照，分为：王培孙合影照、不同时期王培孙照片选、王培孙部分文章与言论图影、王培孙部分手稿手迹、王培孙档案资料影印、纪念王培孙先生等。最后为附录，包括王培孙年谱、《申报》中有关王培孙记载摘选、上海市南洋中学校友会整理“王培孙先生言行录”、图片目录索引、主要参考文献。文集由文字、图片两部分组成。

关于本文集各编的编纂情况再做一些说明。

第一编为“言论文章”。此次共收录王培孙先生撰写的各类文章（言论）34篇。其来源，除了南洋中学历年刊印的《校刊》《毕业纪念册》外，有的是从《申报》《教育杂志》《续修王氏家谱》等摘选，还有来自上海交通大学档案馆、上海市档案馆、徐汇区档案馆等所藏的档案资料，其中部分文章为首次公布，具有较高的史料与收藏价值。收录的这些文章，文体各异，有传记、有讲话、有诗歌，有遗嘱，还有广告、通告等应用文体。这是研究王培孙先生的教育实践、教育思想的重要文本，另有多篇是王培孙先生为王氏家族成员、师友、学生等撰写的传记，此为考察上海王氏家族历史以及王培孙先生的人际关系提供了珍贵的史料依据。

第二编为“信札手稿”。王培孙先生涉猎广泛，除了长期从事教育事业外，在藏书刻书、文献搜罗、典籍校勘、佛学修行诸多领域，淹贯硕学。加之他性情宽厚温和，雅善交游，在政治、教育、学术、出版、佛教界结识不少朋友，这可从他生平往来信札与手稿手迹中窥见一斑。本编主要从上海交通大学档案馆、上海图书馆、上海市档案馆、上海南洋中学档案室、私人收藏家，以及已有名人手札出版物中，收录整理王培孙亲笔信札共20余通，各类手迹手稿30多份。部分信札手稿，系首次对外公布原件，具有较高的史料与收藏价值。

第三编为“典籍辑注序跋”。王培孙先生虽长期执掌南洋中学，以践行“教育救国”而闻名海内外，但他作为江南藏书家、版本校勘学家对中华古典志籍的搜罗整理之功，这也是其生命史与学术生涯中浓墨重彩的一笔。关于王培孙先生藏书之丰，著名图书馆学家、古籍版本目录学家顾廷龙曾予以高度评价：“上海王培孙先生好收藏图籍，曾以四十年之积聚，储之南洋中学图书馆，内容之丰富，素为海内所仰重。”（顾廷龙：《检理王培孙先生藏书记》）从所藏典籍的特色来看，南洋中学图书馆主要收藏明季野史、明末人诗文集及地方志，尤以后者为多。其个人藏书亦极丰硕，凡佛典、野史及方志，无不搜罗。1952年冬，年逾古稀的王培孙先生将全部藏书共七万六千余册，悉数捐入上海合众图书馆，成为如今上海图书馆重要古籍文献来源之一。与一般藏书家不同的是，王培孙先生还多对所藏典籍进行“辨章学术、考镜源流”的版本目录学研究，包括校注考证，题写序跋等，成为他“立言”不朽的重要途径。最具代表性的力作，当属他对明代诗僧苍雪大师《南来堂诗集》的校辑，质量上乘，版本之善，历来受到学者推崇，至今不衰。有研究者评论：“王先生所辑《南来堂集》，以其搜罗、考订之精，为苍雪诗集流传诸本中之至善本，顾廷龙先生所编《续修四库全书》及纪宝成氏主编《清代诗文集汇编》皆取此本影印，即可见其版本价值。”（王启元：《苍雪大和尚〈南来堂集〉辑佚》，《楚雄师范学院学报》2014年第11期）除《南来堂诗集》之外，王先生还为不少珍稀的方志、日记、文集、图籍、佛学语录等做过序跋与题识。序跋的主要内容是交代自己搜罗典籍之缘起、曲折经过；比勘各版本之优劣高下，残全异同；对于一些涉及自身研究旨趣与学术关怀的典籍亦有微言大义之阐发。本编特从上海图书馆收录载有王氏作序题跋的古籍十余部，按照序跋撰写时间先后排列。通观这些作序题跋的典籍，可以发现存在共同特征：一是相对比较冷僻稀见。此诚如顾廷龙所言："先生湛深史学，一以网罗放佚旧闻为主，故所收多罕见之典籍。"二是偏爱于为明清之交的遗民诗文集作序题跋，寓情于文，深含爱国主义情愫。在王培孙看来，"明末忠节诸臣以及遗民，其忠义悲愤往往发见于诗文，读之懔懔有生气"。这也是他为何要倾注全力为苍雪大师之诗做注的原因。吴梅村曾言："其（苍雪）诗之苍深清老，沉着痛快，当为诗中第一，不徒僧中第一也。其《金陵怀古》四首，最为时所传。师虽方外，于兴亡之际，感慨泣下，每见之诗歌。"同样，当时王培孙正身处抗战时期的上海孤岛，心中兴亡之感不言而喻，自然"于鼎革时事固多识而明辨之矣"（王培孙校辑：《南来堂诗集》），而苍雪大师之诗正契合王培孙的特定心境，故发愤为之校辑，倾注了强烈的爱国情怀。

本文集主要由马学强、叶舟、胡端等选编。苍雪大师《南来堂诗集》校点部分由叶舟、吴雅玲、周维文等承担，鲍世望、颜晓霞、李东鹏、南洋中学档案馆的曹佳琰等在资料整理、图片拍摄方面也做了大量工作。

上海市徐汇区教育局对本文集的出版给予极大的支持。

文集选编完成后，《王培孙文集》编委会先后邀请朱高峰（南洋中学五一届毕业生、中国工程院院士）、顾明远（北京师范大学原副校长、北京师范大学资深教授，中国教育学会会长）、王以权（上海市特级教师、特级校长，2001—2007年任南洋中学校长）等撰序。

本文集的编纂过程中，得到国家图书馆、上海图书馆、上海交通大学图书馆、上海社会科学院图书馆、上海市档案馆、上海交通大学档案馆、上海市徐汇区档案馆、上海市南洋中学档案室、上海市南洋中学图书馆、上海市南洋中学历任校领导、上海市南洋中学校友会等的大力支持。商务印书馆的各位编辑为本书的出版也付出了辛勤劳动。在此表示诚挚的谢意。

马学强 王圣春 叶 舟

2021年5月8日

“百年名校与江南文脉”系列丛书已出版书目

为国桢干：上海南洋中学120年（1896—2016）

存古开新：从绍郡中西学堂到绍兴市第一中学（1897—2017）

诚朴是尚：从澄衷蒙学堂到上海市澄衷高级中学（1900—2020）

绍兴一中·养新书藏文献丛刊（全五卷）

王培孙文集